이 책의 머리말

"한 번에 정리하고, 끝까지 책임지는 기출문제집"

리눅스는 오늘날 서버, 클라우드, 네트워크, 보안, 임베디드 시스템 등 다양한 IT 환경의 기반이 되는 운영체제입니다. IT 인프라의 중심에는 언제나 리눅스가 자리하고 있으므로 이제 더 이상 일부 전문가만이 사용하는 운영체제가 아닙니다. 이러한 흐름 속에서 리눅스마스터 2급은 리눅스의 기본 개념과 실무 기초를 객관적으로 검증할 수 있는 대표적인 자격증으로 자리잡았습니다. 하지만 실제 수험 과정에서 이론은 방대하고 기출문제는 흩어져 있으며, 문제를 왜 그렇게 풀어야 하는지 명확히 설명해 주는 자료의 부족으로 고전하게 됩니다. 또한 단순히 정답만을 외우는 방식으로는 실제 시험에서 문제의 변형이나 응용에 대응하기 어렵고, 시험 후에 지식이 체계적으로 정립되지 않는 경우가 많습니다.

본 교재는 이러한 문제에서 출발하여, 실전에서 반복적으로 출제되는 핵심 내용을 중심으로 문제를 선별하고 모든 문항에 대해 명확한 정답과 해설을 제공하면서, 특히 다음과 같은 특징을 갖추고 있습니다.

첫째, 기출 기반의 원스톱 구성입니다.

리눅스 일반, 리눅스 운영 및 관리, 리눅스 활용까지 전 범위에 걸쳐 실제 시험의 흐름과 난이도를 충실히 반영했습니다. 또한 불필요한 설명은 줄이고 시험에 출제되는 핵심 내용에 집중했습니다.

둘째, '이론 → 문제 → 해설'의 유기적인 연결 구조입니다.

문제를 풀다가 막히는 경우 곧바로 관련 개념으로 되돌아갈 수 있도록 구성했습니다. 또한 해설에서는 단순히 정답 제시에 그치지 않고 해당 선택지가 왜 정답인지, 다른 선택지들은 왜 오답인지를 명확히 설명하면서 암기 중심이 아닌 이해 중심의 학습이 가능하도록 했습니다.

셋째, 실제 리눅스 환경을 염두에 둔 설명입니다.

명령어, 파일 시스템, 부트 로더, 사용자 관리, 권한, 패키지 관리 등은 시험 대비뿐만 아니라 실제 리눅스 환경에서도 그대로 활용할 수 있도록 서술했습니다. 본 교재를 완주하면 시험 이후에도 리눅스 시스템을 보다 안정적으로 이해하고 다룰 수 있을 것입니다.

본 교재는 단기간 합격을 목표로 하는 수험생에게는 가장 효율적인 정리서가 되고, 리눅스를 처음 공부하는 학습자에게는 기초를 다지는 길잡이가 될 것입니다. 끝까지 따라온 독자는 리눅스마스터 2급에서 요구하는 핵심 역량을 충분히 갖추게 될 것입니다. 깜짝 놀랄 정도로 세심하게 점검하여 편집해 주신 박문각출판에 감사드리고, 부디 이 책이 수험생 여러분의 합격은 물론, 이후의 학습과 실무에서도 오래 남는 밑거름이 되기를 바랍니다.

오재관

리눅스마스터 2급 저자

1 합격비법 핵심 이론

2 기출복원 모의고사

3 파이널 실전모의고사

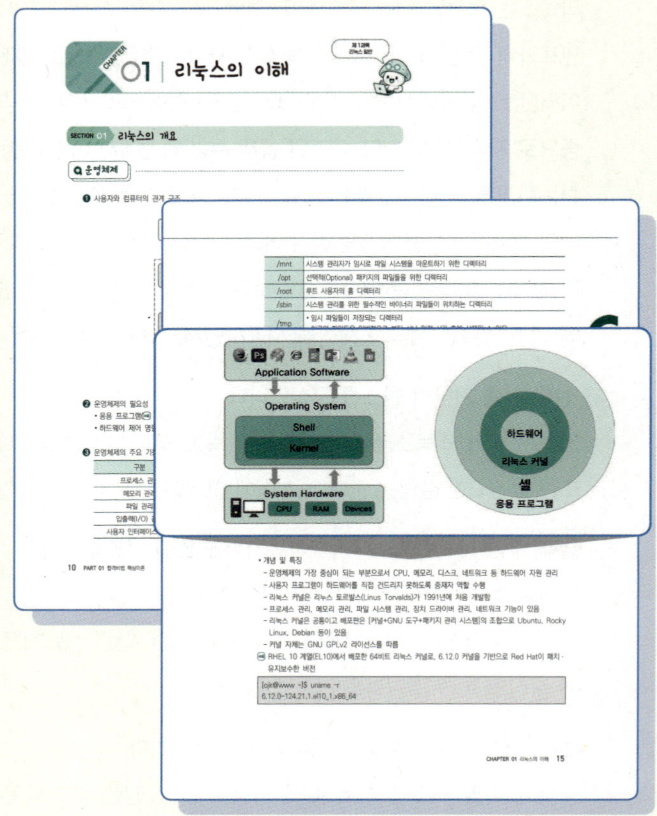

☑ Point 1

최근 시험에 반복적으로 출제되는 핵심 개념만 선별하여 정리하였습니다.

☑ Point 2

다양한 예시와 이해를 돕기 위한 그림과 도식화된 설명을 통해 쉽게 내용을 익힐 수 있습니다.

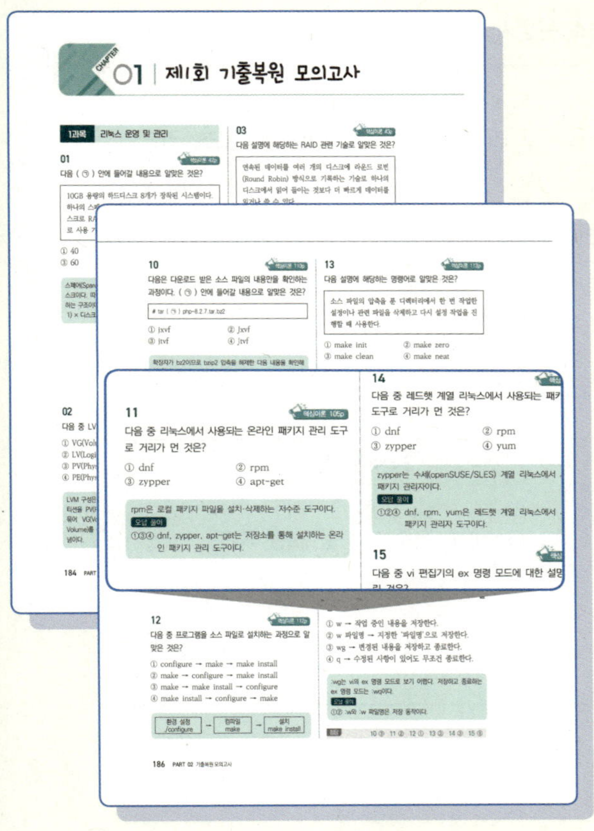

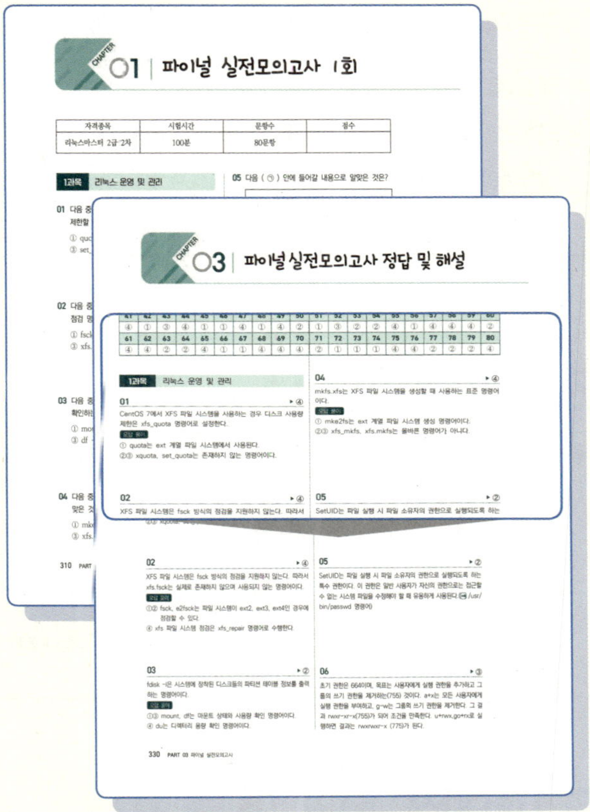

✅ Point 1

최신 출제문제를 기반으로 변형된 다양한 기출문제를 수록하여 문제적응력을 향상시킬 수 있습니다.

✅ Point 2

핵심이론 페이지를 표시하여 빠른 개념 확인이 가능하고, 오답 풀이로 문제풀이가 쉬워집니다.

✅ Point 1

기출 분석을 통해 실제 시험과 유사한 모의고사를 수록하여 실전 감각을 익힐 수 있습니다.

✅ Point 2

핵심만 정확하게 짚어주는 해설로 문제해결력과 실전 감각을 극대화할 수 있습니다.

01 리눅스마스터(Linux Master)란?

- 스마트폰, 클라우드 서버, 슈퍼컴퓨터를 비롯해서 5세대 이동통신(5G), 사물인터넷(IoT), 드론, 자율주행차 등 리눅스로 운영되는 미래성장동력 분야에서 쓰이는 다양한 응용기술의 토대가 되는 자격 종목
- 1급은 리눅스 기반 시스템의 관리능력을 평가하고 2급은 리눅스 운영시스템의 프로그램 사용능력을 평가함

> **※ 필요성**
> - 리눅스 시스템 관리자에게 요구되는 리눅스 OS의 기본 지식 및 리눅스 기반의 서버·네트워크 관리 실무능력 인증
> - 리눅스 기반의 Desktop 활용 및 서버운영, 시스템의 설계개발 및 관리, 네트워크 구축 및 서비스 운영 등에 쓰임

02 응시접수

등급	차수	응시자격	검정수수료	응시지역
2급	1차	제한없음	22,000원	On-line 접속 가능한 모든 지역
	2차	1차 시험 합격자에 한해 성적공개일 기준으로 2년 이내 응시	44,000원	서울, 부산, 대구, 광주, 대전, 인천, 수원, 제주

03 시험 방식

등급	차수	검정방법	문항수	시험시간	배점	합격기준
2급	1차	온라인 시험 (객관식 사지선다)	50문항	60분	100점	60점 이상
	2차	필기	80문항	100분	100점	60점 이상 (과목당 40% 미만 과락)

※ 입실완료시간: 13:50

※ 시험시간: 14:00 ~ 15:40 (100분)

등급	차수	검정방법	문항수
2급	리눅스 일반	리눅스의 이해	리눅스의 개요, 역사, 철학
		리눅스 설치	기본 설치 및 유형, 파티션과 파일 시스템, Boot Manager
		기본 명령어	사용자 생성 및 계정 관리, 디렉터리 및 파일, 기타 명령어
	리눅스 운영 및 관리	파일 시스템 관련 명령어	권한 및 그룹 설정, 파일 시스템의 관리
		Shell	개념 및 종류, 환경 설정
		프로세스 관리	개념 및 유형, 프로세스 Utility
		에디터	에디터의 종류, 에디터 활용
		소프트웨어 설치	개념 및 사용법, 소프트웨어 설치 및 삭제
		장치 설정	주변장치 연결 및 설정, 주변장치 활용
	리눅스 활용	X 윈도	개념 및 사용법, X 윈도 활용
		인터넷 활용	네트워크의 개념, 인터넷 서비스의 종류, 인터넷 서비스의 설정
		응용분야	기술동향, 활용기술

05 2026년도 시험 일정

등급	회차	차수	접수일자	시험일자	합격자 발표
2급	2601회	1차	01.26(월) ~ 02.04(수)	01.27.(화) ~ 02.05.(목)	시험종료 즉시
		2차	01.27.(화) ~ 02.06.(금)	03.14.(토)	04.03.(금)
	2602회	1차	04.27.(월) ~ 05.06.(수)	04.28.(화) ~ 05.07.(목)	시험종료 즉시
		2차	04.28.(화) ~ 05.08.(금)	06.13.(토)	07.03.(금)
	2603회	1차	07.27.(월) ~ 08.05.(수)	07.28.(화) ~ 08.06.(목)	시험종료 즉시
		2차	07.28.(화) ~ 08.07.(금)	09.12.(토)	10.09.(금)
	2604회	1차	10.26.(월) ~ 11.04.(수)	10.27.(화) ~ 11.05.(목)	시험종료 즉시
		2차	10.27.(화) ~ 11.06.(금)	12.12.(토)	12.31.(목)

이 책의 차례

FAQ

Q 리눅스마스터 2급 1차 시험과 2차 시험의 차이는 무엇인가요?

A 1차 시험은 온라인 시험입니다. 시험 접수 다음 날 오후 13:00 이후 어디에서나 응시할 수 있습니다. 단, 금요일에 접수할 경우 차주 월요일 13:00 이후 응시해야 합니다.
2차 시험은 필기입니다. 정해진 고사장에 가서 응시해야 하고 과락이 있습니다.

Q 리눅스마스터 2급은 어디에 쓰이나요?

A 고등학교 재학 중 취득 시, 학교생활기록부에 기재될 수 있습니다. 또한 학점은행제 인정(5학점)이 가능하고 현역병 군지원(모병) 대상자 복무 선정에 도움이 될 수 있습니다.

Q 시험을 보기 어려운 경우, 환불 받을 수 있나요?

A 접수기간이나 시험 당일 10일 전에는 신청서 제출 시 응시 비용을 전액 환불 받을 수 있습니다. 시험일 9일 전부터 시험 당일까지는 신청서 및 규정된 사유의 증빙서류 제출 시 연기 및 응시 비용을 전액 환불 받을 수 있습니다. 시험일 이후에는 환불이 불가능합니다.

Q 시험에 출제되는 리눅스 버전은 어떻게 되나요?

A 커널 4.x 이상이고 레드햇 계열은 RHEL/Rocky Linux 8, 데비안 계열은 ubuntu 18.04 이상입니다.

합격비법 핵심이론

SECTION 01 리눅스의 개요

Q 운영체제

❶ 사용자와 컴퓨터의 관계 구조

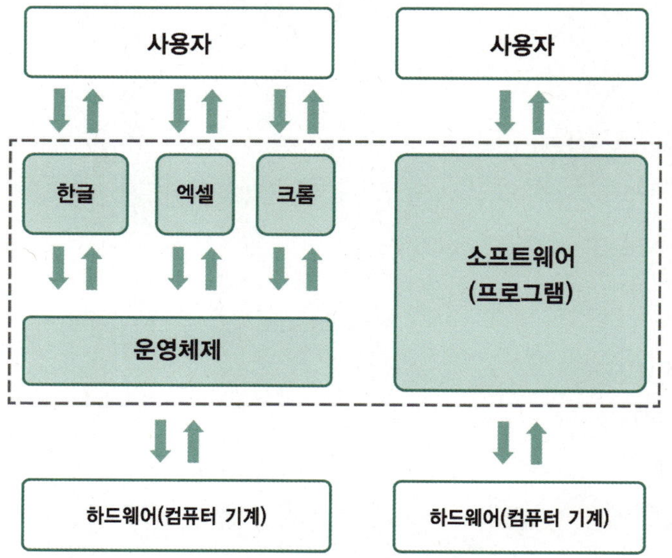

❷ 운영체제의 필요성
- 응용 프로그램(예 한글2024)은 하드웨어를 직접 제어할 수 없음
- 하드웨어 제어 명령을 프로그램마다 포함시키면 비효율적이고 복잡함

❸ 운영체제의 주요 기능

구분	설명
프로세스 관리	CPU를 여러 프로그램이 효율적으로 사용할 수 있게 함
메모리 관리	실행 중인 프로그램이 사용할 메모리 공간을 배분
파일 관리	저장 장치의 파일 생성 · 삭제 · 접근 제어 수행
입출력(I/O) 관리	키보드, 마우스, 프린터 등 입출력 장치 제어
사용자 인터페이스 제공	명령어 입력창(CLI) 또는 그래픽 인터페이스(GUI) 제공

❹ 운영체제의 종류
1) 윈도우(Windows) 계열
- 특징: 마이크로소프트(Microsoft)에서 제작했고 그래픽 사용자 인터페이스(GUI)를 중심으로 사용이 편리함
- 종류

구분	설명
개인용	Windows 10, Windows 11
서버용	Windows Server 2022

2) 유닉스(UNIX) 계열
- 특징
  - 다중 사용자(Multi-user), 다중 작업(Multi-tasking)을 지원하며 네트워크 기능이 우수하고 안정성이 높음
  - 커널 구조와 명령 체계가 일정하며, 다양한 파생 버전 존재함
- 종류

구분	설명
상용	HP-UX, Solaris, AIX
오픈 소스	FreeBSD, OpenBSD, NetBSD

3) 리눅스(Linux) 계열
- 특징: 유닉스 철학을 계승한 오픈소스 운영체제로서, 서버, 개발환경, 클라우드, 임베디드 시스템 등 다양한 분야에서 사용
- 종류: Red Hat Linux, CentOS, Fedora, Debian, Ubuntu, SUSE Linux, Arch Linux 등이 있음

4) 매킨토시(Macintosh) 계열
- 특징
  - 애플(Apple)에서 제작했고, 하드웨어(맥 컴퓨터)와 소프트웨어(OS)를 일체형으로 제공
  - 유닉스 기반의 macOS로 안정성과 보안성, GUI 환경이 우수하고 디자인 및 영상 편집 분야에 강점
- 종류: macOS 11 Big Sur, macOS 12 Monterey 등이 있음

5) 스마트폰

구분	설명
애플 계열(iOS)	• 애플사에서 Objective-C, Swift 등으로 개발 • 사용 기기: iPhone, iPad 등
구글 계열(Android)	• 구글에서 제작한 리눅스 기반의 모바일 OS로서 Java, Kotlin로 개발하였고 터치 기반의 GUI 제공 • 앱(App)을 설치하여 다양한 기능 확장 가능 • 사용 기기: 삼성, LG, 구글폰 등

6) 임베디드(Embedded)
- 특징
  - 특정 기기나 장비에 내장되어 동작하는 운영체제로서, 일반 PC용이 아닌 전용 목적 시스템에 최적화
  - 스마트 가전(예 냉장고, 세탁기, TV), 자동차, 산업용 로봇, IoT 기기 등이 있음
- 종류: Embedded Linux, Windows IoT/Windows Embedded, VxWorks, Tizen

7) RTOS(Real-Time Operating System)
- 특징
  - 정해진 시간 안에 반드시 작업을 처리하도록 보장하는 운영체제
  - 단순히 빠른 OS가 아니라, 응답 시간이 예측 가능하고 결정적(Deterministic)
- 종류

구분	설명
QNX	• 실시간 운영체제(RTOS)로, 안정성과 신뢰성이 매우 중요한 임베디드 산업 · 자동차 시스템에서 사용되는 상용 OS(리눅스 기반 아님) • BlackBerry가 개발하고 마이크로커널(Microkernel) 구조를 가짐 • 용도: 자동차, 산업 제어, 의료기기, 항공 · 국방 등

Q 리눅스 특징과 종류

❶ 리눅스의 특징
- 운영체제의 핵심인 커널이 작으므로 운영체제는 작다고 할 수 있음
- 1991년 핀란드 헬싱키 대학의 학생 리누스 토르발스(Linus Torvalds)가 개인용 컴퓨터에서 작동하는 유닉스형 커널을 개발하면서 시작됨
- POSIX 표준을 따르고 가상메모리 시스템과 선점형 멀티태스킹을 지원하며 강력한 네트워크 기능을 갖춤
- GNU/GPL을 따르는 소스 코드는 자유롭게 배포 가능하며 무료
- 2가지 버전(개발 버전, 안정 버전)으로 발표

❷ 리눅스 계열 분류

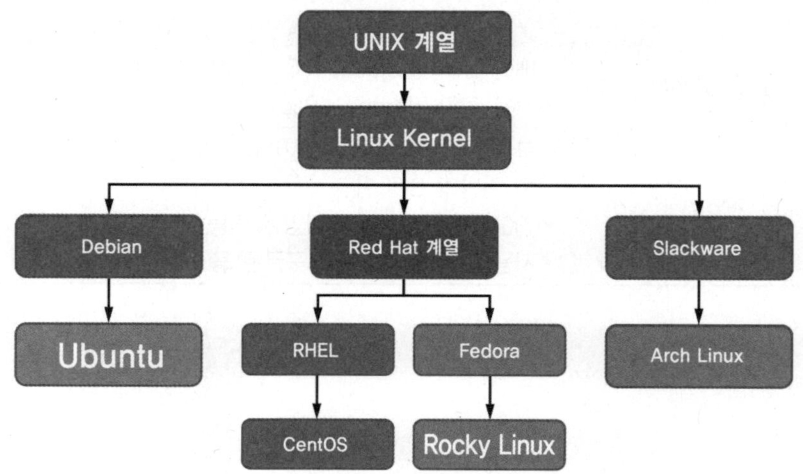

❸ 레드햇 계열 리눅스 계보

- Rocky Linux: CentOS 지원 종료에 따라 탄생한 리눅스 배포판이며 CentOS 프로젝트 창립자인 Gregory Kurtzer가 주도

❹ 데비안 계열 리눅스 계보

배포판	주요 특징	대표적인 배포판
Debian	• 이안 머독(Ian Murdock) 주도하에 Debian Project를 설립하여 개발 • 오픈소스 철학을 가장 충실히 반영하고 안정성과 보안성이 뛰어나며 다양한 아키텍처 지원 • APT 패키지 관리 시스템으로 설치·업그레이드가 매우 편리	Debian Linux Mint, MX Linux
Ubuntu	Debian 기반의 대표적인 데스크톱용 배포관으로 사용이 간편함	Ubuntu
Kali linux	Debian 기반의 배포판	Kali linux
Red Hat	• 미국 Red Hat사에서 개발·배포한 기업용 상용 리눅스 • 강력한 기술 지원 및 안정성 보장, 기업 서버 및 클라우드 플랫폼 제공 목적 • RPM(Red Hat Package Manager) 기반으로 패키지 관리	RHEL CentOS Stream, Fedora
SUSE	• 독일에 의해 개발·배포한 상용 리눅스 • 안정성과 기업 지원에 강점 • YaST(Yet another Setup Tool)로 관리 편리 • 클라우드·서버·데스크톱 통합 관리 도구	openSUSE, SUSE Linux Enterprise (SLE)
Slackware 계열	• 패트릭 볼커딩(Patrick Volkerding)에 의해 개발·배포한 가장 오래된 리눅스 배포판 중 하나이며 단순하고 전통적인 유닉스 철학 유지 • 시스템 자동화보다는 수동 설정 중심으로 교육용, 리눅스 전문가용	Slackware Linux, Salix OS, Vector Linux

① 디렉터리 구조

- 개념 및 특징
  - 디렉터리는 폴더라고 말하며 파일 저장소
  - 최상위 디렉터리(/)를 시작으로 하여 하위 디렉터리들이 계층적으로 구성

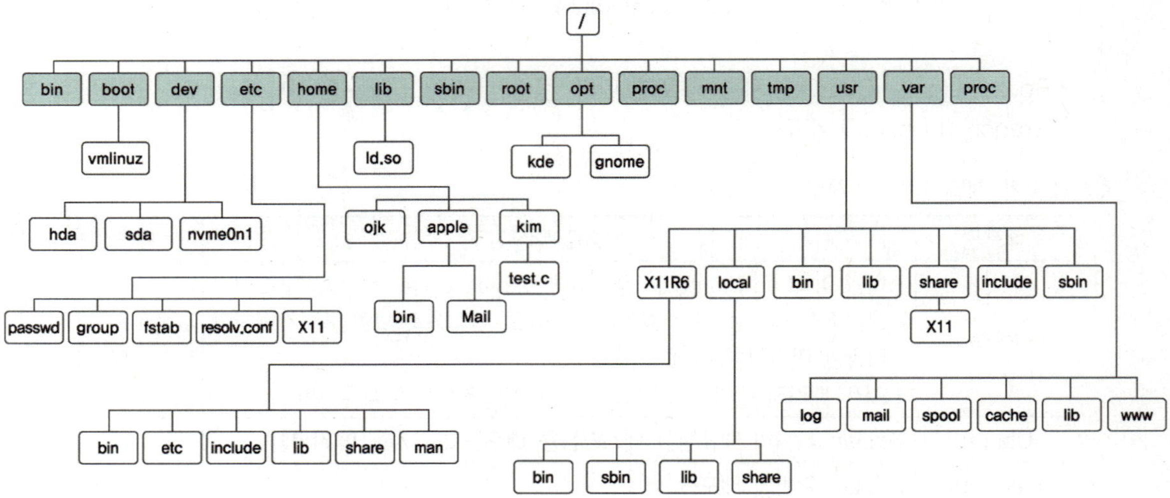

- 주요 디텍터리

/	• 모든 파일과 디렉터리의 시작점 • Linux에서는 모든 것이 파일로 취급되며, 모든 파일과 디렉터리는 이 루트 디렉터리 아래에 위치함
/bin	• 필수적인 명령어 바이너리(Binary)들이 위치하는 디렉터리 • ls, cp, mv 같은 기본적인 명령어들이 위치함
/boot	• 부트 로더와 커널 관련 파일들이 위치하는 디렉터리 • grub 설정 파일과 초기 RAM 디스크 이미지, 커널(vmlinuz) 등이 저장됨
/dev	• 장치 파일들이 위치하는 디렉터리 • /dev/sda나 /dev/tty 같은 장치 파일들이 위치함
/etc	• 시스템 설정 파일들이 저장되는 디렉터리 • /etc/fstab, /etc/passwd 같은 중요한 설정 파일들과 여러 서비스의 설정 디렉터리들이 위치함
/home	• 사용자들의 홈 디렉터리 • 각 사용자에게는 /home/username 형태의 디렉터리가 할당됨
/lib, /lib64	시스템 라이브러리 파일들이 위치하는 디렉터리
/media	사용자가 임시로 마운트하는 외부 저장 매체(예 CD-ROM, USB 드라이브 등)를 위한 마운트 지점들이 위치하는 디렉터리

/mnt	시스템 관리자가 임시로 파일 시스템을 마운트하기 위한 디렉터리
/opt	선택적(Optional) 패키지의 파일들을 위한 디렉터리
/root	루트 사용자의 홈 디렉터리
/sbin	시스템 관리를 위한 필수적인 바이너리 파일들이 위치하는 디렉터리
/tmp	• 임시 파일들이 저장되는 디렉터리 • 이곳의 파일들은 일반적으로 부팅 시나 일정 시간 후에 삭제될 수 있음
/usr	사용자 응용 프로그램과 관련된 파일들이 위치하는 디렉터리
/var	가변 데이터(예 Log 파일, 데이터베이스, 메일 큐 등)를 위한 디렉터리
/proc	• 시스템 및 시스템 자체에서 실행 중인 프로세스에 대한 정보를 제공하는 가상 디렉터리 • /proc/cpuinfo, /proc/meminfo, /proc/mounts, /proc/pid 등이 있음

❷ 커널

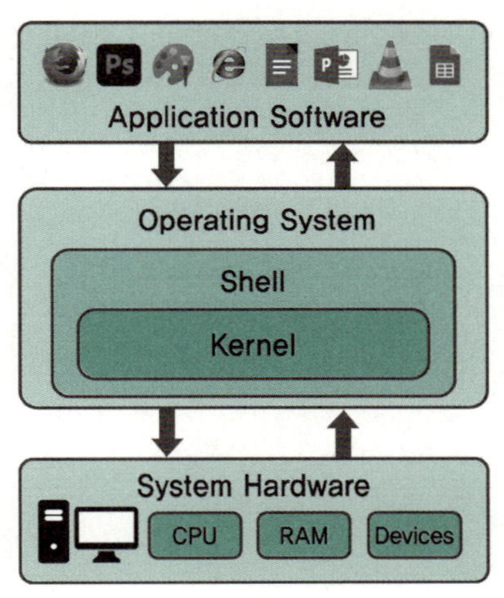

• 개념 및 특징
  - 운영체제의 가장 중심이 되는 부분으로서 CPU, 메모리, 디스크, 네트워크 등 하드웨어 자원 관리
  - 사용자 프로그램이 하드웨어를 직접 건드리지 못하도록 중재자 역할 수행
  - 리눅스 커널은 리누스 토르발스(Linus Torvalds)가 1991년에 처음 개발함
  - 프로세스 관리, 메모리 관리, 파일 시스템 관리, 장치 드라이버 관리, 네트워크 기능이 있음
  - 리눅스 커널은 공통이고 배포판은 [커널+GNU 도구+패키지 관리 시스템]의 조합으로 Ubuntu, Rocky Linux, Debian 등이 있음
  - 커널 자체는 GNU GPLv2 라이선스를 따름
  예 RHEL 10 계열(EL10)에서 배포한 64비트 리눅스 커널로, 6.12.0 커널을 기반으로 Red Hat이 패치·유지보수한 버전

```
[ojk@www ~]$ uname -r
6.12.0-124.21.1.el10_1.x86_64
```

6.12.0-124.21.1.el10_1.x86_64

6.12.0　　메이저 버전 커널의 기능 수준과 API 기준을 나타낸다
　　　　　→ 0: 패치 레벨
　　　　　→ 12: 마이너 버전
　　　　　→ 6: 메이저 버전

-124.21.1 배포판 유지 보수 이력(전체가 하나의 번호)
　　　　　→ 배포판(RHEL 계열)에서 관리하는 빌드 패치 · 번호

el10_1　　Enterprise Linux 10.1용 커널이라는 뜻
　　　　　→ _1: 마이너 릴리스
　　　　　→ 10: 메이저 릴리스 버전
　　　　　→ el: Enterprise Linux

x86_64　　CPU 아키텍처
　　　　　→ 64: 64비트
　　　　　→ x86: 인텔

01 리눅스의 가장 큰 특징으로 올바른 것은?

① 상용 소프트웨어로 배포된다.
② 소스 코드를 공개하지 않는다.
③ 오픈소스 운영체제이다.
④ 특정 기업만 사용할 수 있다.

✓정답 및 해설

리눅스는 오픈소스(Open Source) 운영체제이고, 누구나 소스 코드를 자유롭게 열람 · 수정 · 재배포할 수 있다.

답 ③

02 리눅스를 처음 개발한 사람은 누구인가?

① 리처드 스톨만(Richard Stallman)
② 빌 조이(Bill Joy)
③ 리누스 토르발스(Linus Torvalds)
④ 데니스 리치(Dennis Ritchie)

✓정답 및 해설

1991년 핀란드 헬싱키 대학의 리누스 토르발스가 리눅스 커널을 처음 개발했고, 이후 GNU 프로젝트의 도구들과 결합되어 완전한 운영체제가 되었다.

답 ③

03 GNU 프로젝트와 가장 밀접한 관련이 있는 소프트웨어 자유운동은?

① GPL(General Public License)
② BSD 라이선스
③ MIT 라이선스
④ Freeware

✓정답 및 해설

• GNU 프로젝트는 자유 소프트웨어 운동의 일환으로 시작되었다.
• GPL은 프로그램의 자유로운 사용 · 수정 · 배포를 보장하기 위한 라이선스이다.

답 ①

04 다음 중 리눅스 배포판(Distribution)에 해당하지 않는 것은?

① Ubuntu
② Fedora
③ Debian
④ Android Studio

Android Studio는 운영체제가 아닌 개발 도구이며, Ubuntu, Fedora, Debian은 모두 리눅스 커널 기반 배포판이다.

답 ④

05 리눅스 커널(Kernel)의 주요 역할로 옳은 것은?

① 사용자 인터페이스 제공
② 하드웨어와 응용 프로그램 간의 중재
③ 그래픽 환경 구성
④ 패키지 설치 관리

커널(Kernel)은 운영체제의 핵심 부분으로, 하드웨어 자원(예 CPU, 메모리, 디스크 등)을 관리하며 응용 프로그램이 하드웨어에 직접 접근하지 않도록 중재한다.

답 ②

06 현재 사용되는 리눅스의 특징에 대한 설명으로 틀린 것은?

① 멀티 프로세서(Multi Processor)를 지원한다.
② TCP/IP 네트워킹을 지원한다.
③ 리눅스 커널은 COBOL로 작업되었다.
④ 애플, 윈도우즈 NT 등에서 사용되는 다양한 파일 시스템을 지원한다.

리눅스 커널은 대부분 C언어로 작성되었으며, 일부 어셈블리어가 사용되었다.

답 ③

07 리눅스에 대한 설명으로 틀린 것은?

① 프로그램의 소스가 공개되어 있다.
② 1991년에 최초 버전이 인터넷에 공개되었다.
③ 배포판 회사에서는 개발 작업이 금지되어 있다.
④ 배포판의 종류로는 레드햇, 데비안, 슬랙웨어 등이 있다.

레드햇(Red Hat)이나 캐노니컬(Canonical, 우분투 개발사)과 같은 리눅스 배포판 회사들은 리눅스 커널 및 관련 소프트웨어 개발에 적극적으로 참여하며, 이를 통해 수익을 창출하고 기술 지원을 제공한다.

답 ③

08 일반적인 디렉터리에 대한 설명으로 틀린 것은?

① /bin에는 기본 실행파일들, 즉 사용자 명령어들이 있다.
② /etc에는 시스템 관리시 필요한 설정 파일들이 있다.
③ /op에는 각 장치에 필요한 Socket 및 Log 파일들이 있다.
④ /proc에는 시스템 관리를 목적으로 메모리상에 만들어 놓은 가상 디렉터리로서, 디렉터리내의 파일들은 현재 시스템 설정을 보여준다.

✓ 정답 및 해설

/opt은 "Optional"의 약자로, 시스템에 기본적으로 포함되지 않은 추가적인 애플리케이션이나 상용 소프트웨어 패키지를 설치하기 위한 디렉터리이다. 각 장치(디바이스) 파일은 /dev 디렉터리에 위치하며, /op 디렉터리는 존재하지 않는다.

답 ③

09 /home 디렉터리에 대한 일반적인 설명으로 맞는 것은?

① 일반적인 명령어와 라이브러리들이 설치되는 디렉터리
② 사용자 계정의 홈 디렉터리가 위치하는 디렉터리
③ 시스템 관리에 관련된 바이너리 파일이 위치하는 디렉터리
④ 기타 문서들이 저장되는 디렉터리

✓ 정답 및 해설

기본 명령어는 주로 /bin이나 /usr/bin에 위치하며, 라이브러리는 주로 /lib이나 /usr/lib에 위치한다. /home 디렉터리는 시스템 사용자들의 개인 작업 공간이며, 사용자 문서들은 각 사용자의 홈 디렉터리 내에 저장될 수 있다. 시스템 전반의 매뉴얼 페이지 등은 /usr/share/doc 등에 위치한다.

답 ②

10 리눅스의 특징으로 틀린 것은?

① POSIX 표준을 따르는 운영체제이다.
② 가상메모리 시스템을 지원하지 않는다.
③ 멀티태스킹을 지원하며 네트워킹 기능이 뛰어나다.
④ GNU/GPL을 따르는 리눅스의 소스 코드는 자유롭게 어느 누구나 사용 · 변경 · 배포가 가능하다.

✓ 정답 및 해설

리눅스는 물리적 메모리(RAM)가 부족할 때 하드 디스크 공간(스왑 영역)을 메모리처럼 사용하여, 더 많은 프로그램을 실행할 수 있게 해주는 가상 메모리(Virtual Memory) 시스템을 지원한다.

답 ②

11 다음 리눅스에 관련한 설명 중 틀린 것은?

① 리눅스는 멀티태스킹과 멀티유저를 지원한다.
② 리눅스는 비선점 멀티태스킹을 지원한다.
③ 리눅스는 여러 가지 종류의 배포판이 있다.
④ 리눅스는 개발버전과 안정버전의 2가지 버전으로 발표가 되고 있다.

✓정답 및 해설

리눅스는 운영체제(커널)가 프로세스의 실행 시간을 제어하고 필요시 강제로 중단(선점)하여 다른 프로세스에게 CPU를 할당할 수
있는 선점형 멀티태스킹을 지원한다.

답 ②

12 다음 중 커널의 역할과 목적으로 틀린 것은?

① 커널은 하드웨어의 입출력 처리를 담당하지 않는다.
② 커널은 모든 응용 프로그램의 실행 환경을 만들어 주고 관리한다.
③ 커널은 좁은 의미의 운영체제다.
④ 커널은 하드웨어를 관리한다.

✓정답 및 해설

하드웨어 관리는 커널의 핵심 역할 중 하나이다.
오답 풀이
① 입출력(I/O) 처리도 커널이 담당하는 중요한 기능이다.
③ 운영체제의 핵심이므로 좁은 의미의 운영체제라 할 수 있다.

답 ①

13 다음 중 Linux의 특징이 아닌 것은?

① OS 자체의 사이즈가 커서 많은 기능을 제공한다.
② 소프트웨어 비용이 저렴하다.
③ 쉽게 최적화할 수 있다.
④ 원격 관리가 용이하다.

✓정답 및 해설

리눅스는 오픈 소스이며 모듈 방식으로 설계되어 커널 사이즈가 비교적 작고 효율적이다. 또한 필요한 기능만 선택적으로 포함하여
최적화하기 용이하다. 기능이 많아지는 것은 맞지만, 이는 OS 사이즈가 커서가 아니라 유연한 설계 때문이다.

답 ①

14 다음 중 슬랙웨어 계열 리눅스에 속하는 배포판으로 틀린 것은?

① Slackware Linux   ② knoppix

③ Sailix OS   ④ Vector Linux

✓ 정답 및 해설

Knoppix는 Debian 기반의 라이브 배포판으로 잘 알려져 있어 Slackware 계열로 보기 어렵다.

답 ②

15 다음에서 설명하는 리눅스 배포판으로 알맞은 것은?

> 데비안 기반으로 만들어진 리눅스 배포판으로, 다양한 해킹 도구를 내장하고 있어 정보보안 학습에 매우 유용하다.

① Ubuntu   ② Kali Linux

③ CentOS   ④ OpenSUSE

✓ 정답 및 해설

Kali Linux는 데비안(Debian) 기반의 리눅스 배포판으로, 침투 테스트(Penetration Testing), 디지털 포렌식, 보안 점검/모의해킹 학습을 목적으로 설계되어 있다. Metasploit, Nmap, Wireshark 같은 보안 도구들이 제공된다.

답 ②

🔍 유닉스(UNIX)의 등장(1960~1970년대)

- 리눅스의 근본적인 뿌리는 1969년 AT&T 벨 연구소의 켄 톰프슨(Ken Thompson)과 데니스 리치(Dennis Ritchie)가 개발한 유닉스(UNIX) 운영체제에서 시작함
- 유닉스는 소형 컴퓨터에서도 실행될 수 있는 효율적이고 이식성 높은 운영체제를 목표로 만들어졌음
- 1970 ~ 1980년대에 학계와 산업계로 확산되며 여러 파생 버전(예 BSD, System V 등)이 등장하면서 오늘날 운영체제의 기본 철학이 형성됨

🔍 자유 소프트웨어 운동의 등장(1980년대 초)

- 1983년 리처드 스톨만(Richard Stallman)이 상용 소프트웨어의 폐쇄성을 비판하며 GNU 프로젝트(GNU's Not Unix)를 시작하고 FSF를 창설함
- "완전한 자유 소프트웨어 운영체제"를 만드는 것을 목표로 함
- 이 프로젝트를 통해 컴파일러(GCC), 편집기(Emacs), 셸(Bash) 등 여러 구성 요소가 개발되었으나, 운영체제의 핵심인 커널(Kernel)은 완성되지 못함
- 이 시기를 통해 "소프트웨어는 자유롭게 사용 · 수정 · 재배포되어야 한다"는 자유 소프트웨어 철학(FSF, Free Software Foundation)이 확립되어 리눅스의 오픈소스 정신 형성에 큰 영향을 미치게 됨

🔍 리누스 토르발스와 리눅스 커널의 시작(1991년)

- MINIX는 1987년 네덜란드의 컴퓨터 과학자 앤드류 S. 타넨바움(Andrew S. Tanenbaum)이 운영체제 교육을 목적으로 개발한 유닉스 계열의 교육용 운영체제
- 1991년 핀란드 헬싱키 대학교의 학생이던 리누스 토르발스(Linus Torvalds)는 개인용 컴퓨터에서 사용할 수 있는 무료 운영체제를 만들기 시작함
- 그는 당시 교육용 운영체제 MINIX의 제약에 불편함을 느끼고, 이를 개선하기 위해 직접 커널을 작성

🔍 GNU와 리눅스의 결합(1992~1994년)

- 리눅스 커널은 자체로 완전한 운영체제가 아니었으나, GNU 프로젝트에서 개발된 도구들(예 GCC, Bash 등)과 결합하면서 하나의 완전한 시스템을 이루게 되었고, 이로써 GNU/Linux라 불리는 자유 운영체제가 탄생함
- 1992년 리눅스 커널은 GPL(General Public License, 일반 공중 사용 허가서) 하에서 공식적으로 오픈소스로 전환되었고, 1994년에는 리눅스 커널 1.0 버전이 정식 발표됨
- 이 시기를 거치며 리눅스는 안정적이고 기능적인 운영체제로 발전함

- 리눅스가 커뮤니티 중심으로 발전하면서, 다양한 용도와 사용자층에 맞춘 여러 배포판(Distribution)이 등장함

구분	설명
Slackware(1993)	가장 오래된 배포판으로, 단순성과 전통적 구조를 유지함
Debian(1993)	안정성과 오픈소스 원칙을 중시함
Red Hat Linux(1994)	기업용 지원과 상업 서비스를 제공함
SUSE Linux(1994)	유럽 중심의 상용 리눅스 배포판으로 성장함
Ubuntu(2004)	• 영국회사 캐노니컬에서 Debian을 기초로 고유한 데스크톱 환경인 유니티를 사용하여 만듦 • 데스크톱 친화적 환경으로 일반 사용자층을 확보함
SULinux(2000)	대한민국의 기업인 (주)에스유소프트에서 개발 및 배포하는 서버 전용 리눅스 배포판

- 이 시기를 통해 리눅스는 서버, 네트워크 장비, 슈퍼컴퓨터, 모바일 시스템 등 다양한 분야로 확산됨

Q 현대 리눅스의 발전(2000년대 이후)

- 2000년대 이후 리눅스는 다양한 영역에서 핵심 운영체제로 자리 잡음
- 서버 시장에서 리눅스는 웹 서버(예 Apache, Nginx)와 클라우드 인프라의 기반이 됨
- 모바일 분야에서는 2008년 구글이 리눅스 커널 기반의 안드로이드(Android)를 발표함으로써, 리눅스가 전 세계 스마트폰의 중심이 됨
- 임베디드 · IoT · 슈퍼컴퓨터 분야에서도 라즈베리 파이, IoT 기기, NASA의 연구 장비 등에서 표준 플랫폼으로 채택됨
- 기업 협력과 오픈소스 생태계도 활발히 이루어져, IBM, Google, Intel, Canonical, Red Hat 등이 리눅스 재단(Linux Foundation)을 중심으로 공동 개발을 진행함

🔍 리눅스의 철학

❶ 특징
- 유닉스 철학에서 출발
- 작고 단순한 도구를 만들어 서로 조합해 문제를 해결한다는 사고방식을 가짐

❷ 핵심 원칙
- 단순함(Simple)
  - 프로그램은 작고 단순하게, 조합 가능성(Composition)
  - 표준 입출력(예 stdin/stdout)을 사용해 파이프(|)로 연결
  - 예 작은 도구들을 조합해 큰 기능을 만듦

```
ps aux | grep ssh | wc -l
```

- 개방성과 공유(Open Source)
  - 소스 코드는 공개되고 누구나 수정 · 배포 · 검증 가능
  - 커뮤니티 기반으로 발전했고 사용자 도구는 GNU 프로젝트의 영향을 받음

❸ 리눅스 철학이 만든 결과
- 서버, 임베디드, 슈퍼컴퓨터까지 폭넓게 활용됨
- 강력한 자동화와 스크립트 환경, 높은 안정성과 확장성, 특정 회사에 종속되지 않는 생태계 구성함

🔍 리눅스 라이선스

❶ 개념 및 특징
- 개념: 리눅스가 오픈소스로 배포 · 개발될 수 있게 하는 법적 기반
- 특징
  - 핵심은 자유로운 사용 · 수정 · 배포를 허용하되, 조건을 지킴
  - 강한 카피레프트(Copyleft) 성격을 가지며 소스 코드를 수정 · 배포하면 그 결과물도 반드시 같은 라이선스로 공개
  - 리눅스 커널은 GNU GPL(GPLv2)로 배포됨

❷ GPL(GNU General Public License)

라이선스	특징
철학	GNU 프로젝트 철학을 반영
자유 사용	개인 · 기업 · 상업적 사용 가능
소스 공개 의무	배포 시 소스 코드 제공
동일 라이선스 유지	파생물도 GPL 유지
독점화 방지	수정 후 비공개 배포 불가

❸ 리눅스 생태계의 다른 라이선스들
- 특징
  - 리눅스 "커널"은 GPL이지만, 리눅스에 포함된 모든 소프트웨어가 GPL은 아님
  - 리눅스는 상업적 사용을 금지하지 않지만, GPL 코드 수정 후 배포 시 소스 공개 의무가 따르고 내부 사용만 하는 경우 공개 의무는 없음
- 종류

라이선스	특징	예시
MPL	오픈소스이지만 파일 단위로 공가 범위를 묶는 약한 카피레프트(Weak Copyleft) 성격을 가짐	Mozilla Firefox, LibreOffice
LGPL	• 라이브러리용 • 완화된 공개	glibc
BSD	• 재배포 자유 • 소스 공개 의무 없음 • 상업적 이용 가능	FreeBSD 계열 코드
MIT	• 매우 자유로움 • 소스 수정 후 공개 필요 없음	각종 유틸
Apache 2.0	• 특허 조항 포함 • 소스 수정 후 공개 필요 없음	Hadoop 등

01 다음 중 리눅스의 특징이 아닌 것은?

① 멀티유저(Multi-user) 지원
② 멀티태스킹(Multitasking) 지원
③ GUI만을 지원하는 단일모드 운영체제
④ 안정성과 보안성이 높음

> ✓ 정답 및 해설

리눅스는 CLI(명령행 인터페이스)와 GUI 환경을 모두 지원하고, 멀티유저·멀티태스킹을 지원하는 다중 사용자 운영체제이다.

 ③

02 리눅스에서 CLI 환경을 제공하는 프로그램은 무엇인가?

① 파일 관리자
② 터미널(Terminal)
③ 제어판(Control Panel)
④ 웹 브라우저

> ✓ 정답 및 해설

터미널(Terminal)은 명령행 인터페이스를 제공하는 프로그램으로, 사용자가 명령어를 직접 입력해 시스템을 제어할 수 있다.

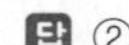 ②

03 리눅스의 디렉터리 구조에서 /home 디렉터리의 역할로 알맞은 것은?

① 시스템 설정 파일 저장
② 사용자 개인 파일 저장
③ 커널 파일 저장
④ 부팅 관련 파일 저장

> ✓ 정답 및 해설

/home은 각 사용자의 개인 디렉터리가 위치한 곳이며, 사용자별 문서, 설정 파일 등이 저장된다. 예 /home/ojk

답 ②

04 다음 중 리눅스의 철학에 해당하지 않는 것은?

① 모든 것은 파일이다.
② 하나의 프로그램은 한 가지 일을 잘 하게 만든다.
③ 사용자의 자유를 제한해야 한다.
④ 프로그램은 서로 연결될 수 있도록 만든다.

✓정답 및 해설

리눅스 철학은 단순함, 모듈성, 자유, 조합성을 중시하며, 사용자의 자유를 제한하는 것은 리눅스 철학에 어긋난다.

답 ③

05 리눅스가 서버 운영체제로 널리 사용되는 주된 이유로 옳지 않은 것은?

① 높은 안정성과 보안성
② 무료 사용 가능성
③ 독점 소스 코드로 유지보수가 어려움
④ 다양한 하드웨어 지원

✓정답 및 해설

리눅스는 오픈소스로 공개되어 있어 유지보수와 커스터마이징이 용0 하여 서버 운영체제로 널리 사용한다.

답 ③

06 다음 설명 중 리눅스 커널이 기존 유닉스 계열 운영체제와 구별되는 역사적 · 구조적 특징을 가장 적절하게 설명한 것은?

① AT&T 유닉스의 소스 코드를 직접 계승하여 개발되었고 상용 라이선스를 유지하였다.
② POSIX 표준을 따르면서도 마이크로커널 구조를 채택하여 초기부터 상업용 서버를 목표로 개발되었다.
③ 유닉스의 설계 철학을 참고하였으나 소스 코드를 새로 작성하였고 GPL 라이선스를 통해 자유 소프트웨어로 배포되었다.
④ BSD 유닉스의 공식 후속 프로젝트로 시작되어 학계 중심으로 발전하였다.

✓정답 및 해설

리눅스는 유닉스와 완전히 동일한 소스 코드를 기반으로 하지 않고, 유닉스의 개념과 설계 철학을 참고하여 리누스 토르발스가 새롭게 작성한 커널이다.

답 ③

07 다음 중 리누스 토르발스가 리눅스 커널을 개발하게 된 직접적인 계기로 가장 적절한 것은?

① BSD 유닉스의 상업화에 대한 반발
② 미닉스의 소스 코드 비공개 정책
③ 개인용 PC에서 사용할 수 있는 유닉스 호환 운영체제에 대한 필요성
④ AT&T의 유닉스 라이선스 폐지

> **✓ 정답 및 해설**

리누스 토르발스는 헬싱키 대학 재학 시절 미닉스를 사용하던 중, 개인용 PC에서 자유롭게 사용할 수 있는 유닉스 계열 운영체제가 필요하다고 판단하였다.

답 ③

08 다음 중 리눅스 역사를 이해할 때 자유 소프트웨어 철학의 핵심 의미로 가장 적절한 것은?

① 무료 배포만을 허용하는 정책이다.
② 소프트웨어를 수정 없이 사용해야 한다는 원칙이다.
③ 사용·수정·재배포의 자유를 보장하는 철학이다.
④ 상업적 사용을 금지하는 규칙이다.

> **✓ 정답 및 해설**

사용자는 소프트웨어를 자유롭게 실행하고, 소스 코드를 수정하며, 수정한 결과를 재배포할 수 있는 권리를 가진다.

답 ③

09 다음 설명 중 리눅스와 상용 유닉스의 관계를 역사적으로 가장 정확히 설명한 것은?

① 리눅스는 상용 유닉스를 완전히 대체하기 위해 개발되었다.
② 상용 유닉스의 기술을 불법적으로 차용하여 성장하였다.
③ 상용 유닉스와 경쟁하면서도 호환성과 표준을 통해 공존하였다.
④ 상용 유닉스는 리눅스 등장 이후 즉시 소멸하였다.

> **✓ 정답 및 해설**

리눅스는 상용 유닉스와 경쟁 관계에 있으면서도 POSIX 표준을 통해 호환성을 유지하였다. 이로 인해 기존 유닉스 환경의 기술과 경험을 리눅스로 이전할 수 있었으며, 상용 유닉스와 리눅스는 일정 기간 공존하며 발전하였다.

답 ③

10 다음 중 리눅스 발전 과정에서 오픈 소스 커뮤니티의 역할을 가장 적절히 설명한 것은?

① 개발 방향을 단일 기업이 독점적으로 결정하였다.
② 커널 개발과 사용자 공간 도구 개선에 전 세계 개발자가 참여하였다.
③ 커뮤니티는 문서 번역에만 참여하였다.
④ 상용 배포판 개발에는 참여하지 않았다.

✓정답 및 해설

리눅스는 전 세계 개발자들이 자발적으로 참여하는 오픈 소스 커뮤니티를 통해 발전하였다. 커널뿐 아니라 라이브러리, 응용 프로그램, 문서까지 다양한 영역에서 기여가 이루어졌으며, 이는 리눅스 생태계가 빠르게 성장할 수 있었던 핵심 요인이다.

답 ②

11 리처드 스톨만(Richard Stallman)에 의해 설립되었으며, 컴퓨터 프로그램의 복제와 배포, 개작을 위한 소스 코드의 원용에 대한 제한들을 철폐하는 목적을 가진 단체는?

① FSF
② ISO
③ ANSI
④ IETF

✓정답 및 해설

리처드 스톨만이 설립한 FSF(Free Software Foundation, 자유 소프트웨어 재단)는 사용자가 소프트웨어를 자유롭게 사용·연구·수정·배포할 수 있는 자유(Free Software, 자유 소프트웨어)를 옹호하고 보장하는 것을 목표로 한다.

답 ①

12 다음 중 국내에서 배포하는 리눅스는?

① SULinux
② CentOS
③ SUSE
④ Fedora

✓정답 및 해설

SULinux는 대한민국의 기업인 (주)에스유소프트에서 개발 및 배포하는 서버 전용 리눅스 배포판이다.

답 ①

13 다음 중 영국 회사인 캐노니컬에서 데비안 리눅스를 기초로 고유한 데스크톱 환경인 유니티를 사용하여 만든 배포판은?

① 수세 리눅스　　　　　　　　　　② 슬랙웨어
③ CentOS　　　　　　　　　　　　④ 우분투

우분투는 데비안 리눅스를 기초로 제작한 데스크톱 친화적 환경적인 배포판이다.

답 ④

14 다음 중 자유 소프트웨어에 대한 설명으로 틀린 것은?

① 상업용 목적으로 사용할 수 있다.
② 소스 코드를 임의로 개작할 수 있다.
③ 소스 코드 수정시에는 반드시 소스 코드를 공개해야 한다.
④ 무료로 얻은 소스 코드를 이용하여 프로그램을 만든 경우에는 무료로만 배포해야 한다.

무료 소스 코드로 개발한 프로그램은 유료도 가능하다.

답 ④

15 FSF의 설립자로서 GNU를 이끌면서 리눅스의 발전에 핵심적인 역할을 한 사람은?

① 리처드 스톨만(Richard Stallman)
② 리누스 토발즈(Linus Tovalds)
③ 앤드류 타넨바움(Andrew Tanenbaum)
④ 빌 게이츠(Bill Gates)

리처드 스톨만(Richard Stallman)은 1985년에 FSF (자유 소프트웨어 재단)를 설립했다.

오답 풀이
② 리누스 토발즈 (Linus Torvalds)는 1991년 개인 프로젝트로 리눅스 커널 자체를 개발하였다.
③ 앤드류 S. 타넨바움(Andrew S. Tanenbaum)은 교육용 운영체제인 미닉스(MINIX)를 만들었다.
④ 빌 게이츠(Bill Gates)는 마이크로소프트의 공동 창업자이다.

답 ①

16 GNU 프로젝트에 대한 설명으로 틀린 것은?

① 리처드 스톨만(Richard Stallman)에 의해 시작되었다.
② 많은 GNU 프로그램들은 GCC로 컴파일 되었다.
③ 최초로 UNIX를 개발한 프로젝트이다.
④ 소프트웨어의 독점에 반대해 프로그램을 자유롭게 사용하도록 하자는 취지이다.

UNIX는 AT&T 벨 연구소에서 1969년에 켄 톰슨과 데니스 리치 등에 의해 개발된 운영체제이다.

답 ③

17 다음 중 MPL(Mozilla Public License) 라이선스를 적용하는 소프트웨어로 알맞은 것은?

① Hadoop
② Firefox
③ Linux Kernel
④ MySQL

MPL은 Mozilla Public License로, Mozilla 재단/커뮤니티에서 개발한 라이선스로, Firefox는 대표적인 MPL 적용 소프트웨어로 알려져 있다.

오답 풀이

① Hadoop은 Apache License 계열이다.
③ Linux Kernel은 GPL 계열로 배포되는 것으로 알려져 있다.

답 ②

18 다음 중 Apache License를 적용하는 소프트웨어로 알맞은 것은?

① Firefox
② Hadoop
③ GNOME
④ Bash

Apache License는 Apache Software Foundation(ASF) 프로젝트에서 주로 사용되는 허용적(permissive) 라이선스이다. Hadoop은 ASF 생태계의 대표 프로젝트로 Apache License를 적용한다.

오답 풀이

① Firefox는 MPL 적용 소프트웨어이다.
④ Bash는 GNU 프로젝트 성격상 GPL 계열로 분류되는 경우가 일반적이다.

답 ②

19 다음 중 해당 라이선스가 적용된 프로그램의 소스 코드를 수정하여 사용하더라도 반드시 공개할 필요가 없는 라이선스 조합으로 알맞은 것은?

① GPL, AGPL

② MPL, GPL

③ Apache, MIT

④ LGPL, MPL

✓정답 및 해설

Apache와 MIT는 대표적인 허용적 라이선스로, 소스 수정/재배포가 가능하되 수정한 소스 전체를 반드시 공개하도록 강제하지 않는다.

오답 풀이

① GPL, AGPL은 강한 카피레프트 성격이 있어 배포 형태에 따라 소스 공개 의무가 커질 수 있다.

④ LGPL, MPL은 약한 카피레프트로 공개 범위가 제한적이지만, "수정했는데도 공개 의무가 전혀 없다"로 보긴 어렵다.

답 ③

20 다음 중 BSD 라이선스에 대한 설명으로 가장 알맞은 것은?

① 수정하여 배포하면 반드시 소스 코드를 공개해야 한다.

② 상업적 이용이 금지되는 비상업용 라이선스이다.

③ 수정·재배포·상용 이용이 가능하며, 보통 저작권/면책 조항을 유지하면 된다.

④ 네트워크로 서비스만 제공해도 소스 코드 공개 의무가 발생한다.

✓정답 및 해설

BSD는 허용적 라이선스로 상용 이용과 재배포가 가능하고, 일반적으로 소스 공개 의무가 없다. 대신 저작권 고지와 면책 조항 등 라이선스 조건을 유지해야 한다.

답 ③

21 다음 설명에 해당하는 라이선스로 알맞은 것은?

> 1991년 6월에 발표된 라이선스로, 특허로 인하여 추가적으로 돈을 지불해야 하거나 소스 코드의 공개가 불가능하여 실행 바이너리 프로그램만 배포할 경우에 소스 코드뿐만 아니라 실행 바이너리 프로그램까지 배포할 수 없도록 하였다.

① GPL v1

② GPL v2

③ GPL v3

④ LGPL

✓정답 및 해설

GPL v2는 1991년 6월에 발표되었으며, 배포 시 소스 코드를 함께 제공하거나(또는 제공하겠다는 서면 제안을 포함하는 등) 소스 코드 제공 조건을 충족해야 한다. 소스를 공개할 수 없고 실행 바이너리만 배포하는 형태는 허용되지 않는다.

또한 특허 등의 이유로 수령자에게 추가 비용 지불, 사용 제한 등 GPL과 양립 불가능한 조건이 붙는다면 아예 배포 자체를 할 수 없도록 규정하고 있다. 따라서 제시된 설명에 해당하는 라이선스는 GPL v2이다.

답 ②

SECTION 01 기본 설치 및 유형

Q 리눅스 설치의 개요

❶ 개요
- 리눅스는 다양한 용도와 환경에 맞게 설치할 수 있는 범용 운영체제이며, 해당 배포판의 홈페이지에서 다운로드하여 설치할 수 있는 오픈소스 구조
- 자유롭게 수정하거나 배포할 수 있고 배포판마다 설치 환경과 설치 과정이 다름
- 설치용 ISO 이미지 파일이 다운로드 또는 복사 과정에서 손상되었는지 여부를 확인하기 위해 MD5 체크섬 값을 비교하여 무결성 확인(MD5 암호는 255자까지 허용)

❷ 설치 전 준비 과정

구분	설명
배포판 선택	개인용: Ubuntu, Linux Mint, Fedora 등
	서버용: RHEL, CentOS, Debian, Rocky Linux 등
	보안 · 교육용: Kali Linux, Ubuntu Education Edition 등
하드웨어 요구사항	CPU 아키텍처(예 x86, ARM 등), 메모리, 저장공간, 네트워크 호환성 등
설치 매체 준비	공식 사이트에서 ISO 이미지 다운로드 후 USB 또는 DVD로 부팅 디스크 제작
파티션 구성 계획	/(루트), /home, /boot, swap 파티션 구성 및 파일 시스템 선택(예 ext4, xfs 등)

❸ 설치 유형
- 워크스테이션 설치, 서버 설치, 사용자 설치 등이 있고 다음처럼 구분하기도 함

설치 유형	특징
전체 설치(Full Installation)	모든 패키지와 데스크톱 환경을 포함하여 설치함
최소 설치(Minimal Installation)	필수 패키지와 기본 커맨드라인 도구만 설치함
맞춤형 설치(Custom Installation)	사용자가 필요한 패키지 및 서비스만 선택하여 설치함
라이브(Live) 설치	USB/DVD에서 직접 실행 후 필요 시 설치함

❶ 개념: Rocky Linux는 Red Hat Enterprise Linux(RHEL)을 기반으로 한 오픈소스 서버용 리눅스 배포판

❷ 탄생 배경
- Rocky Linux는 2020년 12월에 CentOS 프로젝트가 방향을 변경하면서 만들어짐
- 기존 CentOS는 RHEL과 100% 호환되는 무료 대체판으로 많은 기업 서버에서 사용되고 있었는데, 레드 햇(Red Hat)이 "CentOS Stream"이라는 개발용 테스트 버전으로 전환하면서 안정적인 기업용 운영체제 가 필요하게 됨
- CentOS의 공동 창립자였던 그레고리 커처(Gregory Kurtzer)가 새롭게 시작한 프로젝트가 Rocky Linux 이고, 이 이름은 CentOS의 공동 설립자 로키 맥고(Rocky McGaugh)의 이름을 기리기 위해 붙여짐

❸ 주요 특징

구분	설명
기반	Red Hat Enterprise Linux(RHEL) 100% 호환
라이선스	완전한 오픈소스(무료)
개발 주체	Rocky Enterprise Software Foundation(RESF)
용도	서버 운영, 클라우드 인프라, 데이터센터 등
지원 아키텍처	x86_64, ARM64(aarch64)
패키지 관리자	dnf(기존 yum의 후속)
업데이트 주기	RHEL과 동기화되어 장기 안정성 보장
목표	CentOS처럼 안정적이고 무료이며, 완전한 RHEL 대체 OS 제공

❹ RHEL 계열 배포판의 계층 구조

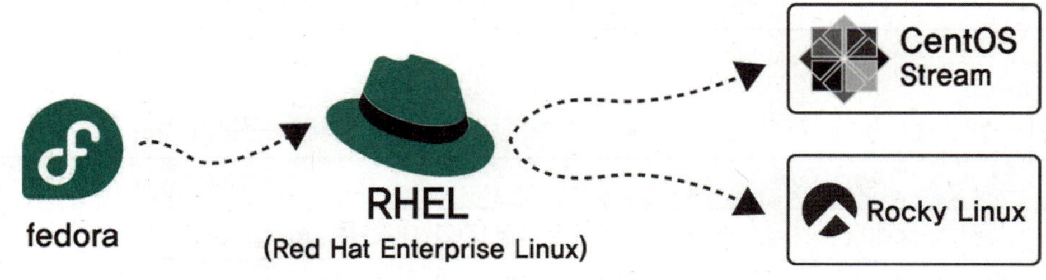

구분	설명
Fedora	최신 기술이 가장 먼저 적용되는 개발용 배포판
RHEL	Fedora의 안정화 버전으로, 상용 지원이 포함된 기업용 운영체제
CentOS Stream	RHEL로 반영되기 전의 테스트 단계 배포판
Rocky Linux	RHEL을 그대로 복제하여 무료로 사용할 수 있는 완전 호환판

❺ Rocky Linux를 VirtualBox에 설치하는 방법

  1) VirtualBox 설치
    • https://www.virtualbox.org에 접속하여 Windcws용 VirtualBox를 다운로드함
    • 설치 마법사 안내에 따라 기본 설정 그대로 설치 진행함
    • 설치 완료 후 VirtualBox를 실행함

  2) Rocky Linux ISO 이미지 준비
    • https://rockylinux.org/download에서 Rocky Linux ISO 파일을 다운로드함
    • 일반적으로 x86_64 DVD ISO를 선택함(예 Rocky-9.3-x86_64-dvd.iso)
    • 다운로드가 완료되면 파일 위치를 확인해 둠

  3) 새 가상 머신 만들기
    • VirtualBox 실행 후, 새로 만들기(New) 클릭하여 다음 항목 입력

구분	설명
이름	Rocky Linux 9
머신 폴더	기본값
ISO 이미지	앞서 다운로드한 ISO 선탁
타입(Type)	Linux
버전(Version)	Red Hat(64-bit)

    • Skip Unattended Installation(무인 설치 건너뛰기) 체크 후 다음 클릭

  4) Rocky Linux 설치 시작
    • 가상 머신 선택 후 시작(Start) 클릭하고 부팅 화면이 나타나면 "Install Rocky Linux 9" 선택 후 Enter
    • 설치 언어를 한국어로 선택하고 계속(Continue) 클릭

  5) 설치 설정
    • 설치 요약 화면에서 다음 항목을 설정함

구분	설명
설치 목적지(Destination)	기본 디스크 선택 → 자동 파티션(Automatic)
소프트웨어 선택(Software Selection)	Minimal Install 또는 Workstation 선택
네트워크 및 호스트 이름(Network)	연결 활성화 후 호스트 이름 입력
시간 및 날짜(Time&Date)	아시아/서울(Asia/Seoul) 선택
사용자 생성(User Creation)	일반 사용자 및 root 암호 설정

    • 모든 항목이 완료되면 설치 시작(Begin Installation) 클릭

  6) 설치 완료 및 재부팅
    • 설치가 완료되면 Reboot System(시스템 재부팅) 클릭
    • 부팅 후 로그인 화면에서 root 또는 생성한 사용자 계정으로 로그인

7) 기본 설정 확인
- 터미널 열기 후 다음 명령어로 버전 확인

```
cat /etc/os-release        - Rocky Linux release 9.x 확인됨
```

- 네트워크, 시간, yum/dnf 동작 확인

```
$ ping google.com
$ sudo dnf update
```

01 리눅스를 설치한 후 부팅 하였는데, LILO boot: 프롬프트가 나오지 않고 LI 문자만 출력하고 부팅이 이루어지지 않는 경우에 대한 설명으로 맞는 것은?

① 디스크립터 테이블(Descriptor Table)이 깨졌다.
② 처음에는 부트 로더(Boot Loader)가 작동하였으나 Map 파일에서 디스크립터 테이블을 로드하지 못할 때 발생할 수 있다.
③ 두 번째 단계의 부트 로더(Boot Loader)가 작동하였으나 Map 파일에서 디스크립터 테이블을 로드하지 못할 때 발생할 수 있다.
④ 미묘한 지오메트리(Geometry) 불일치에 의해서 또는 Map Installer 실행없이 /boot/map이 이동되어 두 번째 부트섹터 로더가 잘못된 주소로 로드되었다.

✓ 정답 및 해설

지오메트리 불일치(Geometry Mismatch)는 하드 디스크의 BIOS가 보고하는 지오메트리와 LILO가 사용하도록 설정된 지오메트리가 일치하지 않을 때 발생한다.

오답 풀이

②③ 맵 파일(Map file) 문제는 /boot/map 파일(두 번째 단계 부트 로더의 위치 정보 포함)이 Map Installer 실행 없이 이동되어 부트 로더가 잘못된 주소에서 필요한 데이터를 찾으려 할 때 발생한다.

답 ④

02 다음 설치 메뉴 중 사용 중인 리눅스 시스템 이상이 발생했을 때 시스템 점검을 위한 선택할 수 있는 모드로 알맞은 것은?

① Install or upgrade an existing system
② Install system with basic video driver
③ Rescue installed system
④ Boot from local drive

✓ 정답 및 해설

Rescue는 복구하는 메뉴이다.

답 ③

03 배포판 설치 시 선택할 수 있는 설치 유형이 아닌 것은?

① 워크스테이션 　　　　　　② 업그레이드
③ 서버 　　　　　　　　　　④ 메인프레임

리눅스 배포판 설치 시 일반적으로 선택할 수 있는 설치 유형은 워크스테이션, 서버, 업그레이드 또는 사용자 정의(Custom) 등이다.

답 ④

04 다음 배포판과 프로그램의 연결 중 성격이 다른 것은?

① 레드햇 – Anaconda
② 수세 – YaST
③ 멘드레이크 – Mandrake Installer
④ 데비안 – dselect

Anaconda는 Red Hat 및 Fedora 리눅스 배포판에서 사용하는 표준 시스템 설치 프로그램이다.

오답 풀이
② YaST(Yet another Setup Tool)는 SUSE 리눅스의 통합 시스템 설정 및 관리 도구이다.
③ Mandrake(현재는 Mandriva) 리눅스에서 사용하던 설치 프로그램이다.
④ dselect는 데비안 계열 리눅스에서 사용하는 패키지 관리 프론트엔드 프로그램이다.

답 ④

05 다음 중 리눅스 설치 시 MD5에 대한 설명으로 가장 적절한 것은?

① 양방향 해시 방식이다.
② 리눅스 설치 시 파일의 무결성 확인 용도보다는 보안용으로 사용한다.
③ SHA-256보다 보안성이 높아 현재 기본 암호 방식이다.
④ 비밀번호 길이를 최대 255자까지 허용한다.

MD5는 일방향 해시 방식으로 복호화가 불가능하며, 보안용 보다는 무결성 확인용으로 주로 사용한다.

오답 풀이
③ SHA-256은 MD5와 대비되는 방식이다.

답 ④

파티션과 파일 시스템

Q 디스크와 장치명

- Linux에서 사용하는 하드디스크 물리적 장치

구분	장치 종류/위치	장치 파일명
IDE Interface	Primary IDE Master	/dev/hda
	Primary IDE Slave	/dev/hdb
	Secondary IDE Master	/dev/hdc
	Secondary IDE Slave	/dev/hdd
SCSI, SATA Interface	첫 번째 SCSI 하드 드라이브	/dev/sda
	두 번째 SCSI 하드 드라이브	/dev/sdb
NVMe 디스크	첫 번째 NVMe 디스크	/dev/nvme0n1
CD-ROM(IDE)	Secondary IDE Master 장치에 장착된 CD-ROM	/dev/hdc

Q 파티션(Partition)

① 개념

- 하드디스크(HDD)나 SSD와 같은 저장장치를 논리적으로 여러 영역으로 나눈 구획
- 하나의 물리적 디스크를 여러 개의 독립적인 논리 드라이브로 구분하여 운영체제(OS), 사용자 데이터, 스왑 영역 등을 체계적으로 관리함

② 특징

구분	설명
독립성	각 파티션은 서로 독립적으로 동작하며, 한 파티션의 오류가 다른 영역에 영향을 주지 않음
관리 편의성	시스템 파일, 사용자 데이터, 스왑 공간 등을 분리하여 관리할 수 있음
보안 및 안정성 향상	루트(/)와 사용자 홈(/home)을 분리하면, 사용자 데이터 손실 위험을 줄일 수 있음
다중 운영체제	다중 운영체제 설치 가능하여 효율적으로 공간 활용

③ 종류

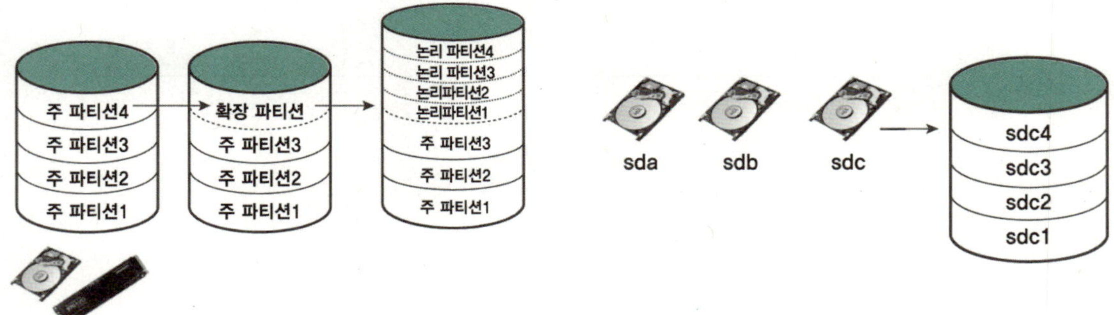

종류	설명
주 파티션 (Primary Partition)	• 디스크에서 직접 부팅이 가능한 기본 파티션 • 한 디스크에는 최대 4개까지 생성할 수 있음
확장 파티션 (Extended Partition)	• 파티션이 4개를 초과할 때, 주 파티션 중 하나를 확장 파티션으로 지정하여 여러 개의 논리 파티션을 생성 • 확장 파티션 자체에는 데이터를 저장하지 않음
논리 파티션 (Logical Partition)	• 확장 파티션 내부에 생성되는 실제 데이터 저장용 파티션 • 여러 개(보통 5번부터 시작) 생성할 수 있음
스왑 파티션 (Swap Partition)	• 리눅스에서 메모리 보조 공간으로 사용되는 영역으로, 하드디스크의 일부를 가상 메모리로 활용 • 보통 RAM 용량의 2~4배 정도로 설정(2배 권장)

예 mount 명령어 또는 /proc/partitions 파일은 파티션 정보를 볼 수 있음

```
[ojk@localhost ~]$ mount
/dev/sda2 on /boot type xfs
/dev/mapper/rl-home on /home type xfs
/dev/sda1 on /boot/efi type vfat
tmpfs on /run/user/1000 type tmpfs
/dev/sr0 on /run/media/ojk/CLE Amical 1 type iso9660
[ojk@localhost ~]$
```

```
[ojk@localhost ~]$ cat /proc/partitions
major minor  #blocks   name

   8      0   234431064     sda
   8      1      614400     sda1
   8      2     1048576     sda2
   8      3   232766464     sda3
   8     16   976762584     sdb
   8     17   669559808     sdb1
  11      0       71940     sr0
 253      0    73400320     dm-0
 253      1     8208384     dm-1
 253      2   151154688     dm-2
[ojk@localhost ~]$
```

❶ 개념 및 특징
- 기존의 고정된 파티션 구조를 대신하여, 여러 개의 물리적 디스크나 파티션을 하나로 묶어 논리적인 단위 (Volume)로 관리할 수 있게 함
- 이를 통해 디스크 공간의 확장 · 축소 · 이동 · 백업 등이 동적으로 가능함

❷ 구조

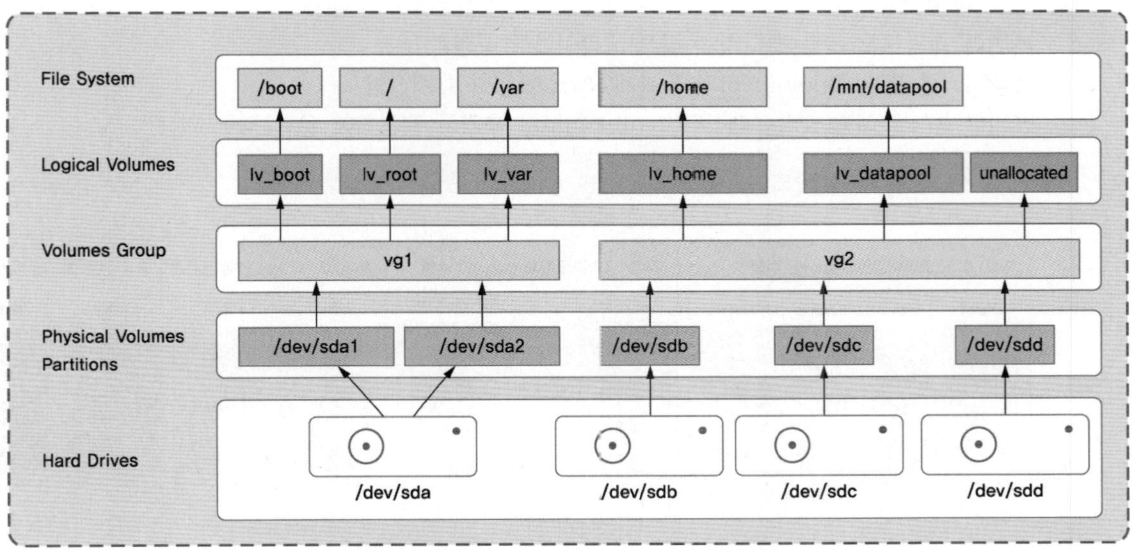

❸ 주요 구성 요소

구성 요소	설명
Physical Volume(PV)	• 실제 물리적인 디스크나 파티션 • 하드디스크의 블록인 PE(Physical Extent)로 구성되며, 보통 PE는 4MB로 구성 • pvcreate 명령어로 생성
Volume Group(VG)	• 여러 개의 Physical Volume을 묶어 하나의 저장 공간으로 만든 단위 • vgcreate 명령어로 생성
Logical Volume(LV)	• Volume Group 내에서 사용자가 실제로 사용하는 논리적 파티션 • 마치 일반 파티션처럼 마운트하여 사용하며 lvcreate 명령어로 생성

❹ 구성 순서: Physical Volume(PV) → Volumn Group(VG) → Logical Volumn(LV)

❶ 개념 및 특징

- 여러 개의 하드디스크를 하나의 논리적 단위로 묶어, 성능 향상과 데이터 안전성(중복성)을 동시에 확보하기 위한 기술
- 하나의 디스크가 고장나더라도 데이터 손실을 최소화하거나, 여러 디스크에서 동시에 데이터를 읽고 써서 속도를 높이는 방식

❷ 기본 동작 원리

- 여러 개의 디스크를 하나의 논리적 드라이브로 구성함
- 데이터를 분할(Striping) 하거나 복제(Mirroring)하여 저장함
- 일부 RAID 레벨에서는 패리티(Parity) 정보를 추가로 저장하여 오류 복구 가능

❸ RAID의 주요 레벨별 특징

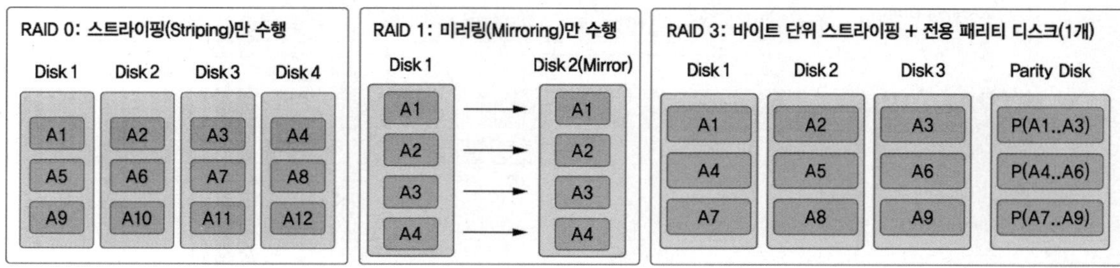

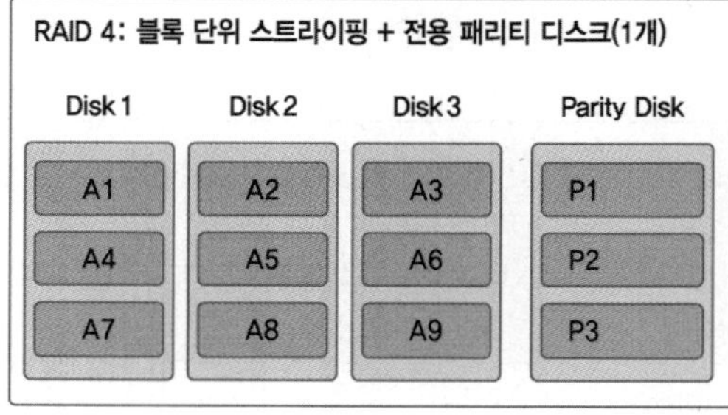

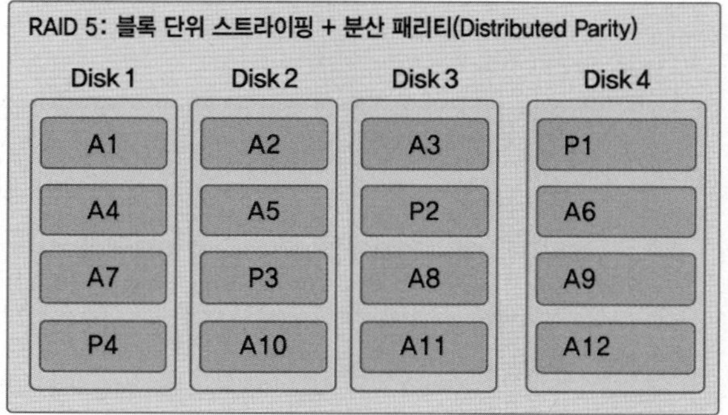

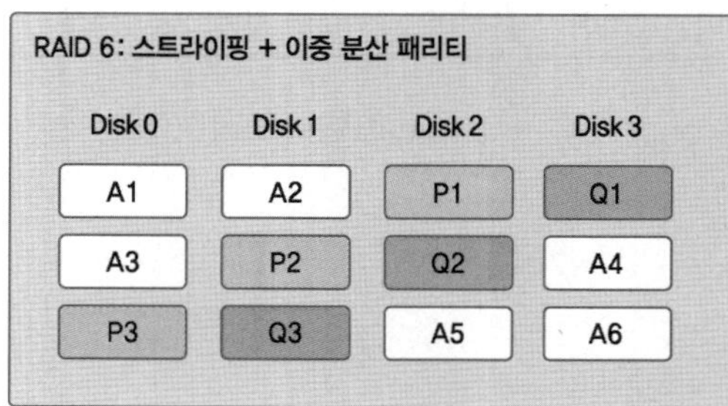

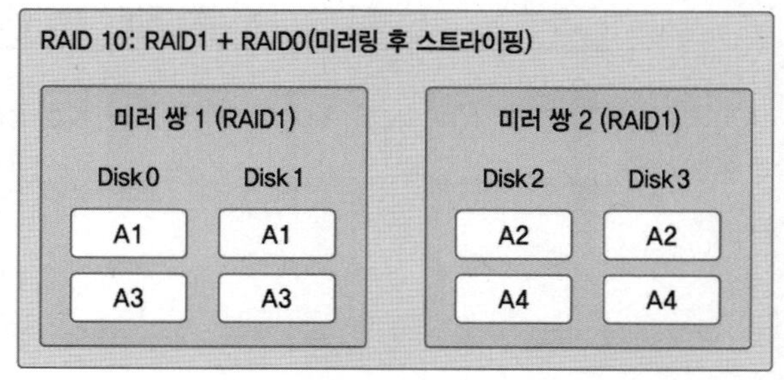

레벨	구성 방식	주요 특징	장단점
RAID 0	스트라이핑 (Striping)	데이터를 여러 디스크에 나누어 저장함	• 장점: 읽기·쓰기 빠름 • 단점: 장애 시 전체 데이터 손실(복구 불가)
RAID 1	미러링 (Mirroring)	동일한 데이터를 두 가 이상의 디스크에 복제함	• 장점: 높은 안정성, 데이터 복구 용이 • 단점: 저장 공간 효율 낮음(50%)
RAID 5	스트라이핑 + 패리티	• 3개 이상의 디스크 필요 • 패리티 정보를 분산 저장함	• 장점: 속도와 안정성의 균형, 한 개 디스크 장애 시 복구 가능 • 단점: 패리티 계산으로 인한 쓰기 속도 저하
RAID 6	스트라이핑 + 이중 패리티	• 4개 이상 필요 • 2개의 패리티 블록 저장함	• 장점: 두 개의 디스크 장애까지 복구 가능 • 단점: 쓰기 성능 저하, 구현 복잡
RAID 10(1 + 0)	미러링 + 스트라이핑	RAID 1과 RAID 0을 결합함	• 장점: 높은 성능과 안정성 • 단점: 디스크 4개 이상 필요해 비용 높음

🔍 파티션 분할과 파일 시스템 생성

① 개요: 리눅스에서 하드디스크의 파티션을 생성·삭저·조회하는 명령어는 MBR 방식과 GPT(GPID Partition Table) 방식으로 나누어짐

구분	설명
MBR 방식	fdisk
GPT 방식	gdisk 또는 parted

② fdisk 주요 옵션

옵션	의미	설명
–l	목록(List)	시스템에 연결된 모든 디스크와 파티션 정보를 출력함
–s [파티션명]	크기(Size)	지정한 파티션의 크기를 킬로바이트 단위로 표시함
–u	단위(Unit)	디스크의 단위를 섹터 단위로 표시함
–b [크기]	블록 크기	블록 크기를 512, 1024, 2048, 4096 중 하나로 설정함

③ fdisk 명령어

• fdisk 명령어를 실행하면 디스크 파티션의 편집 모드로 진입하고, 다음 명령어로 파티션을 편집함

명령	설명	명령	설명
m	명령어 도움말 보기	t	파티션 타입 변경함
p	파티션 목록 출력함	a	부팅 플래그 설정함
n	새 파티션 생성함	w	변경 내용 저장 후 종료함
d	파티션 삭제함	q	저장하지 않고 종료함

Boot Manager

- 컴퓨터 전원이 켜진 후, 여러 운영체제 중에서 어느 것을 부팅할지 선택하도록 하는 프로그램으로서, 멀티부팅 환경에서는 부트 매니저가 각 운영체제의 부트 로더를 호출하여 부팅 절차를 제어함

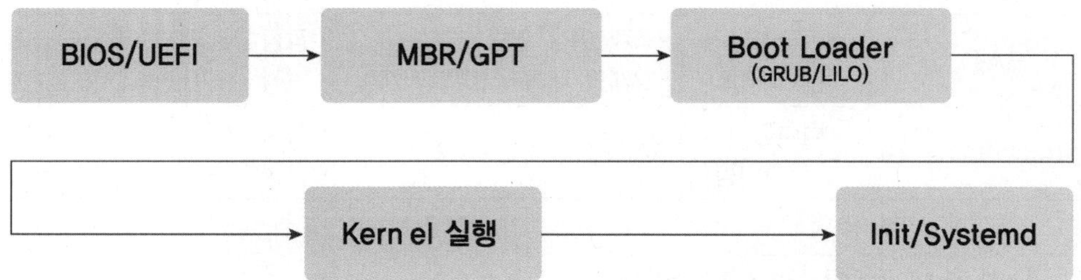

BIOS(Basic Input/Output System)

❶ 개념: 컴퓨터의 가장 기본적인 펌웨어로, 하드웨어를 초기화하고 운영체제를 부팅하기 위한 준비를 수행함

❷ 특징
- ROM(Read Only Memory)에 저장되어 있으며, 전원이 켜질 때 POST(Power On Self Test)를 수행하여 CPU, 메모리, 저장장치 등의 하드웨어 이상 여부를 점검함
- 부팅 가능한 장치를 찾아 부트 로더를 실행함

UEFI(Unified Extensible Firmware Interface)

❶ 개념: BIOS를 대체하기 위해 개발된 차세대 펌웨어 인터페이스

❷ 특징
- 하드웨어 초기화와 부트 로더 실행 기능을 제공하면서, 그래픽 인터페이스와 마우스 조작을 지원함
- 64비트 환경에서 동작하며, 대용량 하드디스크(2TB 초과)와 GPT 파티션을 지원함
- EFI 시스템 파티션(ESP)에 부트 로더를 저장하고, 각 운영체제별로 독립적인 부트 항목을 관리함

❶ 개념 및 특징
- 개념: 운영체제를 메모리에 적재하고 실행하기 위한 프로그램
- 특징
  - BIOS나 UEFI로부터 제어를 넘겨받아 커널을 로드하는 역할을 하며 여러 운영체제 중 하나를 선택하여 부팅할 수 있도록 함
  - 하드디스크의 MBR(Master Boot Record) 또는 EFI 시스템 파티션(ESP)에 저장되어 있고, GRUB (GRand Unified Bootloader), LILO(Linux Loader) 등이 사용됨

❷ 부트 로더 단계

옵션	의미
1단계 부트 로더	MBR에 위치하며, 2단계 부트 로더으 위치를 찾아 로드함
2단계 부트 로더	커널 파일을 메모리에 적재하고 커널 실행을 시작함

❸ 종류

1) LILO(LInux LOader)
  - 개념 및 특징
    - 과거 리눅스 시스템에서 표준으로 사용되던 부트 로더
    - 컴퓨터 전원을 켰을 때, 운영체제(예 리눅스 커널 등)를 하드디스크에서 메모리로 불러와 시스템이 부팅되도록 하는 역할이며 /etc/lilo.conf 파일로 설정

옵션	의기
boot	부트 로더를 설치할 디스크 또는 파티션 지정
image	부팅할 리눅스 커널 이미지 파일 경로 지정
label	부팅 메뉴에서 표시될 이름
timeout	자동 부팅까지의 대기 시간 설정(100이면 10초)

  - lilo 명령어

구분	설경
lilo	• /etc/lilo.conf 파일을 기반으로 부트 로드를 디스크에 설치·업데이트 • 설정 변경 후 필수 실행
lilo -v	• 설치 과정을 상세하게(Verbose) 출력 • 진행 상황 확인용
lilo -V	• lilo 버전을 출력 • lilo -v 명령어와 헷갈리지 않게 주의
lilo -t	• 테스트 수행 • 실제로 MBR을 덮어쓰지 않고 어떻게 작동할지 시뮬레이션 함
lilo -C [파일]	• 기본 설정 파일(/etc/lilo.conf) 대신 [파일]을 사용하도록 지정 • 대체 설정 파일있을 때 사용
lilo -u	이전에 백업된 부트 섹터를 복원하여 LILO 부트 로더를 제거함

2) GRUB(GRand Unified Bootloader)
- 개념 및 특징
  - 부트 메뉴를 통해 커널 버전, 복구 모드, 부팅 옵션 등을 지정할 수 있음
  - /etc/default/grub 파일에서 주요 변수들 설정(/boot/grub2/grub.cfg에 저장)

구분	설명
GRUB_DEFAULT	기본 부팅 항목 지정(예 GRUB_DEFAULT=0)
GRUB_TIMEOUT	부팅 메뉴 표시 시간을 초 단위로 설정(예 GRUB_TIMEOUT=10 → 10초)

  - 다양한 파일 시스템(예 ext4, FAT, NTFS 등)을 인식할 수 있음
  - BIOS 기반 시스템에서는 MBR에 설치되고, UEFI 시스템에서는 EFI 시스템 파티션(ESP)에 설치됨

커널 실행(Kernel Execution)

❶ 개념: 부트 로더가 메모리에 로드한 커널이 실행되어 운영체제의 핵심 기능이 시작되는 단계

❷ 특징
- 커널은 하드웨어와 소프트웨어 사이에서 자원을 관리하고, 프로세스, 메모리, 파일 시스템, 장치 입출력 등을 제어함
- 루트 파일 시스템(Root Filesystem)을 마운트하여 운영체제가 사용할 수 있도록 함
- PID 1번 프로세스(init 또는 systemd)를 실행하여 사용자 공간(User Space) 환경으로 전환함

PID 1번 프로세스

```
[ojk@localhost ~]$ ps -aux
USER        PID   %CPU  %MEM    VSZ      RSS    TTY    STAT  START   TIME COMMAND
root          1    0.5    0.5   49192    41188     ?     Ss   20:36   0:06 /usr/lib/systemd/systemd
root          2    0.0    0.0       0        0     ?     S    20:36   0:00 [kthreadd]
root          3    0.0    0.0       0        0     ?     S    20:36   0:00 [pool_workqueue_release]
root          4    0.0    0.0       0        0     ?     K    20:36   0:00 [kworker/R-rcu_gp]
root          5    0.0    0.0       0        0     ?     K    20:36   0:00 [kworker/R-sync_wq]
root          6    0.0    0.0       0        0     ?     K    20:36   0:00 [kworker/R-slub_flushwq]
root          7    0.0    0.0       0        0     ?     K    20:36   0:00 [kworker/R-netns]
root          8    0.0    0.0       0        0     ?     I    20:36   0:00 [kworker/0:0-events]
```

❶ 개념 및 특징
- 개념: 리눅스에서 시스템의 부팅과 서비스 관리를 담당하는 초기화(Init) 시스템
- 특징
  - 기존의 SysVinit을 대체하기 위해 개발된 현대적인 시스템 관리 데몬
  - PID 1번 프로세스로 실행되어 커널이 초기화된 후 가장 먼저 동작함
- 명령어 종류

구분	명령어	설명
서비스 제어	systemctl start [서비스명]	지정한 서비스를 즉시 시작함
	systemctl stop [서비스명]	지정한 서비스를 중지함
	systemctl restart [서비스명]	지정한 서비스를 재시작함
	systemctl reload [서비스명]	설정 파일을 다시 읽어들여 적용함
	systemctl enable [서비스명]	부팅 시 자동으로 시작되도록 설정함
	systemctl disable [서비스명]	부팅 시 자동으로 시작되지 않도록 설정함
시스템 관리	systemctl reboot	시스템을 재부팅함
	systemctl poweroff	시스템을 종료함
부팅 대상 Target 관련	systemctl get-default	현재 기본 부팅 타깃(Runlevel)을 확인함
	systemctl set-default [타깃명]	기본 부팅 타깃을 변경함

예

systemctl start httpd	- Apache 웹서버를 즉시 시작함
systemctl enable sshd	- SSH 서비스를 부팅 시 자동으로 실행되도록 설정함

Q 로그인(Login)

❶ 개념 및 특징
- 사용자가 시스템을 사용하기 위해 인증 절차를 거치는 과정으로서, 사용자 이름과 비밀번호를 입력하여 시스템이 사용자를 식별하고 접근 권한을 부여함
- 로그인 과정에서 사용자의 홈 디렉터리, 환경변수, 기본 셸 등이 설정됨

❷ 로그인 셸(Login Shell)
- 사용자가 로그인한 후 가장 먼저 실행되는 셸 프로그램으로서, 사용자의 명령어 입력을 받아 해석하고 실행하는 역할을 수행
- 기본적으로 /etc/passwd 파일에 정의된 사용자의 기본 셸이 실행됨(예 /bin/bash, /bin/zsh 등)

❸ 로그아웃(Logout): 사용자가 시스템 사용과 세션을 종료하는 과정

CHAPTER 03 | 기본 명령어

SECTION 01 사용자 생성 및 계정 관리

🔍 리눅스 사용자

- 리눅스는 다중 사용자 운영체제이므로 여러 사용자가 동시에 시스템을 사용할 수 있도록 계정을 생성하고 관리
- 각 사용자는 고유한 사용자 이름(username)과 사용자 ID(UID), 그리고 그룹 ID(GID)를 가짐

🔍 리눅스 명령어의 종류

❶ 내장 명령어
- 개념: 셸에 내장되어 있어 바로 실행되며 별도 프로세서를 발생하지 않음

  예 cd, pwd, echo, set, unset, export, history, exit, logout

❷ 외장 명령어
- 개념 및 특징
  - 파일로 존재하며 PATH에 지정되어 있는 순서대로 찾아 실행하고 프로세서를 발생시킴
  - PATH에 있지 않은 명령어는 실행되지 않고, 실행하기 위해서는 전체 경로를 지정
  - 현재 디렉터리에 있는 명령어 실행은 $./명령어

  예 path 확인은 echo $PATH 명령어(PATH는 대문자)

```
[ojk@localhost ~]$ echo $PATH
/home/ojk/.local/bin:/home/ojk/bin:/usr/local/bin:/usr/bin:/usr/local/sbin:/usr/sbin
[ojk@localhost ~]$
```

- 경로와 예시

디렉터리	의미	주요 내용	사용 대상	예시 명령어
/bin	기본 명령어 디렉터리	시스템 부팅 및 단일 사용자 모드에서도 필요한 필수 명령어가 저장되어 있음	사용자, 관리자	ls, cp, mv, rm, cat, bash
/sbin	시스템 관리 명령어 디렉터리	시스템 설정 · 부팅 · 복구 등에 필요한 관리용 명령어가 저장되어 있음	주로 (root)	reboot, shutdown, fdisk, ifconfig, fsck

/usr/bin	일반 응용 프로그램 디렉터리	대부분의 사용자용 응용 프로그램 명령어가 저장되어 있음	사용자, 관리자	gcc, python, vim, tar, grep
/usr/sbin	비필수 시스템 관리 명령어 디렉터리	일반 사용자에게는 필요하지 않지만 시스템 관리자가 사용하는 명령어가 저장되어 있음	root 전용	apachectl, named, sshd, useradd, groupadd

Q 기본 명령어

❶ echo
- 개념: 변수 값과 문자열을 화면에 출력하는 기본 명령어

예)

```
[parkmoon@www ~]$ user=parkmoon
[parkmoon@www ~]$ echo $user
parkmoon
```

❷ alias
- 개념: 명령어의 별명을 등록해 놓고 사용

예)

```
[parkmoon@www ~]$ alias la="ls -ali"
[parkmoon@www ~]$ la
합계 4952
235320194 drwx------. 15 parkmoon student    4096 12월 16일  21:06 .
201687660 drwxr-xr-x.  3 root     root          22 11월  6일  14:32 ..
235320198 -rw-------.  1 parkmoon student    1171 12월 16일  20:58 .bash_history
                  :
235310694 -rw-r--r--.  1 parkmoon student   14206 12월 16일  21:06 nmap.docx
[parkmoon@www ~]$
```

예) alias 취소는 명령어 앞에 \를 붙임

```
[ojk@www ~]$ \la
bash: la: 명령을 찾을 수 없습니다...
[ojk@www ~]$
```

❸ unalias
- 개념: 설정된 alias 취소

❹ history
- 개념: 셸에서 이전에 입력한 명령어 목록을 확인하는 명령어
- 주요 옵션

옵션	설명
n(숫자)	최근 n개의 명령을 출력함
-c	현재 세션의 명령 이력을 모두 삭제함
-d[번호]	해당 번호의 명령 이력만 삭제함
-w	현재 이력을 히스토리 파일에 저장함
-r	히스토리 파일을 다시 읽어옴

- 관련 환경변수

환경변수	설명
HISTSIZE	현재 셸 세션(메모리)에 유지되는 히스토리 개수를 지정
HISTFILESIZE	히스토리 파일에 실제로 저장되는 최대 명령어 개수

- 명령어 재실행: 기존에 실행한 명령어들을 위/아래 방향키를 사용하여 검색 및 편집해 특정 명령어를 반복 수행 할 수 있음

형식	설명
!번호	해당 번호의 명령어를 다시 실행
!!	바로 직전에 실행한 명령어를 다시 실행
!문자열	해당 문자열로 시작하는 최근 명령어를 실행
!?문자열	문자열이 포함된 최근 명령어를 실행

❺ 명령행 완성(Command-line Completion)
- 개념: 사용자가 명령어나 파일명, 디렉터리명 등을 일부만 입력한 뒤 Tab 키를 눌러 자동으로 완성해주는 기능으로서 주로 Bash 셸에서 기본 제공됨

예

```
[ojk@www ~/data]$ ls
epson-inkjet-printer-escpr2-1.2.37-1.x86_64.rpm  ifelseif.c  myData  nmap.docx
[ojk@www ~/data]$ cp epson[탭키]
[ojk@www ~/data]$ cp epson-inkjet-printer-escpr2-1.2.37-1.x86_64.rpm
```

1 useradd
- 개념: 계정을 생성하는 명령어로, adduser와 동일한 기능을 수행함
- 주요 옵션

옵션	의미	설명
-d	home directory	• 사용자 홈 디렉터리를 지정함 • 기본값: /home/사용자명
-g	group	기본 그룹(GID 또는 그룹명)을 지정함
-s	shell	• 로그인 셸을 지정함 • 기본값: /bin/bash
-p	password	• 암호를 지정함 • 암호화된 형태로 입력해야 함

예 옵션을 주어 그룹에 포함시킬 때는 먼저 groupadd 명령어로 그룹을 먼저 생성

```
[root@localhost ~]# groupadd teacher
[root@localhost ~]# useradd -g teacher -d /home/apple -s /bin/bash apple
```

- 사용자 생성 시나리오

사용자	그룹	홈 디렉터리
alex	alex	/home/alex
apple	teacher	/home/apple
parkmoon	student	/home1/parkmoon

예 생성

```
[root@localhost ~]# groupadd teacher
[root@localhost ~]# groupadd student
[root@localhost ~]# cd /
[root@localhost ~]# mkdir home1
[root@localhost ~]# useradd alex
[root@localhost ~]# useradd -g teacher apple
[root@localhost ~]# useradd -g student -d /home1/parkmoon parkmoon
```

 확인

```
[root@localhost ~]# cat /etc/group
teacher:x:1001:
student:x:1002:
alex:x:1003:
root@localhost ~]#
[root@localhost ~]# cat /etc/passwd
alex:x:1001:1003::/home/alex:/bin/bash
apple:x:1002:1001::/home/apple:/bin/bash
parkmoon:x:1003:1002::/home1/parkmoon:/bin/bash
root@localhost ~]#
[root@localhost ~]# ls -l /home/
합계 4
drwx------.   3 alex   alex        78 11월  6일  14:31 alex
drwx------.   3 apple  teacher     78 11월  6일  14:32 apple
[root@localhost ~]# ls -l /home1/
합계 0
drwx------.   3 parkmoon student 78 11월  6일  14:32 parkmoon
root@localhost ~]#
```

❷ passwd

• 개념: 사용자의 암호를 생성하는 명령어로, 암호가 있어야 로그인 가능

예

```
[root@localhost /root]# passwd chang
Changing password for user chang
New UNIX passwd :
```

❸ su

• 개념: 현재 사용자에서 로그아웃하지 않고 다른 사용자로 변경하는 명령어로, 보통 일반 사용자에서 root로 변경할 때 사용

• 주요 옵션

옵션	의미	설명
-또는 -l	login shell	대상 사용자의 환경변수를 완전히 적용함(예 /etc/profile, ~/.bash_profile 등 실행)
-s [셸]	shell	사용할 셸을 지정함(예 /bin/bash, /bin/sh 등)

예

```
[ojk@localhost ~]$ su -
비밀번호:
최근 로그인: 일 11월  2 21:48:56 KST 2025 pts/1에
[root@localhost ~]#
```

❹ sudo(Superuser Do)
  • 개념: 일반 사용자가 특정 명령어를 관리자(root) 권한으로 실행할 수 있도록 하는 명령어
  • 특징
    – root 로그인 없이 허용된 명령어만 제한적으로 root 권한으로 실행할 수 있게 하는 보안 기능
    – sudo가 동작하는 기준은 /etc/sudoers 파일이며, 여기에 "누가 어떤 명령어를 root 권한으로 쓸 수 있는지"가 정의됨
    – /etc/sudoers 파일의 편집은 nano /etc/sudoers와 같이 직접 편집하지 않고, 반드시 visudo 명령어로 편집하여야 함
  • 권한 부여 방법
    예 user1 사용자에게 전체 권한 부여

```
user1  ALL=(ALL)  ALL
```

    예 비밀번호 없이 sudo

```
user1  ALL=(ALL)  NOPASSWD: ALL
```

    예 특정 명령어만 허용

```
user1  ALL=(root) /usr/bin/systemctl restart httpd
```

❺ usermod
  • 개념: 사용자 생성 후 계정 정보를 변경할 때 사용하는 관리 명령어
  • 특징
    –이미 생성된 사용자 계정의 계정명, 그룹, 홈 디렉터리, 셸, 비밀번호 상태, UID, 만료일 등을 수정함
    – 위치: /usr/sbin/usermod
    예

```
# usermod -d /home/newhome -m user1
# sudo usermod -s /bin/zsh user1
# sudo usermod -L user1
```

🔍 사용자 삭제 관련 명령어

• userdel
  – 사용자를 삭제하는 명령어
  – -r 옵션을 지정하면 홈 디렉터리와 메일 스풀까지 삭제함
  예

```
[root@localhost ~]# userdel alex
[root@localhost ~]# userdel -r apple
```

🔍 사용자 및 그룹 관련 파일

❶ 개요

- 사용자 계정 정보는 /etc/passwd 파일에 저장되며, 암호화된 비밀번호 정보는 /etc/shadow 파일에 저장됨
- 사용자의 그룹 정보는 /etc/group 파일에 저장됨

❷ /etc/passwd 파일

- 개념 및 특징
  - 파일은 텍스트 파일이므로 cat, less, vi 명령어로 내용을 확인할 수 있음
  - 보안을 위해 일반 사용자는 읽기만 가능하고 수정은 불가능함
  - 관리자(root)만이 /etc/passwd 파일을 직접 수정할 수 있음
- 파일 구조

필드	내용	설명
사용자 이름	로그인 시 사용하는 이름	예 root, student
암호	암호화된 비밀번호 정보	• 보안을 위해 실제 비밀번호 대신 x로 표시됨 • 실제 암호는 /etc/shadow 파일에 저장됨
UID	사용자 ID	• 시스템이 사용자 식별에 사용하는 고유 번호 • root는 항상 0
GID	기본 그룹 ID	• 사용자가 속한 기본 그룹의 ID • /etc/group 파일에서 확인 가능함
설명	사용자 정보 또는 설명	사용자의 전체 이름이나 기타 정보 입력 가능하며, 비워둘 수도 있음
홈 디렉터리	사용자의 개인 디렉터리 경로	기본값: /home/사용자이름
로그인 셸	로그인 시 실행되는 기본 셸	예 /bin/bash, /bin/sh 등

예

```
root:x:0:0:root:/root:/bin/bash
apple:x:1001:1001::/home/apple:/bin/bash
alex:x:1002:1002::/home/alex:/bin/bash
```

예

```
[root@localhost ~]# ls -l /etc/passwd
-rw-r--r--. 1 root root   2333 11월  6일  14:32 /etc/passwd
[root@localhost ~]# ls -l /etc/shadow
----------. 1 root root  1134 11월  6일  14:32 /etc/shadow
```

❸ /etc/shadow 파일
- 개념 및 특징
  - /etc/passwd 파일은 사용자가 로그인할 때 누구나 읽어야 하는 파일이므로 보안 상의 문제가 있기 때문에 암호만 따로 저장
  - /etc/passwd 파일의 두 번째 필드인 패스워드 부분을 암호화하여 관리
  - 파일은 암호화된 비밀번호 및 암호 만료 관련 정보를 저장
  - 보안을 위해 root 사용자만 읽을 수 있음
  - 콜론(:) 으로 구분된 9개의 필드로 구성되어 있음

예

```
[root@localhost ~]# ls -l /etc/passwd
-rw-r--r--. 1 root root  2333 11월  6일   14:32 /etc/passwd
[root@localhost ~]# ls -l /etc/shadow
----------. 1 root root 1134 11월  6일   14:32 /etc/shadow
```

❹ /etc/default/useradd 파일
- 개념: useradd 명령어 실행 시 별도의 옵션을 주지 않아도 이 파일에 지정된 설정이 자동으로 적용됨
- 기본 설정 값

항목	의미	설명
GROUP	기본 그룹ID	• 새 사용자의 기본 그룹(GID)을 지정함 • 기본값: 100은 users 그룹을 의미함
HOME	홈 디렉터리 기본 경로	새 사용자의 홈 디렉터리가 생성될 기본 위치를 지정함 예 /home/username
INACTIVE	비활성 기간	• 암호가 만료된 후 계정이 비활성화되기까지의 일수를 지정함 • -1은 비활성 기간 제한 없음
EXPIRE	계정 만료일	• 새로 생성되는 계정의 만료 날짜를 지정함 • 비워두면 만료일이 없음
SHELL	기본 셸	사용자 생성 시 지정되는 기본 로그인 셸 예 /bin/bash
SKEL	스켈레톤 디렉터리	• 홈 디렉터리 생성 시 기본 파일을 복사할 디렉터리를 지정함 • 기본값: /etc/skel

❺ /etc/login.defs 파일
- 개념: 사용자 계정 생성 및 로그인 정책을 정의하는 설정 파일
- 특징
  - useradd, passwd, login, su 등의 명령어가 이 파일의 설정을 참조함
  - 계정의 기본 UID/GID 범위, 암호의 유효기간, 암호 최소 길이, 홈 디렉터리 권한 등 시스템 전반의 사용자 관리 정책을 설정함
  - 보안 및 사용자 환경 통제를 위한 전역 설정 파일로 /etc/default/useradd 파일보다 우선순위가 높음
  - 필요에 따라 /etc/login.defs 파일은 보안 정책 강화(예 PASS_MIN_LEN=12, UMASK=077 등)나 사용자 관리 자동화에 맞게 수정하여 사용함

❻ /etc/skel 디렉터리
- 개념 및 특징
  - 새로운 사용자 계정을 생성할 때 기본 홈 디렉터리로, 복사되는 초기 설정 파일들을 저장해두는 디렉터리
  - useradd 명령어로 새 사용자를 만들 때, /home/사용자이름 디렉터리를 자동으로 생성하며, /etc/skel 안에 들어 있는 파일과 폴더가 그대로 복사됨
- 기본 구성 파일

파일명	설명
.bashrc	• Bash 셸 환경 설정 파일 • 프롬프트 모양 · 별칭 · 경로 설정 등 정의
.bash_profile	로그인 시 한 번 실행되는 초기 설정 파일
.bash_logout	로그아웃 시 자동 실행되는 파일
.profile	로그인 셸에서 환경변수를 설정
Desktop/, Documents/ 등	데스크톱 환경에서는 기본 폴더 구조를 포함하기도 함

SECTION 02 디렉터리 및 파일

Q 디렉터리 관련 명령어

❶ pwd
- 개념: 현재 작업 중인 디렉터리의 절대 경로를 출력하는 명령어로, 사용자가 현재 위치한 디렉터리의 전체 경로 표시함

예

```
$ cd /usr/bin
$ pwd
/usr/bin
```

❷ cd
- 개념: 현재 작업 디렉터리를 변경(Change Directory)하는 명령어
- 경로 지정

명령어	설명
cd /home	절대경로로 /home 디렉터리로 이동함
cd Documents	현재 디렉터리 안의 Documents 하위 폴더로 이동함
cd ..	상위 디렉터리(부모 폴더)로 이동함
cd .	현재 디렉터리 그대로 유지함
cd ~	사용자의 홈 디렉터리로 이동함
cd	인자 없이 입력 시 홈 디렉터리로 이동함(cd ~와 동일)

- 경로 유형

유형	설명	예시
절대경로	루트(/)부터 시작하는 전체 경로	/etc/sysconfig
상대경로	현재 디렉터리를 기준으로 이동하는 경로(..은 상위, .은 현재)	../bin

❸ mkdir
- 개념 및 특징
  - 새로운 디렉터리를 생성하는 명령어
  - 지정한 경로에 디렉터리를 만들며, 한 번에 여러 개의 디렉터리도 생성할 수 있음
- 주요 옵션

옵션	의미	설명
-p	상위 디렉터리 자동 생성	존재하지 않는 상위 디렉터리까지 함께 생성함 예 mkdir -p /home/user/new/test
-m	접근 권한 지정	디렉터리를 만들 때 접근 권한(permission)을 지정함 예 mkdir -m 755 newdir

❹ rmdir
- 개념: 빈 디렉터리를 삭제하는 명령어
- 특징
  - 삭제하려는 디렉터리가 비어 있지 않으면 오류 발생하기 때문에 디렉터리 안의 파일을 삭제하고 지워야 함
  - -p 옵션은 지우고자 하는 디렉터리의 상위 디렉터리까지 포함하여 지움

🔍 파일 관련 명령어

❶ ls
- 개념: 파일과 하위 디렉터리 목록 표시하는 명령어로, 기본적으로 숨김 파일(.으로 시작하는 파일)은 표시하지 않음
- 주요 옵션

옵션	의미	설명
-a	all	숨김 파일(.으로 시작하는 파일)까지 모두 표시함
-l	long format	파일의 상세 정보(예 권한, 소유자, 크기, 수정 시간 등)를 긴 형식으로 표시함
-h	human readable	파일 크기를 사람이 읽기 쉬운 단위(예 K, M, G 등)로 표시함(ls th처럼 -l과 함께 자주 사용)
-t	time	최근 수정된 순서대로 정렬함
-r	reverse	정렬 순서를 역순으로 표시함
-R	recursive	하위 디렉터리까지 재귀적으로 표시함
-d	directory	디렉터리 자체의 정보를 표시함(디렉터리 내용은 표시하지 않음)
-i	inode	각 파일의 inode 번호를 함께 표시함
-S	size	파일 크기 순으로 정렬함

- -ls -l 명령어의 출력 항목

항목	의미	예시
파일 종류 및 권한	d는 디렉터리, -는 일반 파일, rwx는 권한을 의미함	drwxr-xr-x
링크 수	파일 또는 디렉터리를 가리키는 하드 링크의 개수	2
소유자	파일을 소유한 사용자	user
그룹	파일이 속한 그룹	user
파일 크기	파일 크기(바이트 단위, -h 옵션 사용 시 K/M 단위로 표시)	4096
수정 날짜	마지막으로 수정된 날짜와 시간	2025-11-09 10:15
파일 이름	파일 또는 디렉터리 이름	Documents

예

```
$ ls -l
drwxr-xr-x    2    user    user    4096     Nov    9    10:15 Documents
-rw-r--r--    1    user    user    1234     Nov    8    21:02 memo.txt
-rwxr-xr-x    1    user    user    5321     Nov    7    18:45 run.sh
-rw-r--r--    1    user    user   15200     Nov    6    09:22 report.pdf
```

❷ cp

- 개념: 파일이나 디렉터리를 복사(Copy)하는 명령어
- 주요 옵션

옵션	의미	설명
-f	force	대상 파일이 이미 존재할 경우 강제로 덮어씀
-i	interactive	덮어쓸 때 사용자에게 확인을 요청함
-r, -R	recursive	디렉터리와 그 하위 내용까지 모두 복사함(주로 디렉터리 복사 시 사용)
-p	preserve	파일의 소유자, 권한, 수정 시간 등의 속성을 유지함

예

```
$ cp file1.txt file2.txt          # file1.txt를 file2.txt로 복사
$ cp file1.txt /home/user/        # 파일을 /home/user 디렉터리로 복사
$ cp -r dir1 dir2                 # 디렉터리 dir1을 dir2로 전체 복사
```

❸ mv

- 개념 및 특징
  - 파일이나 디렉터리의 이름을 변경하거나 이동(Move)하는 명령어
  - cp 명령어와 달리 원본 파일은 삭제되고 복사본만 남음

예

```
mv file1.txt file2.txt       # file1.txt의 이름을 file2.txt로 변경
mv file.txt /home/user/      # file.txt를 /home/user 디렉터리로 이동
```

❹ rm
- 개념 및 특징
  - 파일이나 디렉터리를 삭제(Remove)하는 명령어
  - 삭제된 파일은 즉시 완전히 제거
- 주요 옵션

옵션	의미	설명
-f	force	존재하지 않는 파일 오류를 무시하고 삭제 확인 없이 강제로 삭제함
-i	interactive	삭제 전 사용자에게 일일이 확인 요청함
-r, -R	recursive	디렉터리와 그 하위 내용을 재귀적으로 모두 삭제함

예
```
rm -rf /home/user/temp      # temp 디렉터리와 모든 파일 강제 삭제(매우 주의)
```

❺ touch
- 개념 및 특징
  - 새로운 빈 파일을 생성하거나 파일의 시간 정보를 변경하는 명령어
  - 지정한 파일이 존재하지 않으면 빈 파일을 새로 생성하고, 이미 존재하는 경우에는 파일의 접근시간과 수정 시간(Modification Time)을 현재 시각으로 변경함

❻ find
- 개념 및 특징
  - 지정한 디렉터리 하위에서 조건에 맞는 파일이나 디렉터리를 검색하는 명령어
  - 이름, 크기, 수정 시간, 소유자, 권한 등 다양한 기준으로 검색할 수 있으며, 찾은 결과에 대해 삭제·복사·실행 등의 동작을 함께 수행할 수도 있음

텍스트 파일 처리 관련 명령어

❶ cat
- 개념: 파일의 내용을 화면에 출력하거나 여러 파일을 연결(Concatenate)하여 출력 또는 저장하는 명령어

예
```
cat file.txt                    # file.txt의 내용을 화면에 출력
cat file1.txt file2.txt         # 두 파일의 내용을 연결하여 출력
cat file1.txt file2.txt > all.txt   # 두 파일을 합쳐 all.txt 파일로 저장
```

❷ head
- 개념 및 특징
  - 파일의 앞부분(기본 10줄)을 출력하는 명령어
  - 텍스트 파일의 전체 내용을 보기 전에 시작 부분만 빠르게 확인할 때 사용함
- 주요 옵션

옵션	의미	설명
-n [줄수]	lines	지정한 줄 수만큼 파일의 앞부분을 출력함(기본: 10줄)
-c [바이트수]	bytes	지정한 바이트 수만큼 출력함
-q	quiet	여러 파일을 표시할 때, 파일 이름 헤더를 표시하지 않음

❸ tail
- 개념: 파일의 끝부분(기본 10줄)을 출력하며, 보통 로그 파일처럼 계속 추가되는 파일의 마지막 내용을 실시간으로 모니터링할 때 사용함
- 주요 옵션

구분	설명
-n [줄수]	마지막 [줄수] 줄 출력
-c [바이트수]	마지막 [바이트수] 바이트 출력
-f	종료하지 않고 파일 추가 내용을 계속 출력

예

```
tail file.txt                  # file.txt의 마지막 10줄 출력
tail -n 5 file.txt             # file.txt의 마지막 5줄만 출력
tail -c 200 file.txt           # file.txt의 마지막 200바이트 출력
tail -n 20 -f access.log       # 마지막 20줄 이후 추가 내용을 계속 출력
```

예 message 파일과 secure 파일이 내용이 바뀌면 갱신되고 중단할 때는 Ctrl+C 키를 누름

```
[root@www log]#  cd /var/log; tail -n 5 -f messages secure
==〉 messages 〈==
Nov 10 22:07:34 www PackageKit[1435]: uid 1000 obtained auth for org.freedesktop.packagekit.
system-sources-refresh
==〉 secure 〈==
NNov 10 22:08:24 www su[3468]: pam_unix(su-l:session): session opened for user root(uid=0) by
ojk(uid=1000)
```

❹ more
- 개념: 긴 텍스트 파일을 한 화면씩 나누어 보여주는 명령어
- 특징
  - cat 명령어가 파일 전체를 한 번에 출력하는 반면, more 명령어는 페이지 단위로 스크롤하며 읽을 수 있도록 도와줌
  - 스페이스 키를 누르면 다음 화면이 나옴

예

```
[root@www data]# more 날개.txt
'박제(剝製)가 되어 버린 천재'를 아시오? 나는 유쾌하오. 이런 때 연애까지가 유쾌하오.
······························중간 생략 ······························
해서야 되겠소? 화(禍)를 보지 마오. 부디 그대께
--More--(3%)
```

예 more 명령어는 다른 명령어와 조합하여 사용할 수 있음

```
[root@www etc]# ls -l|more -5
합계 1348
-rw-r--r--.  1  root  root        5923 2024년 11월 26일 DIR_COLORS
-rw-r--r--.  1  root  root        6005 2024년 11월 26일 DIR_COLORS.lightbgcolor
drwxr-xr-x.  7  root  root        134 10월 15일  09:00 NetworkManager
--More--
```

❺ grep
- 개념: 파일 내에서 특정 문자열(패턴)을 검색하는 명령어
- 특징
  - 주로 텍스트 파일의 내용 중 특정 단어나 문장을 프함한 줄을 출력할 때 사용
  - 정규표현식으로 복잡한 검색 가능

예

```
grep "bash" /etc/passwd /etc/shells
ps -ef | grep ssh
```

❶ 리다이렉션
- 개념: 명령어의 입출력 방향을 바꾸는 기능
- 특징
  - 일반적으로 명령어의 입력은 키보드, 출력은 화면(모니터)으로 이루어지나, 리다이렉션을 사용하면 입력이나 출력을 파일이나 다른 장치로 전환할 수 있음
  - 명령어의 실행 결과를 파일에 저장하거나, 파일의 내용을 명령어의 입력으로 사용할 수 있게 함
- 리다이렉션 연산자

연산자	설명	예시
〉	• 표준 출력을 파일로 보냄 • 기존 파일 내용을 지우고 덮어 씀	ls 〉 list.txt
〉〉	• 표준 출력을 파일에 추가함 • 기존 파일 끝에 덧붙임	ls 〉〉 list.txt
〈	• 표준 입력을 파일로부터 받음 • 키보드 대신 파일 내용을 입력	sort 〈 data.txt

❷ 정규표현식
- 개념: 문자열의 특정 패턴을 표현하고 검색하기 위한 표현식
- 특징
  - 문자열에서 특정 규칙을 가진 문자 조합 검색 · 치환 · 검증하는 데 사용함
  - grep, sed, awk, vi, perl, python 등 다양한 프로그램과 언어에서 활용됨
  - 정규표현식을 이용하면 단순한 문자 검색을 넘어서 패턴 기반의 고급 검색과 처리가 가능함

예

```
grep "^root" /etc/passwd        - "root"로 시작하는 행 검색
grep "bash$" /etc/passwd        - "bash"로 끝나는 행 검색
grep "[0-9]" file.txt           - 숫자가 포함된 줄 검색
```

🔍 네트워크 관련 명령어

❶ ping
- 개념 및 특징
  - 네트워크상의 다른 호스트(예 서버, PC 등)와의 연결 상태를 확인하기 위한 명령어
  - ICMP(Internet Control Message Protocol)의 Echo Request 패킷을 전송하고, 상대방이 보낸 Echo Reply 응답을 통해 네트워크 연결 상태, 응답 속도, 패킷 손실 여부 등을 점검

예

```
[ojk@www ~]$ ping -c 3 -s 64 www.google.com
```

❷ traceroute
- 개념 및 특징
  - 네트워크상에서 패킷이 목적지까지 도달하는 경로를 추적하기 위한 명령어
  - 출발지에서 목적지까지 거치는 모든 라우터(중간 경유지)의 IP 주소와 응답 시간을 보여줌

예

```
[ojk@www ~]$ traceroute www.pmg.co.kr
traceroute to www.pmg.co.kr (211.245.24.140), 30 hops max, 60 byte packets
 1  _gateway (192.168.0.1)  1.823 ms  1.718 ms  1.594 ms
 7  * 211.44.125.212 (211.44.125.212)  5.155 ms  6.049 ms
```

❸ nslookup
- 개념 및 특징
  - DNS 서버를 이용하여 도메인 이름과 IP 주소를 조회하는 명령어
  - 도메인 이름 → IP 주소, 또는 IP 주소 → 도메인 이름을 변환할 때 사용

예

```
$ nslookup www.google.com
```

❹ dig
- 개념 및 특징
  - FQDN(Fully Qualified Domain Name)을 DNS 서버에 질의(Query)하여 도메인 이름, IP 주소, DNS 레코드 정보 등을 조회하는 명령어
  - nslookup보다 더 상세하고 표준화된 출력을 제공하며, DNS 문제 진단, 네임서버 점검, 레코드 확인 등 전문적인 DNS 분석에 사용

예

```
[ojk@www ~]$ dig -t ns www.pmk.co.kr
```

❶ shutdown
- 개념 및 특징
  - 시스템을 안전하게 종료하거나 재부팅할 때 사용하는 명령어
  - 모든 로그인 사용자에게 종료나 재부팅 알림을 보낸 뒤, 프로세스를 안전하게 종료함
- 주요 옵션

구분	설명
-h	시스템을 종료하여 전원을 끔
-r	시스템을 재부팅함

예

```
$ shutdown -h now    - 즉시 시스템을 종료하여 전원을 끔
$ shutdown -r now    - 즉시 시스템을 재부팅 함
$ shutdown -h +10    - 10분 후 시스템을 종료하도록 예약
```

❷ reboot
- 개념: 시스템을 즉시 재시작할 때 사용하는 명령어
- 특징
  - 현재 배포판에서는 systemd에 의해 내부적으로 systemctl reboot 명령으로 처리되는 구조로 동작
  - 사용자에게 별도의 경고 메시지를 표시하지 않음

❸ halt
- 개념: 시스템을 즉시 중지시키는 명령어로, 모든 프로세스를 종료하고 CPU의 동작을 멈추게 함
- 주요 옵션

구분	설명
-f	강제로 즉시 시스템을 중지함
-p	시스템 중지 후 전원을 끔
systemctl halt	systemd 환경에서 시스템을 중지함

❹ poweroff
- 개념: 모든 프로세스를 안전하게 종료한 후 시스템의 전원을 차단하는 명령어
- 특징
  - halt나 shutdown -h now와 유사한 기능을 수행하며, systemctl poweroff로도 동일한 동작을 수행함
  - 관리자(root) 권한으로 실행해야 함
- 주요 옵션

구분	설명
-f	강제로 즉시 전원을 끔
-d	종료 로그를 기록하지 않고 전원을 끔
-n	파일 시스템 동기화 없이 전원을 끔
systemctl power off	systemd 환경에서 시스템을 종료하고 전원을 끔

🔍 기타 명령어

❶ cal
- 개념 및 특징
  - 달력을 표시하는 명령어로, 기본적으로 현재 달의 달력을 출력
  - 윤년 계산을 자동으로 수행하며, 기본 출력은 그레고리력(Gregorian calendar)
- 주요 옵션

옵션	의미	설명
-1	한 달 표시	지정한 달의 달력만 표시함(기본값)
-3	이전 달, 현재 달, 다음 달 표시	세 달을 한 화면에 함께 표시함
-y	연간 달력 표시	지정한 연도의 전체 달력을 표시함
-m [월]	특정 월 지정	지정한 월의 달력을 표시함

예

```
ojk@raspberrypi:~$ cal 12 2025
```

❷ date
- 개념 및 특징
  - 시스템의 현재 날짜와 시간을 표시하거나 설정하는 명령어
  - 시간을 표시하는 명령어는 date이고 time이 아님

예

```
ojk@raspberrypi:~$ date
2025. 11. 12. (수) 10:41:12 KS
```

❸ time
  • 개념: 명령어의 실행에 걸린 시간을 측정하는 명령어

예)

```
$ time cp 리눅스마스터2급_15.hwpx 리눅스마스터.hwpx


real    0m0.046s
user    0m0.000s
sys     0m0.045s
```

❹ 명령어행 연장
  예) 명령어를 여러 줄로 나누어서 입력할 때 주로 명령어 끝에 \ 를 사용

```
[parkmoon@www ~]$ cp operator.c \
〉 /home1/parkmoon/data/oper.c
[parkmoon@www ~]$
```

  예) PS2로 첫 번째 줄에서 프롬프트(보조프롬프트) 〉를 〉〉로 변경

```
[parkmoon@www ~]$ PS2="〉〉"
[parkmoon@www ~]$ cp operator.c \
〉〉 /home1/parkmoon/data/oper1.c
[parkmoon@www ~]$
```

SECTION 01 권한 및 그룹 설정

Q 소유권

❶ 개념: 리눅스에서 권한(Permission)은 파일이나 디렉터리에 대해 누가 읽기·쓰기·실행을 할 수 있는가를 지정하는 설정

❷ 특징
- 각 파일과 디렉터리는 소유자(Owner), 그룹(Group), 기타 사용자(Others)로 구분됨
- 각 대상에 대해 읽기(read), 쓰기(write), 실행(execute) 권한을 부여하거나 제한함

구분	설명
읽기 권한(r)	파일 내용을 읽거나 디렉터리 내의 파일 목록을 볼 수 있는 권한
쓰기 권한(w)	파일 내용을 수정하거나 덮어쓸 수 있는 권한 또는 디렉터리 내에서 파일 생성·삭제를 할 수 있는 권한
실행 권한(x)	실행 가능한 프로그램이나 스크립트를 실행할 수 있는 권한

- 파일의 속성과 권한은 ls -l 명령어로 확인 가능

Q 파일 속성과 권한

❶ 파일의 속성
- 파일타입_파일권한_연결개수_소유자_그룹_파일크기_마지막 수정 일시_파일명
  ①　　　②　　　③　　　④　　⑤　　　⑥　　　⑦　　　　　⑧

구분	설명
①	파일의 종류를 표시함 (예 -: 일반파일, d: 디렉터리, l: 링크 등)
②	읽기(r), 쓰기(w), 실행(x) 권한을 소유자·그룹·기타 사용자 순으로 표시
③	해당 파일에 연결된 하드링크 수를 표시함
④	파일의 소유 사용자 이름을 표시함
⑤	파일이 속한 그룹 이름을 표시함
⑥	파일의 크기를 바이트(Byte) 단위로 표시함
⑦	파일이 마지막으로 수정된 날짜와 시간을 표시함
⑧	파일의 이름을 표시함

```
-rwxr-xr-- 1 user1 staff 2048 Nov 12 10:30 test.txt
```

구분	설명
파일명	test.txt인 일반 파일
하드링크 개수	1
권한	• 소유자(user1): 모든 권한 • 그룹(staff): 읽기 · 실행 권한 • 기타 사용자: 읽기 권한
파일크기	2048byte
마지막 수정 날짜	11월 12일 10:30
권한 계산	rwx=4+2+1=7, r-x=4+1=5, r--=1 이므로 rwxr-xr-- 권한은 751

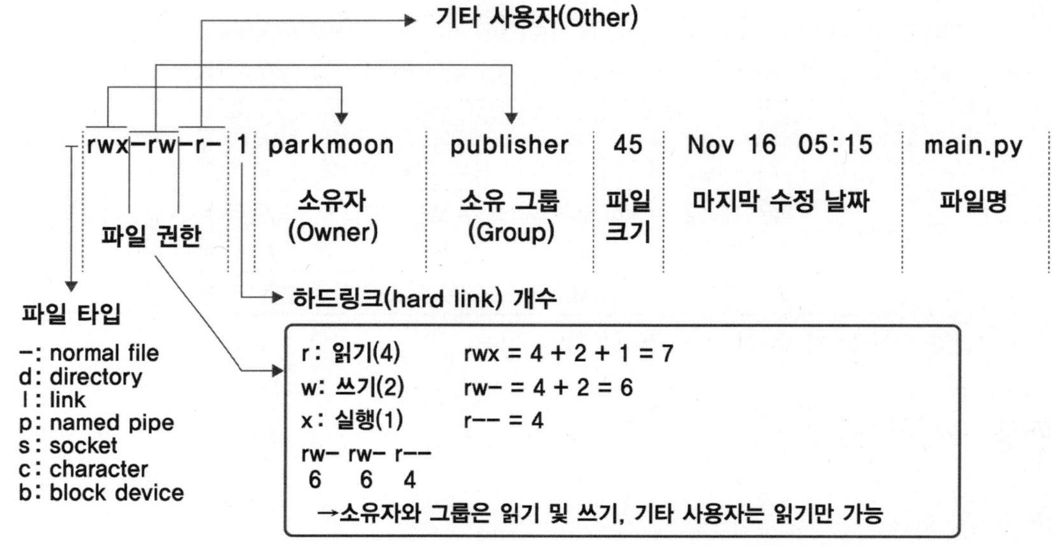

❷ 파일 종류 표시

구분 기호	파일 종류	설명
–	일반 파일(regular file)	일반적인 데이터 파일, 텍스트, 실행 파일 등을 의미
d	디렉터리(directory)	다른 파일이나 디렉터리를 포함하는 폴더 형태의 구조를 의미
l	심볼릭 링크(symbolic link)	다른 파일이나 디렉터리를 가리키는 연결 파일을 의미
b	블록 특수 파일 (block device file)	하드디스크, USB 등 블록 단위로 데이터 입출력을 수행하는 장치 파일
c	문자 특수 파일 (character device file)	키보드, 마우스, 터미널과 같이 문자 단위로 데이터 입출력을 수행하는 장치 파일
p	파이프(named pipe)	프로세스 간 통신(IPC)을 위해 데이터를 일시적으로 전달하는 파일
s	소켓(socket)	네트워크 통신이나 프로세스 간 통신을 위한 특수한 파일

❸ 권한 표시
  • 파일 권한은 소유자권한_그룹권한_기타사용자권한 순서로 구분 표시
  • 일반적으로 rwxr-xr— 권한으로 부여

구분	설명
rwx	소유자 권한(읽기 · 쓰기 · 실행 모두 가능)
r-x	그룹 권한(읽기 · 쓰기 불가, 실행 가능)
r--	기타 사용자 권한(읽기만 가능)

  • 권한은 rwx로 표시하기도 하고, 8진수로 표시하기도 하는데 순서가 rwx이므로 $r = 2^2 = 4$, $w = 2^1 = 2$, $x = 2^0 = 1$

권한 구분	읽기(r)	쓰기(w)	실행(x)	조합	8진수
권한 없음	–	–	–	---	0
실행만	–	–	x	--x	1
쓰기만	–	w	–	-w-	2
쓰기 + 실행	–	w	x	-wx	3
읽기만	r	–	–	r--	4
읽기 + 실행	r	–	x	r-x	5
읽기 + 쓰기	r	w	–	rw-	6
읽기 + 쓰기 + 실행	r	w	x	rwx	7

🔍 소유권 관련 명령어

❶ chown
  • 개념 및 특징
    – 파일이나 디렉터리의 소유자(Owner)와 그룹(Group)을 변경하는 명령어
    – 관리자(root) 권한으로 실행해야 하고, 일반 사용자는 자신의 파일 소유권을 다른 사용자에게 변경할 수 없으며, root만이 다른 사용자에게 소유권을 부여할 수 있음

예

```
# chown user1 file.txt          - 파일의 소유자를 user1로 변경함
# chown user1:staff file.txt    - 파일의 소유자를 user1, 그룹을 staff로 변경함
# sudo chown -R user2 /home/user2 - /home/user2 디렉터리 이하의 모든 파일 소유권을 user2로
                                    일괄 변경함
```

❷ chgrp
- 개념: 파일이나 디렉터리의 그룹(Group) 소유권을 변경하는 명령어

〔예〕

```
# chgrp staff file.txt                    - 파일의 그룹을 staff로 변경함
# sudo chgrp -R users /home/shared -/home/shared 디렉터리와 하위 파일의 그룹을 모두 users로
                                            변경함
```

🔍 권한 설정 관련 명령어

❶ chmod
- 개념 및 특징
  - 파일이나 디렉터리의 접근 권한(Permission) 을 변경하는 명령어로, 소유자(Owner), 그룹(Group), 기타 사용자(Others)에 대해 읽기(r), 쓰기(w), 실행(x) 권한을 부여하거나 제거
  - 기호 모드(Symbolic Mode) 또는 8진수 숫자 모드(Numeric Mode)로 지정
- 주요 옵션

옵션	의미	설명
-R	재귀적 변경	지정한 디렉터리와 그 하위 모든 파일 및 디렉터리에 대해 권한을 일괄 변경함

〔예〕

```
$ chmod 755 file.txt              - 소유자에게 rwx, 그룹과 기타 사용자에게 r-x 권한을 부여함
$ chmod u+x script.sh             - 소유자에게 실행(x) 권한을 추가함
$ chmod g-w report.txt            - 그룹의 쓰기(w) 권한을 제거함
$ chmod o=r file.txt              - 기타 사용자에게 읽기(r) 권한만 부여함
$ chmod u=rwx,g=rx,o=r file.txt   - 각 사용자 범위별로 권한을 명시적으로 지정함
$ chmod -R 755 /var/www           - /var/www 디렉터리 이하에 권한을 재귀적으로 적용함
```

❷ umask
- 개념 및 특징
  - 파일이나 디렉터리가 새로 생성될 때 기본적으로 적용되는 권한을 숫자로 지정(Mask)하는 명령어
  - 파일과 디렉터리의 기본 권한에서 지정된 umask 값을 차감한 후의 값을 적용
  - 파일 생성 후 chmod 명령어로 실행 권한 부여함
- 파일 및 디렉터리 기본 권한

구분	설명
새 파일의 기본 권한	• 666(rw-rw-rw-) • 보안을 위해 기본적으로 실행 권한 없음
새 디렉터리의 기본 권한	777(rwxrwxrwx)

〔예〕 권한 차감
  - 파일의 umask 값이 022인 경우, 실제 권한은 666 - 022 = 644
  - 디렉터리의 umask 값이 022인 경우, 실제 권한은 777 - 022 = 755

예 권한 차감

```
[ojk@www ~]$ umask
0022
[ojk@www ~]$ umask 0002 top.txt
```

Q 특수 권한

① SetUID와 SetGID
- 개념: 프로세서가 사용자보다 높은 권한을 요구할 때, 프로세스가 실행되는 동안 해당 프로세스의 root 권한을 임시로 가져오는 기능

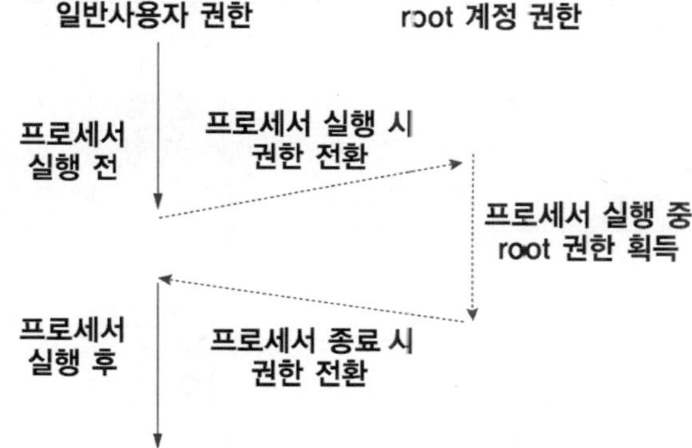

1) SetUID(Set User ID)
- 개념: 실행 파일에 설정되는 특수 권한
- 특징
  - passwd 명령어처럼 일반 사용자가 실행해도 root 권한이 필요한 명령어에 지정
  - 일반 사용자가 해당 파일을 실행할 때 파일 소유자의 권한으로 실행됨
  - 소유자 실행 위치(x)에 s로 표시됨

예

```
[ojk@www bin]$ ls -l passwd
-rwsr-xr-x. 1 root root 91424 2025년  5월 26일 passwd
[ojk@www bin]$
```

2) SetGID(Set Group ID)
- 개념: 실행 파일 또는 디렉터리에 설정되는 특수 권한
- 특징
  - 파일에 적용 시, 사용자가 실행하면 그룹 소유자의 권한으로 실행됨
  - 디렉터리에 적용 시, 디렉터리 아래 생성되는 파일의 그룹이 상위 디렉터리의 그룹으로 지정되며, 퍼미션의 그룹 실행 위치(x)에 s로 표시됨

❷ Sticky Bit
- 개념: 디렉터리에 설정하는 특수 권한으로, 디렉터리 내의 파일을 소유자만 삭제 또는 변경 가능하도록 지정함
- 특징
  - 여러 사용자가 함께 사용하는 디렉터리에서 파일 삭제 충돌을 방지하기 위해 사용함
  - /tmp 디렉터리에 기본적으로 설정되어 있음
- 표기 방법

항목	설명
문자 표기	기타 사용자(other)의 실행 위치에 t 또는 T로 표시함
실행 권한이 있을 경우	t로 표시함 (예 rwxrwxrwt)
실행 권한이 없을 경우	T로 표시함

예

```
# chmod +t dirname        - 디렉터리에 Sticky bit 설정함
# chmod -t dirname        - 디렉터리에 Sticky bit 제거함
# chmod 1777 dirname      - 읽기/쓰기/실행 + Sticky bit 설정함
```

❸ 특수 권한 설정
- 개념 및 특징
  - SetUID와 SetGID는 s를 사용하고, Sticky Bit는 t를 사용
  - 숫자 모드의 경우에는 천의 자리를 사용하고 SetUID는 4, SetGID는 2, Sticky Bit는 1을 사용
  - 예 project 디렉터리에 3(2+1이므로 SetGID, Sticky Bit) 권한을 부여하므로 해당 그룹에 속한 사용자만 접근할 수 있고, 자신의 파일이 아닌 다른 사용자 파일은 삭제할 수 없음

```
# chmod u+s a.out
# chmod o+t data/
# chmod 1777 address.txt
# chmod 3070 /project
```

- 특수 권한 3종 비교

특수 권한	적용 대상	동작 방식 및 문자 표기	8진수
SetUID	실행 파일	• 파일을 실행하면 파일 소유자의 권한으로 실행됨 • 소유자 실행 위치에 s/S 표시	4
SetGID	실행 파일, 디렉터리	• 파일 실행 시 그룹 소유자의 권한으로 실행됨 • 디렉터리 생성 파일은 상위 디렉터리 그룹으로 지정됨 • 그룹 실행 위치에 s/S 표시	2
Sticky Bit	디렉터리	• 디렉터리 안의 파일을 파일 소유자만 삭제 가능하게 지정함 • 기타 실행 위치에 t/T 표시	1

❶ 개념 및 특징
- 사용자 또는 그룹별 디스크 사용량을 제한하는 기능
- 파일 시스템 단위로 설정하며, 용량(Block)과 파일 수(Inode) 두 가지를 제한할 수 있음

❷ 기본 용어

용어	설명
Soft Limit	초과해도 일정 기간 동안 허용되는 제한 값
Hard Limit	절대 초과할 수 없는 최대 제한 값
Grace Period	Soft Limit를 넘겼을 때 허용되는 유예 기간

❸ 절차
- 1단계: 파일 시스템에서 쿼터 기능 활성화

```
/dev/sda1   /home   ext4   defaults,usrquota,grpquota   0  2
- /etc/fstab 파일에 usrquota, grpquota 옵션을 추가함
```

- 2단계: 파일 시스템 재마운트

```
mount -o remount /home
```

- 3단계: 쿼터 데이터베이스 생성

```
quotacheck -cug /home
```

  -u: 사용자 쿼터, -g: 그룹 쿼터, -c: 새로 생성 지정
- 4단계: 쿼터 활성화

```
quotaon /home
```

- 5단계: 사용자 쿼터 설정

```
edquota username
```

  - 편집 창이 열리며 Soft/Hard Limit(Block · Inode)을 지정함

```
Disk quotas for user username:
Filesystem      blocks      soft      hard      inodes      soft      hard
/dev/sda1       20000       15000     18000     500         400       450
```

  - blocks = 용량 제한, inodes = 파일 개수 제한
- 6단계: 쿼터 상태 확인 또는 전체 확인

```
quota -u username
또는
repquota /home
```

❹ repquota
  - 개념: 특정 파일 시스템의 모든 사용자 또는 그룹에 설정된 디스크 사용량(used), 소프트 한도(soft), 하드 한도(hard), 유예 기간(grace) 등을 한눈에 확인하기 위해 요약 보고서를 출력하는 명령어

❺ quotaoff
  - 개념: 쿼터를 비활성화하는 명령어

[예]

```
quotaoff  /home
```

❻ xfs_quota
  - 개념: 사용자(user), 그룹(group), 프로젝트(project) 단위로 디스크 사용량을 제한·조회·관리하는 명령어
  - 특징
    - XFS 파일 시스템 전용 디스크 쿼터 관리 도구
    - 파일 시스템을 마운트한 상태에서 즉시 적용되고, ext4에서 사용하는 quota와는 달리, 프로젝트 쿼터(Project Quota)를 지원함(특정 디렉터리 단위 제한 가능)
    - 대화형(shell 모드)과 명령행 모드를 모두 지원함

[예] 사용자 용량 제한

```
xfs_quota -x -c 'limit bsoft=100m bhard=200m ihduser' /home
```

[예] 프로젝트 용량 제한

```
xfs_quota -x -c 'limit -p bhard=5g projectA' /data
```

구분	설명
bsoft	소프트 제한
bhard	하드 제한
ihduser	대상 사용자

🔍 파일 시스템의 개요

❶ 개념: 운영체제가 저장장치(예 HDD, SSD, USB 등)에 파일과 디렉터리를 체계적으로 관리하기 위한 구조와 방식

예

```
ojk@www ~]$ df -T
파일 시스템          형식        1K-블록      사용        가용   사용% 마운트위치
/dev/mapper/rl-root  xfs       73334784   6785412   66549372   10% /
devtmpfs           devtmpfs       4096         0       4096    0% /dev
tmpfs              tmpfs       3906516        84    3906432    1% /dev/shm
efivarfs           efivarfs        256       232         20   93% /sys/firmware/efi/efivars
tmpfs              tmpfs       1562608     10904    1551704    1% /run
tmpfs              tmpfs          1024         0       1024    0% /run/credentials/systemd-journald.service
/dev/sda2          xfs         983040    636968     346072   65% /boot
/dev/mapper/rl-home xfs      151080884   3323988  147756896    3% /home
/dev/sda1          vfat        613160      8548     604612    2% /boot/efi
tmpfs              tmpfs        781300       152     781148    1%/run/user/1000
[ojk@www ~]$
```

❷ 종류

1) ext 계열 리눅스 파일 시스템

   • 개념: 리눅스에서 가장 널리 사용되는 파일 시스템 계열

   • 종류

구분	설명
ext2	• 저널링 기능이 없는 초기 Linux 파일 시스템 • 비교적 단순하지만 안정적이고 플래시 메모리(예 USB 등)에 적합
ext3	• 기반에 저널링(Journaling) 기능을 추가한 파일 시스템 • 장애 발생 시 파일 복구 속도가 빠르고 ext2와 호환성이 높음
ext4	• 현대 리눅스 배포판의 기본 파일 시스템 • 대용량 파일과 대용량 파일 시스템을 지원, 향상된 저널링과 성능 최적화를 제공함

2) Btrfs

   • 개념 및 특징

     − 차세대 리눅스 파일 시스템으로 개발됨

     − 스냅샷, 서브볼륨, 체크섬을 통한 데이터 보호 기능을 제공하며 RAID 기능을 자체적으로 지원함

3) XFS
  - 개념 및 특징
    - 고성능 64비트 파일 시스템으로, 대용량 파일의 처리 속도가 매우 빠름
    - Red Hat Enterprise Linux 계열에서 기본 파일 시스템으로 채택됨
4) 저널링 파일 시스템(Journaling File System)
  - 개념 및 특징
    - 시스템 장애나 갑작스러운 전원 차단이 발생하더라도 빠르고 안전하게 복구할 수 있도록 설계된 파일 시스템
    - 파일 시스템의 변경 내용을 실제로 반영하기 전에 '저널(Journal)'이라는 별도의 로그 영역에 기록함

Q 네트워크 파일 시스템

❶ 개념 및 특징
  - 네트워크를 통해 다른 시스템의 저장 장치를 로컬 파일 시스템처럼 사용하도록 제공하는 기술
  - 서버가 특정 디렉터리를 공유(Export)하고, 클라이언트는 이를 마운트하여 마치 자신의 디스크처럼 파일을 읽고 쓰는 구조

❷ 종류

파일 시스템	설명
NFS (Network File System)	• UDP/TCP 기반 네트워크 파일 공유 시스템 • Sun Microsystems에서 개발하여 주로 Unix/Linux 환경에서 사용함 • 속도가 빠르고 구성 관리가 용이하나 기본 보안이 약함
SMB/CIFS(Samba)	• 윈도우 네트워크 공유 표준 프로토콜 • Microsoft에서 개발하여 Windows 운영환경에 최적화됨 • 호환성과 사용 편의성이 뛰어나지만, 무겁고 성능 저하가 있을 수 있음

Q 파일 시스템 관련 명령어

❶ mount
  - 개념: 장치(예 하드디스크, USB, 네트워크 공유 등)에 포함된 파일 시스템을 지정한 마운트 지점에 연결하여 사용할 수 있도록 하는 명령어
  - 특징
    - 시스템 부팅 시에는 /etc/fstab 파일과 함께 자동 마운트 환경을 구성함
    - /etc/mtab 파일에는 현재 시스템의 마운트 정보가 저장됨
  - 주요 옵션

옵션	설명
-t	파일 시스템 유형을 지정함(예 ext4, xfs, vfat 등)
-o	추가 마운트 옵션을 지정함(예 remount, rw, ro, noexec, nosuid, sync 등)

```
# mount -t ext4 /dev/sdb1 /mnt/data      - ext4 파일 시스템 마운트
# mount -o remount,rw /home              - 이미 mount 된 /home을 rw로 다시 mount
```

예 /etc/fstab 파일 출력

```
[ojk@www ~]$ cat /etc/fstab
UUID=971f6cb3-bc3a-4d52-b95c-efa78e4aada2      /           xfs      defaults                        0 0
UUID=49aa2761-be7d-4447-871f-0156972fd7cc      /boot       xfs      defaults                        0 0
UUID=18AA-88DF                                 /boot/efi   vfat     umask=0077,shortname=winnt      0 2
UUID=f04d2346-b338-4109-a0c9-7590e7d68360      /home       xfs      defaults                        0 0
```

❷ umount

- 개념 및 특징
  - 시스템에 마운트된 파일 시스템을 연결 해제하는 명령어
  - 마운트 중인 파일이 열려 있으면 해제가 불가능하므로, 프로세스를 종료하거나 강제 옵션을 지정하여 해제할 수 있음
- 주요 옵션

옵션	설명
-a	/etc/mtab에 기록된 모든 파일 시스템을 해제함
-f	강제로 마운트를 해제함(NFS 등 응답 없는 장치에 유용함)
-l	Lazy unmount로, 파일 시스템을 비동기적으로 해제함

❸ eject

- 개념: CD/DVD-ROM, USB 저장 장치 등 분리 가능한 미디어 장치를 시스템에서 배출하거나 안전하게 제거하는 명령어

예

```
# eject /dev/cdrom      - CD/DVD 트레이 열기
# eject -t /dev/cdrom    - CD/DVD 트레이 닫기
# eject /dev/sdb        - USB 장치 배출
```

❹ fdisk

- 개념: 리눅스에서 디스크의 파티션을 생성, 삭제 · 조회 · 수정하는 데 활용되는 파티션 관리 명령어
- 특징
  - MBR(Master Boot Record) 방식의 디스크 파티션을 관리하는 대표적인 도구
  - 디스크의 전체 구조를 확인하거나 새 파티션 테이블을 구성할 때 사용

예

```
# fdisk -l              - 전체 디스크 및 파티션 정보 조회
# fdisk /dev/sda        - /dev/sda 디스크의 파티션 생성 · 삭제 · 변경 작업 시작
# fdisk -u -l           - 파티션 정보를 섹터 단위로 출력
# fdisk -s /dev/sda1    - 특정 파티션(/dev/sda1)의 용량 확인
```

- fdisk device 명령어로 파티션 작업에 들어가서 다음 명령으로 진행

메뉴 키	설명
p	현재 파티션 테이블 정보를 표시함
n	새 파티션을 생성함
d	기존 파티션을 삭제함
a	부팅 플래그(Bootable Flag)를 설정하거나 해제함
w	변경 내용을 디스크에 저장하고 종료함

❺ mkfs

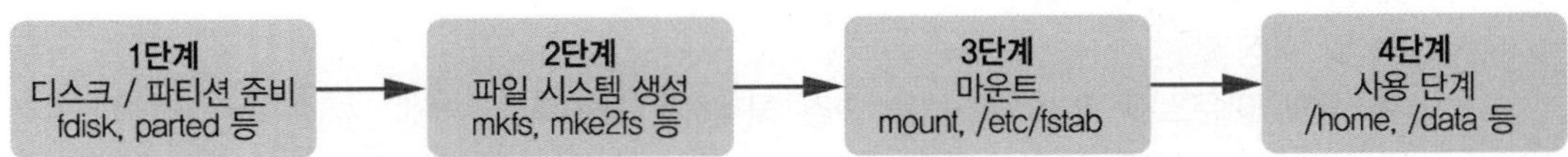

- 개념: 지정한 장치나 파티션에 새로운 파일 시스템을 생성하는 명령어
- 특징
  - 파일 시스템의 형식을 선택하여 디스크 파티션을 초기화
  - 내부적으로는 해당 파일 시스템 전용 생성 명령어(예 mke2fs, mkfs.xfs, mkfs.vfat 등)를 호출하여 처리하며, 다양한 파일 시스템(예 ext4, xfs, vfat 등)을 생성할 수 있음
- 주요 옵션

옵션	설명
-t	생성할 파일 시스템 유형을 지정함(예 ext2, ext3, ext4, xfs, vfat 등)
-V	실제로 생성하지 않고 어떤 명령이 실행될지 출력함

❻ fsck

- 개념: Linux 파일 시스템의 오류를 검사하고 복구하는 명령어
- 특징
  - 운영 중인 파일 시스템에서는 fsck 명령어를 실행할 수 없으므로 반드시 마운트 해제 후 검사해야 함
  - ext2/ext3/ext4 뿐만 아니라 xfs, vfat 등 다양한 파일 시스템은 전용 검사 도구(예 e2fsck, xfs_repair 등)를 내부적으로 호출하여 동작함

예

```
# fsck /dev/sdb1          - /dev/sdb1 파일 시스템을 검사하고 오류 여부 확인함
# fsck -t ext4 /dev/sdb1  - ext4 파일 시스템으로 지정하여 검사함
# fsck -N /dev/sdb1       - 실제 검사 없이 어떤 명령어를 실행할 지 출력함
```

❼ e2fsck

- 개념: ext2, ext3, ext4 파일 시스템의 오류를 검사하고 복구하는 명령어

예

```
# e2fsck /dev/sda1          - 기본 파일 시스템 검사를 수행함
# e2fsck -f /dev/sda1       - 파일 시스템이 정상이어도 강제로 검사를 수행함
```

❽ xfs_repair

- 개념 및 특징
  - XFS 파일 시스템의 손상된 메타데이터를 점검하고 복구하는 전용 명령어
  - XFS는 fsck 명령어를 사용하지 않으며, 파일 시스템 점검과 복구는 xfs_repair 명령어만 사용

예

```
umount /dev/sdb1
xfs_repair /dev/sdb1
```

❾ du

- 개념: 파일이나 디렉터리가 사용하는 디스크 사용량을 표시하고, 지정된 파일 또는 디렉터리의 용량을 블록 단위 또는 사람이 읽기 쉬운 단위로 표시하는 명령어

예

```
# du -h            - 디스크 사용량을 사람이 읽기 쉬운 형식으로 표시함
# du -s /home      - /home 디렉터리의 총 사용량만 요약해 표시함
# du -sh ~ojk      - 사용자가 사용하고 있는 용량의 표시함
```

❿ df

- 개념 및 특징
  - 마운트된 각 파일 시스템의 전체 용량, 사용량, 남은 용량 등을 확인할 때 사용하는 명령어
  - 블록 단위 또는 사람이 읽기 쉬운 단위로 용량을 표시하도록 지정할 수 있음

예

```
# df -h        - 용량을 사람이 읽기 쉬운 단위로 표시함
# df -i        - inode 사용량을 표시함
```

❶ /etc/fstab

- 개념 및 특징
  - 시스템 부팅 시 자동으로 마운트할 파일 시스템 정보를 지정하는 설정 파일
  - 각 파일 시스템의 장치 정보, 마운트 지점, 파일 시스템 유형, 사용 권한 및 복구 등과 관련된 옵션을 정의하여 자동 마운트를 수행함
- 필드 구성

순서	필드	설 명
1	파일 시스템 (예 Device, UUID 등)	마운트할 대상 파일 시스템을 지정함 예 /dev/sda1, UUID=xxxx, LABEL=home
2	마운트 지점 (Mount Point)	파일 시스템이 연결될 디렉터리 경로 지정함 예 /, /home, /var, /mnt/data
3	파일시스템 유형 (Type)	파일 시스템의 종류를 지정함 예 ext4, xfs, vfat, swap, nfs, tmpfs
4	마운트 옵션 (Options)	파일 시스템 마운트 시 사용할 옵션을 지정함 예 defaults, ro, rw, noexec, nosuid, nodev, auto, noauto
5	dump 값 (Dump)	• 백업 도구 dump 사용 여부를 지정함 • 0: 백업하지 않음 / 1: 백업 대상
6	fsck 순서 (Pass)	• 부팅 시 fsck 검사 순서를 지정함 • 0: 검사하지 않음 / 1: 루트 파일 시스템 / 2: 그 외 파일 시스템 검사 순서

- 마운트 옵션

옵션	설명
defaults	rw, suid, dev, exec, auto, nouser, async 등의 기본 옵션을 묶어서 지정함
ro	파일 시스템을 읽기 전용으로 마운트하도록 지정함
rw	파일 시스템을 읽기·쓰기 모드로 마운트하도록 지정함
noexec	해당 파일 시스템에서 실행 파일의 실행을 금지하도록 지정함
nosuid	SUID 및 SGID 비트가 동작하지 않도록 지정함
nodev	해당 파일 시스템에서 디바이스 파일을 무시하도록 지정함
auto	부팅 시 자동으로 마운트되도록 지정함
noauto	부팅 시 자동으로 마운트하지 않도록 지정함
atime	• 파일을 읽을 때마다 접근 시간(atime)을 매번 갱신하도록 지정함 • 파일 접근 시간이 정확하게 기록되지만 디스크 I/O가 증가함
noatime	• 파일 읽기 시 atime을 갱신하지 않도록 지정함 • I/O 감소 효과가 커서 성능 향상에 도움이 됨
relatime	• atime을 매번 갱신하지 않고, mtime·ctime보다 오래되었거나 마지막 atime 갱신 이후 24시간이 지나면 갱신하도록 지정함 • 성능과 정확성의 균형을 맞추기 위해 현대 리눅스에서 기본값

```
ojk@raspberrypi:~$ cat /etc/fstab
proc                            /proc       proc        defaults                0   0
PARTUUID=c1026ee4-01    /boot       vfat        defaults                0   2
PARTUUID=c1026ee4-02    /           ext4        defaults,noatime        0   1
# a swapfile is not a swap partition, no line here
#   use  dphys-swapfile swap[on|off]   for that
ojk@raspberrypi:~$
```

⑫ blkid
  • 개념: 장치의 UUID, 파일 시스템 종류(Type)를 확인하는 명령어


```
[root@www ~]# blkid
/dev/sda2: UUID="49aa2761-be7d-4447-871f-0156972fd7cc" BLOCK_SIZE="4096" TYPE="xfs"
PARTUUID="77ef2f2c-056d-455b-80d2-c587b76265b8"
/dev/sda1: UUID="18AA-88DF" BLOCK_SIZE="512" TYPE="vfat" PARTLABEL="EFI System
Partition" PARTUUID="a81cb1ba-e88a-4b9e-9896-e55f543e7086"
```

05 | Shell

셀의 개념 및 종류

1 개념 및 특징

- 운영체제는 셸과 커널로 구성이 됨
- 셸은 사용자와 커널 사이에서 인터페이스 역할을 하며, 사용자가 입력한 명령을 해석하여 커널에 전달하는 명령 해석기
- 명령어 실행, 파이프, 리다이렉션, 스크립트 실행 등 다양한 기능을 제공

2 주요 셸

셸 이름	설명
Bash	• 1989년 브라이언 폭스가 GNU 프로젝트를 위해 개발한 셸, 리눅스에서 기본으로 제공됨 • 명령어 이력, 자동 완성, 커맨드 라인 편집 등 기능이 풍부하고 POSIX 호환성이 높아 스크립트 작성에 유용함
Sh(Bourne Shell)	• 최초로 개발된 유닉스 셸로. 전통적인 유닉스 기본 셸 • 기능은 단순하지만 안정적이고 POSIX 기반 스크립트 표준 형태
Csh(C Shell)	• 1978년에 버클리 대학의 빌 조이가 개발함 • 히스토리, Alias, 작업 제어 등과 같은 C언어와 유사한 문법 및 기능이 포함되어 있고, 스크립트 안정성이 낮음
Tcsh	• 1981년에 등장한 셸로, 1975년 켄 그리어가 테넥스(TENEX)라는 운영체제에 반영한 명령행 완성 기능과 C Shell을 통합해서 만듬 • Csh의 개선 버전으로 자동완성과 명령줄 편집 기능을 강화함
Dash (Debian Almquist shell)	• POSIX 표준을 준수하며 작고 가볍게 구현된 명령어 해석기(셸) • Bash(Bourne Again Shell)보다 크기가 훨씬 작고 메모리 사용량이 적으며, 스크립트 실행 속도가 빨라서 시스템 부팅 속도 향상에 기여함 • 데비안 및 우분투 계열에서 기본 시스템 셸인 /bin/sh로 사용

❸ 셸 확인

[예] 현재 시스템에서 사용할 수 있는 셸

```
[ojk@www ~]$ cat /etc/shells
/bin/sh
/bin/bash
/usr/bin/sh
/usr/bin/bash
/bin/csh
/usr/bin/csh
```

[예] 각 사용자에게 할당되어 있는 셸

```
[ojk@www ~]$ cat /etc/passwd
root:x:0:0:Super User:/root:/bin/bash
bin:x:1:1:bin:/bin:/usr/sbin/nologin
ojk:x:1000:1000:Jaekwan Oh:/home/ojk:/bin/bash
alex:x:1001:1003::/home/alex:/bin/bash
parkmoon:x:1003:1002::/home1/parkmoon:/bin/bash
```

[예] 사용자가 로그인 시 부여받은 셸(기본 셸)

```
[ojk@www ~]$ echo $SHELL
/bin/bash
```

[예] 사용자가 현재 사용하고 있는 셸

```
[ojk@www ~]$ ps -p $$
   PID TTY          TIME CMD
  8711 pts/1     00:00:00 tcsh
```

❹ 선언된 셸 변수 확인

[예]

```
[ojk@www ~]$ set
cwd      /home/ojk
dirstack        /home/ojk
gid      1000
group    ojk
path     (/usr/local/bin /usr/bin /usr/local/sbin /usr/sbin)
prompt   %{\033]0;%n@%m:%c\007%}[%n@%m %c]%#
[ojk@www ~]$
```

환경변수	설명
env	환경변수 출력
unset	변수 제거

❺ 셸 변경(기본 셸 변경)
- 개념
  - /etc/shells 파일에 등록된 유효한 셸 중에서 사용자의 기본 로그인 셸을 변경함
  - 사용자가 사용할 셸을 /etc/passwd 파일의 마지막 필드에 기록하여 변경함
- 주요 옵션

옵션	설명
-l	사용 가능한 로그인 셸 목록을 출력
-s, --shell [경로]	변경할 셸의 절대경로를 지정함
-u	chsh 명령의 도움말(-h 와 같음)

예) 사용 중인 셸의 변경은 셸의 이름을 직접 입력하여 변경

```
[ojk@www ~]$ csh
[ojk@www ~]$ ps -p $$
    PID TTY          TIME CMD
   8666 pts/1     00:00:00 csh
[ojk@www ~]$ echo $SHELL
/bin/bash
[ojk@www ~]$
```

개요

- 프로그래밍에서 변수란 데이터를 기억하는 기억장소의 이름이며, 운영체제에서도 마찬가지로 환경을 저장하는 이름을 의미함
- 적용하는 범위에 따라서 환경변수(Environment Variable)와 셸 변수(Shell Variable)로 나눔

로그인 셸과 인터랙티브 셸

❶ 로그인 셸(Login Shell)
  - 개념 및 특징
    - 사용자 계정으로 로그인할 때 최초로 실행되는 셸
    - 로그인 과정에서 프로필 설정 파일을 읽어 환경을 초기화함
    - 예 터미널에서 ID/비밀번호 입력, SSH 로그인, 콘솔 로그인 등

❷ 인터랙티브 셸(Interactive Shell)
  - 개념 및 특징
    - 사용자가 명령을 입력하고 실행 결과를 확인할 수 있는 대화식 셸
    - 로그인 셸 이후에 실행되는 일반적인 터미널 창 또는 bash 명령어로 실행한 셸

환경변수와 셸 변수

❶ 개념: 사용자와 시스템 전체에 영향을 주는 전역 변수로서, 로그인 셸뿐만 아니라 셸에서 실행되는 모든 하위 프로세스에도 전달됨

❷ 특징
  - 프로그램이 동작할 때 필요한 기본 경로, 설정, 언어 정보 등을 제공함(예 PATH, HOME, LANG, SHELL, USER 등)
  - set 명령어는 셸의 동작 옵션을 설정하거나 해제하고, 위치 매개변수($1, $2 …)를 설정하는 데 사용
  - unset 명령어는 셸 변수나 함수, 배열 요소를 제거하는 데 사용
  - 환경변수는 export 명령어로 지정하여 하위 프로세스에 전달함

❸ 환경변수 종류

환경변수	설명
PATH	• 실행 가능한 명령어를 검색할 디렉터리 경로 목록을 지정 • 사용자가 명령어를 입력하면 PATH에 등록된 디렉터리를 순서대로 검색해 명령어를 찾음
HOME	• 현재 사용자의 홈 디렉터리 경로를 지정 • 셸 시작 시 기본 작업 디렉터리가 되며 파일 저장, 설정 파일 관리에 활용
SHELL	사용자가 기본으로 사용하는 로그인 셸의 경로를 지정
USER	현재 로그인한 사용자 이름을 지정
PS1	• 기본 프롬프트 문자열 형태를 지정함 • Bash 환경에서 가장 많이 변경되는 변수임

예

```
ojk@raspberrypi:~$ echo $SHELL
/bin/bash
ojk@raspberrypi:~$ echo $PS1
${debian_chroot:+($debian_chroot)}\u@\h:\w\$
```

Q 환경설정 파일

❶ 개념: 환경변수 저장은 사용 중인 셸 종류에 따라 설정 파일에 직접 기록해야 함

❷ 환경변수 저장 파일

설정 파일	적용 범위	설명
/etc/profile	모든 사용자, 로그인 셸	시스템 전체 환경변수와 시작 프로그램을 지정
/etc/bashrc	모든 사용자, 인터랙티브 셸	인터랙티브 셸 환경 설정 파일
~/.bash_profile	현재 사용자, 로그인 셸	환경변수 초기 설정용으로 사용함
~/.bashrc	현재 사용자, 인터랙티브 셸	사용자 셸 환경, alias 설정에 사용함
~/.bash_history	현재 사용자, 인터랙티브 셸	사용자가 로그인한 후에 입력한 명령들을 로그아웃할 때 저장되는 파일

예

```
echo 'export PATH=/usr/local/bin:$PATH' >> ~/.bashrc
```

– 우분투는 /etc/bashrc 파일 대신 /etc/bash.bashrc 파일 사용

SECTION 01 개념 및 유형

🔍 개념 및 유형

❶ 개념: 프로세스는 실행 중인 프로그램을 의미하는 운영체제의 기본 작업 단위

❷ 특징
- 프로그램이 메모리에 적재되어 CPU가 명령을 수행하는 상태를 나타냄
- 가장 먼저 실행되는 프로세스는 init이고 PID는 1임
- CentOS 7 부터는 systemd로 대체되었고 현대 리눅스 배포판은 systemd가 기본

예

```
[root@www ~]# ps -ef

UID    PID    PPID    C       STIME    TTY      TIME    CMD
root   10     0       0       00:59    ?        C0:00:02 /usr/lib/systemd/systemd--switched
-root --system —deserialize=49 rhgb
root   2      0       0       00:59    ?        C0:00:00 [kthreadd]
root   3      2       0       00:59    ?        C0:00:00 [pool_workqueue_release]
root   4      2       0       00:59    ?        C0:00:00 [kworker/R-rcu_gp]
```

❸ 유형

프로세스 유형	설명
포그라운드 프로세스	• 터미널과 연결되어 사용자의 입력을 직접 받으면서 실행되는 프로세스 • 입력·출력이 사용자와 직접 상호작용함
백그라운드 프로세스	• 터미널과 분리되어 실행되는 드로세스 • 사용자의 입력을 기다리지 않고 독립적으로 실행됨
데몬 프로세스	• 시스템 부팅 시 자동 실행되는 상시 서비스 프로세스 • 백그라운드에서 지속적으로 서비스 요청을 처리함

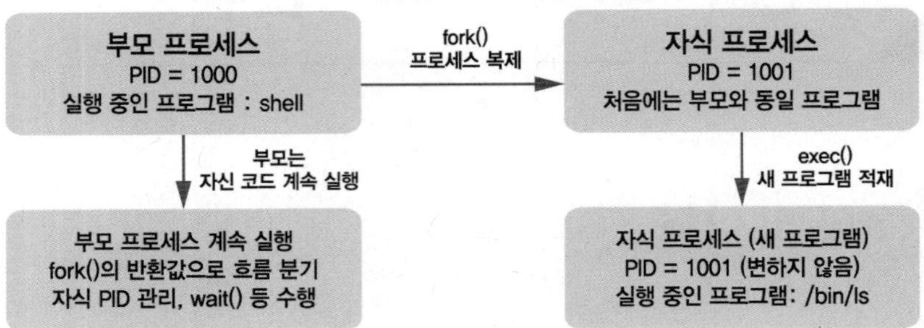

Q 데몬(Daemon)

❶ 개념: 사용자와 직접 상호작용하지 않고 메모리에 상주하면서 백그라운드에서 지속적으로 실행되는 프로세스

❷ 특징
- 시스템 부팅 이후 자동 시작되며, 네트워크 서비스, 로그 관리, 스케줄링 등 지속적으로 필요로 하는 기능을 제공함
- 전통적으로 데몬의 이름은 httpd, sshd, systemd 등 d로 끝나는 경우가 많음

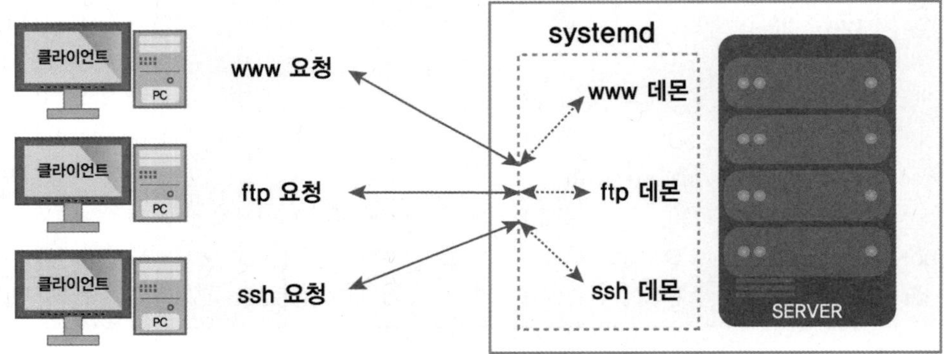

❸ 실행 방식

실행 방식	설명
inetd	• 자원 절약을 목적으로 사용하는 슈퍼 데몬 • 자주 사용되지 않는 서비스들의 포트를 리슨(Listen)하다가, 요청이 들어오면 서버 프로그램을 실행해서 연결을 처리 • rlogin, rsh, telnet 등 자주 사용되지 않는 네트워크 서비스의 포트를 대신 감시
systemd 서비스 실행	• 가장 현대적인 방식 • systemctl 명령어로 데몬을 시작·중지·자동시작 지정 사용
nohup 백그라운드 실행	• 터미널 종료와 관계없이 프로그램을 백그라운드에서 실행 • 로그아웃 후에도 계속 실행됨
& 백그라운드 실행	• 명령 뒤에 &를 붙여 간단히 백그라운드 실행 • 터미널 종료 시 종료됨(단, nohup과 다름)
cron을 통한 주기 실행	일정 시간마다 실행되도록 예약된 스케줄 기반 서비스 사용
standalone	init/systemd 같은 서비스 관리자 없이 스스로 실행되고 스스로 백그라운드화

❶ 개념 및 특징
- 커널이나 다른 프로세스가 특정 프로세스에 비동기적으로 메시지를 전달하는 이벤트 통지 메커니즘
- 각 시그널은 번호와 이름(예 2번 SIGINT, 9번 SIGKILL)으로 구분되며, 프로세스는 기본 동작을 따르거나, 무시하거나, 사용자 정의 처리기(핸들러)를 등록하여 처리할 수 있음

❷ 종류

번호	이름(기호)	설명
1	SIGHUP	• Hangup. 터미널 접속이 끊기거나(터미널 종료) 데몬 설정이 변경되었을 때 보내는 시그널 • 많은 데몬이 이 시그널을 받으면 설정 파일을 다시 읽도록 구현함
2	SIGINT	• Ctrl+C 입력 시 터미널에서 프그라운드 프로세스에 보내는 시그널 • 일반적으로 프로세스를 정상 종료하도록 요청하는 용도로 사용함
3	SIGQUIT	• Ctrl+\ 입력 시 보내는 시그널 • 프로세스를 종료시키고 코어 덤프를 남기도록 하는 디버깅용으로 사용함
9	SIGKILL	• 프로세스를 즉시 강제 종료시키는 시그널 • 프로세스가 이 시그널을 무시하거나 처리기를 설치할 수 없으며 커널이 바로 강제 종료함
15	SIGTERM	• 기본 종료(Terminate) 시그널 • 프로세스에 "정상 종료"를 요청하는 용도로 가장 많이 사용하며, 프로세스가 이를 받아 정리 작업 후 종료하도록 구현함
18	SIGCONT	• SIGSTOP이나 SIGTSTP로 중지된 프로세스를 다시 실행(Continue) 상태로 전환시키는 시그널 • 작업 재개에 사용함
19	SIGSTOP	• 프로세스를 즉시 중지시키는 시그널 • SIGKILL과 마찬가지로 무시하거나 처리할 수 없고 커널이 강제로 중지 상태로 전환함
20	SIGTSTP	• 터미널에서 Ctrl+Z 입력 시 보내는 시그널 • 포그라운드 작업을 일시 중지시켜 백그라운드 작업 제어에 사용함

프로세스 관련 명령어

❶ ps
- **개념**: 현재 시스템에서 실행 중인 프로세스의 상태 정보를 출력하는 명령어로, 시스템 모니터링, 문제 프로세스 분석, 백그라운드 작업 확인, 데몬 상태 점검 등에 사용함
- **특징**
  - 프로세스의 PID, PPID, CPU 사용량, 메모리 사용량, 실행 상태, 터미널 연결 여부, 실행 시간 등을 확인하는 데 사용함
  - 프로세스 테이블에 기록된 내부 순서(대개 PID 오름차순)로 출력됨

예)

```
[ojk@www ~]$ ps
   PID TTY          TIME CMD
  3732 pts/0    00:00:00 bash
  3761 pts/0    00:00:00 ps
[ojk@www ~]$
```

- **출력 필드**

필드	설명
PID	프로세스의 고유 식별자
PPID	부모 프로세스의 PID 값
UID	프로세스를 실행한 사용자 ID
USER	프로세스를 실행한 사용자 이름
TTY	프로세스가 연결된 터미널 정보
STAT	• 프로세스의 현재 상태를 나타내는 코드(예 R,S,D,T,Z 등) • R: 실행 중이거나 실행 가능 상태(Runnable) • S: 대기(Sleeping) 상태 • D: 인터럽트 불가능한 대기 상태 • T: 정지(Stopped) 상태 • Z: 좀비(Zombie) 프로세스 상태
%CPU	CPU 사용 비율을 나타내는 값
%MEM	메모리 사용 비율을 나타내는 값
TIME	프로세스가 사용한 총 CPU 시간
CMD	실행한 명령어 전체 문자열
VSZ	가상 메모리 사용량을 KB 단위로 표시함

  - 좀비 프로세스: 작업이 종료되었으나 부모 프로세스로부터 회수되지 않아 메모리를 차지하고 있는 상태인 프로세스(즉, 죽지 않고 살아 있는 프로세스)

• 주요 옵션

옵션	설명
-f	전체 사용자 기반의 풀 포맷(Full Format)으로 출력
-ef	시스템 전체 프로세스를 표준 포맷으로 출력
-eF	전체 프로세스를 확장된 포맷(Extra Full)으로 출력
-aux	BSD 스타일로 모든 사용자 프로세스를 자세히 출력
aux	BSD 스타일로 전체 프로세스를 출력(하이픈 없음)
-p PID	특정 PID 값을 가진 프로세스를 출력

❷ pstree

• 개념: 시스템에 존재하는 프로세스들을 트리(Tree) 구조로 시각화하여 보여주는 명령어
• 특징
  - 부모-자식 관계를 손쉽게 파악할 수 있도록 표현하며, 프로세스 구조 분석, 데몬 계층 확인, 서비스 종속성 확인 등에 사용함
  - 일반적인 ps 명령어 출력보다 계층적 구조 파악이 용이하여 시스템 관리 및 문제 분석에 유용하게 사용함
• 주요 옵션

옵션	설명
-p	PID를 함께 출력
-a	명령행 인자까지 함께 출력
-h	현재 사용자가 실행한 프로세스를 강조하여 출력
-l	출력 폭이 좁아도 줄바꿈 없이 전체 명령어를 표시
-s [PID]	특정 프로세스의 부모 프로세스 계보(Ancestry)를 표시
-H [PID]	지정한 PID 프로세스를 하이라이트하여 출력

예

```
ojk@raspberrypi:~$ pstree -a
systemd splash
  ├─ModemManager
  │   └─2*[{ModemManager}]
  ├─apache2 -k start
  │   ├─apache2 -k start
  │   ├─apache2 -k start
  │   ├─apache2 -k start
  │   ├─apache2 -k start
  │   ├─apache2 -k start
  │   ├─apache2 -k start
  │   ├─apache2 -k start
  │   ├─apache2 -k start
  │   ├─apache2 -k start
  │   └─apache2 -k start
  ├─applet.py /usr/share/system-config-printer/applet.py
  ├─avahi-daemon
  │   └─avahi-daemon
```

❸ top
- 개념: 실시간으로 CPU 사용률, 메모리 사용량, 스왑 사용량, 프로세스별 자원 점유율 등을 주기적으로 갱신하여 보여주는 대화형 모니터링 도구
- 특징
  - 실행 상태에서 명령을 입력하여 프로세스 상태를 출력하거나 제어
  - top 명령어 실행 시 화면 윗부분에 시스템 전체 상태 요약 정보가 여러 줄에 걸쳐 표시됨
- 시스템 상태 요약 정보

항목	설명
top - HH:MM:SS	현재 시간을 나타내는 항목
up 시간	시스템이 부팅된 이후 경과한 시간(업타임)을 나타내는 항목
users	현재 로그인 중인 사용자 수를 나타내는 항목
%Cpu(s) 또는 %Cpu(s)	• 사용자 모드, 커널 모드, 아이들 시간, I/O 대기 시간 등 CPU 사용 비율을 퍼센트로 표시하는 항목 • ⊤ 키를 누르면 상태가 토글됨
KiB Mem: 또는 MiB Mem:	• 전체 물리 메모리 용량, 사용 중 메모리, 여유 메모리, 버퍼·캐시 메모리 크기를 요약하여 보여주는 항목 • ⓜ 키는 메모리 정보 표시를 제어
KiB Swap: 또는 MiB Swap:	• 스왑 영역의 전체 크기, 사용량, 여유량 등을 표시하는 항목 • 메모리 부족 여부를 판단하는 데 사용함

- 프로세스별 출력 필드 상태(화면 하단 영역에는 각 프로세스 또는 스레드의 상세 정보가 행 단위로 표시)

필드	설명
PR	커널이 관리하는 프로세스 우선순위를 나타내는 필드
NI	• nice 값으로, 사용자가 조정할 수 있는 우선순위 가중치 • 값이 낮을수록 우선순위가 높음
VIRT	프로세스가 사용하는 전체 가상 메모리 크기를 나타내는 필드
RES	실제 물리 메모리에서 점유 중인 크기(Resident Set)를 나타내는 필드
SHR	다른 프로세스와 공유하는 메모리 크기를 나타내는 필드
S	• 프로세스의 현재 상태를 한 글자로 표시하는 필드(예 R,S,D,T,Z 등) • D: 중단될 수 없는 Sleep 상태(Uninterrupted Sleep) • R: 실행 중인 상태(Running) • S: 휴면 상태(Sleeping) • T: Trace되거나 정지된 상태 • Z: 좀비 프로세스
TIME+	• 프로세스가 지금까지 사용한 누적 CPU 시간 필드 • 초 단위에 소수점이 붙어 표시됨
COMMAND	• 해당 프로세스를 시작한 명령어 또는 프로그램 이름을 표시하는 필드 • 옵션에 따라 전체 명령줄을 표시하기도 함

예

```
top - 16:01:37 up 9 days,  3:07,  3 users,  load average: 0.14, 0.11, 0.05
Tasks: 211 total,   1 running, 210 sleeping,   0 stopped,   0 zombie
%Cpu(s):  0.6 us,  0.6 sy,  0.0 ni, 98.4 id,  0.4 wa,  0.0 hi,  0.0 si,  0.0 st
MiB Mem :   3794.3 total,     105.5 free,     423.7 used,    3265.1 buff/cache
MiB Swap:    100.0 total,     100.0 free,       0.0 used.   3266.3 avail Mem

    PID USER       PR   NI    VIRT    RES    SHR   S  %CPU %MEM    TIME+ COMMAND
 580139 root       20    0   16072   7352   6212   S   2.3  0.2  0:00.07 sshd
 580138 ojk        20    0    8520   3452   2704   R   0.3  0.1  0:00.08 top
      5 root        0  -20       0      0      0   I   0.0  0.0  0:00.00 slub_flushwq
      6 root        0  -20       0      0      0   I   0.0  0.0  0:00.00 netns
```

❹ kill

- 개념: 프로세스에 시그널을 보내어 종료하거나 특정 동작을 수행하도록 지정하는 명령어
- 특징
  - 프로세스 ID(PID)를 이용하여 다양한 시그널을 전달하며, 기본 시그널은 TERM(15) 시그널을 사용함
  - 강제 종료가 필요한 경우 -9(SIGKILL) 시그널을 지정 사용
- 주요 옵션

옵션	설명
-l	사용 가능한 시그널 목록을 출력 지정
-s [signal]	보낼 시그널을 이름 또는 번호로 지정
-n [signal]	-s 옵션과 동일하게 시그널 번호를 지정
-9	SIGKILL 시그널을 보내어 강제 종료 지정
-15	SIGTERM 시그널을 보내어 정상 종료 요청 지정(기본값)

❺ killall

- 개념 및 특징
  - 프로세스 이름으로 지정하여 해당 이름의 모든 프로세스에 신호(Signal)를 보내는 명령어로, 기본 신호는 SIGTERM(15)
  - 프로세스 ID(PID)를 직접 입력하는 kill과 달리, 프로세스 이름만 지정하면 같은 이름의 프로세스 전체를 종료(주로 같은 데몬의 여러 프로세서를 한 번에 종료)하거나 특정 신호를 보냄

예

```
# killall firefox              - firefox라는 이름의 모든 프로세스 종료
# killall -9 apache2           - apache2 프로세스에 SIGKILL(9) 신호 보내서 종료
# killall -u parkmoon bash     - 사용자 parkmoon의 bash 프로세스 종료
# killall -i python3           - python3 프로세스 종료 전 사용자에게 확인 요청
# killall -r "http.*"          - 정규표현식에 맞는 모든 프로세스 종료
```

⑥ jobs
- 개념: 현재 셸에서 백그라운드로 실행 중인 작업 리스트 및 상태, 현재 중지된 프로세서의 목록, 변경되었지만 보고되지 않은 상태를 표시하는 명령어
- 특징
  - 각 작업(Job)에는 고유한 작업 번호(Job ID)가 부여되며, fg, bg, kill 명령어와 함께 작업 제어에 사용함
  - 출력 상태에서 + 기호는 현재 작업, − 기호는 이전 작업을 나타냄
- 주요 옵션

옵션	설명
−l	Job ID + PID + 상태 표시
−r	실행 중인 작업만 표시
−s	중지된 작업만 표시
−p	작업의 PID만 출력

⑦ bg
- 개념: 현재 실행 중인 포그라운드 프로세서를 백그라운드 작업으로 전환하는 명령어
- 특징
  - 먼저 실행 중인 작업을 일시 중지(Stopped, Ctrl+Z)한 상태에서 실행
  - 백그라운드에서 실행되므로 터미널이 차단되지 않음
  - 명령어를 백그라운드로 실행하고자 할 때는 명령어 뒤에 & 붙임

⑧ fg
- 개념: 백그라운드 작업을 다시 포그라운드에서 실행하도록 하는 명령어
- 특징
  - 작업 번호를 지정하면 해당 작업을 포그라운드로 가져와 제어권을 되돌림
  - Ctrl+C, Ctrl+Z 등 직접 제어 가능함
  - bg/fg 명령어는 별도의 일반 옵션이 거의 없으며, 작업 번호로 제어함

⑨ nice(프로세스 이름으로 지정)
- 개념: 프로그램을 시작할 때 우선순위(Niceness)를 설정해서 실행하는 명령어
- 특징
  - 일반 프로세스에 설정된 기본 값은 0이며, nice 명령어의 기본값은 10(옵션 없이 사용하면 기존 값에서 +10)
  - 우선순위 값은 −20(가장 높은 우선순위) ~ 19(가장 낮은 우선순위) 범위를 가짐
  - 값이 클수록 CPU 점유 우선순위가 낮아짐
  - 일반 사용자는 우선순위를 낮추는(+값) 것만 가능하고, 우선순위를 높이는(−값) 것은 root만 가능함
  - 실제 커널이 사용하는 프로세스의 우선순위 값은 PRI(Priority) 항목으로, NI(Nice) 값은 사용자가 우선순위를 조절할 때 사용하며 PRI 값에 영향을 줌

- 주요 옵션

옵션	설명
-n [값]	실행될 명령어의 nice 값을 지정하여 사용
--adjustment=[값]	nice 조정 값을 지정하여 사용
명령어만 입력	기본 nice 값(0)에서 +10 증가시켜 사용

예

```
# ls                   - nice=0으로 실행됨
# nice bash            - bash 프로세스의 nice 값을 증가시킴(우선 순위 낮춤)
# nice ls              - nice=10으로 실행됨
# nice -n 5 ls         - nice=5로 실행됨
# nice -n -5 ls        - 일반 사용자 불가(root만 가능), 일부 시스템에서는 nice --10 bash도 가능(-가 2개 연속)
```

⑩ renice(프로세스 PID로 지정)
- 개념: 프로세스를 새로 실행하는 nice와 달리, 이미 실행 중인 프로세스의 우선순위(Nice 값)를 변경하는 명령어
- 주요 옵션

옵션	설명
-n [값]	새로운 nice 값을 지정 사용
-p [PID]	프로세스 ID(PID)를 대상으로 지정 사용

예

```
# renice -n 10 -p 1234              - PID 1234 프로세스의 nice 값을 10으로 변경
# renice -n 5 -p 1111 -p 2222       - 여러 프로세스(PID 1111, 2222)의 nice 값을 5로 변경
# renice -n -5 -p 5678              - PID 5678의 우선순위를 높여(-5) 변경(root 필요)
```

⑪ nohup
- 개념: 로그아웃하거나 터미널을 닫아도 해당 프로그램이 계속 실행되도록 하는 명령어
- 특징
  - command &로 실행하는 경우에 백그라운드로 실행되지만, 여전히 현재 터미널 세션에 종속
  - 즉, &만으로는 터미널 종료 후나 로그아웃시 계속 실행되지 않고 종료됨

예

```
nohup python3 server.py &                      - Python 스크립트를 끊어지지 않게 실행
nohup ./backup.sh > backup.log 2>&1 &          - 출력 파일을 지정하여 실행
nohup java -jar myapp.jar &                     - 종료되지 않고 백그라운드에서 실행되는 서버 앱
```

❶ 개요
- 스케줄링: 특정한 시간에 특정한 작업을 수행하게 하는 것으로, 주기적으로 반복되는 작업을 자동적으로 실행할 수 있도록 설정
- 리눅스에서는 at, cron을 사용함
- cron의 데몬은 crond이고 설정 파일은 /etc/crontab을 사용함
- root 권한은 /etc/crontab 파일에 등록하여 주기적으로 실행

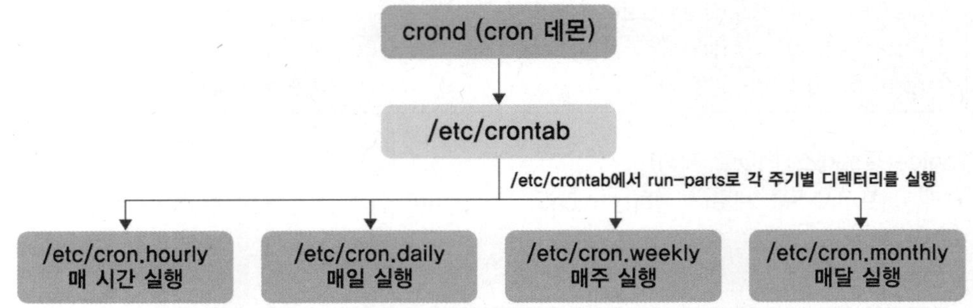

❷ /etc/crontab 필드 구조

/etc/crontab 필드 구조

MIN HOUR DOM MON DOW USER COMMAND

필드	역할	필드	역할
MIN	분(0-59)	MON	월(1-12)
HOUR	시(0-23)	DOW	요일(0-7)
DOM	일(1-31)	USER	누가 실행하는가

```
[ojk@www ~]$ cat /etc/crontab
SHELL=/bin/bash
PATH=/sbin:/bin:/usr/sbin:/usr/bin
MAILTO=root
# Example of job definition:
# .---------------- minute (0 - 59)
# |  .------------- hour (0 - 23)
# |  |  .---------- day of month (1 - 31)
# |  |  |  .------- month (1 - 12) OR jan,feb,mar,apr ...
# |  |  |  |  .---- day of week (0 - 6) (Sunday=0 or 7) OR sun,mon,tue,wed,thu,fri,sat
# |  |  |  |  |
# *  *  *  *  * user-name  command to be executed
# 매일 새벽 3시에 로그파일 삭제
0 3 * * * root /usr/bin/find /var/log -name "*.log" -mtime +7 -exec rm -f {} \;
# 매주 월요일 1시에 DB 백업
0 1 * * 1 root /usr/local/bin/db_backup.sh
# 5분마다 Apache 상태 체크
*/5 * * * * root /usr/local/bin/check_apache.sh
# 매일 오후 6시 사용자 계정 자동 보고서 생성 (user1)
0 18 * * * user1 /home/user1/report.sh >> /home/user1/report.log 2>&1
```

❸ crontab 명령어

- 개념: crontab은 사용자별로 정기적인 작업(스케줄 작업)을 등록·관리하는 명령어
- 특징
  - 각 사용자는 자신만의 crontab 파일(/var/spool/cron/[사용자명])을 가짐
  - 등록된 작업은 crond 데몬이 읽어서 실행함

예) 매일 새벽 3시에 스크립트 실행

```
[ojk@www ~]$ crontab -e
0 3 * * * /home/user1/backup.sh
[ojk@www ~]$ crontab -l
0 3 * * * /home/user1/backup.sh
[ojk@www ~]$
```

SECTION 01 에디터의 종류

🔍 에디터(Editor)의 개요

❶ 개념 및 특징
- 소스 코드 작성, 설정 파일 편집, 로그 파일 확인, 스크립트 작성(예 sh, python 등), 일반 문서 작성 등에 사용
- 워드 프로세서와 달리 서식(예 글꼴, 크기, 색상) 정보를 포함하지 않음

❷ 종류

CLI(터미널 기반) 에디터	vi/vim, nano, pico, emacs
GUI(그래픽 기반) 에디터	gedit, emacs, kate, mousepad, leafpad, VS Code

1) vi
- 개념 및 특징
  - 빌 조이(Bill Joy)가 개발한 리눅스 표준 텍스트 에디터이며, 모드 기반 동작(명령 모드, 입력 모드, 마지막 줄 모드)으로 강력한 편집 기능 제공
  - vi의 향상된 버전인 vim은 브람 무레나르가 개발함
- 장단점

장점	단점
어디서나 사용 가능하고 강력한 기능	배우기가 어려움

```
ojk@www:~/data                                    —  □  ×
 1 #include <stdio.h>
 2 int main(void){
 3        int a=60, b=13;
 4        printf(" ~a=%d \n", ~a);
 5        printf(" ~b=%d \n", ~b);
 6        printf(" a | b =%d \n",a ^ b);
 7        printf(" ~a  =%d \n", ~a);
 8        printf(" a & b =%d \n",a & b);
 9        printf(" a | b =%d \n",a | b);
10        return 0;
11 }
~
"operator.c" [도스] 11L, 253B                 1,1        모두
```

2) pico
- 개념: 워싱턴 대학교에서 개발한 Pine 메일 프로그램에 포함된 에디터
- 특징
  - 메뉴 기반 인터페이스로 조작이 단순하여 초보자가 사용하기 쉬움
  - 복사·붙여넣기·검색·맞춤법 검사 등 기본적인 편집 기능 제공
  - vi처럼 모드 전환이 없고 하단에 단축키 안내가 항상 표시

3) nano
- 개념: GNU 프로젝트에서 관리되는 초보자 친화적인 터미널 에디터
- 장단점

장점	단점
화면 하단에 단축키 안내가 표시되어 직관적이고 사용하기 매우 쉬움	vi/vim에 비해 기능이 부족함

- 단축키

구분	설명
편집기 종료	Ctrl+X
파일 저장	Ctrl+O
파일 불러오기	Ctrl+R
줄의 처음(Beginning of Line)으로 이동	Ctrl+A
줄의 끝(End of Line)으로 이동	Ctrl+E
이전 페이지	Ctrl+Y
다음 페이지	Ctrl+V

```
ojk@www:~/data                                                    —  □  ×
  GNU nano 8.1                    operator.c
#include <stdio.h>
int main(void){
        int a=60, b=13;
        printf(" ~a=%d \n", ~a);
        printf(" ~b=%d \n", ~b);
        printf(" a | b =%d \n",a ^ b);
        printf(" ~a   =%d \n", ~a);
        printf(" a & b =%d \n",a & b);
        printf(" a | b =%d \n",a | b);
        return 0;
}

^G 도움말    ^O 기록 저장    ^F 위치 찾기    ^K 잘라내기    ^T 실행
^X 나가기    ^R 파일 읽기    ^\ 바꾸기      ^U 붙여넣기    ^J 정렬
```

4) emacs
- 개념 및 특징
  - 리처드 스톨만(Richard Stallman)이 개발한 강력한 기능을 가진 확장 가능 에디터
  - 자체 스크립트 언어(ELisp)와 IDE 수준으로 기능 확장 가능
- 장단점

장점	단점
강력한 확장성	초기 학습 곡선이 높음

- 단축키

구분	설명
편집기 종료	Ctrl+X를 누른 후, 이어서 Ctrl+C

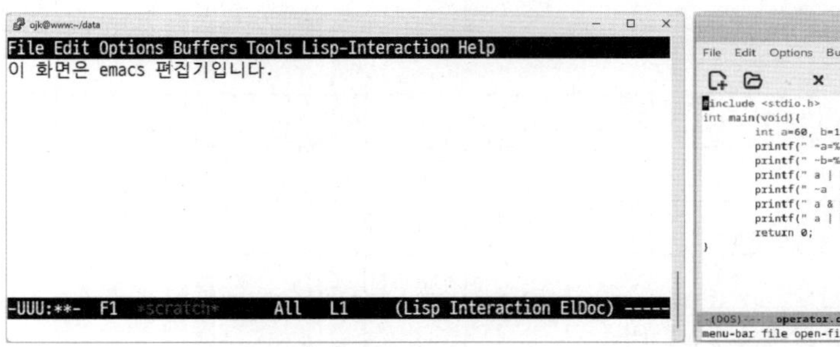

cui Emacs   GUI Gmacs

5) gedit
- 개념 및 특징
  - GNOME 데스크톱 환경에서 기본 제공되는 GUI(그래픽 기반) 텍스트 에디터로서, 초보자도 바로 사용할 수 있을 정도로 단순하고 직관적임
  - vi/vim처럼 모드 전환이 필요하지 않음

Q vi 에디터

- vi는 세 가지 모드(명령 모드, 입력 모드, 마지막 줄 모드)로 구성됨

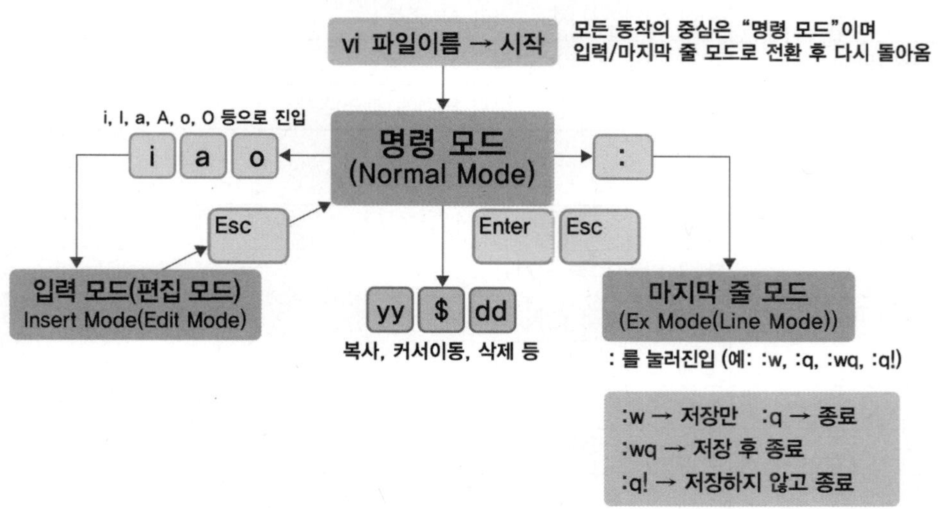

Q vi 에디터 관련 명령어

❶ 시작
- vi 파일명으로 실행
- vi가 비정상적으로 종료되면 스왑 파일(.swp)이 생성될 수 있음
- 이 스왑 파일을 이용해 복구 가능한 파일 목록을 확인하거나, 복구 모드로 진입할 때는 vi -r 명령어를 사용

❷ 모드 전환
- 명령 모드에서 입력(편집) 모드로 전환

명령어	설명
i	커서 앞에서 입력 모드로 전환
I	현재 줄의 첫 글자 위치에서 입력 모드로 전환
a	커서 뒤에서 입력 모드로 전환
A	현재 줄의 끝에서 입력 모드로 전환
o	현재 줄 아래에 새 줄을 열고 입력 모드로 전환
O	현재 줄 위에 새 줄을 열고 입력 모드로 전환
Esc	입력 모드에서 명령 모드로 전환

- 저장 및 종료(라인 모드)

명령어	설명
:w	편집한 내용을 저장
:w [filename]	다른 이름으로 저장
:q	저장하지 않고 종료
:q!	변경 내용을 저장하지 않고 강제로 종료
:wq 또는 :x	저장 후 종료
:wq!	권한 없어도 강제로 저장 후 종료
:e [filename]	다른 파일을 열어 편집
:r [filename]	다른 파일의 내용을 현재 위치에 불러오기

- 편집(수정 · 삭제 · 복사)

명령어	설명
x	커서 위치의 한 글자를 삭제
[n]x	커서 위치부터 n개의 글자를 삭제
dd	현재 줄을 삭제
[n]dd	현재 줄부터 n줄을 삭제
yy	현재 줄을 복사
nyy	현재 줄부터 n줄을 복사(예 3yy: 현재 줄부터 아래로 3줄 복사)
p	복사하거나 삭제한 내용을 다음 위치(아래)에 붙여 넣기
P	복사 내용을 현재 줄 위에 붙여 넣기
u	실행 취소(Undo)
Ctrl+R	다시 실행(Redo)
r	커서 위치의 한 글자를 다른 문자로 교체
R	삽입처럼 연속된 문자를 덮어쓰기

- 검색(Search)

명령어	설명
/string	문자열(string)을 아래 방향으로 검색
n	같은 방향으로 다음 검색
?string	문자열(string)을 위 방향으로 검색
N	반대 방향으로 다음 검색

- 커서 이동

명령어	설명	방향키 대신 사용
0	현재 줄의 맨 앞으로 이동	H J K L
$	현재 줄의 끝으로 이동	
[n]G	n번째 줄로 이동	
vi + 파일명	파일을 열고 마지막 줄로 이동	

- 치환(검색 후 변경, ^는 행의 시작, $는 행의 끝)

명령어	설명
:s/old/new	현재 줄에서 첫 번째 old를 new로 치환
:s/old/new/g	현재 줄에서 old를 모두 new로 치환
:%s/old/new/g	전체 파일에서 old를 모두 new로 치환
:%s/\\⟨linux/Linux/g	단어의 시작(\\⟨)이 'linux'인 경우에만 'Linux'로 치환

❸ 환경 설정

명령어	설명
:set nu	화면 왼쪽에 줄 번호를 표시
:set list	• 탭, 줄 끝, 공백 등 특수 문자를 눈에 보이게 표시 • 탭 문자(^I), 줄 바꿈 문자($)와 특수 문자는 시스템에 따라 다름
:set ai	Auto Indent. 엔터키를 입력했을 때 윗줄의 indent와 동일하게 커서 이동
:set nonu	줄 번호 표시를 해제
:set nolist	set list 해제
:set ts=4	탭 문자(Tab Stop)를 4칸으로 설정
:set hlsearch	검색한 문자열을 화면에 모두 강조 표시
:set nohlsearch	검색 강조 표시를 해제
:set ruler	화면 오른쪽 아래에 커서 위치(줄, 칸)를 표시
:set noruler	커서 위치 표시를 해제
:set number	:set nu와 동일하게 줄 번호를 표시
:set	현재 설정 중 변경된 주요 옵션을 표시
:set all	모든 옵션의 현재 설정값을 표시

```
ojk@www:~/data

 1 #include <stdio.h>
 2 int main(void){
 3         int a=60, b=13;
 4         printf(" ~a=%d \n", ~a);
 5         printf(" ~b=%d \n", ~b);
 6         printf(" a | b =%d \n",a ^ b);
 7         printf(" ~a =%d \n", ~a);
 8         printf(" a & b =%d \n",a & b);
 9         printf(" a | b =%d \n",a | b);
10         return 0;
11 }
~
~
~
~
:set nu                                    1,18          모두
```

- vi는 .exrc 파일, vim은 .vimrc 파일에 환경 설정 저장
- 시험에서 vi의 환경 설정은 .exrc 파일에 저장되지만, 현재 리눅스 배포판에서 vi는 vim이므로 실제로는 .vimrc 파일에 저장됨

SECTION 01 프로그램 설치

Q 개요

❶ 개요
- 리눅스에서 프로그램 설치는 패키지 관리자(Package Manager)를 통해 이루어짐
- 패키지 관리자는 프로그램 설치 · 삭제 · 업데이트 · 의존성 관리 등을 자동으로 처리

❷ 패키지 설치 방식
- 저장소(Repository)에서 실시간으로 다운 받아서 자동 설치
- 다운로드한 로컬 패키지 파일(예 .deb, .rpm)로 직접 설치
- 프로그램 소스 코드를 컴파일(예 ./configure, make, make install)하여 설치

Q 패키지 관리 도구

❶ rpm
- 개념: Red Hat Package Manager은 Red Hat 계열에서 사용되는 패키지 관리 도구
- 특징
  - 로컬 패키지(.rpm 파일)를 설치 · 삭제 · 검증 · 조회하는 데 사용함
  - 의존성 해결 기능은 부족하지만, 시스템 패키지 상태를 정밀하게 관리할 수 있음
- 주요 옵션

옵션	설명
-i	새로운 패키지를 설치
-U	기존 패키지를 업그레이드 또는 새로 설치
-F	이미 설치된 패키지만 업데이트
-e	패키지 제거
-q	패키지 정보 조회(쿼리)
-qa	설치된 전체 패키지 목록 조회
-ql	해당 패키지가 설치한 파일 목록 표시
-qi	패키지의 상세 정보 표시
-qf	특정 파일이 어떤 패키지에 속하는지 조회
-qp	설치하지 않은 rpm 파일의 정보 확인

–V	패키지의 무결성(정합성) 검증
--nodeps	의존성 검사하지 않고 강제로 설치 또는 제거
--force	기존 파일 충돌 무시하고 설치 또는 업그레이드 강제 수행
--test	실제 설치하지 않고 테스트만 수행
--prefix	패키지를 설치할 경로 지정

- 주요 명령어

명령어	설명
rpm –ivh 패키지.rpm	패키지 설치(i: install, v: verbose, h: 진행률 표시)
rpm –Uvh 패키지.rpm	패키지 업그레이드
rpm –e 패키지명	설치된 패키지 삭제
rpm –qa	설치된 모든 패키지 조회
rpm –q 패키지명	특정 패키지가 설치되어 있는지 확인
rpm –ql 패키지명	패키지가 설치한 파일 목록 조회
rpm –qi 패키지명	패키지 설명, 버전 정보 등 자세한 정보를 조회
rpm –qip 패키지명	rpm 패키지 파일의 정보, 설치되지 않은 rpm 파일 정보 확인
rpm –qf /경로/파일	특정 파일이 어떤 rpm에서 설치되었는지 확인
rpm –V 패키지명	패키지 무결성 검증(파일 변경 여부 검사)

❷ yum
- 개념 및 특징
  - 레드햇 계열 리눅스에서 사용하는 패키지 관리 도구
  - 의존성 문제를 자동으로 해결하며, 패키지 저장소(Repository)에 있는 소프트웨어를 손쉽게 관리하기 위해 사용
- 주요 옵션

옵션	설명
install	패키지 설치
remove/erase	패키지 삭제
update	패키지 업데이트
history	yum 트랜잭션의 타임라인, 성공 여부 등 작업 내역을 확인
upgrade	시스템 전체 업그레이드
search	패키지 검색
info	• 패키지의 설치 여부와 관계없이 상세 정보를 출력 • 미설치 패키지의 설명, 버전, 저장소 정보를 확인할 수 있음
list	설치된 또는 설치 가능한 패키지 목록 표시

- EPEL 저장소(Extra Packages for Enterprise Linux)
  - 개념: Red Hat 계열 리눅스에서 기본 저장소에 포함되지 않은 추가 오픈소스 패키지를 제공하는 공식 커뮤니티 저장소

[예] 설치

```
yum install epel-release
```

❸ dnf
- 개념: dnf(Dandified Yum)는 레드햇 계열 리눅스에서 사용하는 패키지 관리 도구로, 기존 yum을 대체하는 패키지 관리자
- 특징
  - 의존성 해결, 패키지 설치 · 업데이트 · 삭제, 저장소 관리 등을 수행함
  - rpm 패키지를 기반으로 동작하며, 자동 의존성 해결 기능을 제공함
  - Python 기반으로 작성되어 있으며, yum보다 더 빠른 의존성 처리와 낮은 메모리 사용을 제공함
- 설정을 읽는 파일/디렉터리

파일/디렉터리	설명
/etc/dnf/dnf.conf	dnf 기본 설정 파일
/etc/dnf/dnf.conf.d/	dnf 추가 설정 파일 디렉터리 지정
/etc/yum.repos.d/	저장소(repo) 설정 파일(.repo) 위치 지정
/usr/bin/dnf	dnf 실행 파일 위치 지정
/etc/yum.conf	yum과 호환을 위한 기본 설정 파일 지정(dnf도 참조함)

- 주요 옵션

옵션	설명
install	패키지 설치
remove	패키지 삭제
update	패키지 업데이트
upgrade	패키지 최신 버전으로 업그레이드
search	패키지 검색
info	패키지 상세 정보 출력
list	설치된 또는 저장소 내 패키지 목록 출력
provides	특정 파일을 제공하는 패키지 검색
groupinstall	패키지 그룹 설치
groupremove	패키지 그룹 삭제
clean all	캐시와 메타데이터 전체 삭제
repolist	사용 가능한 저장소 목록 출력

❹ dpkg
- 개념: 데비안 계열 리눅스에서 패키지를 설치·제거·정보 조회 등을 수행하는 패키지 관리 도구
- 특징
  - 이미 다운로드되어 있는 로컬 deb 파일을 설치할 때 사용하며 저장소에서 의존성 해결은 하지 않음
  - apt의 하위에서 동작하는 기본 패키지 관리 도구이므로 apt나 apt-get과 같은 고수준 패키지 관리 도구들은 내부적으로 dpkg를 호출하여 작업을 수행
  - 각 요소는 언더바(_)로 구분되며, 버전과 리비전 사이는 하이픈(-)으로 구분(예 nano_7.2-1_amd64.deb)
- 주요 옵션

옵션	설명
-i, --install	지정한 .deb 패키지 파일을 설치
-r, --remove	패키지를 제거(설정 파일은 남김)
-P, --purge	패키지와 설정 파일까지 완전 제거
-l, --list	설치된 패키지 목록 출력
-L, --listfiles	패키지에서 설치한 파일 목록 출력
-s, --status	패키지의 상태 정보 표시
-S, --search	파일이 어느 패키지에 속하는지 검색
-I, --info	.deb 패키지 파일의 정보 표시

❺ apt-get
- 개념: Advanced Packaging Tool-get은 데비안 계열 리눅스에서 패키지를 설치·삭제·업데이트 등을 수행하는 패키지 관리 도구
- 특징
  - 패키지 저장소(Repository)에 있는 소프트웨어를 자동으로 내려받아 설치하며, 의존성 문제를 자동으로 해결
  - 패키지 설치·삭제·업그레이드분 아니라 저장소 갱신, 패키지 검색, 시스템 업그레이드 등 수행
- 주요 옵션

옵션	설명
update	패키지 목록 갱신
upgrade	설치된 패키지 업그레이드
dist-upgrade	의존성까지 고려한 전체 시스템 업그레이드
install	패키지 설치
remove	패키지 삭제
purge	패키지 및 설정 파일 삭제
autoremove	필요 없는 패키지 자동 삭제
clean	다운로드한 캐시 파일 삭제
autoclean	오래된 패키지 캐시 삭제
check	의존성 문제 확인
source	패키지 소스 다운로드

⑥ zypper

- 개념 및 특징
  - 수세 계열 리눅스의 CLI 기반 패키지 관리 도구
  - 내부적으로 RPM 패키지 형식을 사용

[예]

```
zypper install apache2
zypper remove apache2
```

⑦ YaST

- 개념 및 특징
  - Yet another Setup Tool는 수세 계열 리눅스에서 사용하는 통합 시스템 관리 도구
  - 설치부터 네트워크, 사용자, 패키지, 서비스, 보안 설정까지 시스템 전반을 한 번에 관리할 수 있도록 제공

⑧ alien

- 개념 및 특징
  - 서로 다른 리눅스 배포판의 패키지 형식을 변환해 주는 도구
  - rpm → deb, deb → rpm, tgz, pkg 등 일부 형식을 지원

[예]

```
alien package.rpm
```

⑨ dselect

- 개념 및 특징
  - 데비안 계열 리눅스에서 사용하는 대화형 패키지 관리 도구
  - dpkg를 기반으로 동작하며, 텍스트 기반 메뉴 방식(TUI)으로 패키지를 선택 · 설치 · 삭제할 수 있음

[예]

```
Debian 'dselect' package handling frontend version 1.17.5 (amd64).
[A]ccess Choose the access method to use.
[U]pdate Update list of available packages, if possible.
[S]elect Request which packages you want on your system.
[I]nstall Install and upgrade wanted packages.
[C]onfig Configure any packages that are unconfigured.
[R]emove Remove unwanted software.
[Q]uit Quit dselect.
Move around with ^P and ^N, cursor keys, initial letters, or digits;
Press to confirm selection. ^L redraws screen.
Copyright (C) 1994-1996 Ian Jackson.
Copyright (C) 2000,2001 Wichert Akkerman.
This is free software; see the GNU General Public License version 2 or later for copying
conditions. There is NO warranty..
```

⑩ pacman
  • 개념: Arch Linux 계열에서 사용하는 패키지 관리 도구

예

```
sudo pacman -S pkgname      # 패키지 설치
sudo pacman -R pkgname      # 패키지 삭제
sudo pacman -Rs pkgname     # 의존성까지 함께 삭제
sudo pacman -Syu           # 시스템 전체 업데이트
```

🔍 소프트웨어 설치 및 삭제

❶ tar
  • 개념: Tape ARchiver는 여러 파일과 디렉터리를 하나의 파일로 묶거나 풀 때 사용하는 아카이브 생성 및 해제 도구
  • 특징
    – 백업 목적 또는 파일 전송을 위해 여러 파일을 하나로 묶어 관리하기 위해 사용
    – tar 자체는 압축 기능이 없지만, 옵션을 사용하면 gzip, bzip2, xz 등 외부 압축 프로그램과 함께 사용하여 .tar.gz, .tar.bz2, .tar.xz 같은 압축 파일 생성 가능
  • 압축율: .xz 〉 .bz2 〉 .gz
  • 주요 옵션

옵션	설명	옵션	설명
c	새 아카이브 생성	j	bzip2 방식(.bz2) 압축 또는 해제
x	아카이브 풀기	J	xz(.xz) 방식 압축 또는 해제
v	처리 과정을 자세히 출력	t	list. 아카이브 내부 파일 목록 출력
f	아카이브 파일 이름을 지정	p	원래 파일의 권한을 유지하여 아카이브
z	gzip 방식 압축 또는 해제	C	지정한 디렉터리로 이동하여 작업 수행
r	기존 tar 파일에 추가		

예

```
# tar cvf backup.tar mydir          - mydir 디렉터리를 backup.tar 로 묶기
# tar xvf backup.tar                - backup.tar 파일 풀기
# tar tvf backup.tar                - backup.tar 파일 내용 조회
# tar xvzf backup.tar.gz            - gzip 방식 압축 해제
# tar Jxvf php-7.3.11.tar.xz        - xz 방식 압축 해제
# tar cvjf backup.tar.bz2 mydir     - bzip2 방식 압축
# tar rvf backup.tar lin.txt joon.c - backup.tar에 lin.txt joon.c를 추가로 묶음
```

❷ gzip, gunzip

1) gzip
- 개념: Lempel-Ziv 알고리즘 기반으로 단일 파일을 gzip 형식(.gz)으로 압축하는 도구
- 특징
  - 원본 파일은 기본적으로 압축 후 삭제하고 .gz 확장자를 가진 파일로 생성
  - 여러 파일을 하나로 묶는 기능은 없기 때문에 tar 명령어와 함께 조합하여 .tar.gz 파일을 만드는 데 자주 사용
- 주요 옵션

옵션	설명
-c	압축 데이터를 표준 출력으로 내보내기
-d	압축 해제
-k	압축 후 원본 파일 유지
-l	압축된 파일의 정보 출력
-r	디렉터리 내 모든 파일 재귀적 압축
-v	자세한 정보 출력
-1 ~ -9	압축률 설정(1은 빠르게, 9는 높은 압축률)

2) gunzip
- 개념 및 특징
  - .gz 형식 파일을 압축 해제 · 유지
  - gzip의 반대 기능을 수행하며, 기본적으로 압축을 풀고 원본 파일을 생성함
- 주요 옵션

옵션	설명
-c	압축 해제 내용을 표준 출력으로 보내기
-k	압축 해제 후 압축 파일 유지
-f	강제 압축 해제
-v	처리 과정 출력

❸ compress
- 개념 및 특징
  - LZW(Lempel-Ziv-Welch) 알고리즘을 사용하여 단일 파일 단위로 압축하는 도구
  - 디렉터리 자체를 압축하지는 못함
- 압축된 파일의 확장자: .Z

예

```
compress php-8.0.3.tar          # php-8.0.3.tar.Z 로 압축
```

소스 파일 설치

🔍 소스 설치 기본 과정

❶ 개요

- 소스파일 설치는 프로그램의 원시 코드(Source Code)를 다운받아 사용자가 직접 컴파일하여 설치하는 방식
- configure → make → make install 과정으로 구성됨
- dnf, apt-get 도구로 설치하는 것과는 다르게 시스템 환경에 맞춰 최적화된 실행 파일을 만들 수 있는 장점이 있음

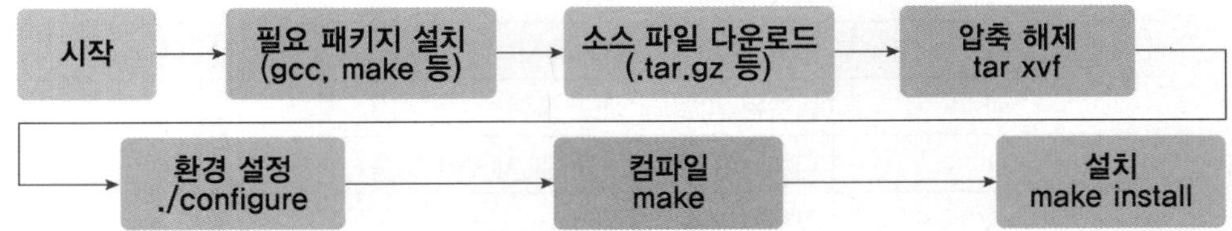

❷ 설치 단계

1) 필요 패키지 설치

- 컴파일에 필요한 gcc, make, 라이브러리 등을 설치

```
yum install gcc make
apt-get install build-essential
```

2) 소스 파일 다운로드

- 일반적으로 소스 파일은 .tar.gz, .tar.bz2, .tar.xz 형식

```
wget https://example.com/foo-1.2.tar.gz
```

3) 압축 해제

- 소스 파일 압축 해제 후 이동

```
tar xvf foo-1.2.tar.gz
cd foo-1.2
```

4) 환경 설정(configure)

- 라이브러리 위치, 설치 경로 등을 자동 분석하여 Makefile 생성

```
./configure
```

- 옵션으로 설치 위치 지정 가능

```
./configure --prefix=/usr/local
```

5) 컴파일(make)

- Makefile 파일을 읽어 타깃(Target)과 의존성(Dependencies) 관련 작업을 수행하여 소스 코드를 기계어로 변환해 실제 실행 파일 생성

```
make
```

- 다시 configure 하기 위해 관련 파일들을 제거

```
make clean
```

6) 설치(make install)

- 컴파일된 실행 파일을 시스템 경로(예 /usr/local/bin 등)로 복사

```
make install
```

Q CMake

❶ 개념: 여러 플랫폼(예 Windows, Linux, macOS)에서 공통적으로 사용할 수 있는 빌드 자동화 도구

❷ 특징

구분	설명
플랫폼별 빌드 스크립트 자동 생성	• 소스 코드를 컴파일하고 실행 파일을 만드는 절차를 CMakeLists.txt 파일에 정의해 두면, 개발자가 직접 Makefile을 작성할 필요가 없음 • CMake가 해당 내용을 읽어서 Makefile, Ninja 파일, Visual Studio 프로젝트 파일 등 플랫폼별 빌드 스크립트를 자동 생성
플랫폼 독립성	리눅스에서는 Makefile을 생성하며, Windows에서는 Visual Studio 솔루션(.sln) 생성
빌드 설정 통일	• 프로젝트가 커져도 한 파일(CMakeLists.txt)에서 라이브러리 연결, include 경로, 옵션 통일 등을 관리 • find_package()로 OpenCV, Boost, Qt 등 대형 라이브러리 설정을 자동화
out-of-source 빌드 지원	빌드 결과물이 소스 디렉터리에 섞이지 않음

```
/project
    /build      ← CMake가 생성한 파일
    /src        ← 소스 코드
```

❸ 대표 프로젝트

- cmake 기반 대표 프로젝트로 KDE, LMMS 등이 있음
- Apache httpd, PHP, Nmap 등은 configure, make, make install 과정을 통해 설치
- MySQL 5.5 버전 이후부터는 cmake를 사용하여 설치를 진행함

SECTION 01 주변장치 연결 및 설정

Q 프린터

1 프린터 개요
- 초기에는 BSD 계열 유닉스에서 사용하기 위해 개발된 버클리 프린팅 시스템인 LPRng(Line Printing next Generation)가 사용됨.
- LPRng는 LPD 프로토콜을 기반으로 프린터 스풀링과 네트워크 프린터 서버 기능을 제공함
- CUPS(Common UNIX Printing System)는 이후에 등장한 공통 인쇄 시스템으로, 현재 리눅스 프린팅 대부분은 CUPS를 기반으로 동작함
- HTTP 기반의 IPP(Internet Printing Procotol)를 사용하여 프린터를 웹 기반으로 제어(LPRng은 515번 포트, CUPS는 631번 포트 사용함)

2 프린터 설치

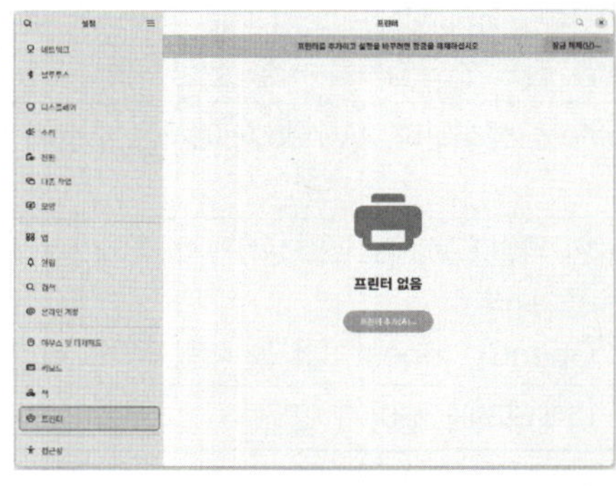
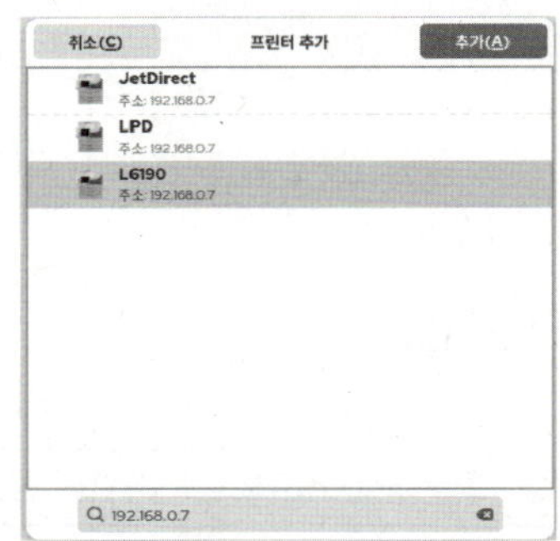
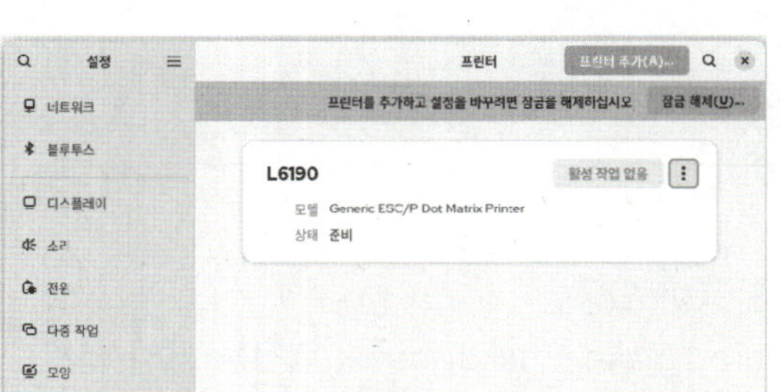
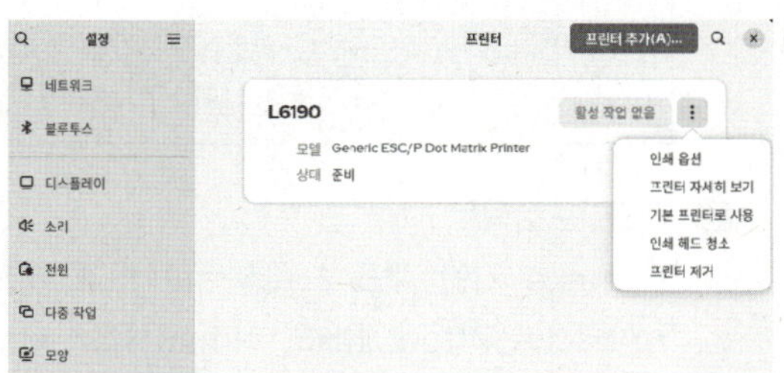

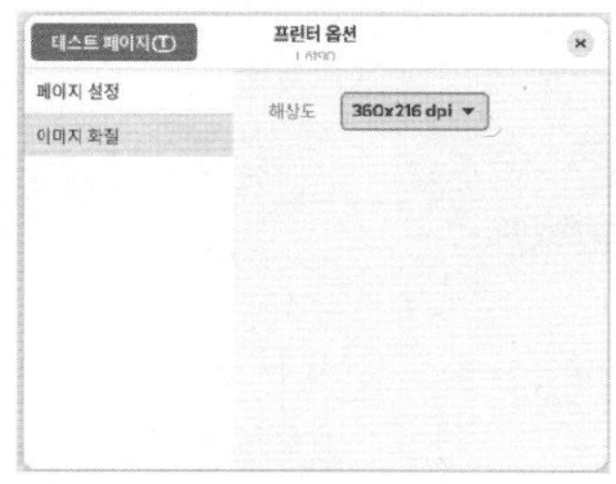

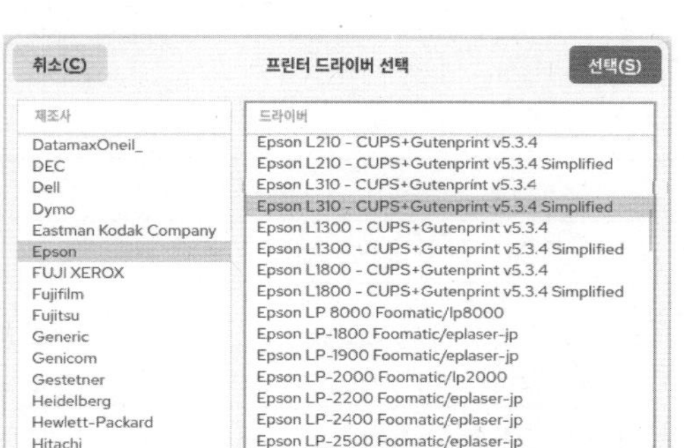
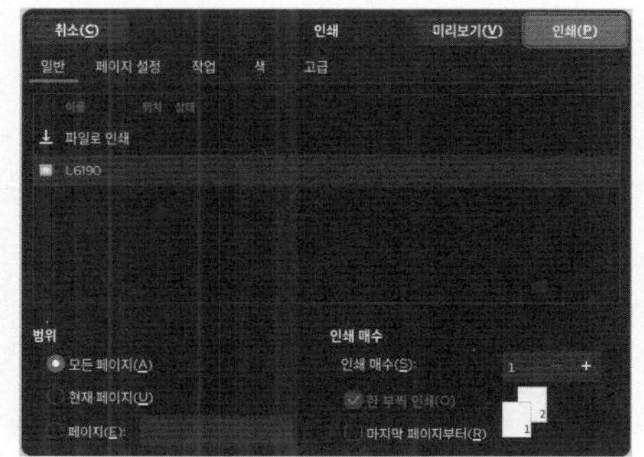

① OSS(Open Sound System)

- 개념: 유닉스 및 리눅스 환경에서 사용되는 표준적인 사운드 인터페이스로, 한누 사볼라이넨(Hannu Savolainen)이 개발함
- 특징
  - 디바이스 파일 기반 입출력 방식을 사용함
  - 표준 유닉스 장치 시스템 콜(예 POSIX READ, WRITE, IOCTL 등)에 기반함
  - GPL, LGPL, BSD 등 총 4가지 라이선스 옵션으로 배포됨
  - 초기에는 자유 소프트웨어였으나 상용 라이선스로 전환되어, 이를 계기로 리눅스 커뮤니티에서 ALSA가 주력 사운드 시스템으로 채택됨

② ALSA(Advanced Linux Sound Architecture)

- 개념: 기존의 OSS를 대체하기 위해 도입된 현대 표준 오디오 시스템으로, 리눅스 커널에 포함된 사운드 시스템 구조
- 특징
  - 멀티채널 오디오, 하드웨어 믹싱, MIDI 지원, 다양한 사운드 카드 드라이버 지원, 텍스트 기반 환경에서도 오디오 제어 등이 가능함
  - 리눅스 데스크톱 환경에서는 ALSA만 직접 사용하지 않고 PulseAudio, PipeWire 같은 상위 사운드 서버가 ALSA를 기반으로 작동함

• 계층 구조

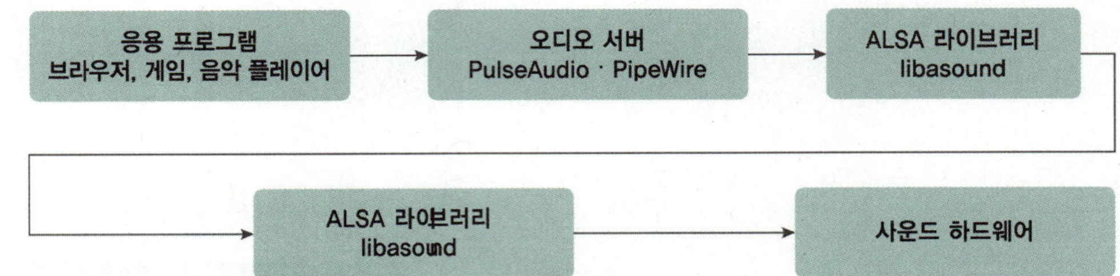

• 설정 파일

파일/디렉터리	설명
/proc/asound/	ALSA 상태 정보, 카드 목록, PCM 장치 정보 제공
/etc/asound.conf	시스템 전체 ALSA 설정
~/.asoundrc	사용자별 ALSA 설정(우선순위 높음)
/dev/snd/	ALSA가 사용하는 실제 디바이스 노드

❸ 사운드 서버
• 개념: 리눅스 시스템에서 소리(오디오)를 관리하는 중간 소프트웨어 계층
• 특징
  – 오디오 믹싱(Mixing), 볼륨 · 입출력 장치 제어 애플리케이션과 하드웨어 중간에서 API 제공
  – 네트워크 오디오 지원, 포맷 변환(resampling), Bluetooth 오디오 관리 등의 기능을 제공함
• 대표 사운드 서버

이름	특징
PulseAudio	가장 널리 사용된 사운드 서버로, 데스크톱 리눅스 표준
PipeWire	최근 기본으로 채택되는 차세대 사운드 서버(고성능 · 프로 오디오 지원)
JACK	음악 제작, 전문 오디오 환경에서 사용

🔍 스캐너

❶ 개요
• 리눅스에서는 스캐너를 SANE(Scanner Access Now Easy) 라는 표준 스캔 시스템을 사용해 제어함
• USB · 네트워크 스캐너를 지원하고 다양한 제조사 드라이버(Backend)를 통합하여 제공함
• GUI 도구(예 Simple Scan, XSane 등)와 연동됨

❷ SANE 설치(RHEL/Rocky/Fedora 계열)
• 설치 후 서비스 필요 없음(SANE는 데몬 방식 아님)

예

```
sudo dnf install sane-backends sane-backends-drivers-scanners
sudo dnf install simple-scan
```

❸ XSane
- 개념: 리눅스에서 스캐너를 제어하기 위한 SANE(Scanner Access Now Easy) 프론트엔드(Frontend) 프로그램
- 특징
  - SANE 백엔드 드라이버를 기반으로 스캐너를 직접 조작할 수 있는 GUI 스캔 애플리케이션
  - 사진 · 문서 스캔, 고급 색상 보정, DPI 설정, 게인 · 감마 · 밝기 조절, 스캔 미리보기, PDF/JPEG/PNG 저장, OCR 연동 등의 기능을 제공함

SECTION 02 주변장치 활용

Q 프린터 관련 명령어

❶ 프린터 관련 명령어 개요
- 현재 리눅스 프린팅은 CUPS(Common UNIX Printing System)를 기반으로 동작하며, CUPS 명령어 자체는 Rocky Linux(RHEL 계열)와 Ubuntu(Debian 계열) 두 배포판 모두 동일하게 사용됨
- 프린터 명령어(예 lp, lpr 등)는 역사적 · 기능적으로 분류하여 System V 계열/BSD 계열로 구분함. 둘의 가장 큰 차이점은 패키지 설치(dnf/apt)와 방화벽 설정(firewalld/ufw)

❷ 프린터 관련 명령어 구분

구분	명령어	설명
System V(SVR4 계열)	lp, lpadmin, lpstat, cancel	• CUPS의 표준 명령어로, 옵션이 체계적인 구조를 가짐 • 현대 리눅스(CUPS 기반)에서 권장되는 방식
BSD(전통 UNIX 계열)	lpr, lprm, lpq, lpc	• 오래된 UNIX 시스템에서 사용되던 명령어로, 간단한 옵션 구조를 가짐 • CUPS에서 호환성 유지 목적으로 지원하는 명령어

❸ lp
- 개념: CUPS에서 가장 기본적인 파일 인쇄 명령어
- 주요 옵션

옵션	설명
-d [프린터명]	특정 프린터로 출력
-n [숫자]	출력 매수 지정
-o media=[용지 종류]	용지 종류 지정
-o sides=two-sided-long-edge	양면 인쇄
-t [제목]	인쇄 작업 제목 지정

❹ lpadmin

- 개념 및 특징
  - CUPS(Common UNIX Printing System)에서 프린터를 추가·설정 변경·삭제할 때 사용하는 관리자용 명령어
  - 프린터 드라이버 지정, 네트워크 프린터 등록, 기본 프린터 설정, 프린터 옵션 조정 등 CUPS의 핵심 설정을 수행
- 주요 옵션

옵션	설명
-p [프린터이름]	설정할 프린터 이름 지정
-E	프린터를 활성(Enable) 상태로 설정
-v [DeviceURI]	프린터 장치 경로 또는 네트워크 주소 지정(예 ipp://, lpd://, socket:// 등)
-m [드라이버/PPD]	모델명 또는 PPD 파일 지정
-P [PPD 파일]	전체 경로를 지정하여 PPD 파일 직접 사용

❺ lpstat

- 개념: 프린터 및 작업 상태 조회, 프린터 목록, 상태, 작업(Queue) 정보를 확인하는 명령어
- 주요 옵션

옵션	설명
-p	프린터 상태 출력
-t	전체 상태 출력(프린터 + 작업 + 설정)
-o	현재 인쇄 대기 중인 작업 목록 출력

예

```
[parkmoon@www ~]$ lpstat -t
scheduler is running
no system default destination
device for L6190: lpd://192.168.0.7:515/PASSTHRU
L6190 accepting requests since 2025년 12월 06일 (토) 오후 05시 00분 02초
printer L6190 is idle.   enabled since 2025년 12월 06일 (토) 오후 05시 00분 02초
```

❻ cancel

- 개념: 현재 진행 중이거나 대기 중인 출력 작업을 취소하는 명령어
- 주요 옵션

옵션	형식	설명
cancel [job-id]	cancel HP-42	지정한 작업(job-id)을 취소함
-a	cancel -a	모든 프린터의 인쇄 작업을 취소함

예

```
cancel HP_Printer-42
```

❼ lpr

- 개념 및 특징
  - BSD 계열 출력 명령어로, lp와 동일한 기능을 제공
  - CUPS에서도 지원됨

예

```
lpr -P HP_Printer report.pdf
```

❽ lprm

- 개념 및 특징
  - CUPS(또는 오래된 BSD 인쇄 시스템)에서 인쇄 다기열에 들어 있는 출력 작업을 삭제하는 명령어
  - 잘못 출력된 문서 삭제, 대기열 정리, 사용자 작업 취소 등을 수행함

예

```
lprm 17                   # Job 17 삭제
lprm -P printer1 5        # print1의 Job 5 삭제
lprm 12                   # 특정 인쇄 작업 삭제
lprm -P Office_Printer 20 # 특정 프린터에서 특정 작업 삭제
sudo lprm -               # 관리자가 모든 작업 삭제(전체 드린터)
```

❾ lpq

- 개념: 현재 인쇄 대기열(Queue)의 상태를 확인하는 명령어
- 특징
  - 프린터에 제출된 작업 목록, 작업 번호(Job ID), 전송한 사용자, 크기, 상태 등을 출력함
  - 사용자는 자신의 출력 작업 상태, 관리자는 전체 대기열을 모니터링하는 데 사용

🔍 사운드 카드 관련 명령어

❶ ALSA 주요 명령어

- alsamixer: 커서(ncurese) 라이브러리 기반의 오디오 제어, 텍스트 기반 볼륨 조절을 하는 명령어

예

```
[parkmoon@www ~]$ alsamixer
amixer set Master 80%     # ALSA 볼륨 설정 조절
```

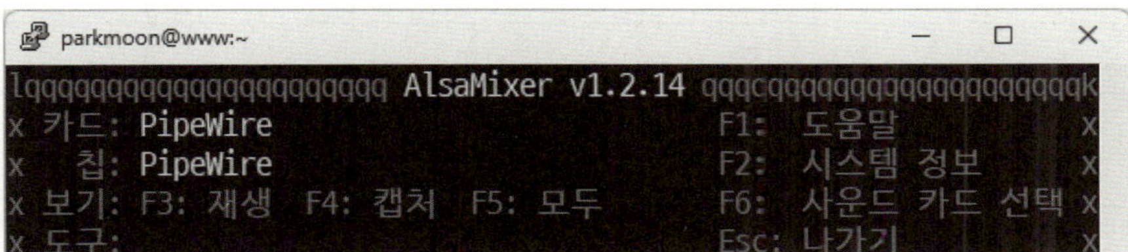

• aplay: 오디오 장치 관련 명령어

예

```
[ojk@www ~]$ aplay -l                 # Playback 장치 목록 확인
[ojk@www ~]$ arecord -l               # 녹음 장치 목록 확인
[ojk@www ~]$ aplay 음악파일.wav        # WAV 파일 재생
```

• ALSA 카드 상태 확인

예

```
[ojk@www ~]$ cat /proc/asound/cards
```

• alsactl
  – 사운드 카드 드라이버의 고급 설정을 제어하고 관리하는 데 사용하는 명령어
  – 주로 사운드 카드 믹서의 현재 상태(예 볼륨 수준, 음소거 상태 등)를 저장하거나 불러오는 데 사용되며, 시스템 재부팅 시에도 오디오 설정이 유지되도록 도와줌

  예

```
sudo alsactl store
sudo alsactl restore
```

❷ PulseAudio 관련 명령어
• pactl: PulseAudio를 제어하는 기본 CLI 명령어로, 모듈 · 기기 · 볼륨 등을 설정함

예 장치 목록

```
[parkmoon@www ~]$ pactl list short sinks
34        auto_null        PipeWire        float32le 2ch 48000Hz    SUSPENDED
```

예 입력 장치 목록

```
[parkmoon@www ~]$ pactl list short sources
34        auto_null.monitor        PipeWire        float32le 2ch 48000Hz    SUSPENDED
```

예 볼륨 변경

```
[parkmoon@www ~]$ pactl set-sink-volume 0 +10%
```

• pacmd: PulseAudio의 고급 설정 셸

예

```
pacmd list-sinks
```

❸ cdparanoia
- 개념 및 특징
  - 오디오 CD에서 트랙을 디지털 오디오 파일(WAV)로 추출(rip)하는 명령어
  - 오류 보정(Error Correction) 기능이 매우 강력한 오디오 CD 리퍼(Ripper)로 유명하며, 스크래치된 CD 에서도 가능한 한 깨끗한 음질로 데이터를 추출하는 데 사용함

예

```
cdparanoia -B        # CD 전체를 트랙별로 추출
cdparanoia 2-4       # 2~4번 트랙 연속 추출(하나의 WAV로 묶어 추출됨)
```

🔍 스캐너 관련 명령어

❶ sane-find-scanner
- 개념 및 특징
  - 스캐너를 하드웨어 수준에서 탐색하는 명령어로, 스캐너의 연결을 확인할 때 사용
  - 드라이버가 인식했는지 먼저 확인

예

```
sane-find-scanner
```

❷ scanimage
- 개념: 스캐너로 이미지를 스캔하는 핵심 CLI 명령어도, PNM이나 TIFF 형식으로 저장

예

```
scanimage -L                        # 스캐너 목록 확인
scanimage > output.pnm              # 기본 설정으로 한 장 스캔하여 표준 출력
scanimage -x 210 -y 297 > a4.pnm    # 스캔 영역 지정
scanimage --resolution 300 > scan.pnm    # 해상도를 300dpi
```

❸ scanadf
- 개념: ADF(자동 문서 공급 장치) 사용 스캐너에서 여러 장을 자동으로 연속 스캔할 때 사용하는 명령어

예

```
scanadf --output-file document-%03d.pnm
document-001.pnm, document-002.pnm …
```

SECTION 01 개념 및 사용법

Q X 윈도우의 개요

① 개념
- 유닉스 · 리눅스 계열 운영체제에서 그래픽 사용자 인터페이스(GUI)를 제공하기 위한 네트워크 기반의 창 시스템(Windowing System)
- 운영체제 자체의 GUI가 아니라, 그래픽을 그릴 수 있는 최소한의 프레임워크(예 창 관리, 입출력 장치 처리, 네트워크 전송 등)만 제공하고 그 위에 다양한 데스크톱 환경(예 GNOME, KDE 등)이 구축되는 구조를 가짐

② 출현 배경
- 1992년 X 윈도우 시스템 구현체로 XFree86이 공개됨
- 1999년 오픈 그룹을 기반으로 하여 2004년 x.org 재단이 만들어짐
- 2004년 9월 x11r6.8 발표됨

③ 구조

X 서버(X Server)	X 클라이언트(X Client)
• 화면 출력, 키보드/마우스 입력 등 하드웨어를 직접 제어 • 실제 GUI를 보여주는 쪽이 서버 역할을 함	• 응용 프로그램(예 Gedit, Firefox, Terminal 등) • GUI 출력 요청을 X 서버에 전달하고, 입력 이벤트를 전달받아 동작 → 사용자 PC가 X 서버, 실행되는 응용 프로그램이 X 클라이언트 • 일반적인 서버 개념과 반대이므로 자주 시험에 출제

④ 특징
- 네트워크 투명성(Network Transparency)
  - GUI 애플리케이션을 네트워크로 띄울 수 있는 것이 X11의 핵심 철학
  - X 클라이언트(프로그램)와 X 서버(화면 표시)가 네트워크로 분리될 수 있음
    - 예 원격 서버에서 실행한 프로그램을 내 PC 화면에 표시할 수 있음

```
ssh -X 사용자@서버
xclock
```

- 클라이언트-서버 구조
  - 화면 · 입력 장치는 X 서버가 담당, 프로그램 실행은 X 클라이언트가 담당함
  - 기능 분리가 명확하며, 구조가 유연함

- 모듈화 · 확장성
  - 윈도우 매니저(Window Manager), 데스크톱 환경(Desktop Environment)을 자유롭게 선택 가능 (예 GNOME, KDE Plasma, Xfce, LXDE 등)
  - 마우스 동작, 창 꾸미기, 단축키 등도 독립적으로 변경 가능
- 장치 독립성(Device Independence)
  - 응용 프로그램은 하드웨어 종류를 몰라도 동일하게 동작함
  - 렌더링 기본 기능을 X 서버가 제공하기 때문에 다양한 그래픽 카드 · 마우스 · 키보드 지원
- 창 관리자(Window Manager)와의 분리
  - X 서버는 창을 띄우는 최소 기능만 제공하고, 창 배치 · 테마 · 버튼 제공은 윈도우 매니저가 처리(예 GNOME Shell, KWin(KDE))

Q X 윈도우 시스템 전체 구성 요소

❶ 구성 요소

구성 요소	설명
X Server	• 그래픽 출력 장치(예 모니터), 입력 장치(예 키보드, 마우스), GPU를 직접 제어하는 핵심 서버 구성 요소 • 화면에 점, 선, 문자, 창을 실제로 그리는 주체이며, 모든 키 입력 · 마우스 이벤트를 수신하여 X Client에 전달함 • 네트워크를 통해 원격 클라이언트의 출력도 처리 가능함
X Client	• X Server에 화면 출력 요청을 보내는 응용 프로그램으로, xterm, firefox, gedit, gimp 등이 해당함 • X Client 자체는 화면을 직접 그리지 않고, X Protocol을 통해 '이 위치에 창을 그려라', '문자를 출력하라'와 같은 명령을 전송함
X Protocol	• X Client와 X Server 사이의 표준 통신 규약 • TCP/IP 및 UNIX Domain Socket을 통해 동작함 • 화면 출력 요청, 입력 이벤트 전달, 폰트 요청, 윈도우 생성 · 삭제 등의 명령이 TCP 포트 6000을 통하여 전달됨
Xlib	• X Client 프로그램이 X Server와 통신할 수 있도록 제공되는 표준 C언어 기반 라이브러리 • X Protocol을 직접 다루지 않고 고급 함수 호출만으로 창 생성 · 이벤트 처리 · 출력 제어 가능하게 함
XCB	• Xlib을 대체 · 보완하는 고성능 비동기 통신 라이브러리 • 네트워크 환경에서 지연이 적고 처리 속도가 빠르며 최신 X 프로그램에서 많이 사용됨
.Xresources/.xinitrc	• 사용자 개별 X 환경 설정 파일 • 색상, 폰트, 키 설정, 초기 실형 프로그램 지정에 사용됨
.Xauthority	• X 윈도우 시스템(X11)에서 클라이언트와 X 서버 간 인증 정보를 저장하는 파일 • X 서버에 접근하려는 응용 프로그램이 정상 사용자임을 증명하기 위해 사용하는 인증 토큰(쿠키)이 이 파일에 저장됨 • 파일 위치: ~/.Xauthority

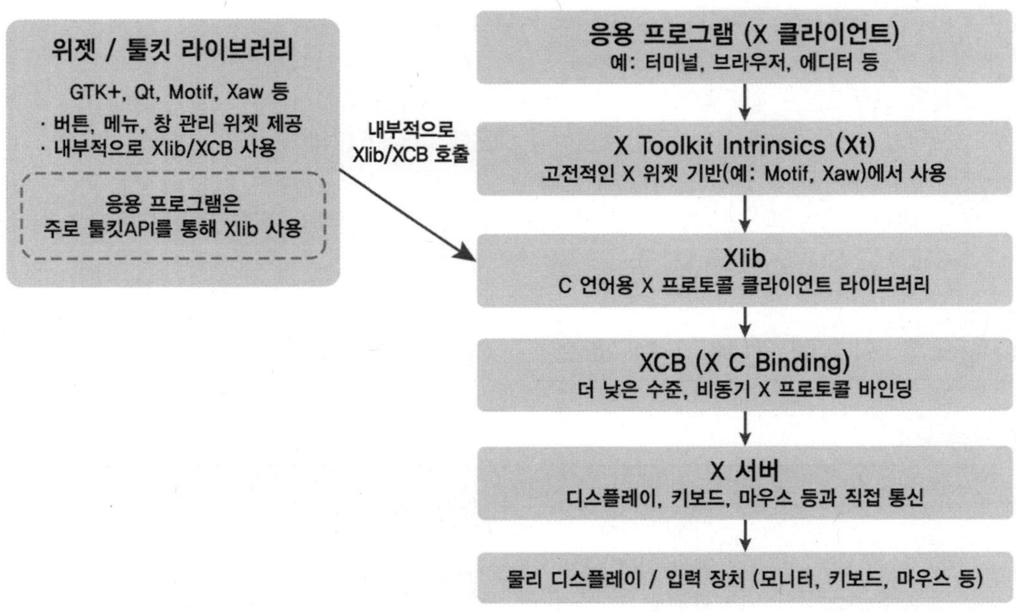

❸ X-클라이언트와 X-서버의 작용
- X 윈도우는 하나의 컴퓨터에서 X 클라이언트와 X 서버가 작용하고 네트워크 환경에서도 2개의 컴퓨터가 X 클라이언트와 X 서버로 작용함

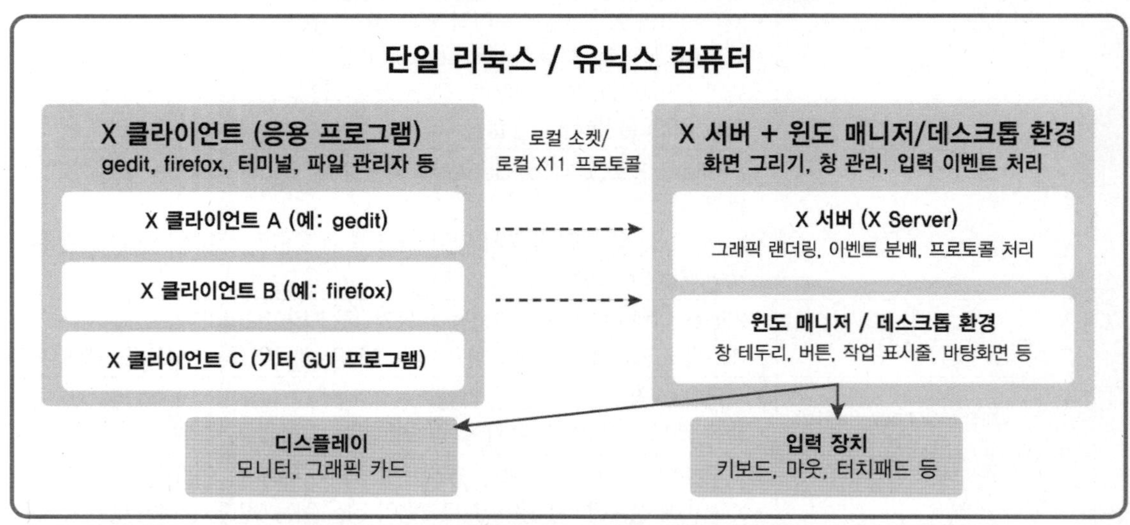

※한 컴퓨터 안에서도 X 클라이언트(응용 프로그램)와 X 서버는 논리적으로 분리된 구조를 유지하며, X 서버가 실제 디스플레이와 입력 장치를 제어하고, 클라이언트는 X 서버를 통해 화면에 그려진다.

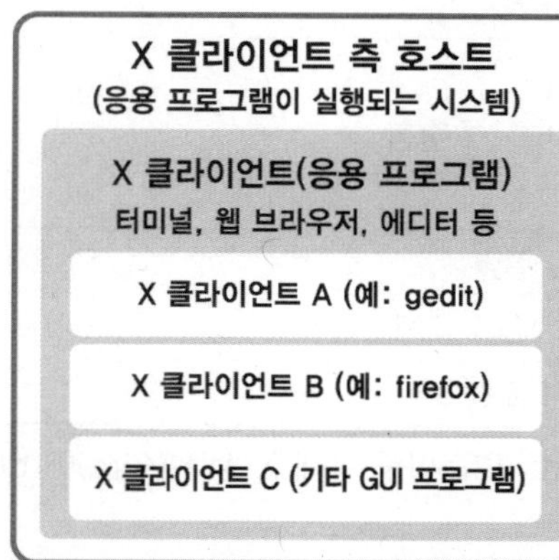
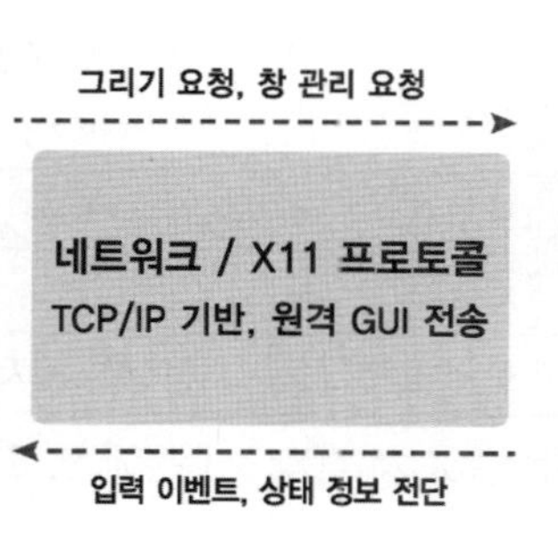
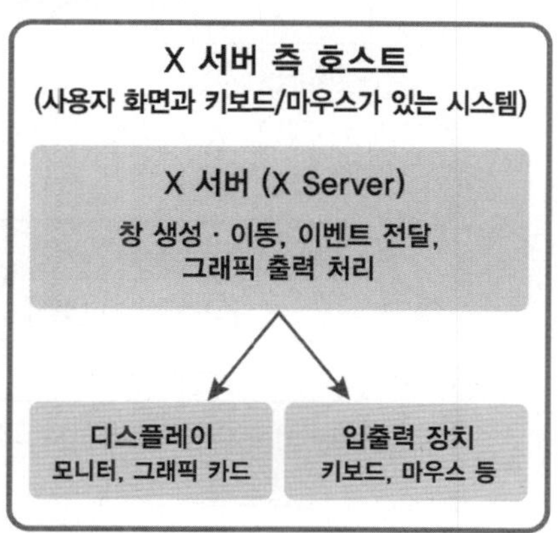

네트워크 환경에서의 X-Window(X11)

응용 프로그램(X 클라이언트) ↔ X 서버 ↔ 디스플레이/입출력 장치

※X-Window에서는 화면과 입력 장치를 가진 쪽이 X 서버이고, 프로그램을 실행하는 쪽이 X 클라이언트이다.

🔍 X 윈도우 실행

❶ X 윈도우 실행 방법

1) 요약

구분	설명
방법1	텍스트 모드(multi-user.target)로 부팅하였다가 명령어로 X-Window를 실행함
방법2	X-Window 모드(graphical.target)로 바로 부팅함

[예]

```
[root@www ~]# systemctl set-default multi-user.target
[root@www ~]# systemctl set-default graphical.target
```

2) 주요 타겟

타겟명	설명
multi-user.target	• 텍스트 로그인을 제공하는 다중 사용자 모드 • 기존 runlevel 3에 해당
graphical.target	• GUI 환경(예 GNOME/KDE 등)으로 부팅 • 기존 runlevel 5에 해당
reboot.target	시스템 재부팅
default.target	시스템이 부팅할 때 기본으로 진입하는 target

3) 방법1: 텍스트 모드(multi-user.target)로 부팅

- startx 명령어를 통해 수동으로 X 윈도우를 실행하고, 사용자 홈 디렉터리에 있는 .xinitrc 파일을 읽어 어떤 데스크톱 환경(예 GNOME, KDE, Xfce 등)을 실행할지 지정
- 환경변수 DISPLAY: X 클라이언트가 어느 X 서버에 접속하여 화면을 출력할지 지정

예 192.168.10.55 컴퓨터 2번째 X 서버의 3번째 모니터에 클라이언트 프로그램 전송

```
# export DISPLAY="192.168.10.55:1.2"
```

- startx
  - 개념: X 서버를 위한 스크립트로 내부적으로 xinit 명령어를 호출함
  - 주요 옵션

옵션	설명
-- :[디스플레이번호]	X 서버에 사용할 디스플레이 번호 지정(예 :1 사용)
-- -dpi [숫자]	화면 DPI 값을 지정하여 글자 크기 조정

  예 depth를 제어하는 기능은 X 서버(Xorg) 쪽에 있고 startx 명령어를 통해 X 서버(Xorg)에 depth 옵션을 전달함

```
# startx -- -depth 24
```

4) 방법2: X-Window 모드(graphical.target)로 부팅
   - 디스플레이 매니저(Display Manager) 프로그램이 실행되고 로그인 후에 세션 시작
   - 디스플레이 매니저는 초기에 사용하던 XDM(X Display Manager), GDM(Gnome Display Manager), KDM(KDE Display Manager) 등이 있고 현재는 GDM이 기본

❷ X 윈도우 설정 명령어

구분	설명
xrandr(X Resize and Rotate)	디스플레이의 해상도, 회전, 반사 등의 설정 관리
xset	X 서버 설정
xmodmap	키보드 맵핑
xrefresh	화면 새로 고침

❸ 데스크톱 환경(Desktop Environment, DE)
   - 개념 및 특징
     - 사용자에게 그래픽 사용자 인터페이스(GUI)를 제공하는 소프트웨어 구성 요소들의 집합
     - 단순히 화면을 보여주는 것이 아니라, 파일 탐색, 창 관리, 아이콘 표시, 메뉴 제공, 시스템 설정 등 전체적인 사용자 경험을 구성하는 모든 GUI 요소를 통합적으로 제공함
   - 대표 데스크톱 환경

구분	설명
KDE	• 1996년 튀빙겐 대학교 학생이었던 마티아스 에트리가 Qt 라이브러리 기반으로 만든 데스크톱 환경 • KWin 윈도우 매니저를 사용하고, 기본 이미지 뷰어 프로그램은 Gwenview
GNOME	GNOME Project에 의해 GTK++ 라이브러리 기반으로 만들어진 데스크톱 환경

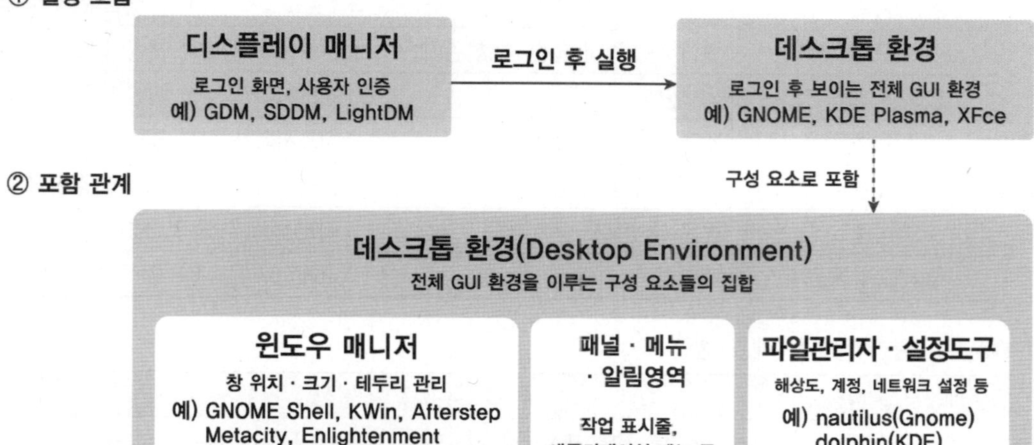

- 구성 요소

구성 요소	설명
윈도우 매니저(Window Manager)	창 배치, 이동, 크기 조절, 테두리 표시 등 담당함
패널(Panel)	작업표시줄, 시작 메뉴, 트레이 등을 제공함
파일 관리자(File Manager)	파일 탐색 및 관리 기능 제공함(예) nautilus(Gnome), dolphin(KDE))
설정 관리자(Settings)	모니터, 네트워크, 계정, 배경 화면 등 시스템 설정 제공함
런처 및 아이콘	프로그램 실행과 바탕화면 아이콘 제공함
기본 애플리케이션	터미널, 이미지 뷰어, 텍스트 편집기 등 기본 도구 제공함

Q 웨이랜드(Wayland)

❶ 개념: 리눅스에서 X 윈도우 시스템(X11)을 대체하기 위해 개발된 차세대 그래픽 디스플레이 서버 프로토콜

❷ 특징
- 기존 X11이 가지고 있던 구조적 복잡성과 성능 문제를 해결해, 단순하고 빠르며 보안이 강화된 그래픽 환경을 제공하기 위해 설계됨
- 서버(Compositor)와 클라이언트(애플리케이션) 간에 그래픽 버퍼 정보만 교환하도록 구조를 단순화하였으며, 컴포지터가 화면 합성을 직접 담당함

❸ X11과 Wayland 비교

항목	X11	Wayland
구조	복잡하고 여러 중간 계층 존재	단순하고 서버와 클라이언트간 직접 소통
화면 합성	외부합성기 필요함	컴포지터가 직접 합성함
입력 처리	X 서버를 거쳐 전달됨	컴포지터가 직접 입력 이벤트 처리함
보안	키로깅 위험 높음	입력 이벤트 격리로 보안강화됨
성능	높은 오버헤드	지연시간 감소 및 성능 향상
멀티DPI 지원	제한적	고해상도/멀티DPI에 강함

❹ Wayland를 사용하는 대표 환경

데스크톱 환경	특징
GNOME	Wayland를 기본 세션으로 사용함(예 Rocky Linux, Fedora 등)
KDE Plasma	Wayland 지원이 완성 단계에 도달함

SECTION 02 X 윈도우 활용

🔍 원격지에서 X 클라이언트 이용

❶ 개요
- 원격지 사용 시 그래픽 출력을 표시하는 쪽이 X 서버, 응용 프로그램이 실행되는 쪽이 X 클라이언트가 됨
- 사용자 PC(X 서버) ⟷ 원격 리눅스 서버(X 클라이언트 프로그램 실행)

❷ xhost
- 개념 및 특징
  - X 윈도우 환경에서 X 서버에 접속할 수 있는 클라이언트를 허용·차단하기 위한 명령어로, 일반적으로 로컬 PC(화면이 있는 쪽, X 서버 쪽)에서 실행함
  - 현재 로그인한 사용자의 X 서버에 대한 접근 권한 목록을 관리함
- 주요 옵션

구분	설명
+	모든 호스트 허용(매우 위험)
−	모든 호스트 차단(기본 보안 강화)
+[호스트명]	특정 호스트(컴퓨터) 허용
−[호스트명]	특정 호스트(컴퓨터) 차단
+[ip주소]	특정 호스트(컴퓨터) 허용

- 원격 서버의 GUI를 로컬 화면에 띄우는 경우(직접 DISPLAY 사용)

  예 (로컬에서) 원격 서버를 허용함

```
# xhost +remote_host
```

  예 (원격 서버에서) DISPLAY를 로컬로 지정하고 프로그램 실행

```
# export DISPLAY=local_host:0.0
xclock
```

  예 사용이 끝난 후 다시 차단

```
# xhost -remote_hos
```

❸ xauth

- 개념 및 특징
  - X 서버 접속을 위한 인증 쿠키(cookie)를 관리하는 명령어
  - X 윈도우 시스템은 화면을 표시하는 X 서버에 접속할 때, 단순히 IP 주소로 허용하는 방식(xhost)만으로는 보안에 취약하므로, 이를 보완하기 위함
- 동작 방식
  - X 서버는 실행 시 ~/.Xauthority 파일에 쿠키를 저장하고 이 정보를 X 클라이언트가 사용
  - 원격지에서 X 클라이언트를 띄울 때 SSH는 자동으로 이 쿠키를 전달하여 보안성을 유지함
  - 사용자는 필요한 경우 직접 쿠키를 복사하거나 확인하기 위해 xauth 명령어를 사용함

  예 현재 사용자 Xauthority 내용 확인

```
xauth list
localhost/unix:0  MIT-MAGIC-COOKIE-1  0a1b2c3d4e...
```

  예 현재 세션의 X 서버 인증 정보 데이터베이스에 새로운 인증 쿠키(일명 '매직 쿠키')를 추가

```
xauth add $DISPLAY . 9ee7f750000000000000000000b12e0
```

Q X 윈도우 응용 프로그램

❶ 오피스(Office) 응용 프로그램

종류	대표 프로그램	설명
오피스	LibreOffice Writer, LibreOffice Calc, LibreOffice Impress, LibreOffice Draw	• X 윈도우에서 문서 작성(Writer), 계산(Calc), 프레젠테이션(Impress), 그래픽(Draw) 작업을 수행하는 오피스 응용 프로그램 • ODF 표준 형식을 기본으로 사용하며 MS Office 문서 형식과의 호환 기능을 제공함
문서 뷰어	evince	• PDF 및 PostScript를 X 윈도우에서 열람하는 문서 뷰어 • 인쇄 미리보기 및 확대·축소 기능을 제공하며 가볍고 빠름 • 데스크톱 환경에서 기본 문서 열람 도구로 많이 사용됨

❷ 그래픽(Graphics) 응용 프로그램

종류	대표 프로그램	설명
이미지 편집	gimp	• X 윈도우 기반의 고급 이미지 편집 프로그램 • 사진 보정, 이미지 합성, 레이어 처리 등의 기능을 제공함 • 포토샵과 유사한 역할을 하며 그래픽 작업 및 디자인 용도로 사용됨
벡터 그래픽	inkscape	• SVG 기반의 벡터 그래픽 편집 프로그램 • 확대·축소 시 화질 손실이 없는 도형과 일러스트 제작이 가능함 • 로고, 아이콘, 도면 제작 등에 주로 사용됨
이미지 뷰어	eog	• 이미지 파일을 빠르게 열람하는 X 윈도우 이미지 뷰어 • 간단한 회전, 확대, 슬라이드 기능을 제공함 • GNOME 데스크톱의 기본 이미지 뷰어로 사용됨

❸ 멀티미디어(Multimedia) 응용 프로그램

종류	대표 프로그램	설명
미디어 재생	Totem	GNOME 환경에서 기본으로 제공되는 동영상 재생 프로그램
미디어 재생	vlc	• 다양한 동영상 및 오디오 파일을 재생하는 X 윈도우 기반 멀티미디어 플레이어 • 코덱 내장으로 별도 설정 없이 대부분의 미디어 파일을 재생 가능함 • 개인 사용자 및 교육 환경에서 널리 사용됨
오디오 편집	audacity	• 음성 녹음 및 편집을 수행하는 X 윈도우 기반 오디오 편집 프로그램 • 파형 편집, 효과 적용, 포맷 변환 기능을 제공함 • 팟캐스트, 음성 편집 작업에 사용됨

❹ 개발(Development) 프로그램

종류	대표 프로그램	설명
텍스트 편집기	gedit	• X 윈도우에서 실행되는 GUI 텍스트 편집기 • 문법 강조, 인코딩 설정, 플러그인 기능을 제공함 • 설정 파일 수정 및 간단한 프로그래밍 작업에 사용됨
터미널	xterm	• X 윈도우에서 실행되는 터미널 에뮬레이터 • 텍스트 기반 명령어 입력을 그래픽 창으로 제공함 • 원격 접속 및 시스템 관리 작업에 활용됨
IDE	Visual Studio Code	• 코드 편집, 디버깅 확장 기능을 제공하는 통합 개발 환경 • 다양한 언어를 지원하며 X 윈도우에서 개발 생산성을 높여줌 • 대규모 개발 작업에 사용됨

❺ 기타(Utility/Test) 응용 프로그램

종류	대표 프로그램	설명
X 테스트	xclock	• X 서버에 정상적으로 접속하여 그래픽 출력이 가능한지 확인하는 테스트 프로그램 • 단순한 시계 창을 표시함 • X 서버 동작 확인용으로 시험 문제에 자주 등장함
X 테스트	xeyes	• 마우스 포인터 움직임에 반응하는 눈 모양 창을 출력하는 테스트 프로그램 • 이벤트 처리 및 입력 장치 연동 여부를 확인함 • 교육 및 테스트 목적으로 사용됨
시스템 관리	gnome-system-monitor	• CPU, 메모리, 프로세스 상태를 X 환경에서 확인하는 시스템 모니터로, top 명령어의 GUI 버전에 해당함 • 사용자 친화적인 자원 관리 도구로 활용됨

Q 네트워크의 개념

- 둘 이상의 컴퓨터나 장치가 통신 회선이나 무선 매체를 통해 서로 연결되어, 데이터·자원·정보를 공유할 수 있도록 구성된 시스템

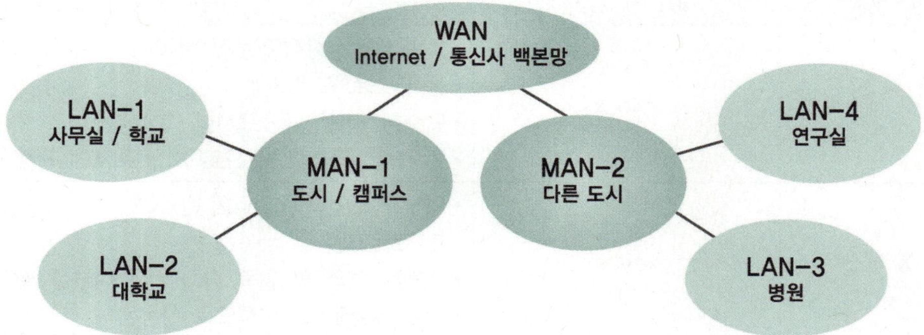

Q LAN(Local Area Network)

❶ 개념 및 특징
- 가정·교실·사무실·한 건물/캠퍼스 내부처럼 좁은 범위에서 PC, 서버, 프린터, 스마트폰 등을 연결해 데이터 통신과 자원 공유를 가능하게 하는 네트워크
- 주로 이더넷(UTP+스위치) 또는 무선(Wi-Fi+AP)으로 구성하며, 속도가 빨라 지연이 작고 관리가 비교적 쉬움

❷ 구성 방식

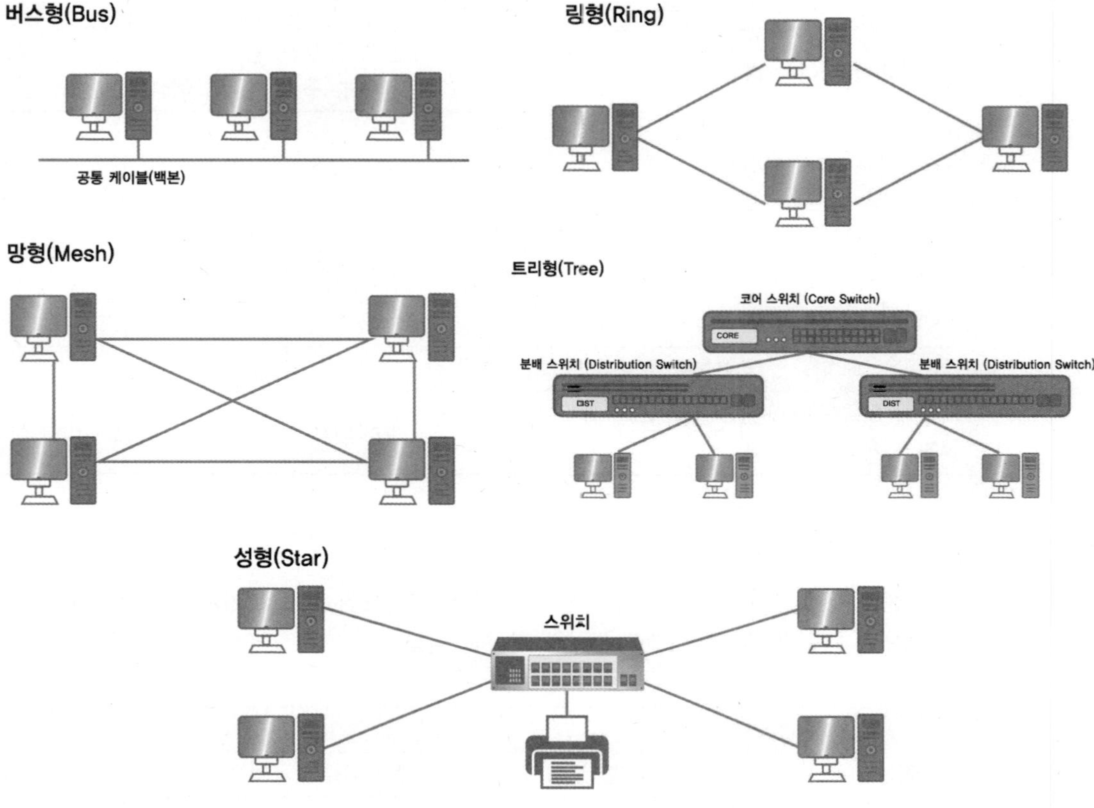

1) 버스형(Bus Topology)
- 개념: 하나의 공통 통신선(백본 케이블)에 모든 장치가 연결되는 구조
- 특징
  - 모든 데이터는 공통 선로를 통해 전송되며, 각 장치는 목적지 주소를 확인하여 수신 여부를 결정
  - 이더넷에서 사용되었으나 충돌과 장애에 취약하여 현재는 거의 사용되지 않음
- 장단점

장점	단점
구조가 단순하고 설치 비용이 저렴하며, 케이블 사용량이 적음	• 충돌(Collision) 발생 가능성이 높고, 백본 케이블 장애 시 전체 네트워크 마비 • 확장성과 관리성이 낮음

2) 링형(Ring Topology)
- 개념: 모든 장치가 고리(Ring) 형태로 연결되어, 데이터가 한 방향 또는 양방향으로 순환하는 구조
- 특징
  - 토큰(Token)을 이용해 송신 권한을 제어하는 방식이 대표적
  - 예측 가능한 전송 지연

- 장단점

장점	단점
충돌이 발생하지 않고 전송 순서가 명확함	한 노드 또는 링크 장애 시 전체 네트워크에 영향을 미치며, 구성 변경이 어려움

3) 망형(Mesh Topology)
- 개념 및 특징
  - 각 장치가 여러 장치와 직접 연결되는 구조
  - 하나의 경로에 장애가 발생해도 다른 경로를 통해 통신이 가능하여 신뢰성이 매우 높음
- 장단점

장점	단점
장애 허용성(Fault Tolerance)이 매우 높고 신뢰성과 가용성이 우수함	설치 비용과 케이블 수가 많고 관리와 설계가 복잡함

4) 트리형(Tree Topology)
- 개념 및 특징
  - 성형 구조를 계층적으로 확장한 형태로, 루트에서 하위 노드로 가지처럼 분기되는 구조
  - 대규모 네트워크에서 구역별 관리와 확장에 적합
- 장단점

장점	단점
확장성과 관리성이 뛰어나 대규모 네트워크 구성에 적합	상위 계층 장애 시 하위 전체 영향을 미치며, 설계가 복잡함

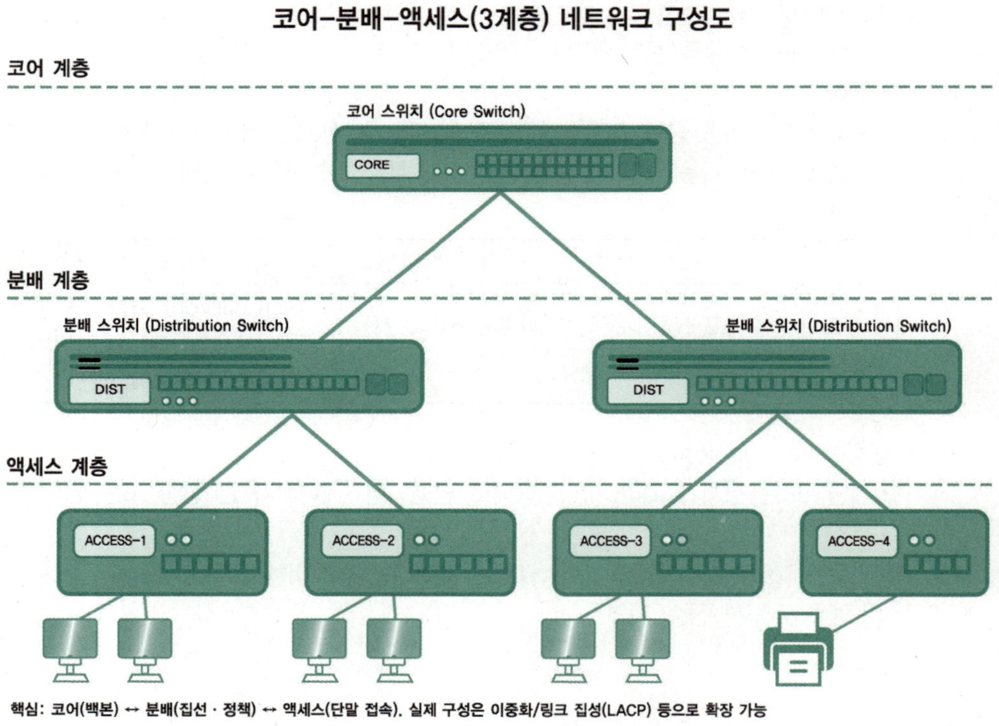

코어–분배–액세스(3계층) 네트워크 구성도

5) 성형(Star Topology)
- 개념: 중앙의 허브 또는 스위치를 중심으로 각 장치가 개별적으로 연결되는 구조
- 특징
  - 모든 통신은 중앙 장비를 거쳐 이루어지며, 현재 LAN에서 가장 널리 사용되는 방식
  - 스위치를 사용하면 충돌을 효과적으로 방지할 수 있음
- 장단점

장점	단점
• 장애 범위가 제한적(개별 장치 장애 시 전체 영향 없음) • 관리와 확장이 용이하고 성능과 안정성이 우수함	케이블 사용량 증가하고 중앙 장비 장애 시 전체 네트워크 중단

❸ 전송 방식
- 개념: 데이터를 "누구에게" 보내는가에 대한 개념으로, 전송 대상의 범위와 방식을 정의함
- 종류

구분	설명
유니캐스트	특정 한 호스트에게 전송
브로드캐스트	LAN 내 모든 호스트에게 전송
멀티캐스트	특정 그룹에 속한 호스트에게 전송
애니캐스트	가장 가까운 하나의 호스트에게 전송

Q 매체 접근 제어(Media Access Control)

❶ 개념 및 특징
- "언제, 누가" 전송 매체를 사용할 수 있는가를 제어하는 개념
- 여러 장치가 하나의 전송 매체를 공유할 때, 충돌을 방지하고 공정하게 전송 기회를 부여하는 역할을 수행함

❷ 방식
1) CSMA/CD(Carrier Sense Multiple Access with Collision Detection)
- 개념 및 특징
  - 여러 장치가 하나의 전송 매체를 공유하는 환경에서 충돌을 감지하여 처리하는 방식
  - 반이중(Half-Duplex) 이더넷 환경에서 사용됨

CSMA/CD 동작(Hub기반)

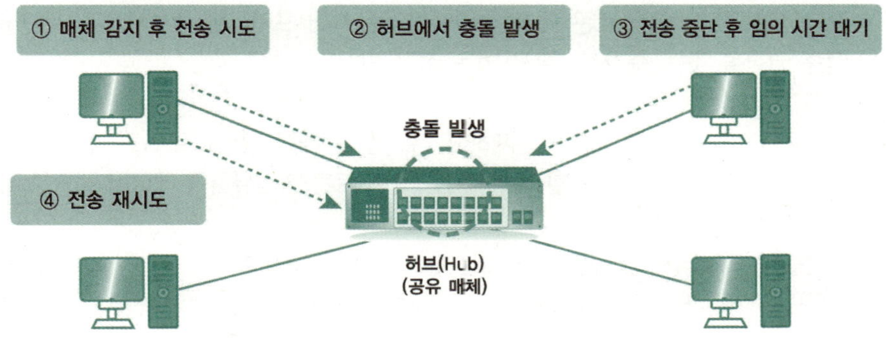

- 허브 기반과 스위치 기반과의 비교

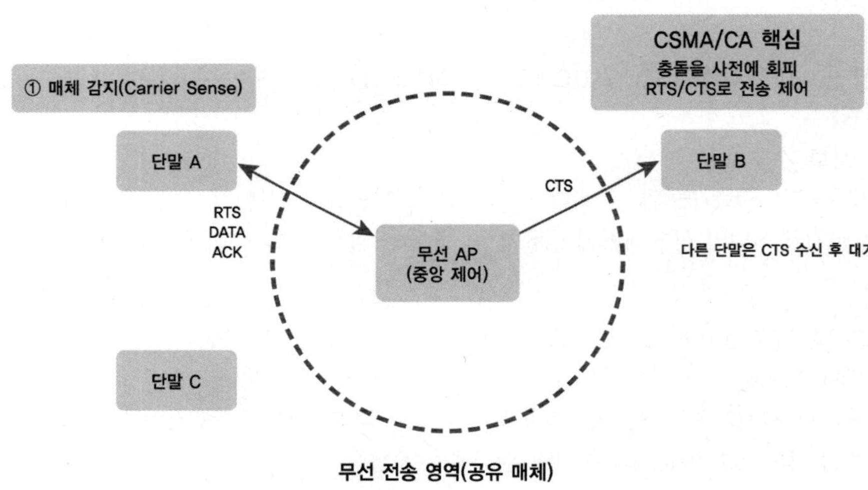

2) CSMA/CA(Carrier Sense Multiple Access with Collision Avoidance)
- 개념: 충돌을 사전에 방지하는 것을 목적으로 하는 매체 접근 제어 방식
- 특징
  - 전송 전에 매체 상태를 확인하고, 임의의 대기 시간과 제어 프레임을 이용하여 다른 장치와의 충돌 가능성을 줄임
  - 매체 감지(Carrier Sense)를 수행하고 충돌을 미리 회피(Collision Avoidance)함
  - IEEE 802.11 무선 LAN에서 사용됨

CSMA/CA 동작 과정 (무선 LAN)

3) 토큰 패싱(Token Passing)
- 개념: 네트워크상에서 토큰(Token)이라 불리는 제어 프레임을 순환시키고, 토큰을 가진 노드만 데이터 전송 권한을 갖는 순차적 · 질서 있는 접근 방식
- 특징
  - 네트워크에 하나의 토큰이 존재하고, 토큰은 정해진 방향으로 노드 간 순환함
  - 토큰을 받은 노드는 전송할 데이터가 있으면 토큰을 점유하여 데이터 전송하고, 전송이 끝나면 토큰을 다시 방출함
  - 전송할 데이터가 없으면 즉시 다음 노드로 토큰 전달함
  - 토큰을 가진 노드만 전송 가능하므로 충돌 발생하지 않음

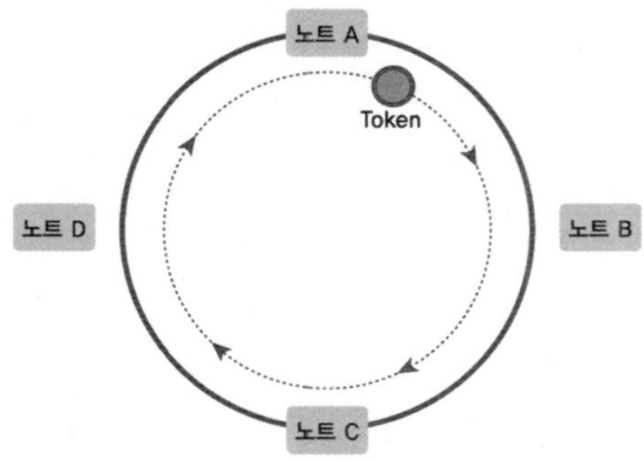

- FDDI(Fiber Distributed Data Interface)
  - 1982년 10월에 미국표준협회의 X3 커미티에서 표준화되었고, 이후에 ISO 규격으로 승인됨
  - FDDI는 광섬유를 전송 매체로 사용하는 고속 LAN(최대 100Mbps) 표준 기술이며 토큰 패싱 (Token Passing) 방식을 사용함
  - 이중 링(Dual Ring) 구조를 사용하여 높은 신뢰성과 장애 허용성을 제공하는 것이 특징이며, 주로 백본 네트워크나 대규모 캠퍼스 LAN에서 사용됨
  - 이중 링 구조: 한 링에 장애가 발생하면 자동으로 링을 재구성하여 통신 유지함

구분	설명
주 링(Primary Ring)	정상적인 데이터 전송에 사용함
보조 링(Secondary Ring)	장애 발생 시 우회 경로로 사용함

Q MAN(Metropolitan Area Network)

1 개념
- 도시(메트로폴리탄) 단위의 넓은 지역을 연결하는 네트워크
- 여러 개의 LAN을 상호 연결하여 도시 · 캠퍼스 · 공공기관 단위의 통신망을 구성하는 것이 목적

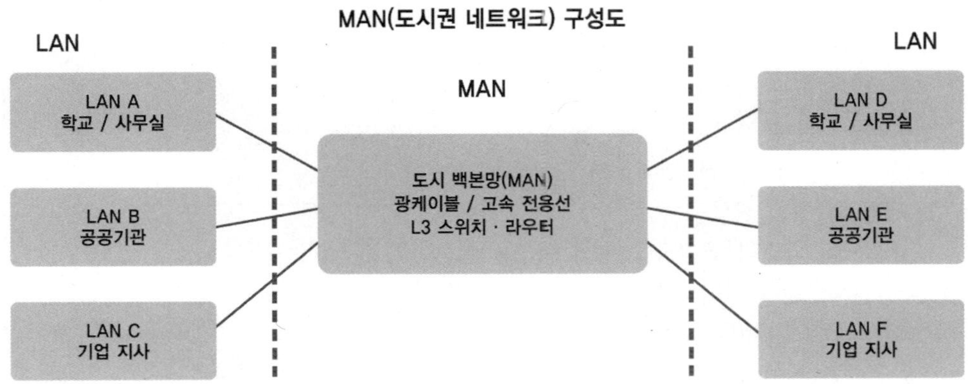

MAN은 여러 LAN을 도시 단위로 연결하며, WAN과 LAN의 중간 단계 네트워크

❷ 구성 요소

구분	설명
고속 전송 매체	광케이블, 전용선, 고속 무선 링크 사용함
네트워크 장비	라우터, L3 스위치, 광 스위치 등 사용함
백본 구조	도시 내부의 주요 노드를 고속으로 연결함

❸ 특징
- 여러 LAN을 고속으로 연결하고, WAN보다 지연 시간이 작고 속도가 빠름
- 두 개의 단방향 버스를 사용해 분산 큐 방식으로 공정하게 매체 접근을 제어함
- DQDB(Distributed Queue Dual Bus): 고속 MAN(도시권 통신망)을 위해 고안된 이중 버스 기반 접근 제어 프로토콜로, IEEE 802.6 표준으로 발표됨

❹ 사용 예시
- 시청과 산하기관을 연결한 도시 행정망, 대학의 여러 캠퍼스를 연결한 네트워크
- 케이블 TV 및 도시 통신망, 통신사의 지역 백본망

Q WAN(Wide Area Network)

❶ 개념: 서로 떨어진 여러 LAN 또는 MAN을 연결하는 네트워크로, 국가·대륙·전 세계 규모의 통신을 가능하게 함

❷ 구성 요소

구분	설명
전송 매체	전용선, 광케이블, 해저 케이블, 위성 통신 사용함
네트워크 장비	라우터, 백본 스위치, 통신사 장비 사용함
통신 사업자 인프라	WAN은 통신사의 망을 임대하여 사용함

❸ 연결 방식
1) 전용회선 방식(Leased Line)
   - 개념: 통신 사업자로부터 두 지점을 전용으로 연결한 회선을 임대하여 사용하는 방식
   - 특징
     - 항상 동일한 경로와 대역폭을 사용하므로 지연 시간이 일정하고 안정성이 높음
     - 보안성과 신뢰성이 우수하고 구축 및 유지 비용이 높음
   예 금융기관 본점–지점, 정부·군 통신망
2) 교환회선 방식(Switched Line)
   - 개념 및 특징
     - 필요할 때마다 교환망을 통해 회선을 설정하여 통신하는 방식
     - 상시 연결이 아니라 통신 시점에만 회선이 설정
   - 회선 교환 방식(Circuit Switching)
     - 통신을 시작하기 전에 송신자와 수신자 사이에 전용 통신 경로를 설정하는 방식으로, 통신이 종료될 때까지 해당 경로를 독점적으로 사용
     - 통신 품질이 일정하여 실시간 통신에 적합하고, 회선 자원 낭비 발생 가능
   예 전화망(PSTN), ISDN

회선 교환 방식 전체 과정

통신 전에 전용 경로를 설정하고 통신 동안 독점 사용, 종료 시 회선 해제

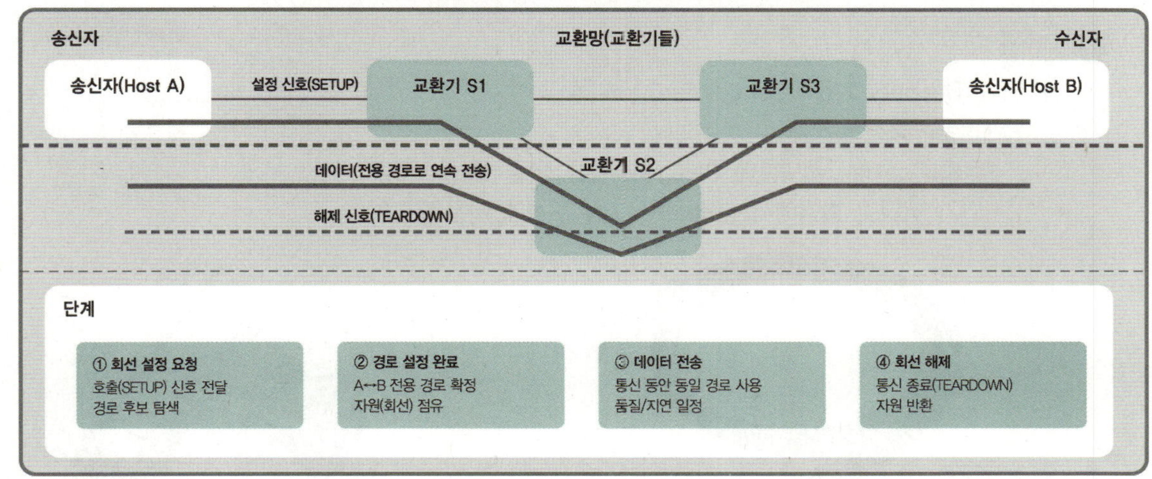

- 패킷 교환 방식(Packet Switching)
  - 회선 자원을 효율적으로 사용하여 지연 시간이 일정하지 않음
  - 장애 발생 시 우회 경로 사용 가능
  - 예 인터넷(IP 네트워크), Frame Relay, ATM

패킷 교환 방식 과정

메시지를 P1, P2, P3 패킷으로 분할하여 여러개의 라우터를 통해 각각 다른 경로로 전달, 목적지에서 재조립

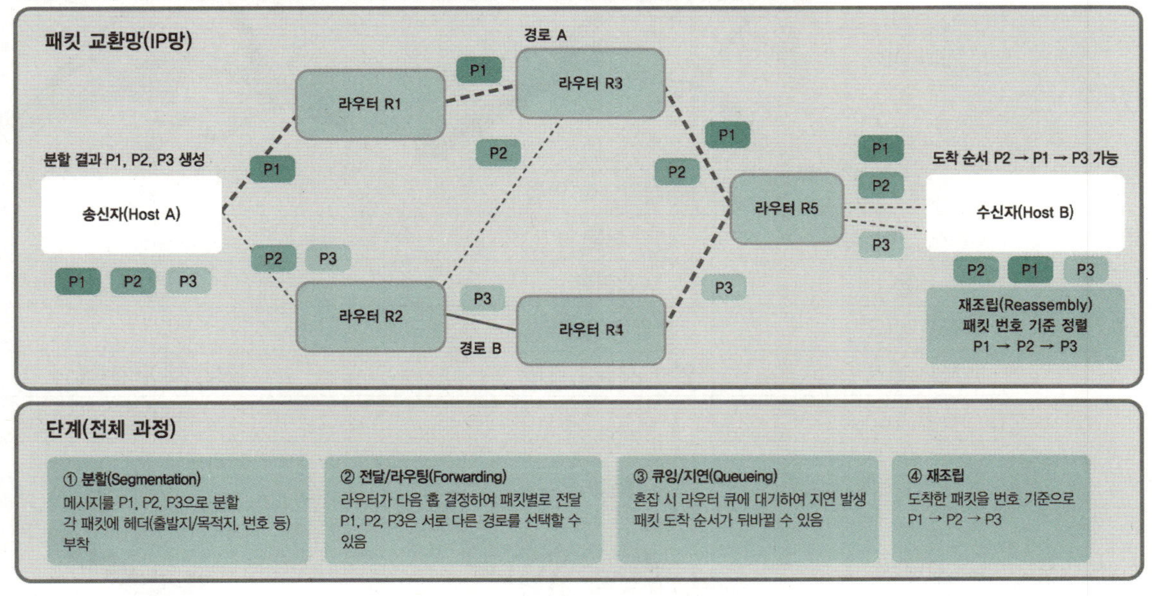

① 케이블

1) BNC(Bayonet Neill Concelman) 케이블
- 개념 및 특징
  - 동축(Coaxial) 케이블에 BNC 커넥터를 연결하는 방식
  - 과거 이더넷 환경에서 컴버스형 LAN 구성에 사용됨

BNC 케이블

T-Connector

2) TP(Twisted Pair) 케이블
- 종류

구분	UTP 케이블	STP 케이블
차폐 여부	차폐 없음	금속 차폐 있음
노이즈 내성	상대적으로 약함	매우 강함
설치 난이도	쉬움	어려움
비용	저렴함	비쌈
접지 필요	필요 없음	필요함
사용 환경	일반 사무실, 가정	공장, 데이터센터
사용 빈도	매우 높음	제한적
컨넥터	RJ45	차폐형 RJ45 (일반RJ45 사용시 STP 장점이 사라짐)

• UTP 케이블 연결 방식

구분	결선 방식	주 용도	특성
스트레이트 (StraightThrough)	T568A-T568A 또는 T568B-T568B	PC-스위치	서로 다른 장비 연결에 사용
크로스오버 (Crossover)	T568A-T568B	PC-PC, 스위치-스위치	송·수신선 교차 연결
롤오버 (Rollover)	핀 배열 반전	콘솔 연결	장비 설정 및 관리용

3) 이더넷 케이블 및 배선 규격

• 이더넷 규격별 비교

- SX(Shortwave)는 단파장, LX/LH(Longwave/Long-haul)는 장파장, FX는 광전송

이더넷 규격	전송 매체	최대 전송 거리	주요 특징
100BASE-TX	EIA/TIA Cat5, 2pair	100m	Fast Ethernet, Cat5 이상 사용
1000BASE-T	EIA/TIA Cat5, UTP 4pair	100m	기가비트 이더넷, Cat5e 이상 사용
10GBASE-T	UTP 케이블	100m	10Gbps 지원, Cat6a 이상 필요
100BASE-FX	62.5/125 멀티모드 광섬유	2km	광섬유 기반 Fast Ethernet
1000BASE-SX	62.5/50 멀티모드 광섬유	약 550m	단거리 고속 전송에 적합
1000BASE-LX	62.5/50 멀티모드 광섬유, 9 싱글모드 광섬유	약 5km	장거리 전송 가능

• 케이블 등급별 비교

공식 명칭	최대 전송 속도	최대 대역폭	최대 거리	주요 용도 및 특징
Category 5	100Mbps	100MHz	100m	100BASE-TX, 초기 고속 이더넷
Category 5 enhanced	1Gbps	100MHz	100m	1000BASE-T, Cat5 개선판, 가장 보편적
Category 6	1Gbps (10Gbps*)	250MHz	100m(55m*)	고속 LAN, 간섭 감소 (*10Gbps는 55m)
Category 6 augmented	10Gbps	500MHz	100m	데이터센터, 고속 백본

- T568A/T568B 핀 배열 표
  - RJ45 플러그 정면에서 핀(금속 접점)이 보이는 면을 보고 왼쪽부터 1 → 8

핀 번호	T568A 색상	T568B 색상	페어(쌍)
1	흰/초록(White/Green)	흰/주황(White/Orange)	Pair 3
2	초록(Green)	주황(Orange)	Pair 3
3	흰/주황(White/Orange)	흰/초록(White/Green)	Pair 2
4	파랑(Blue)	파랑(Blue)	Pair 1
5	흰/파랑(White/Blue)	흰/파랑(White/Blue)	Pair 1
6	주황(Orange)	초록(Green)	Pair 2
7	흰/갈색(White/Brown)	흰/갈색(White/Brown)	Pair 4
8	갈색(Brown)	갈색(Brown)	Pair 4

❷ NIC(Network Interface Card)

- 개념 및 특징
  - LAN 카드라고 불리는 NIC는 컴퓨터나 네트워크 장비를 네트워크에 연결하기 위한 인터페이스 장치
  - 네트워크 상에서 데이터를 송수신하기 위해 물리 계층과 데이터 링크 계층 기능을 수행함
- 주요 기능
  - 각 장치를 식별하기 위해 고유한 MAC 주소를 제공하고, 프레임의 송·수신을 처리함
  - 물리 계층 신호를 처리하며, CSMA/CD 기반 충돌 감지 및 제어를 지원

❸ 리피터(Repeater)

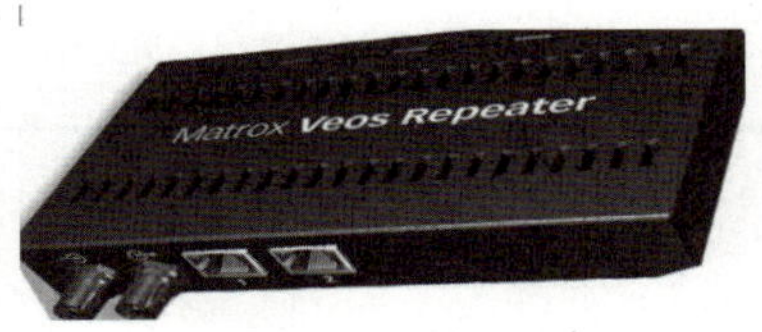

- 개념: 전송 중 감쇠된 신호를 재생(Regenerate)하여 전송 거리를 확장하는 장비
- 특징
  - 신호의 내용을 해석하지 않고 물리적 신호만 증폭 · 재생시킴
  - OSI 모델의 1계층(물리 계층)에서 동작하고 비트 단위의 신호를 처리함
  - 충돌 도메인을 분리하지 못하고 브로드캐스트 도메인을 분리하지 못함

④ 허브(Hub)

- 개념: 여러 네트워크 장비를 물리적으로 연결하는 네트워크 장비(멀티포트 리피터)
- 특징
  - LAN에서 단말 장비들을 하나의 네트워크로 구성하기 위해 사용함
  - OSI 1계층인 물리 계층에서 동작하고 데이터의 의미를 해석하지 않고 신호만 처리함
  - 현재는 스위치에 의해 대부분 대체됨

⑤ 브리지(Bridge)

- 개념: 모든 수신 프레임을 일단 버퍼에 저장하고, 주스에 따라 목적지 포트로 프레임을 전달하는 장비
- 특징
  - 하나의 LAN을 여러 개의 세그먼트로 분할하여 연결
  - 데이터 링크 계층에서 동작하며 MAC 주소를 기준으로 프레임을 전달 또는 차단함
  - 트래픽 감소와 네트워크 성능 향상을 목적으로 함
- 주요 기능

구분	설명
MAC 주소 학습(Learning)	수신된 프레임의 출발지 MAC 주소를 학습하여 MAC 주소 테이블에 저장
프레임 필터링(Filtering)	목적지 MAC 주소가 같은 세그먼트에 있으면 프레임을 전달하지 않음
프레임 포워딩(Forwarding)	목적지 MAC 주소가 다른 세그먼트에 있으면 해당 포트로만 프레임을 전달함

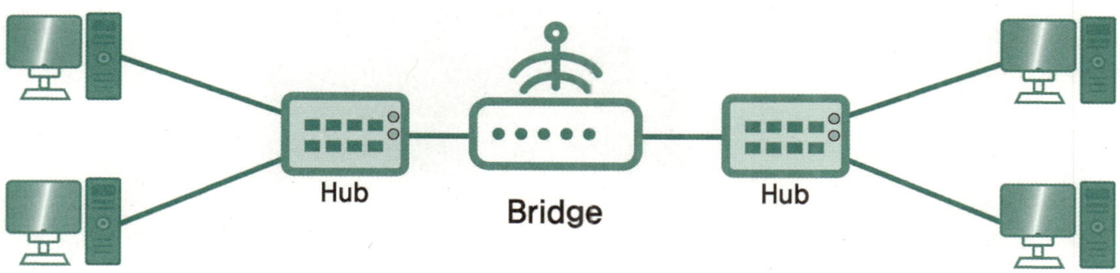

❻ 스위치(Switch)

- 개념
  - LAN에서 여러 네트워크 장비를 연결하고 MAC 주소를 기준으로 목적지 포트에만 데이터를 전달하는 네트워크 장비
  - 브리지의 기능을 확장한 현대 LAN의 핵심 구성 장비로, OSI 모델 2계층(데이터링크 계층)에서 동작하고 일부 스위치는 3계층(네트워크 계층) 기능도 지원함
- 특징
  - 포트별로 충돌 도메인을 분리하고 전이중 통신(Full Duplex) 지원함
  - 네트워크 효율과 성능이 높음
  - 브로드캐스트 도메인은 분리하지 못함(VLAN 구성 시 분리 가능함)
- 장점과 단점

장점	단점
• 네트워크 충돌 감소 • 트래픽 효율 향상 • 확장성과 안정성 우수	• 허브보다 비용이 높음 • 브로드캐스트 트래픽은 차단하지 못함

- 스위치 · 허브 · 브리지 비교

구분	허브(Hub)	브리지(Bridge)	스위치(Switch)
동작 계층	물리 계층	데이터 링크 계층	데이터 링크 계층
주소 인식	불가	MAC 주소	MAC 주소
전송 방식	모든 포트로 전달	선택적 전달	목적지 포트만 전달
충돌 도메인	분리 불가	분리	포트별 분리
성능	낮음	중간	높음

❼ 라우터(Router)

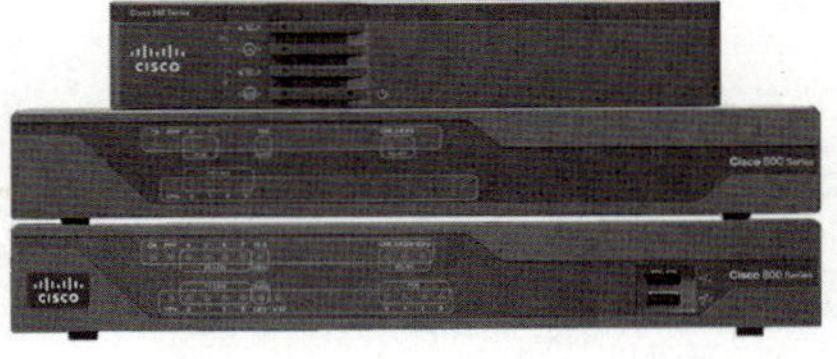

- 개념 및 특징
  - 서로 다른 네트워크를 연결하는 네트워크 장비로, IP 주소를 기반으로 데이터의 전달 경로를 결정하고 네트워크 간 패킷을 중계하는 역할을 수행함
  - OSI 모델 3계층인 네트워크 계층에서 동작하고, 패킷 단위로 데이터를 처리함

- 동작 방식
  - 목적지 IP 주소를 확인
  - 라우팅 테이블을 참조하여 최적의 경로를 결정
  - 결정된 경로로 패킷을 전달
- 주요 기능
  - 서로 다른 네트워크 간 통신을 가능하게 함
  - 브로드캐스트 도메인을 분리하고 네트워크 트래픽을 제어함
  - 경로 선택 및 패킷 전달 수행함
- 활용 예시
  - LAN과 WAN을 연결하고, 인터넷 접속을 위한 게이트웨이 역할을 수행함
  - 사설 네트워크와 공용 네트워크를 연결함

❽ 게이트웨이(Gateway)

- 개념
  - 서로 다른 네트워크 또는 서로 다른 프로토콜을 연결하는 장비
  - 네트워크 간 통신의 출입구 역할을 수행하며, 다른 네트워크로 나가기 위한 통로로 사용됨
  - OSI 모델 전 계층(특히 5 ~ 7계층)에서 동작 가능함
- 동작 방식
  - 목적지 네트워크가 로컬 네트워크인지 판단
  - 외부 네트워크로 전달이 필요하면 지정된 게이트웨이로 패킷을 전송
  - 프로토콜 형식이 다를 경우 변환을 수행함
- 주요 기능
  - 서로 다른 네트워크 연결 수행함
  - 서로 다른 프로토콜 간 변환 가능함
  - 외부 네트워크와 내부 네트워크 간 중계 수행함
- 특징
  - 라우터보다 기능 범위가 넓음
  - 특정 네트워크의 출입 지점으로 사용됨
- 기본 게이트웨이(Default Gateway)
  - 호스트가 외부 네트워크로 패킷을 보낼 때 사용하는 장치
  - 일반적으로 라우터의 IP 주소로 지정되고, 네트워크 설정 시 기본 경로로 등록

🔍 프로토콜

❶ 개념 및 특징
- 네트워크를 통한 통신을 위한 당사간의 규약
- 하드웨어 상에서 이루어지는 프로토콜부터 시작하여 소프트웨어 상의 프로토콜까지 다양함

❷ 기본 3요소

요소	설명
구문(Syntax)	데이터의 형식, 구조, 비트 배열 방식
의미(Semantics)	각 데이터가 가지는 의미와 제어 정보
순서(Timing/Sequence)	데이터 전송 순서와 타이밍 규칙

❸ Port(포트)
- 개념: 한 컴퓨터 내부에서 어떤 프로그램(서비스)이 통신을 담당하는지를 구분하기 위한 논리적 번호
- 특징
  - IP 주소는 "어느 컴퓨터인가?"를 의미하고 포트번호는 "그 컴퓨터 안의 어떤 서비스인가?"를 의미함
  - 포트번호는 0 ~ 65535까지 사용 가능하며, 잘 알려진 포트는 0 ~ 1023

❹ 프로토콜 제정 기관

기관	핵심 역할	대표 키워드
IEEE	LAN/WLAN 기술	Ethernet, Wi-Fi
ISO	참조 모델	OSI 7계층 모델
IETF	인터넷 프로토콜	TCP/IP, RFC
ITU-T	통신/WAN	X.25, ISDN, ATM
EIA/TIA	배선/케이블	UTP, TIA/EIA-568

🔍 OSI 7계층 모델

❶ 개념: ISO에 의해 제정된 네트워크 통신 구조를 계층적으로 정의한 국제 표준

❷ 특징
- 각 계층은 하위 계층의 기능을 받아 들여 사용하며, 다른 계층의 변화에 영향을 받지 않고 각 계층별로 바로 위 아래의 계층에 대하여 클라이언트와 서버의 역할
- 캡슐화는 상위 데이터에 헤더 또는 트레일러를 붙여 내려보내는 과정

OSI 7계층 모델

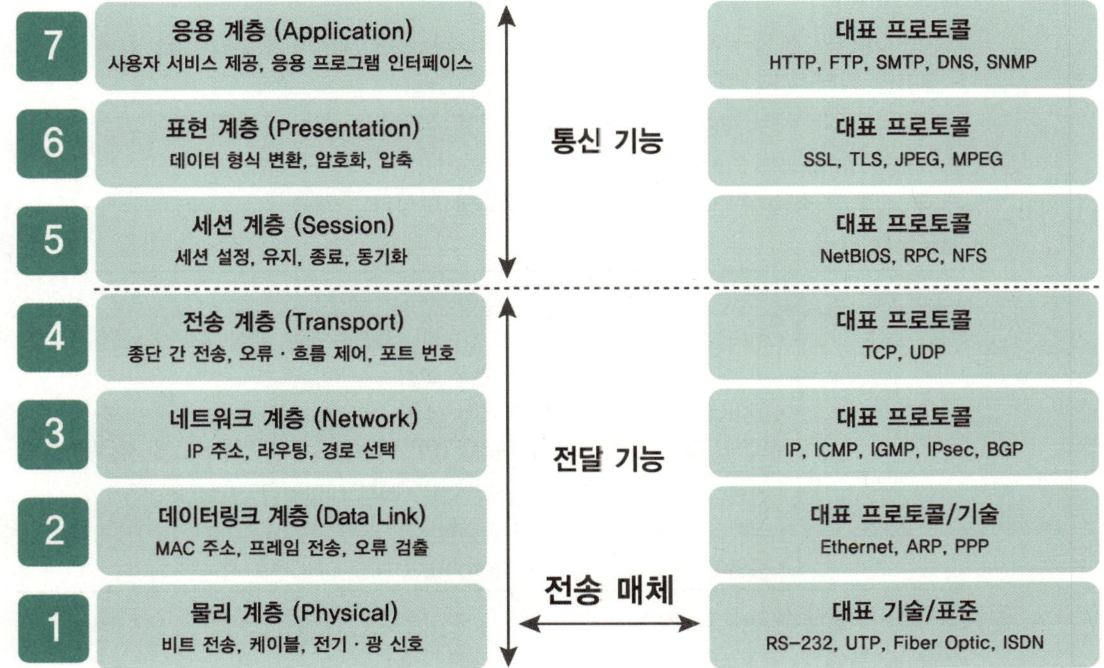

❸ 구조

1) 응용 계층(Application Layer)

- 개념 및 특징
  - 사용자 프로그램이 네트워크 서비스를 사용하는 창구 역할을 수행하고, 응용 서비스의 요청과 응답 메시지 규칙을 정의함
  - 사용자 인증 및 권한 확인하고 서비스 접근 제어

- 대표 프로토콜

구분	설명
HTTP	웹 요청과 응답
FTP	파일 전송
SMTP	메일 전송
DNS	이름을 IP로 변환
SSH	원격 접속과 원격 명령 실행
SNMP	• 네트워크 장비(예 서버, 라우터, 스위치 등)의 상태를 감시하고 관리함 • 요청/응답은 UDP 161 포트를 사용하고 TRAP는 UDP 162 포트 사용

2) 표현 계층(Presentation Layer)

- 개념 및 특징
  - 인코딩 변환은 UTF-8, EUC-KR 같은 문자 체계 변환을 포함
  - 데이터 직렬화는 JSON, XML, ASNI 같은 표현 규칙을 포함
  - 암호화 실패는 인증서, 암호군, 버전 불일치 가능성 표시함

3) 세션 계층(Session Layer)

- 개념 및 특징

  - 통신 세션의 설정·유지·종료를 담당하고 대화의 흐름 제어와 동기화 기능 제공
  - 로그인 상태 유지, 대화 연결 유지 등을 관리
  - 응용 계층과 전송 계층 사이에서 대화 구조를 정리하는 역할 수행함

4) 전송 계층(Transport Layer)

- 개념: 전송 계층은 종단 간 데이터 전송 품질을 보장하는 계층
- 대표 프로토콜

구분	설명
TCP	• 신뢰성을 보장(순서 보장, 오류 제어, 재전송)하는 대신 속도가 느린 연결형 프로토콜이며, 3-way handshake로 연결 설정 • 데이터 정확성이 중요한 통신에 사용 • 웹(HTTP/HTTPS), 파일 전송(FTP), 이메일(SMTP, POP3)에 사용됨
UDP	• 신뢰성은 없지만(순서 · 재전송 없음) 빠른 비연결형 프로토콜 • 실시간성이 중요한 통신에 사용함. • 동영상 스트리밍, 음성 통화(VoIP), DNS, DHCP에 사용됨

5) 네트워크 계층(Network Layer)

- 개념 및 특징

  - 서로 다른 네트워크 간 패킷 전달을 제어함
  - 논리 주소를 지정하고 경로 선택과 라우팅 수행
  - 라우터는 목적지 네트워크로 패킷 전달함

6) 데이터링크 계층(DataLink Layer)

- 개념 및 특징

  - 같은 링크 내에서 프레임 전송을 담당하고 오류 검출을 위해 FCS 또는 CRC 포함함
  - 프레이밍, MAC 주소 기반 전달, 매체 접근 제어 수행함
  - 스위치는 MAC 주소 테이블 학습과 포워딩을 수행함
  - 브리지는 세그먼트 분할과 프레임 필터링을 수행하고, 브로드캐스트 프레임은 동일 브로드캐스트 도메인에 전달함

7) 물리 계층(Physical Layer)

- 개념 및 특징

  - 비트를 실제 신호로 전송함
  - 전기적 신호, 광 신호, 무선 전파 신호를 매체에 실어 전송함
  - 케이블 종류, 커넥터 형태, 핀 배열, 전압 레벨, 변조 방식 같은 물리 규격 정의함
  - UTP, STP, 동축, 광섬유가 전송 매체로 사용됨

❶ 개념 및 특징

- 1960년대 말 미국 국방성(DARPA) 연구에서 시작되었음
- 엄격히 말해서 OSI 7모델을 따르지 않지만, 인터넷 통신을 구현하기 위한 실무 중심 계층 모델
- 상위 계층은 서비스 제공하고 하위 계층은 전달 수행함

송신 Data 캡슐화 · 역캡슐화 과정 (TCP/IP 기준)

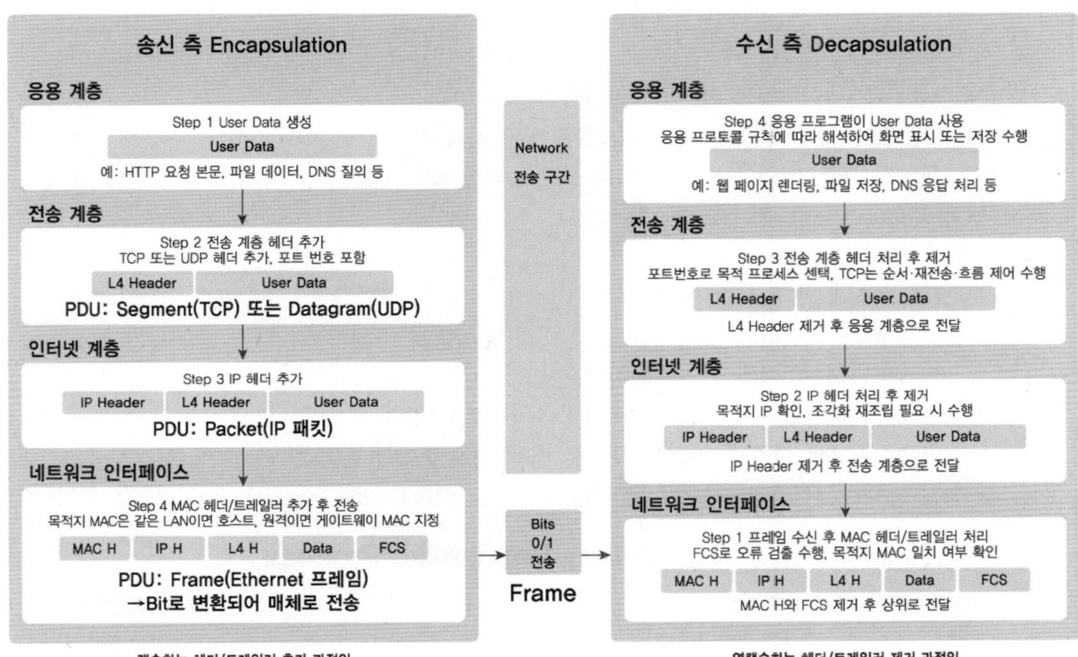

❷ 구성

1) 응용 계층(Application Layer)

- 개념 및 특징
  - 사용자 프로그램이 네트워크 서비스를 이용하도록 인터페이스 제공함
  - 요청과 응답 메시지 형식을 정의하고, 데이터 표현 형식과 세션 관리
  - 인증, 암호화, 압축 같은 기능이 상위 프로토콜 또는 라이브러리에서 수행됨
- 데이터 단위: Data(또는 Message)
- 식별자
  - 서비스 구분을 위해 포트번호 사용함
  - URL, 도메인 이름, 이메일 주소 같은 논리 식별자 사용함
- 핵심 동작
  - 클라이언트가 서버에 요청 메시지 생성함
  - 서버가 처리 후 응답 메시지 생성함
  - 파일 전송의 경우 제어 채널과 데이터 채널을 구분하여 운용할 수 있음

- 대표 프로토콜

구분	설명
HTTP/HTTPS	웹 문서와 API 통신 제공
DNS	도메인 이름을 IP 주소로 변환
SMTP	메일 전송 수행
POP3/IMAP	메일 수신 수행
FTP	파일 전송
SSH	원격 접속과 원격 명령 실행

- 리눅스 관점
  - 서버 데몬이 포트에 바인딩하여 대기함
  - httpd, nginx, sshd, named 같은 데몬 사용함
  - 서비스 포트 확인은 ss, netstat 등으로 확인함

2) 전송 계층(Transport Layer)
- 개념 및 특징
  - 프로세스 대 프로세스 통신 제공
  - 응용 계층 데이터에 포트 정보를 부여하여 다중화 수행함
  - 신뢰성 보장 여부를 프로토콜이 결정함
- 데이터 단위: TCP → Segment, UDP → Datagram
- 식별자: 출발지 포트와 목적지 포트로 응용 프로세스 식별함
- 핵심 동작(TCP 중심): 연결 지향 통신을 제공하여 3-way handshake로 연결 설정 수행함

TCP 3-Way Handshake Process

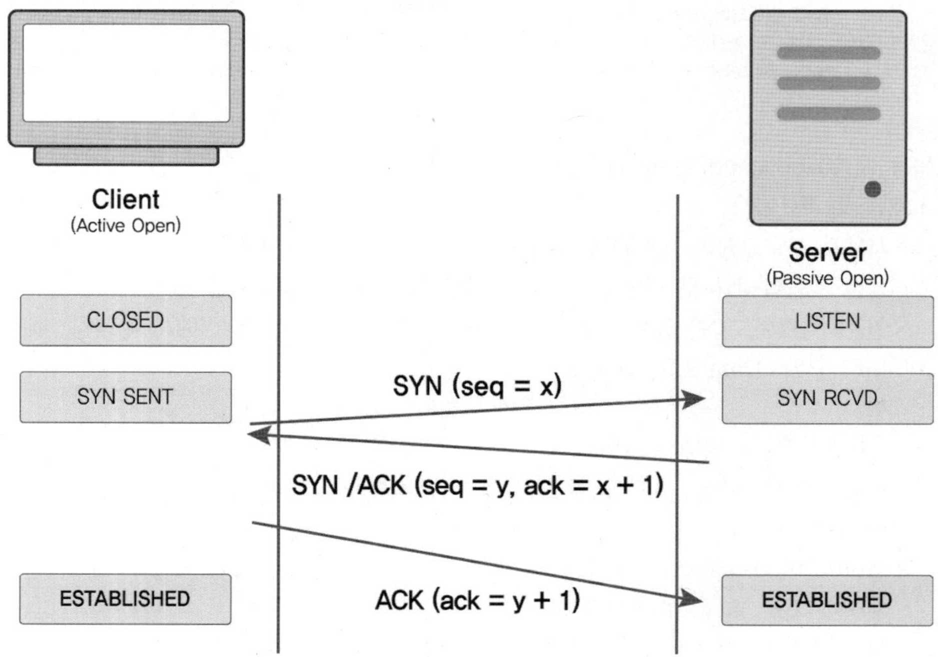

• 대표 프로토콜

구분	설명
TCP	HTTP, HTTPS, SSH, SMTP, FTP 제어 등에 사용함
UDP	DNS 질의, 스트리밍, VoIP, DHCP 등에 사용함

• 리눅스 관점
  - 포트 오픈 상태 확인은 ss -tuln 명령어를 사용함
  - 방화벽은 포트 단위 허용과 차단 정책 적용함
  - 서비스 장애 분석 시 포트 충돌 여부 확인함

3) 인터넷 계층(Internet Layer)
  • 개념: 서로 다른 네트워크 간 전달을 가능하게 하는 계층
  • 특징
    - 논리 주소(IP) 기반으로 패킷 전달 수행하며, 라우팅을 통해 다음 홉을 결정
    - IPv4 주소 또는 IPv6 주소 사용
    - 서브넷 마스크 또는 프리픽스 길이로 네트워크 받위 지정하고 기본 게이트웨이를 다음 홉으로 지정함
  • 데이터 단위: Packet
  • 대표 프로토콜

구분	설명
IP	기본 전달 수행
ICMP	• 오류 보고 및 피드백을 원래 호스트에게 전달 • ping, traceroute 기반 기능 제공함
ARP	IPv4에서 IP를 MAC으로 해석함
NDP	IPv6에서 이웃 탐색과 주소 해석 수행함

4) 네트워크 인터페이스 계층(Network Interface Layer)
  • 개념: 실제 링크에서 프레임 전송을 담당하는 계층
  • 특징
    - 물리적 신호 전송과 프레임 전달을 포함함
    - OSI의 데이터 링크 계층과 물리 계층에 대응함
    - MAC 주소로 같은 링크 내 장치를 식별함
    - 스위치는 MAC 주소 테이블 기반으로 포트 전달 수행함
  • 데이터 단위: Frame(물리 계층은 Bit)
  • 전송 매체와 기술: 이더넷 UTP, 광섬유, 무선 Wi-Fi 같은 링크 기술 포함
  • 리눅스 관점

구분	설명
NIC 상태 확인	ip link 명령어 사용함
MAC 주소 확인	ip link show 명령어 사용함
링크 속도 확인	ethtool 명령어 사용함
ARP 캐시 확인	ip neigh 명령어 사용함

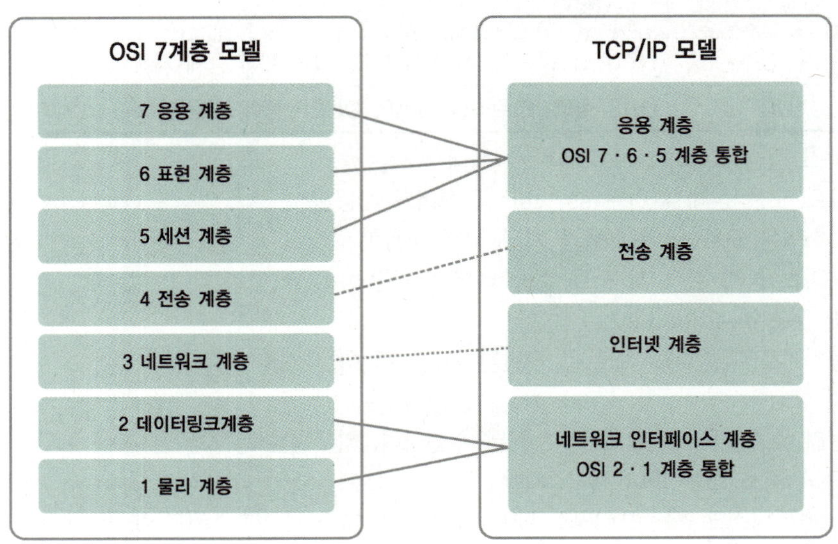

IP 주소와 도메인

❶ 인터넷 주소 관리 역사

구분	설명
인터넷 등장 초기	• 미국 상무부 산하의 IANA(Internet Assigned Numbers Authority)에서 IP 주소 할당 및 관리를 담당함 • 당시 책임자는 존 포스텔(Jon Postel) 박사였음
인터넷 급성장 이후	• 관리 업무를 효율화하고 민간 주도로 전환하기 위해 1998년에 비영리 민간 기구인 ICANN(Internet Corporation for Assigned Names and Numbers)이 설립됨 • ICANN은 전 세계 인터넷 주소 자원의 총괄 관리 기관으로서 도메인 관리, IP 주소 관리, DNS 안정성 관리, 등록 관리 등의 업무를 수행

❷ IP 주소

- 개념: 네트워크에 연결된 장치를 식별하기 위해 부여되는 논리적 주소이자 네트워크 계층에서 사용되는 주소 체계
- 특징
  - 호스트를 논리적으로 식별하고 데이터 패킷의 목적지와 출발지를 표시함
  - 라우팅 과정에서 경로 선택 기준으로 사용됨
- 구성

구분	설명
네트워크 주소	소속 네트워크를 식별
호스트 주소	해당 네트워크 내 개별 장치를 식별

• 할당 방식

구분	설명
정적 IP 주소	관리자가 수동으로 지정
동적 IP 주소	DHCP 서버가 자동으로 할당하고 일반 사용자 환경에서 사용

• IPv4 주소와 IPv6 주소

구분	설명
IPv4	• 32비트 길이의 주소 체계 • 8비트씩 4부분(4byte)으로 나누어 10진수로 표기함 예 192.168.1.10 형태
IPv6	• 128비트 길이의 주소 체계 • 16비트씩 8부분으로 16진수로 표기함 • 주소 공간 확장을 위해 도입됐고 콜론(:)으로 구분하여 표시함

• 공인 IP 주소와 사설 IP 주소

구분	설명
공인 IP 주소	• 인터넷에서 유일하게 식별되는 주소 • 인터넷 서비스 제공자(ISP)가 할당
사설 IP 주소	• 내부 네트워크에서만 사용하는 주소 • 외부 인터넷에서는 직접 사용 불가하고, NAT를 통해 공인 IP 주소로 변환 • RFC 1918 IPv4 사설 IP 대역: 10.0.0.0/8, 172.16.0.0/12, 192.168.0.0/16 (B 클래스: 172.16.0.0 ~ 172.31.255.255)

IPv4 주소 클래스별 네트워크 / 호스트 옥텟 구성

Class A

네트워크 1옥텟 / 호스트 3옥텟 (기본 마스크 /8)
첫 옥텟: 1 ~ 126 · 기본 마스크: 255.0.0.0 (/8)

Network	Host	Host	Host

Class B

네트워크 2옥텟 / 호스트 2옥텟 (기본 마스크 /16)
첫 옥텟: 128 ~ 191 · 기본 마스크: 255.255.0.0 (/16)

Network	Network	Host	Host

Class C

네트워크 3옥텟 / 호스트 1옥텟 (기본 마스크 /24)
첫 옥텟: 192 ~ 223 · 기본 마스크: 255.255.255.0 (/24)

Network	Network	Network	Host

Class D

첫 옥텟: 224 ~ 239 · 멀티캐스트 주소

Multicast Group Address (Network / Host 구분 없음)

Class E

첫 옥텟: 240 ~ 255 · 실험 및 연구용

Experimental / Reserved Address

• 클래스별 범위 및 호스트 수

클래스	첫 옥텟 범위	IP 주소 범위	기본 서브넷 마스크	호스트 비트	호스트 수
A	1 ~ 126	1.0.0.0 ~ 126.255.255.255	255.0.0.0	24	16,777,214
B	128 ~ 191	128.0.0.0 ~ 191.255.255.255	255.255.0.0	16	65,534
C	192 ~ 223	192.0.0.0 ~ 223.255.255.255	255.255.255.0	8	254
D	224 ~ 239	224.0.0.0 ~ 239.255.255.255	해당 없음	해당 없음	해당 없음
E	240 ~ 255	240.0.0.0 ~ 255.255.255.255	해당 없음	해당 없음	해당 없음

❸ 서브넷 마스크
• 개념: IP 주소에서 네트워크 부분과 호스트 부분을 구분하기 위한 값
• 특징
  - IP 주소와 함께 사용되어 동일 네트워크 여부를 판단함
  - 네트워크 계층에서 주소 분할 기준으로 사용됨
• 역할
  - 네트워크 주소와 호스트 주소의 경계를 표시함
  - 패킷 전송 시 목적지가 같은 네트워크인지 판단해 라우팅 결정 기준으로 사용함
• 구조
  - 네트워크 비트는 1, 호스트 비트는 0으로 구성됨
  - IPv4에서는 32비트 길이로 구성되고 연속된 1 뒤에 연속된 0이 오는 형태
• 표기 방식
  - 점-십진수 표기법을 사용함(예 255.255.255.0)
  - CIDR 표기법을 함께 사용함
  - 네트워크 비트 수를 /숫자 형태로 표시함(예 255.255.255.0은 /24로 표시)

❹ 서브넷팅
• 개념 및 특징
  - 하나의 네트워크를 여러 개의 작은 네트워크로 분할하는 기술
  - 기본 네트워크의 호스트 비트를 네트워크 비트로 전환하여 사용함
• 목적
  - IP 주소 자원의 낭비 줄이고 네트워크를 논리적으로 분리하여 관리 효율을 높임
  - 브로드캐스트 도메인을 분리하여 트래픽을 감소시킴
• 기본 원리
  - 서브넷 마스크에서 호스트 비트 일부를 1로 변경함
  - 네트워크 비트 수가 증가하고 호스트 비트 수가 감소함
  - 네트워크 수는 증가하고 각 네트워크의 호스트 수는 감소함

- 계산 요소
  - 서브넷 수: 2^n(n은 새롭게 네트워크 비트로 사용한 비트 수)
  - 호스트 수: $2^h - 2$(h는 남아 있는 호스트 비트 수)
  - 네트워크 주소(0)와 브로드캐스트 주소(255)는 호스트에서 제외됨
- 절차
  - 필요한 네트워크 수와 필요한 호스트 수를 확인
  - 기본 서브넷 마스크에서 확장할 비트 수와 새로운 서브넷 마스크를 계산
  - 각 서브넷의 네트워크 주소와 브로드캐스트 주소를 산출함
- 예시(Class C)
  - 기본 네트워크는 192.168.1.0/24, 호스트 비트는 8비트
  - 2비트를 네트워크 비트로 전환하고 새 프리픽스(CIDR 표기법)는 /26으로 지정됨
  - 서브넷 수는 4개, 각 서브넷의 호스트 수는 62개로 계산됨
  - 서브넷 주소: 192.168.1.0/26, 192.168.1.64/26, 192.168.1.128/26, 192.168.1.192/26
- CIDR과의 관계
  - CIDR 방식의 핵심 개념으로, 클래스 개념 없이 유연한 주소 분할이 가능함
  - 현재 IP 주소 설계의 기본 방식으로 사용됨

⑤ 도메인(Domain)

- 개념 및 특징
  - 인터넷에서 컴퓨터나 서비스를 식별하기 위한 이름 체계
  - 숫자로 구성된 IP 주소를 사람이 이해하기 쉬운 문자 형태로 표현함(예 pmg.co.kr)
  - DNS 시스템을 통해 IP 주소로 변환되어 사용됨

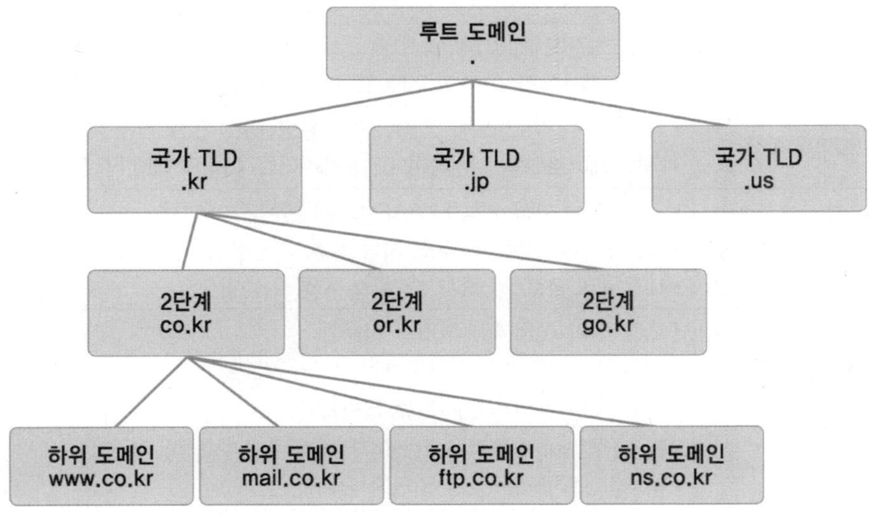

도메인 계층 구조 (하위 도메인 확장)

- 일반 최상위 도메인(gTLD)

도메인	의미	용도
.com	commercial	상업적 기업 및 일반 목적 사용
.net	network	네트워크 관련 기관 및 일반 사용
.org	organization	비영리 단체 사용
.info	information	정보 제공 목적 사용
.biz	business	기업 및 비즈니스 용도
.name	개인 이름	개인 사용자용 도메인
.edu	education	교육 기관 전용
.gov	government	정부 기관 전용
.mil	military	군사 기관 전용

❻ IPv6

- 개념
  - IPv4 주소 공간이 한정되어 주소 고갈 문제와 보안과 확장성을 강화할 필요에 의해 개발된 차세대 인터넷 프로토콜
  - 기존 IPv4를 확장한 새로운 주소 체계이며, 네트워크 계층에서 사용되는 프로토콜
- 주소 체계
  - 주소 길이: 128비트
  - 16비트씩 8개 블록으로 나누어 16진수로 표시하고 콜론(:)으로 구분함
    - 예 2001:0db8:0000:0000:0000:ff00:0042:8329
- 특징

구분	설명
주소 공간 및 전달 방식	• 주소 공간이 매우 큼 • 브로드캐스트가 아닌 멀티캐스트와 애니캐스트 사용
패킷 크기의 확장	• 페이로드 길이 필드를 확장하여 대용량 패킷 전송 가능함 • 점보 페이로드를 지원하여 65,535바이트 이상의 데이터 전송 가능함
호스트 주소 자동 지정	• 자동 주소 설정 기능(SLAAC)을 제공함 • DHCP 서버 없이도 주소 자동 생성 가능함 • 네트워크 연결 시 즉시 IP 주소 지정 가능함
헤더 구조 단순화	• 고정 길이 헤더(40 바이트) 사용함 • 불필요한 필드를 제거하여 처리 속도 향상함 • 확장 헤더 방식으로 기능을 분리함
흐름 제어 기능 지원	• Flow Label 필드를 사용하여 트래픽 흐름 식별함 • 실시간 데이터와 QoS 처리에 유리함
인증 및 보안	• IPsec 기능이 기본 구조에 포함됨 • 데이터 인증과 암호화 기능 제공함 • 보안 통신 환경을 기본적으로 지원함

| IPv4 호환 | • IPv4와 직접 호환되지 않으나 이중 스택 방식으로 병행 사용 가능함
• 터널링 기법 통해 전환 가능함 |
| 이동성 지원 | • Mobile IPv6를 통해 이동 중에도 주소 변경 없이 통신 유지함
• 모바일 환경에 적합한 네트워크 구성 가능함 |

SECTION 02 인터넷 서비스의 종류

Q www(World Wide Web)

❶ 개념 및 특징
- 웹 브라우저를 통해 전 세계 컴퓨터의 문서, 이미지, 동영상 등의 자원을 접근 가능하게 하고, 웹 서버의 자원에 접근하기 위해 URL을 사용
- 다양한 그래픽 유저 인터페이스 사용 가능
- HTML 문서를 기본 단위로 하므로 하이퍼링크를 통해 다른 문서로 이동 가능함

❷ 구조

구분	설명
HTTP	• 비연결형, 무상태 프로토콜 • 80번 포트 사용
HTTPS	• HTTP에 SSL/TLS 보안 기능을 추가한 프로토콜 • 443번 포트 사용
URL	• 프로토콜, 호스트명, 포트 번호, 경로 등으로 구성됨 • https 포트가 열려있는지 확인 • 명령어: telnet 192.168.1.123 443

❸ 클라이언트 프로그램

구분	설명
콘솔 기반	linux
X-Windows 기반	chrome, safari, firefox, mozilla
파이어폭스(Firefox)	• 모질라(Mozilla) 재단에서 개발한 자유 소프트웨어로 게코(Gecko) 레이아웃 엔진을 사용함 • 탭 브라우징, 맞춤법 검사, 통합 검색 등의 기능을 제공
Webkit	• 오픈 소스 웹 브라우저 엔진으로, KHTML을 기반으로 함 • Apple이 포크(fork)하여 사파리, macOS, iOS 개발에 사용
블링크(Blink)	WebKit을 기반으로 분기(fork)하여 만든 웹 렌더링 엔진으로, 크롬, 엣지, 오페라에서 사용

Q 메일 서비스

❶ 개념: 전자우편을 송수신하기 위한 인터넷 서비스

- 특징
  - 송신 측은 메일 작성 후 SMTP를 이용하여 메일 서버로 전송함
  - 수신 측은 메일 서버에 저장된 메일을 POP3 또는 IMAP으로 가져오거나 웹메일(예 HTTP/HTTPS)로 조회함
  - MIME(Multipurpose Internet Mail Extension): 멀티미디어 이메일을 위한 표준으로, 멀티미디어 데이터를 ASCII 형식으로 변환 없이 인터넷 이메일로 송신하기 위한 SMTP 확장 규격

❷ 구조

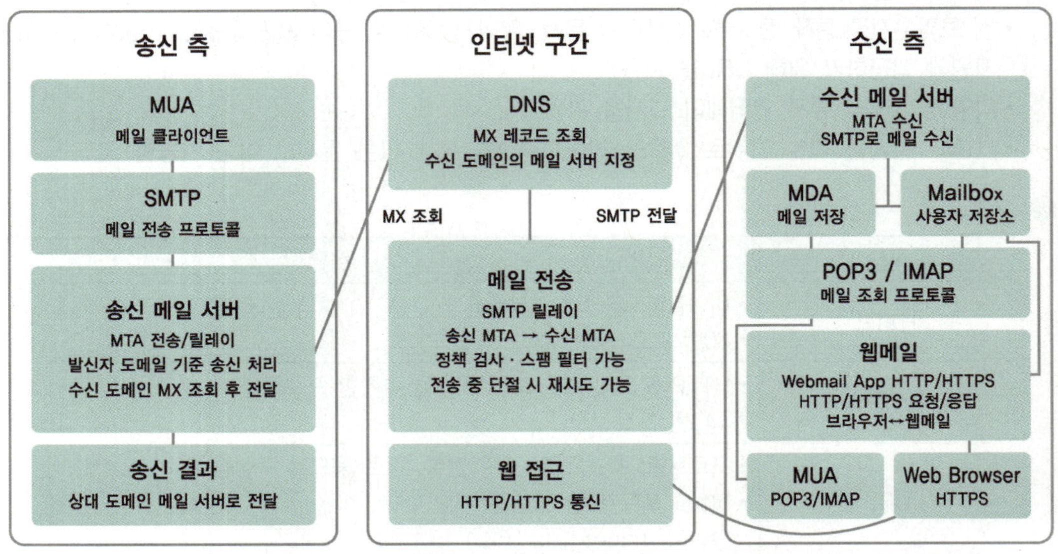

메일 서비스 구조 (SMTP + DNS MX + POP3/IMAP + 웹메일 HTTP/HTTPS)

SMTP는 메일 서버 간 전송에 사용, POP3/IMAP은 클라이언트 조회에 사용, 웹메일은 HTTP/HTTPS로 조회

❸ IMAP(Internet Message Access Protocol)

- 개념: 메일 서버에 저장된 이메일을 원격에서 관리 · 동기화하며 읽기 위한 프로토콜
- 특징
  - 메일을 서버에 저장하고 여러 기기(예 PC, 스마트폰 등)에서 동기화
  - 읽음/안 읽음, 폴더 구조 유지, 서버 기준으로 메일 관리
- 사용 포트

구분	설명
IMAP	TCP 143번
IMAPS(SSL/TLS)	TCP 993번

- 동작 방식: 메일 클라이언트가 서버에 접속 → 서버에 저장된 메일 목록 확인 → 필요한 메일만 다운로드 → 상태 변경 내용이 서버와 즉시 동기화됨

❶ 개념: 파일을 송수신하기 위해 클라이언트-서버 구조를 기반으로 동작하는 인터넷 서비스

❷ 특징
  • 사용자 계정 정보와 데이터가 암호화되지 않고 전송되며, 보안이 필요한 경우 FTPS 또는 SFTP 사용함
  • 계정 로그인 외 익명(Anonymous) 로그인을 허용하며, 익명은 공개 소프트웨어를 제공하는 FTP 서버 등에 접속할 때 암호 없이 사용

❸ 연결 방식

구분	설명
제어 연결	• 명령과 응답에 사용 • TCP 21번 포트를 사용
데이터 연결	• 실제 파일 전송에 사용 • 모드에 따라 포트 사용 방식기 달라짐

❹ 전송 모드

구분	설명
액티브 모드 (Active Mode)	• 서버가 데이터 연결을 능동적으로 생성함 • 클라이언트는 임의의 포트를 열고 이를 서버에 통보함 • 서버는 자신의 20번 포트에서 클라이언트의 지정 포트로 데이터 연결함 • 방화벽이나 NAT 환경에서 사용이 제한됨
패시브 모드 (Passive Mode)	• 클라이언트가 모든 연결을 시작함 • 서버는 임의의 데이터 포트를 열고 이를 클라이언트에 통보함 • 클라이언트는 해당 포트로 더이터 연결을 생성함 • 방화벽과 NAT 환경에서 사용에 유리함 • 현대 FTP 환경에서 기본적으로 사용되는 방식

FTP 액티브 모드와 패시브 모드

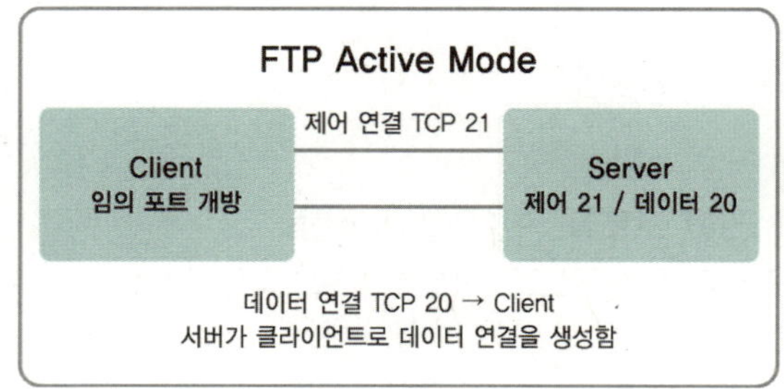

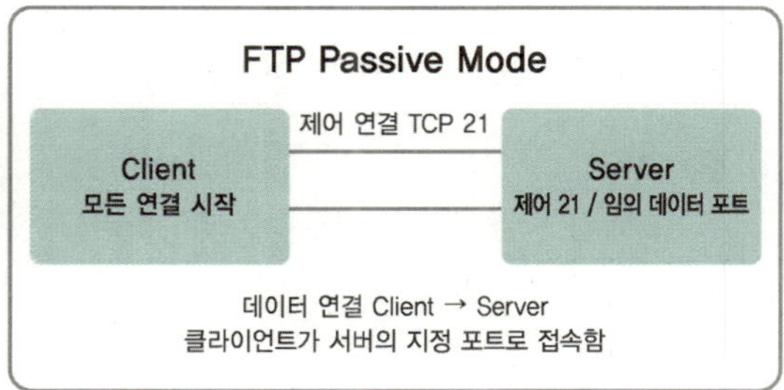

❺ 내부 명령어

명령어	설명	명령어	설명
open	FTP 서버에 접속	put	로컬 파일 업로드
user	사용자 계정 변경	get	원격 파일 다운로드
ls, dir	원격 디렉터리 목록 확인	put	로컬 파일 업로드
pwd	원격 현재 디렉터리 확인	mget	여러 파일 다운로드
cd	원격 디렉터리 이동	mput	여러 파일 업로드
lcd	로컬 디렉터리 이동	delete	원격 파일 삭제
get	원격 파일 다운로드	bye, quit	FTP 종료

⑩ 대용량 파일 전송 시 hash 명령어를 사용하면 파일 전송 블록마다 # 기호를 출력하여 진행 상태를 확인할 수 있음

```
ftp> hash        - 해시 표시 인쇄 켬   ftp: (2048바이트/해시 표시).
ftp> get epson-inkjet-printer-escpr2-1.2.37-1.x86_64.rpm
200 PORT command successful. Consider using PASV.
150 Opening BINARY mode data connection for epson.x86_64.rpm (4959214 bytes).
################################################226 Transfer complete.
```

🔍 DNS 서비스

❶ 개념: 도메인 이름을 IP 주소로 변환해 주는 인터넷 서비스

❷ 특징
- 계층적 분산 데이터베이스 구조를 가지고 루트 도메인, 최상위 도메인, 하위 도메인 구조로 구성됨
- 클라이언트-서버 모델을 사용하는데, 클라이언트는 질의를 수행하고 서버는 응답을 제공
- UDP 53번 포트를 기본으로 사용하고 대용량 응답이나 존 전송 시 TCP 53번 포트를 사용함

🔍 ssh 서비스

❶ 개념: 원격 호스트에 보안 채널을 통해 접속하는 명령어

❷ 특징
- 패킷 암호화 기반 통신을 제공하며, TCP 22번 포트를 기본으로 사용함
- 공개키 기반 인증과 비밀번호 인증을 지원하고 원격 로그인, 명령 실행, 파일 전송 기능 제공함

• 주요 옵션

옵션	설명
-l [사용자]	접속할 사용자 계정 지정
-p [포트번호]	접속할 포트번호 지정
-i [키파일]	인증에 사용할 개인키 파일 지정
-L	로컬 포트 포워딩 지정
-R	원격 포트 포워딩 지정

🔍 telnet

❶ 개념: TCP/IP 네트워크상에서 원격 시스템에 텍스트 기반으로 접속하여 명령을 실행할 수 있도록 하는 원격 접속 프로토콜 및 명령어

❷ 특징
  • 기본 포트번호는 23번이며, 과거 유닉스 · 리눅스 환경에서 널리 사용됨
  • 키보드 입력과 출력 결과가 평문(암호화 없음)으로 전송되므로 보안에 취약해 현재는 테스트 용도로만 사용함

❸ 주요 옵션

옵션	설명
-l [사용자]	접속 시 사용할 사용자 계정 지정
-a	자동 로그인 시도 지정
-E	escape 문자 기능 비활성화 지정
-K	자동 로그인 비활성화 지정
[호스트] [포트번호]	접속 대상 호스트와 포트 번호 지정

예

```
telnet 192.168.1.10
telnet -l parkmoon 192.168.1.10
```

예 www.kait.or.kr 웹서버에 https 서비스가 활성화되어 있는지 확인

```
telnet 192.168.1.123 443
```

❶ 개념: 1984년 썬 마이크로시스템즈사에서 개발한 프로토콜로 네트워크를 통해 파일 시스템을 공유하는 서비스

❷ 특징
- 원격 서버의 디렉터리를 로컬 파일 시스템처럼 사용
- 파일 읽기·쓰기·생성·삭제를 네트워크를 통해 클라이언트-서버 구조로 동작
- 중앙 스토리지 공유 환경에서 주로 사용하고, 사용이 편리한 대신 보안이 취약함

NFS 서비스 구조

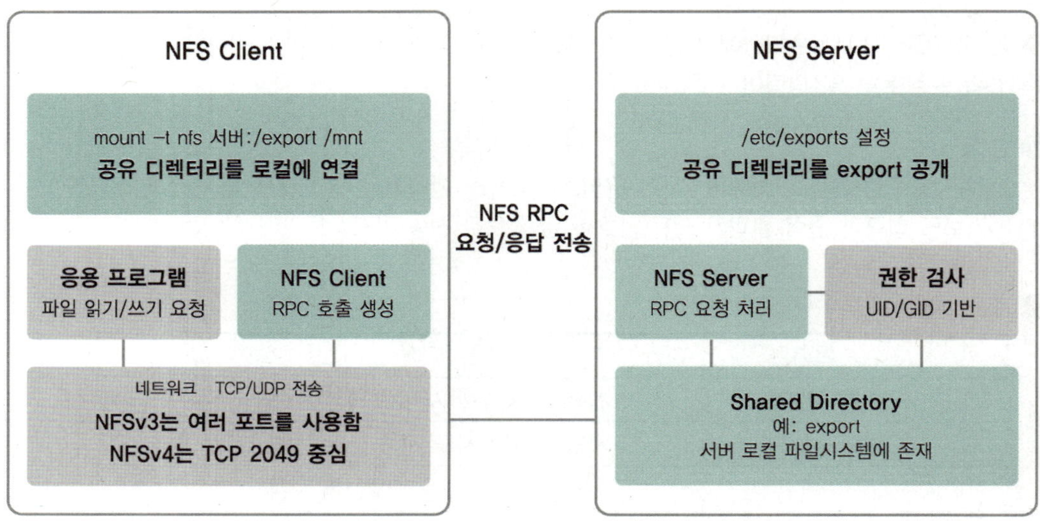

Q Samba

❶ 개념: 리눅스 시스템을 Windows 파일 서버처럼 동작하게 하는 서비스

❷ 특징
- TCP 139번, TCP 445번를 사용하여 Windows ↔ Linux 간 파일 공유, 프린터 공유, 인증 서비스 제공함
- SMB(Server Message Block) 프로토콜과 이를 확장한 CIFS(Common Internet File System) 프로토콜을 사용

예 192.168.5.13 윈도우 컴퓨터의 data/mnt 폴더의 내용을 마운트함

```
mount -t cifs -o username=administrator, password=1234 //192.168.5.13/data/mnt
```

Q RPC(Remote Procedure Call)

❶ 개념: 원격 시스템의 함수를 로컬 함수처럼 호출할 수 있게 하는 통신 방식

❷ 특징
- 네트워크 상의 서로 다른 시스템 간에 프로시저 호출을 가능하게 함
- 클라이언트-서버 모델을 기반으로 클라이언트는 함수 흐출 요청을 전송하고, 서버는 요청을 처리한 후 결과를 반환함
- 리눅스 환경에서는 ONC RPC(Sun RPC)가 주로 사용됨
- NFS, NIS, mountd 등의 서비스에서 RPC 기반 통신을 사용함
- 포트 매핑 서비스를 통해 서비스 포트를 조회함
- rpcbind 또는 portmap 데몬이 포트 정보를 관리함
- TCP 또는 UDP 기반으로 동작하며, NFSv4는 TCP 기반 단일 포트 구조를 사용

Q 기타

IRC(Internet Relay Chat)	• 실시간 채팅 서비스로, 여러 사용자가 채널에 접속하여 즉시 대화함 • 개인 간의 대화와 파일 전송기능을 제공하고, Xchat과 같은 클라이언트 프로그램을 사용해야 함
고퍼(Gopher)	• 문서 탐색 서비스 • 메뉴 구조를 따라 문서를 검색 · 열람함
유즈넷(Usenet)	• 텍스트 기반 게시판(예 뉴스그룹) 서비스 • 기사를 게시하고 토론함

🔍 네트워크 인터페이스

❶ 개념 및 특징
- 시스템이 네트워크에 접속하기 위한 논리적 또는 물리적 접점이며 유선 랜 카드, 무선 랜 카드, 가상 인터페이스 등이 포함됨
- eth0, wlan0 방식에서 enp0s3, ens33 등 예측 가능 네이밍 방식으로 변경되었고 설정은 NetworkManager 또는 네트워크 설정 파일을 통해 수행함

❷ 설정 방식

정적 설정	관리자가 직접 IP 주소와 네트워크 정보를 지정함
동적 설정	DHCP 서버로부터 자동으로 주소를 할당받음

❸ 명칭

구분	설명
lo	루프백 인터페이스로, 자기 자신과의 통신에 사용함
eth0	기존 방식 유선 이더넷 인터페이스
enp0s3	PCI 버스 기반 유선 이더넷 인터페이스
ens33	슬롯 기반 유선 이더넷 인터페이스
wlan0	기존 방식 무선 랜 인터페이스
wlp2s0	PCI 기반 무선 랜 인터페이스

🔍 네트워크 설정 파일

❶ /etc/sysconfig/network
- 개념: 시스템 전체 네트워크 동작 여부, 네트워크 설정 사용 유무, 호스트명 설정, 게이트웨이 주소 설정, NIS 도메인명, 네트워크 서비스 활성화 여부를 지정

예 기본 게이트웨이를 설정함

```
[root@www ~]# cat /etc/sysconfig/network
NETWORKING=yes
HOSTNAME=www.example.com
GATEWAY=192.168.0.1
```

❷ /etc/sysconfig/network-scripts/ifcfg-인터페이스명
- 개념: 개별 네트워크 인터페이스 설정 파일
- 특징
  - IP 주소, 넷마스크, 부팅 시 활성화 여부 등을 지정함
  - Red Hat 계열에서 사용됨
  - etc/sysconfig/network-scripts/ifcfg-eth0 파일도 사용하지 않음
  - network-scripts 패키지 자체가 제거됨

예 이전 배포판

```
# cat /etc/sysconfig/network-scripts/ifcfg-eth0
DEVICE=eth0
BROADCAST=210.99.78.255
IPADDR=210.99.78.1
NETMASK=255.255.255.0
NETWORK=210.99.78.0
ONBOOT=yes
BOOTPROTO=none
```

예 최신 배포판

```
[root@www ~]# cat /etc/sysconfig/network
# Created by anaconda
```

  - NetworkManager가 네트워크를 관리함
  - /etc/sysconfig/network 파일에서 시스템 네트워크 설정을 더 이상 사용하지 않음
  - 설치 프로그램(Anaconda)이 형식만 남겨두고 실제 값은 쓰지 않음

❸ /etc/NetworkManager/system-connections/*
- 개념: NetworkManager에서 사용하는 네트워크 설정 파일
- 특징
  - 유선 및 무선 네트워크 정보를 저장함
  - 암호화 정보와 인증 정보 포함
  - NetworkManager 실행 시 자동으로 적용됨

❹ /etc/resolv.conf
- 개념: DNS 서버 정보를 설정하는 파일
- 특징
  - nameserver 항목으로 DNS 서버 IP 주소 지정
  - 도메인 검색을 위한 search 옵션 지정 가능함
  - NetworkManager 또는 DHCP에 의해 자동 변경될 수 있음

⑤ /etc/hosts
- 개념: 호스트 이름과 IP 주소를 수동으로 매핑하는 파일
- 특징
  - DNS 조회보다 우선하여 이름 해석 수행함
  - 소규모 환경이나 테스트 용도로 사용함

⑥ /etc/hostname
- 개념 및 특징
  - 시스템의 호스트 이름을 지정하는 파일
  - 부팅 시 호스트 이름을 설정함

⑦ /etc/services
- 개념: 네트워크 서비스 이름과 포트 번호, 프로토콜(예 TCP/UDP)을 매핑해 놓은 설정 파일
- 특징
  - 포트번호를 사람이 이해하기 쉬운 서비스 이름으로 변환할 때 사용함
  - 서비스명 ↔ 포트번호 ↔ 프로토콜 정보 제공함
  - 네트워크 프로그램이 포트 정보를 참조할 때 사용함
  - netstat, ss 등 명령어에서 서비스 이름 표시 기준이 됨

Q 네트워크 설정 관련 명령어

① ifconfig
- 개념: 네트워크 인터페이스의 상태(예 네트워크 인터페이스의 IP 주소, 넷마스크, 브로드캐스트 주소)를 확인하고 설정하는 명령어
- 특징
  - 인터페이스 활성화 및 비활성화를 수행하고, 유선 및 무선 인터페이스 상태를 표시함
  - 루프백 인터페이스 정보도 함께 확인 가능함
  - net-tools 패키지에 포함되어 있음
  - 최근 리눅스 배포판에서는 ip 명령어로 대체되는 추세

예

```
ifconfig                 #활성화된 모든 네트워크 인터페이스 정보 출력함
ifconfig enp2s0          #지정한 인터페이스 정보만 출력함
ifconfig eth0 up         #지정한 인터페이스를 활성화함
ifconfig eth0 down       #지정한 인터페이스를 비활성화함
```

예 IP 주소와 넷마스크를 지정하여 인터페이스를 활성화할 수 있지만 일시적이므로 재부팅 시 설정이 유지되지 않음

```
ifconfig eth0 192.168.10.10 netmask 255.255.255.0 up
```

• X 윈도우 그래픽 모드에서는 gnome-control-center, nm-connection-editor를 이용하여 네트워크를 설정함

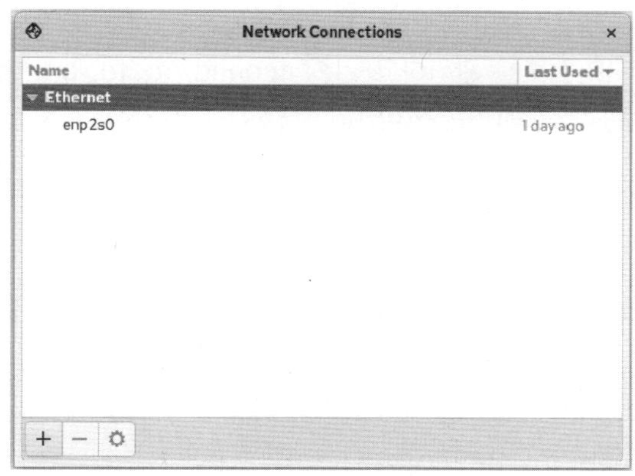
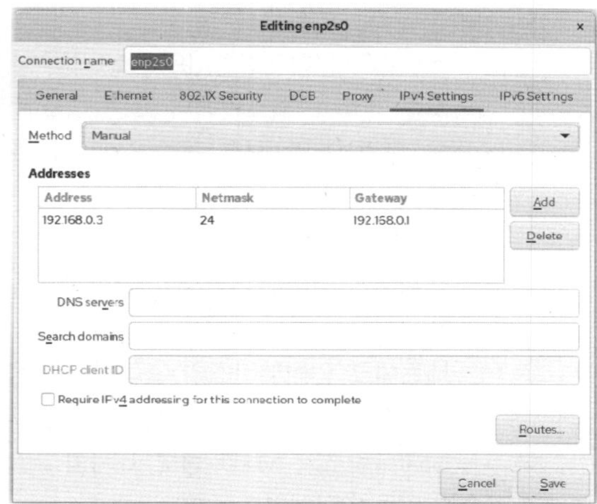

❷ route
  • 개념: 라우팅 테이블을 확인하고 설정하는 명령어
  • 특징
    – 패킷이 목적지 네트워크로 전달되는 경로를 관리하고, 게이트웨이와 네트워크 경로 정보를 표시
    – net-tools 패키지에 포함되어 있음
    – 최근 리눅스 배포판에서는 ip route 명령어로 대체되는 추세
  • 주요 기능
    – 현재 라우팅 테이블 확인
    – 기본 게이트웨이 설정
    – 정적 라우팅 경로 추가 및 삭제
  [예] 라우팅 테이블 확인

```
[root@www ~]# route
[root@www ~]# route -n
```

  [예] 특정 네트워크로의 경로 추가

```
[root@www ~]# route add default gw 192.168.0.1
```

  [예] 192.168.20.0 네트워크로 가는 경로를 지정

```
[root@www ~]# route add -net 192.168.20.0 netmask 255.255.255.0 gw 192.168.0.1
```

  [예] 기본 게이트웨이 경로를 삭제함

```
[root@www ~]# route del default gw 192.168.0.1
```

❸ ip
- 개념: 리눅스에서 네트워크를 관리하는 통합 명령어
- 특징
  - 네트워크 인터페이스, IP 주소, 라우팅, ARP 정보를 관리하고 기존 ifconfig, route, arp 명령어를 대체
  - 최신 리눅스 배포판에서 표준 네트워크 관리 명령어도 쓰임
- 주요 관리 대상: 링크 계층 장치, IP 주소, 라우팅 테이블, 이웃 정보 ARP
- 기본 형식
  - ip [객체] [동작] [옵션]
  - 객체는 link, addr, route, neigh 등으로 구성됨
- ip link
  - 네트워크 인터페이스의 물리적 상태를 관리함
  - 인터페이스 up 또는 down 상태를 지정함
  - MAC 주소와 MTU 정보 표시함
  - 예 모든 인터페이스 상태 출력함

```
[root@www ~]# ip link
```

  - 예 enp2s0 인터페이스 활성화함

```
[root@www ~]# ip link set enp2s0 up
```

- ip addr
  - IP 주소 정보를 관리함
  - 인터페이스에 IP 주소를 추가하거나 삭제함
  - 예 IPv4와 IPv6 모두 지원함

```
[root@www ~]# ip addr
```

  - 예 IP 주소를 인터페이스에 추가함

```
[root@www ~]# ip addr add 192.168.0.3/24 dev enp2s0
```

- ip route
  - 라우팅 테이블을 관리하고, 기본 게이트웨이와 정적 경로를 설정함
  - 라우팅 테이블 출력함
  - 예 기본 게이트웨이 지정함

```
[root@www ~]# ip route add default via 192.168.0.1
```

- ip neigh
  - ARP 테이블을 관리, IP 주소와 MAC 주소 매핑 정보를 표시함
  - 예 이웃 테이블 출력함

```
[root@www ~]# ip neigh
192.168.0.109 dev enp2s0 lladdr 10:ff:e0:c0:0f:12 DELAY
192.168.0.1 dev enp2s0 lladdr b0:38:6c:2f:40:97 REACHABLE
```

④ ping
- 개념: 네트워크 연결 상태를 확인하는 진단 명령어
- 특징
  - 대상 호스트와의 통신 가능 여부, 네트워크 장비나 서버가 정상적으로 응답하는지 확인함
  - ICMP 프로토콜을 사용하여 Echo Request와 Echo Reply 메시지를 교환함
  - 지연 시간과 패킷 손실 여부를 확인하고, 네트워크 장애의 1차 점검에 사용함

예

```
[root@www ~]# ping -c 4 8.8.8.8        # 지정한 횟수만큼 패킷 전송함
[root@www ~]# ping -i 2 8.8.8.8        # 패킷 전송 간격을 2초로 지정함
[root@www ~]# ping -t 64 8.8.8.8       # 패킷 크기를 1024바이트로 지정함
```

⑤ traceroute
- 개념: 목적지까지 패킷이 전달되는 경로를 추적하는 네트워크 진단 명령어
- 특징
  - 패킷이 거쳐가는 각 라우터의 IP 주소와 응답 시간을 확인함
  - 라우팅 경로 상의 장애 지점을 파악하고 네트워크 지연이 발생하는 구간을 확인함
  - 기본적으로 UDP 패킷을 사용하지만 일부 시스템에서는 ICMP 또는 TCP 방식도 지원함

예

```
[root@www ~]# traceroute pmg.co.kr
traceroute to pmg.co.kr (211.245.24.140), 30 hops max, 60 byte packets
 1  _gateway (192.168.0.1)  1.282 ms  1.195 ms  1.129 ms
 7    59.18.60.242  (59.18.60.242)    6.350  ms 211.44.125.48  (211.44.125.48)    6.412  ms
59.18.60.238 (59.18.60.238 )  6.292 ms
```

⑥ nslookup
- 개념: DNS 서버에 질의하여 도메인 이름과 IP 주소의 변환 정보를 확인하는 명령어
- 특징
  - 도메인 이름 → IP 주소 또는 IP 주소 → 도메인 이름 변환을 확인함
  - DNS 서버가 정상 동작하는지 점검하고 대화형 모드와 비대화형 모드를 모두 지원함
  - 특정 DNS 서버를 지정하여 질의 가능하며 DNS 레코드 종류별 조회가 가능함

예

```
[root@www ~]# nslookup pmg.co.kr
Server:         168.126.63.1
Address:        168.126.63.1#53
```

❼ arp
- 개념: IP 주소와 MAC 주소의 대응 관계를 관리하는 명령어
- 특징
  - 통신 시 IP 주소를 MAC 주소로 변환하기 위해 사용하고, ARP 캐시 테이블을 확인하거나 수정함
  - 로컬 시스템에 저장된 ARP 테이블을 출력하고, 정적 ARP 엔트리 추가 및 삭제 가능함
  - IPv4 환경에서 사용되고, 최근에는 ip neigh 명령어로 대체되는 추세
  - net-tools 패키지에 포함됨
- 주요 옵션

구분	설명
-a	모든 인터페이스의 ARP 테이블을 출력
-n	IP 주소를 숫자 형식으로 출력
-e	리눅스 기본 출력 형식으로 표시
-s	IP 주소와 MAC 주소를 정적으로 등록
-d	지정한 IP 주소의 ARP 엔트리를 삭제
-i	특정 인터페이스의 ARP 정보만 표시

예 현재 시스템의 ARP 캐시 테이블 출력

```
[root@www ~]# arp -a
? (192.168.0.109) at 10:ff:e0:c0:0f:12 [ether] on enp2s0
_gateway (192.168.0.1) at b0:38:6c:2f:40:97 [ether] on enp2s0
? (192.168.0.7) at 38:1a:52:48:e6:92 [ether] on enp2s0
[root@www ~]#
```

예 호스트 이름 해석 없이 IP 주소로 출력

```
[root@www ~]# arp -n
Address          HWtype                HWaddress          Flags Mask  Iface
192.168.0.109    ether                 10:ff:e0:c0:0f:12              C  enp2s0
192.168.0.1      ether                 b0:38:6c:2f:40:97              C  enp2s0
192.168.0.7      ether                 38:1a:52:48:e6:92              C  enp2s0
```

예 IP와 MAC 주소를 정적으로 매핑하여 등록

```
[root@www ~]# arp -s 192.168.0.10 00:11:22:33:44:55
```

❽ netstat
- 개념 및 특징
  - 네트워크 연결 상태, 라우팅 테이블, 인터페이스 통계 정보를 확인하는 명령어
  - 현재 시스템의 네트워크 통신 현황을 종합적으로 출력
- TCP 연결 상태

상태	설명
LISTEN	연결 요청을 대기 중인 상태
ESTABLISHED	정상적으로 연결된 상태
SYN_RECV	SYN Flooding 공격 의심 상태
TIME_WAIT	연결 종료 후 대기 상태

• 주요 옵션

옵션	설명
-a	모든 연결과 LISTEN 상태 포트 출력함
-n	주소와 포트를 숫자로 출력함
-t	TCP 연결만 출력함
-u	UDP 연결만 출력함
-l	LISTEN 상태 포트만 출력함
-p	프로세스 ID와 프로그램명 출력함
-r	라우팅 테이블 출력함
-i	네트워크 인터페이스 통계 출력함

⑨ mii-tool

• 개념: 이더넷 네트워크 인터페이스의 상태를 확인하며 네트워크 케이블이 연결 여부를 (link up/down)를 빠르게 확인하는 명령어

예

```
ojk@raspberrypi:~$ sudo mii-tool eth0
eth0: negotiated 1000baseT-HD flow-control, link ok
```

⑩ ethtool

• 개념 및 특징
 – 네트워크 인터페이스 카드(NIC)의 물리 계층 설정과 상태를 확인 · 제어하는 명령어
 – 링크 상태, 속도, 듀플렉스, 자동 협상 정보를 확인하고 설정함

⑪ ss

• 개념: TCP/UDP 소켓, 리스닝 포트, 연결 상태, 프로세스 정보 확인하는 명령어
• 특징
 – 커널의 netlink 인터페이스를 직접 사용함
 – netstat보다 출력 속도가 빨라 대규모 서버 환경에서 효율적
• 주요 옵션

옵션	설명
-l	LISTEN 상태 소켓만 표시
-a	모든 소켓 표시(LISTEN 포함)
-n	서비스명 대신 숫자(IP · 포트)로 표시
-p	해당 소켓을 사용하는 프로세스 정보 표시
-e	확장 정보 표시
-i	내부 TCP 정보 표시

SECTION 01 기술동향

🔍 리눅스 동향

구분	설명
서버 및 클라우드 중심 확산	• 서버 운영체제의 표준으로 사용 • 웹 서버, 데이터베이스 서버, 메일 서버 등 핵심 서비스에 활용 • 클라우드 컴퓨팅 환경에서 기본 운영체제로 채택
컨테이너 및 가상화 기술과의 결합	• Docker와 Kubernetes의 확산으로 리눅스 중요성이 증가 • 컨테이너 실행 환경 기반 운영체제로 사용 • 가상화 기술과 결합하여 서버 자원 효율을 극대화 • KVM 기반 가상화가 대표적
배포판 구조 변화	• NetworkManager, systemd 중심 구조로 표준화됨 • 과거 SysV init에서 systemd로 전환됨 • ifcfg 방식 네트워크 설정에서 NetworkManager 기반 설정으로 변화함 • 예측 가능한 네트워크 인터페이스 네이밍 방식 사용함
보안 강화 동향	• SELinux, AppArmor 등 강제적 접근 제어 기능이 확대됨 • 보안 정책을 통한 시스템 보호 강화함 • 자동 업데이트 및 패치 관리 중요성이 증가하고, 서버 보안과 안정성 요구가 커짐
데스크톱 환경의 발전	• GNOME, KDE 환경이 지속적으로 개선되고, 사용자 친화적인 UI 제공함 • 일반 사용자용 리눅스 배포판 사용이 점차 증가하고, 개발자 및 교육용 환경으로도 활용됨
임베디드 및 IoT 분야 확대	• 임베디드 리눅스 사용이 증가하고 스마트 가전, 자동차, 네트워크 장비에 활용됨 • 경량화된 리눅스 커널과 배포판 사용되고, IoT에서 핵심 운영체제로 자리 잡음
오픈소스 생태계 강화	• 기업 주도의 오픈소스 참여가 확대되고, 커뮤니티와 기업 협업 모델 정착됨 • 리눅스 재단 중심으로 생태계가 관리되고, 지속적으로 커널과 기능을 개선함

🔍 리눅스 관련 기술

❶ 클러스터링

- 개념 및 특징
  - 여러 대의 리눅스 시스템을 하나의 논리적 시스템처럼 묶어 동작하도록 구성하는 기술
  - 각 노드는 독립된 시스템이지만, 클러스터 소프트웨어에 의해 상호 협력하여 서비스 제공함
- 목적
  - 장애 발생 시 서비스 중단 방지
  - 처리 성능 향상
  - 시스템 확장 용이성 확보
  - 자원 효율적 활용
- 구성 요소

구분	설명
노드	클러스터를 구성하는 각 서버이며, 보통 2대 이상으로 구성됨
네트워크	• 노드 간 통신을 담당함 • 하트비트 통신용 네트워크와 서비스용 네트워크를 분리하는 경우가 많음
공유 스토리지	• 여러 노드가 동일한 데이터에 접근하기 위해 사용함 • SAN, NAS, iSCSI, Ceph, GFS2 등이 사용됨
클러스터 관리 소프트웨어	노드 상태·장애를 감지하고 자원 제어를 담당함

- 유형

구분	설명
고가용성 클러스터 (HA Cluster)	• 한 노드에 장애가 발생하면 다른 노드가 서비스를 인계 받음 • 서비스 중단을 최소화하는 것이 목적 • 주요 기술: Pacemaker, Corosync, Heartbeat 예 웹 서버, 데이터베이스 서버, 파일 서버
부하 분산 클러스터 (LB Cluster)	• 여러 노드에 요청을 분산하여 처리 성능을 향상 시킴 • 모든 노드가 동시에 서비스 제공함 • 주요 기술: LVS(Linux Virtual Server), HAProxy, Nginx 예 웹 서버 팜, 애플리케이션 서버
고성능 컴퓨팅 클러스터 (HPC Cluster)	• 대규모 연산 작업을 여러 노드에 분산 처리함 • 과학 계산, 시뮬레이션, AI 연산에 사용됨 • 주요 기술: Beowulf Cluster, MPI, OpenMP, Slurm 예 슈퍼컴퓨터, 연구기관 계산

- 고가용성 클러스터(HA Cluster)

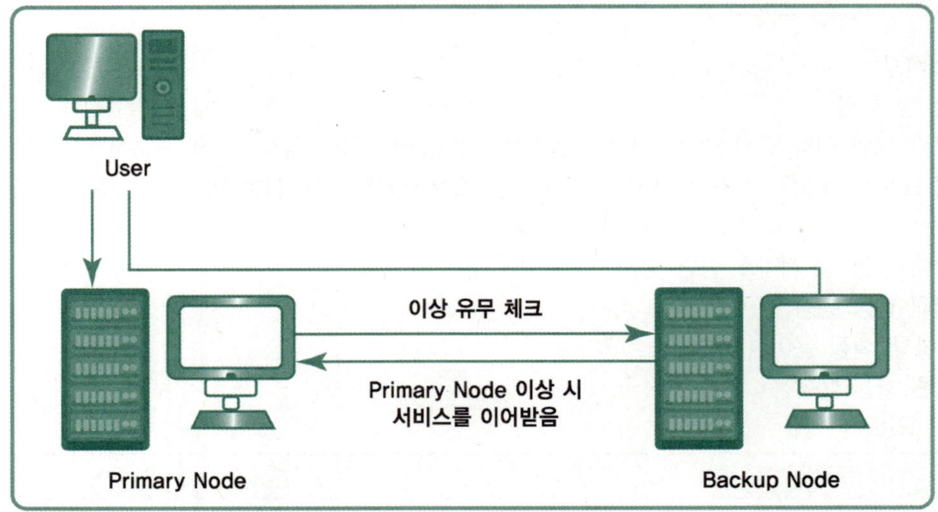

- 부하 분산 클러스터(LB Cluster)

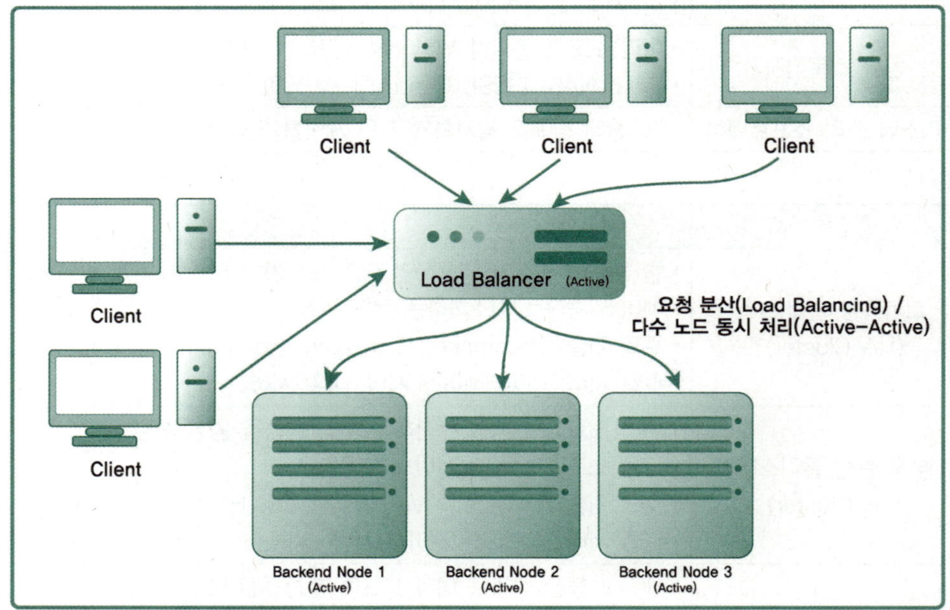

– 고성능 컴퓨팅 클러스터(HPC Cluster)

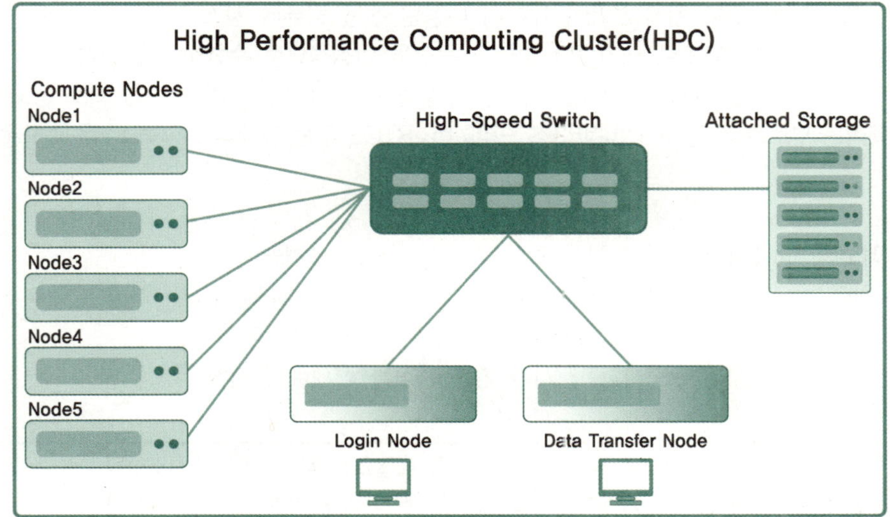

• 동작 방식

구분	설명
하트비트(Heartbeat)	• 노드 간 생존 여부를 주기적으로 확인함 • 일정 시간 응답이 없으면 장애로 판단
페일오버(Failover)	장애 발생 시 대기 노드가 자동으로 서비스를 인계받음
페일백(Failback)	장애가 복구된 노드로 서비스를 다시 되돌림

❷ 임베디드 시스템

임베디드 시스템 구성 요소

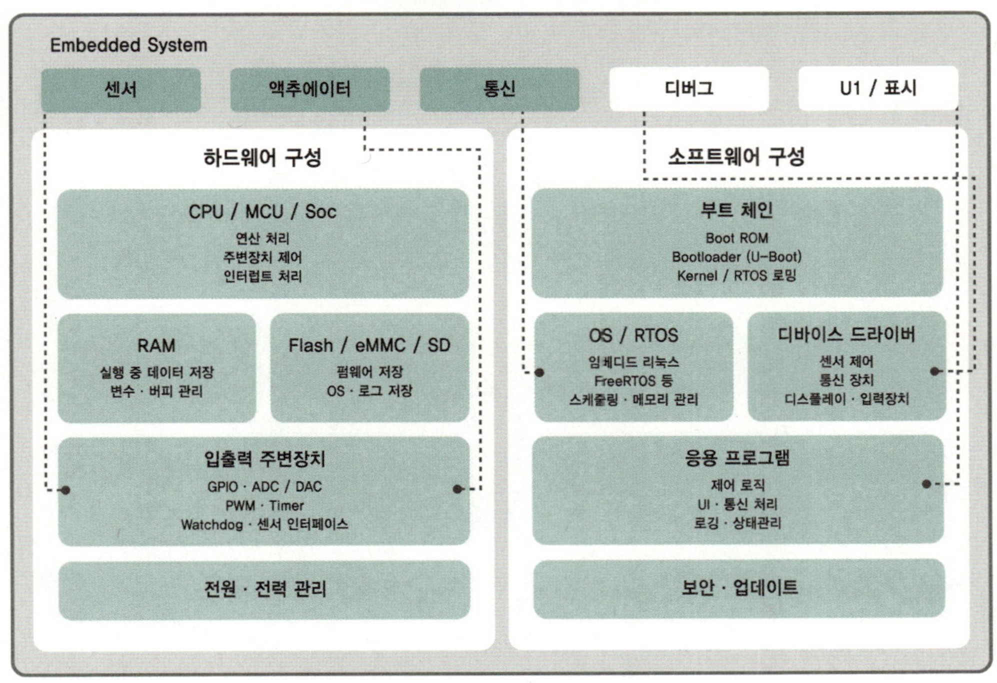

- 개념
  - 특정 기능을 수행하도록 기계나 제품 내부에 내장된 전용 컴퓨터 시스템
  - 범용 PC처럼 다양한 용도로 쓰기보다 정해진 목적을 안정적으로 수행하도록 설계됨
  - 하드웨어는 CPU 또는 MCU, 메모리, 저장장치, 입출력 장치, 통신 모듈, 전원 회로 등으로 구성되고, 소프트웨어는 부트로더, 펌웨어, 디바이스 드라이버, RTOS 또는 임베디드 리눅스, 응용 프로그램으로 구성됨
- 특징
  - CPU, 메모리, 입출력 장치가 목적에 맞게 최소 구성으로 설계됨
  - 실시간 처리 능력이 중요해 외부 이벤트에 대해 정해진 시간 내 응답
  - 저전력 소비가 중요해 배터리 기반 또는 장시간 무인 동작 환경에 적합함
  - 높은 신뢰성과 안정성을 요구하고, 장시간 연속 동작을 전제로 설계됨
- 장단점

장점	• 전용 목적 설계로 성능 효율이 높고, 불필요한 자원 사용이 최소화됨 • 소형화 및 경량화가 가능하고, 공간 제약이 있는 장치에 적용 가능함 • 저전력 설계가 가능하고, 배터리 수명을 효율적으로 관리함 • 높은 안정성과 신뢰성을 제공하고, 장시간 무중단 운용에 적합함 • 비용 절감이 가능하여 대량 생산 시 단가를 낮출 수 있음
단점	• 범용성이 낮고 기능 변경이나 확장이 어려움 • 개발 난이도가 높고 하드웨어 의존도가 큼 • 디버깅과 테스트가 복잡하고 실시간 제약으로 오류 분석이 어려움 • 업데이트가 제한적이고 원격 업데이트 환경이 없는 경우 유지보수가 어려움 • 자원 제약이 크고 메모리와 저장 공간이 제한됨

🔍 서버 가상화(Server Virtualization)

① 개념 및 특징

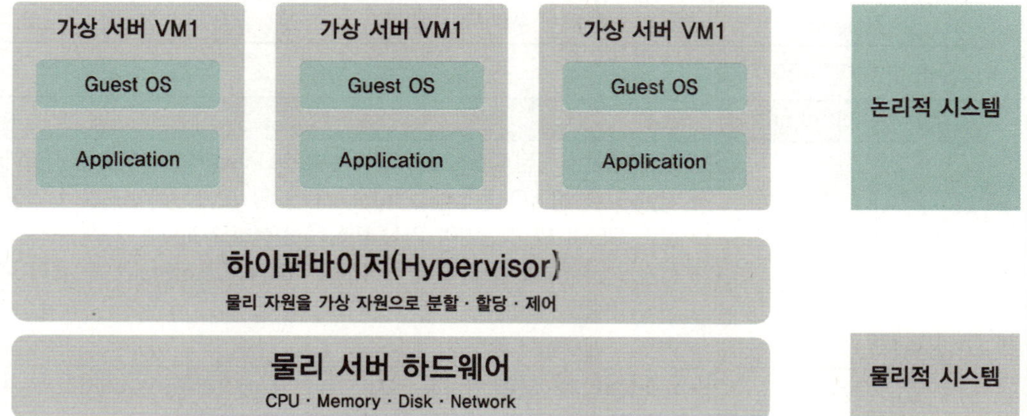

- 하나의 물리적 서버 자원을 여러 개의 가상 서버로 분리하여 사용하는 기술(운영체제 수준이 아닌 하드웨어 수준에서 가상화)
- CPU, 메모리, 디스크, 네트워크 자원을 논리적으로 분할하여 할당함

② 도입 목적

- 유휴 자원이 많은 물리 서버를 효율적으로 사용해 자원 낭비를 최소화하고 서버 운영 비용 절감
- 서버 생성 · 삭제 · 복제가 용이하여 운영 관리가 단순해짐
- 테스트 및 개발 환경 구축, 장애 발생 시 가상 서버 이동이나 복구가 용이함
- 운영 환경과 동일한 가상 서버를 빠르게 생성하여 확장성과 유연성 확보
- 서비스 부하 증가 시 가상 서버를 추가하여 대응 가능함
- 체계적이고 안정적인 정보센터 이전으로 업무 연속성 확보
- 손쉬운 이중화(HA) 구성과 유연한 자원 할당으로 시스템 가용성과 안정성 확보

③ 하이퍼바이저(Hypervisor)

- 개념: 하나의 물리 서버에서 여러 운영체제를 동시어 실행할 수 있도록 하는 가상화 소프트웨어 계층
- 특징
  - 물리 하드웨어와 가상 머신 사이에서 자원 할당과 실행을 제어함
  - CPU, 메모리, 디스크, 네트워크 자원을 가상 머신에 논리적으로 분배함
  - 각 가상 머신 간의 독립성과 격리를 보장
  - 가상 머신의 생성 · 실행 · 중지 · 삭제를 관리하는 서버 가상화의 핵심 구성 요소

- 역할
  - 물리 자원을 가상 자원으로 추상화하고, 가상 머신 간 자원 충돌을 방지함
  - 하드웨어 접근을 중재하여 안정성 확보하고, 가상 머신의 보안 격리를 제공함
  - 성능과 자원 활용 효율을 향상시킴
- 분류

구분	설명
Type 1	하드웨어 위에서 직접 실행되며, 베어메탈 방식으로 높은 성능과 안정성 제공함
Type 2	호스트 운영체제 위에서 실행되며, 데스크톱 환경이나 테스트 용도로 주로 사용됨

- 오픈소스 하이퍼바이저

구분	하이퍼바이저	설명
Type 1	KVM	• 2005년에 설립된 Qumranet에서 개발한 Linux 커널에 통합된 하이퍼바이저 기술 • 커널 모듈 형태로 동작하고 Intel VT-x 및 AMD-V 하드웨어 가상화 지원함 • 보통 QEMU와 결합하여 가상 머신을 실행하고 libvirt 기반 관리가 가능함 • 성능과 안정성이 높아 서버 가상화에 적합해 OpenStack 등 클라우드 인프라의 핵심 기술로 활용됨 • 현재는 레드햇사 주도로 개발되고 있음
	Xen	• 하이퍼바이저 자체 커널을 가지는 독립된 베어메탈 하이퍼바이저 구조 • CPU 반가상화(PV)와 전가상화(HVM) 모두 지원함 • 초기 클라우드 환경에서 널리 사용되고 대규모 서버 환경에서 안정성 중시 용도로 활용됨 • AWS 초기 가상화 기술로 사용된 이력 있음
Type 2	QEMU	• 하드웨어 에뮬레이터 및 가상화 도구 • 단독 사용 시 소프트웨어 에뮬레이션 방식 • 다양한 CPU 아키텍처 에뮬레이션 가능하고 KVM과 결합 시 하드웨어 가속 가상화 제공함 • 테스트·개발·이기종 환경 실험에 적합함
	Virtual Box	• Oracle에서 개발한 호스트 운영체제 위에서 동작하는 가상화 소프트웨어 • 오픈소스 버전과 확장 팩 구조이고 GUI 기반 관리 환경 제공함 • 하드웨어 가상화를 지원하고 스냅샷·클립보드 공유·폴더 공유 기능 제공함 • 데스크톱 환경에서 학습·실습·테스트 용도로 널리 활용됨
컨테이너	LXC	• 하이퍼바이저가 아닌 OS 수준 가상화 기술 • Linux 커널의 namespaces와 cgroups 기반 동작함 • 커널 공유로 경량화되어 가상 머신보다 빠른 실행 가능함

- 상용 하이퍼바이저

구분	하이퍼바이저	설명
Type 1	Hyper-V	마이크로소프트의 가상화 기술
Type 2	VMware Workstation	• 기존 호스트 운영체제(예 Windows, Linux) 위에서 동작하는 호스티드(Hosted) 하이퍼바이저 • 데스크톱 환경에서 가상 머신을 실행하는 소프트웨어 방식 가상화 도구 • 하드 디스크 이미지는 VMDK(Virtual Machine Disk) 파일 형식으로 저장

❹ Docker

- 개념 및 특징
  - 서버 운영에 필요한 프로그램과 라이브러리를 컨테이너라고 부르는 이미지로 만들어 프로세스처럼 동작시키는 경량화된 가상화 방식
  - 하이퍼바이저를 사용하지 않고 게스트 운영체제도 설치하지 않음

❺ Kubernetes

- 개념 및 특징
  - Docker 등으로 만든 컨테이너 애플리케이션을 대상으로, 컨테이너화된 애플리케이션을 자동 배포 · 확장 · 관리하기 위한 컨테이너 오케스트레이션 플랫폼
  - 대규모 컨테이너 환경에서 운영 복잡성을 해결하기 위해 개발되고, 현재 CNCF에서 관리됨

❻ Ansible

- 개념 및 특징
  - 서버 설정, 애플리케이션 배포, 시스템 운영 작업을 자동화하기 위한 오픈소스 구성 관리(Configuration Management) 및 오케스트레이션 도구
  - 2015년 Red Hat이 Ansible, Inc.를 인수하여 유지 관리

🔍 클라우드 컴퓨팅

❶ 개념
- 서버, 스토리지, 네트워크, 애플리케이션 등의 IT 자원을 인터넷을 통해 제공하는 컴퓨팅 방식
- 사용자는 물리적 장비를 직접 소유하지 않고 필요한 자원을 요청하여 사용함
- 자원은 중앙 집중식 데이터센터에서 관리됨
- 필요한 만큼 자원을 할당받고 사용한 만큼 비용을 지불하는 구조

❷ 특징
- 온디맨드 방식으로 자원을 즉시 제공하고, 자원의 확장과 축소가 자유로움
- 여러 사용자가 자원을 공유하는 멀티테넌시 구조
- 가상화 기술을 기반으로 동작하며, 인터넷을 통해 언제 어디서나 접근 가능함

❸ 장단점

장점	• 초기 시스템 구축 비용 절감되고 서버 및 인프라 운영 부담 감소함 • 시스템 확장성과 유연성 향상되며 서비스 장애 발생 시 빠른 복구 가능함 • 대규모 트래픽 대응이 용이함
단점	• 네트워크 장애 시 서비스 이용 제한되고, 보안 및 개인정보 보호에 대한 고려 필요함 • 서비스 제공자에 대한 의존성 증가하고, 장기 사용 시 비용 증가 가능성 있음

❹ 서비스 제공 형태

IaaS(Infrastructure as a Service)	• 가상 서버, 스토리지, 네트워크 등 인프라 자원을 제공함 • 사용자가 운영체제와 애플리케이션을 직접 관리함
PaaS(Platform as a Service)	• 운영체제, 개발 환경, 미들웨어까지 포함하여 제공함 • 개발자는 애플리케이션 개발과 배포에 집중 가능함
SaaS(Software as a Service)	• 소프트웨어를 설치 없이 웹을 통해 바로 사용함 • 이메일, 문서 작성 도구, 협업 도구 등이 이에 해당함

• 이용자의 설정이 많은 순서: Iaas > PaaS > Saas

임베디드 시스템

❶ 모바일 운영체제

운영체제	개발사	기반 기술	설명
Android	Google	Linux 커널	• 오픈소스 기반으로 제조사 커스터마이징 가능함 • 앱 생태계가 매우 크며 다양한 하드웨어 지원함 • 주요 기기: 삼성, LG, 샤오미 등 스마트폰 · 태블릿
iOS	Apple	Unix 계열 (Darwin)	• 폐쇄형 구조로 보안성과 안정성 높음 • 하드웨어 · 소프트웨어 통합 최적화 우수함 • 주요 기기: iPhone, iPad
HarmonyOS	Huawei	마이크로커널 기반	• 스마트폰 · IoT 통합 운영체제 지향함 • 분산 아키텍처로 기기 간 연동 강조함 • 주요 기기: Huawei 스마트폰, IoT 기기
Tizen	Samsung, Intel	Linux 커널	• 인텔과 삼성전자를 주축으로 리눅스 재단, MeeGo 개발자들이 합력하여 만듦 • 모바일 경량 운영체제로 IoT · 웨어러블에 적합함 • 스마트폰보다는 TV · 워치 중심으로 사용됨 • 주요 기기: 스마트TV, 갤럭시 워치

❷ 스마트 TV
• 개념: 기존 TV의 영상 출력 기능에 인터넷 연결과 운영체제를 결합한 지능형 TV
• 특징
  – 웹 브라우징, 동영상 스트리밍, 앱 실행, 음성 인식 등 컴퓨터와 유사한 기능을 제공
  – 리모컨뿐 아니라 스마트폰, 음성 명령 등 다양한 입력 방식을 지원함

• 주요 기능

구분	설명
인터넷 연결 기능	유선 LAN 또는 Wi-Fi를 통해 인터넷 접속 가능함
애플리케이션 실행	OTT 서비스, 게임, 교육, 뉴스 등 다양한 앱 설치 및 실행 가능함
멀티미디어 재생	USB, NAS, 클라우드 저장소의 사진·영상·음악 재생 가능함
스마트 연동 기능	스마트폰 미러링, IoT 기기 제어, 스마트홈 허브 역할 수행
음성·AI 서비스	음성 인식 기반 검색 및 제어 기능 제공함

• 주요 운영체제

구분	설명
Android TV	구글이 개발한 스마트 TV에 사용되는 운영체제
TizenOS	• Linux 기반으로 삼성 스마트 TV에 사용되는 운영체제 • 빠른 부팅과 낮은 자원 사용
webOS	• Linux 기반으로 Palm OS를 계승한 LG 스마트 TV에 사용되는 운영체제 • 카드형 UI로 직관적 경험 제공함
tvOS	• Apple TV 전용으로 사용되는 Apple iOS 계열 운영체제 • iPhone·iPad와의 연동성이 뛰어남

❸ 아두이노(Arduino)

- 개념: 2005년 이탈리아 IDII(Interaction Design Institute Ivera)에서 개발된 오픈 소스 기반의 단일 보드 마이크로 컨트롤러
- 특징
  - 운영체제 없이 하드웨어를 직접 제어하는 구조를 가짐
  - 센서 제어, 간단한 자동화, 교육용 실습에 주로 사용됨

❹ 라즈베리파이

- 개념 및 특징
  - 영국의 한 재단이 학교와 개발 도상국에서 기초 컴퓨터 과학 교육을 증진하기 위해 개발한 신용카드 크기의 싱글 보드 컴퓨터
  - 라즈베리파이 피코는 임베디드 시스템

라즈베리파이 4

라즈베리파이 피코

❺ IVI(In-Vehicle Infotainment)
- 개념 및 특징
  - 차량 내 인포테인먼트 시스템
  - 내비게이션, 오디오 · 비디오 재생, 전화 · 메시지 연동, 차량 설정, 스마트폰 미러링(예 Android Auto, CarPlay 등)을 하나의 통합 플랫폼에서 제공하는 리눅스 기반 플랫폼
- GENIVI
  - 2009년 2월에 BMW, 델파이, GM, 인텔, 윈드리버 등이 설립하여 만든 조직에서 리눅스 커널 기반의 표준화된 자동차용 IVI(In-Vehicle Infotainment)를 위해 만든 플랫폼
  - 제조사와 부품사, 소프트웨어 기업이 참여하여 공통 미들웨어, API, 참조 아키텍처를 정의함으로써 개발 비용을 줄이고 생태계를 확대하는 데 기여함

Q 빅데이터

- 개념: 기존의 데이터베이스 관리 도구를 넘어서 대량의 정형 또는 비정형 데이터 집합 및 이러한 데이터로부터 가치를 추출하고 결과를 분석하는 기술
- 관련 기술

하둡(Hadoop)	대규모 정형 및 비정형 데이터 처리에 기본적인 분석 인프라이며, 파일 시스템 구축에 사용
NoSQL	데이터를 유연하고 빠르게 처리하기 위한 기술
R언어	분석된 데이터의 의미와 가치를 시각적으로 표현하는 기술

기출복원 모의고사

01

다음 (㉠) 안에 들어갈 내용으로 알맞은 것은?

> 10GB 용량의 하드디스크 8개가 장착된 시스템이다. 하나의 스페어(Spare) 디스크를 구성하고, 나머지 디스크로 RAID-5로 구성하려고 한다. 이 경우에 실제로 사용 가능한 용량은 (㉠)GB가 된다.

① 40
② 50
③ 60
④ 70

스페어(Spare) 디스크는 실제 RAID에 참여하지 않는 예비 디스크이다. 따라서 8개 중 1개를 제외한 7개로 RAID-5를 구성하는 구조이다. RAID-5의 실사용 용량은 (구성 디스크 개수 – 1) × 디스크 용량이므로 (7 – 1) × 10GB = 60GB이다.

02

다음 중 LVM 구성할 때 가장 먼저 생성되는 것은?

① VG(Volume Group)
② LV(Logical Volume)
③ PV(Physical Volume)
④ PE(Physical Extend)

LVM 구성은 PV → VG → LV 순서이다. 먼저 물리 디스크/파티션을 PV(Physical Volume)로 초기화한다. 그다음 PV들을 묶어 VG(Volume Group)를 만들고, VG에서 LV(Logical Volume)를 생성한다. PE는 VG 내부의 할당 단위(Extent) 개념이다.

03

다음 설명에 해당하는 RAID 관련 기술로 알맞은 것은?

> 연속된 데이터를 여러 개의 디스크에 라운드 로빈(Round Robin) 방식으로 기록하는 기술로 하나의 디스크에서 읽어 들이는 것보다 더 빠르게 데이터를 읽거나 쓸 수 있다.

① 스트라이핑(Striping)
② 미러링(Mirroring)
③ 패리티(Parity)
④ ECC(Error Check&Correction)

스트라이핑(Striping)은 라운드 로빈 방식으로 연속 데이터를 여러 디스크에 분산 기록하는 방식이다. 여러 디스크에 병렬로 기록·읽기를 수행하여 성능을 높이는 목적을 가지고 있다.

오답 풀이
② 미러링은 디스크 동일 복제 기술이다.
③ 패리티는 장애 복구용 정보이다.
④ ECC는 오류 정정 개념이다.

04

다음 중 프린터 큐의 작업 정보를 확인하는 명령어로 알맞은 것은?

① lp
② lpr
③ lprm
④ lpstat

lpstat는 프린터, 클래스, 작업, 서버 상태까지 확인하는 명령어이다.(System V 계열)

오답 풀이
① lp는 프린트 작업을 큐에 등록하여 출력 요청을 한다.(System V 계열)
② lpr은 프린트 작업을 큐에 등록하여 출력 요청을 한다.(BSD 계열)
③ lprm은 출력 대기열(큐)에 있는 인쇄 작업을 취소한다.(BSD 계열)

정답　01 ③　02 ③　03 ①　04 ④

05

핵심이론 115p

다음 설명에 해당하는 명칭으로 알맞은 것은?

> 리눅스 및 유닉스 계열 운영체제에서 사운드를 만들고 캡처하는 인터페이스로, 표준 유닉스 시스템콜 (POSIX)에 기반을 두고 있다. 프로젝트 초기에는 Freeware이었으나, 사유화되기도 했다.

① ALSA
② CUPS
③ SANE
④ OSS

OSS(Open Sound System)는 유닉스 계열에서 사운드를 만들고 캡처하는 인터페이스로, 초기에는 프리웨어 성격이었으나 라이선스 이슈로 사유화 논란이 있었다.

오답 풀이

① ALSA는 사운드 카드를 자동으로 구성하고 다수의 사운드 장치를 관리하는 표준 사운드 서브시스템이다.
② CUPS는 리눅스와 유닉스 계열에서 사용하는 표준 출력 시스템으로, 프린터 관리와 출력 작업을 통합적으로 처리한다.
③ SANE은 리눅스 및 유닉스 계열에서 스캐너를 제어하기 위한 표준 인터페이스와 도구 모음이다.

06

핵심이론 108p

다음 중 데비안 계열 리눅스에서 환경 설정 파일도 포함해서 vsftpd 패키지를 제거하는 명령어로 알맞은 것은?

① apt-get purge vsftpd
② apt-get remove vsftpd
③ apt-get erase vsftpd
④ apt-get delete vsftpd

apt-get purge [패키지명] 명령어로 환경 설정 파일을 포함하여 패키지를 제거할 수 있다.

오답 풀이

② remove는 설정 파일을 남긴다.
③④ erase, delete는 apt-get의 표준 제거 동작이 아니다.

07

핵심이론 116p

다음 중 스캐너 사용과 관련된 프로그램으로 알맞은 것은?

① ALSA
② CUPS
③ SANE
④ LPRng

SANE은 스캐너, ALSA는 오디오, CUPS는 프린팅, LPRng는 프린터 스풀링 계열이다.

08

핵심이론 105p

다음 중 rpm으로 의존성이 있는 패키지를 제거하는 명령어로 알맞은 것은?

① rpm -d nmap --nodeps
② rpm -e nmap --nodeps
③ rpm erase nmap --nodeps
④ rpm delete nmap -nodeps

rpm으로 패키지를 제거하려면 기본적으로 rpm -e [패키지명] 명령어를 사용한다. 이때, --nodeps는 의존성 검사를 무시하고 강제로 제거하도록 하는 옵션이다.

09

핵심이론 107p

다음은 확장 패키지 관련 저장소를 설치하는 과정이다. (㉠) 안에 들어갈 내용으로 알맞은 것은?

```
# yum install ( ㉠ )
```

① epel
② epel-repository
③ epel-release
④ epel-download

확장 패키지 저장소인 EPEL을 yum으로 설치할 때 epel-release를 패키지명으로 사용한다.

정답   05 ④   06 ①   07 ③   08 ②   09 ③

10

다음은 다운로드 받은 소스 파일의 내용만을 확인하는 과정이다. (㉠) 안에 들어갈 내용으로 알맞은 것은?

```
# tar ( ㉠ ) php-8.2.7.tar.bz2
```

① jxvf
② Jxvf
③ jtvf
④ Jtvf

확장자가 bz2이므로 bzip2 압축을 해제한 다음 내용을 확인해야 한다.

tar 옵션
- -j: bzip2 방식으로 압축 또는 해제한다.
- -t: 아카이브 내부를 확인(파일 목록 보기)한다.
- -v: 처리 과정을 자세히 출력한다.
- -f: 파일 이름을 지정한다.

11

핵심이론 105p

다음 중 리눅스에서 사용되는 온라인 패키지 관리 도구로 거리가 먼 것은?

① dnf
② rpm
③ zypper
④ apt-get

rpm은 로컬 패키지 파일을 설치·삭제하는 저수준 도구이다.

오답 풀이
①③④ dnf, zypper, apt-get는 저장소를 통해 설치하는 온라인 패키지 관리 도구이다.

12

다음 중 프로그램을 소스 파일로 설치하는 과정으로 알맞은 것은?

① configure → make → make install
② make → configure → make install
③ make → make install → configure
④ make install → configure → make

환경 설정 ./configure	→	컴파일 make	→	설치 make install

13

다음 설명에 해당하는 명령어로 알맞은 것은?

> 소스 파일의 압축을 푼 디렉터리에서 한 번 작업한 설정이나 관련 파일을 삭제하고 다시 설정 작업을 진행할 때 사용한다.

① make init
② make zero
③ make clean
④ make neat

make clean은 빌드 과정에서 생성된 오브젝트 파일, 임시 산출물 등을 삭제하여 깨끗한 상태로 되돌리는 명령어이다.

오답 풀이
①②④ make init · zero · neat는 표준 make 타깃으로 일반화하기 어렵다.

14

핵심이론 109p

다음 중 레드햇 계열 리눅스에서 사용되는 패키지 관리 도구로 거리가 먼 것은?

① dnf
② rpm
③ zypper
④ yum

zypper는 수세(openSUSE/SLES) 계열 리눅스에서 사용되는 패키지 관리자이다.

오답 풀이
①②④ dnf, rpm, yum은 레드햇 계열 리눅스에서 사용되는 패키지 관리자 도구이다.

15

핵심이론 102p

다음 중 vi 편집기의 ex 명령 모드에 대한 설명으로 틀린 것은?

① w → 작업 중인 내용을 저장한다.
② w 파일명 → 지정한 '파일명'으로 저장한다.
③ wg → 변경된 내용을 저장하고 종료한다.
④ q → 수정된 사항이 있어도 무조건 종료한다.

:wg는 vi의 ex 명령 모드로 보기 어렵다. 저장하고 종료하는 ex 명령 모드는 :wq이다.

오답 풀이
①② :w와 :w 파일명은 저장 동작이다.

16

다음 (㉠), (㉡) 안에 들어갈 내용으로 알맞은 것은?

> vi 편집기의 명령 모드 상태에서 특정 문자열을 아래 방향으로 검색하기 위해서는 (㉠) 기호를 선언한 뒤에 찾으려는 문자열 패턴을 덧붙여서 기재한다. 만약 다음 문자열을 찾으려면 (㉡) 키를 누르면 이동된다.

① ㉠ /, ㉡ n
② ㉠ ?, ㉡ n
③ ㉠ /, ㉡ N
④ ㉠ ?, ㉡ N

vi의 명령 모드 상태에서 아래 방향(순방향) 검색은 /패턴 형태로 수행한다. 이후 같은 방향으로 다음 검색 결과로 이동하는 키는 n이다.

오답 풀이

②③④ ?는 역방향 검색이며, N은 반대 방향으로 이동하는 키이다.

17

다음 중 vi 편집기에서 linux로 끝나는 줄의 마지막에 마침표(.)를 덧붙이도록 치환하는 명령어로 알맞은 것은?

① :% s/linux./linux$/
② :% s/linux$/linux./
③ :% s/linux/linux./
④ :% s/linux/linux$/

vi에서 :s 명령어로 문자열을 치환할 수 있고, 정규 표현식에서 $는 줄의 끝을 의미한다. 모든 줄에서 'linux'로 끝나는 문자열을 'linux.'로 치환하려면 :% s/linux$/linux./ 명령어를 사용한다.

18

다음 중 emacs 편집기를 개발한 인물로 알맞은 것은?

① 빌 조이
② 리처드 스톨만
③ 브람 무레나르
④ 귀도 반 로섬

emacs(GNU Emacs)의 개발자는 리처드 스톨만이다.

오답 풀이

① 빌 조이는 csh 및 BSD 계열에서 유명하다.
③ 브람 무레나르는 vim의 개발자이다.
④ 귀도 반 로섬은 Python 개발자이다.

19

다음 중 nano 편집기에서 현재 커서가 위치한 줄의 처음으로 이동할 때 사용하는 키 조합으로 알맞은 것은?

① Ctrl+A
② Ctrl+E
③ Ctrl+O
④ Ctrl+I

Ctrl+A는 nano에서 줄의 처음(Beginning of Line)으로 이동하는 대표 단축키이다.

오답 풀이

② Ctrl+E는 줄 끝(End of Line)으로 이동한다.
③ Ctrl+O는 저장(Write Out) 동작에 가깝다.
④ Ctrl+I는 nano 키 조합이 아니다.

20

다음 중 X 윈도우 환경에서만 사용 가능한 편집기로 알맞은 것은?

① nano
② pico
③ kwrite
④ vim

kwrite는 KDE 환경의 GUI 텍스트 편집기이다.

오답 풀이

①②④ nano, pico, vim은 콘솔에서도 널리 사용 가능한 편집기이다.

21

다음 중 작업번호가 2번인 백그라운드 프로세스를 종료시키는 명령어로 알맞은 것은?

① kill 2
② kill %2
③ kill -j 2
④ kill -b 2

kill %[번호] 명령어는 셸 작업 제어에서 백그라운드 작업번호(Job Number)를 지정해 해당 작업을 종료한다.

오답 풀이

① kill 2는 PID 2를 의미하므로 의도가 달라진다.
③④ 존재하지 않는 명령어이다.

정답
16 ① 17 ② 18 ② 19 ① 20 ③ 21 ②

ps 명령어의 상태(STAT) 코드 중에 작업은 종료되었으나 부모 프로세스에 의해 회수되지 않아 메모리를 차지하고 있는 상태를 나타내는 값으로 알맞은 것은?

① R ② S
③ T ④ Z

좀비(Zombie) 프로세스는 작업이 종료되었으나 부모 프로세스로부터 회수되지 않아 메모리를 차지하고 있는 상태를 말하며, ps 명령어의 상태 코드 값은 Z이다.

23

다음 중 프로세스 관련 명령어로 설정 가능한 NI 값의 범위로 알맞은 것은?

① -19 ~ 19 ② -19 ~ 20
③ -20 ~ 19 ④ -20 ~ 20

nice 값(NI)의 범위: -20(가장 우선) ~ 19(가장 낮음)

24

cron을 이용해서 해당 스크립트를 매주 1회씩 주기적으로 실행하려고 한다. (㉠) 안에 들어갈 내용으로 알맞은 것은?

```
( ㉠ ) /etc/backup.sh
```

① 1 1 1 * * ② 1 1 * 1 *
③ 1 1 * * 1 ④ * 1 1 1 *

crontab의 5필드는 '분 시 일 월 요일' 순서이다. 매주 1회씩 주기적으로 실행하려면 분 시 요일을 지정해야 한다. 1 1 * * 1은 01분 01시 월요일(1)에 실행한다는 의미로 주 1회 조건을 충족한다.

25

다음 명령어의 결과에 대한 설명으로 알맞은 것은?

```
# nice bash
```

① bash 프로세스의 우선순위를 높인다.
② bash 프로세스의 우선순위를 낮춘다.
③ bash 프로세스의 우선순위 값을 출력한다.
④ 사용법 오류로 인해 실행되지 않는다.

nice bash는 bash를 실행하되 기본 nice 값을 증가시키는 동작을 한다.(보통 + 10) nice 값이 커지면 bash 프로세스의 스케줄링 우선순위가 낮아진다.

26

다음 중 포어그라운드 프로세스를 종료하기 위해 사용하는 키 조합으로 알맞은 것은?

① Ctrl+C ② Ctrl+A
③ Ctrl+Z ④ Ctrl+D

포어그라운드에서 Ctrl+C는 SIGINT를 보내 종료를 유도한다.
오답 풀이
② Ctrl+A는 커서를 현재 줄의 맨 앞으로 이동시킨다.
③ Ctrl+Z는 보통 중지(SUSPEND)로 백그라운드 전환과 연관된다.
④ Ctrl+D는 셸 세션을 종료한다.

정답 22 ④ 23 ③ 24 ③ 25 ② 26 ①

27

핵심이론 88p

다음 중 standalone 방식과 inetd 방식에 대한 비교 설명으로 알맞은 것은?

① inetd 방식이 standalone 방식보다 메모리 관리가 더 효율적이다.
② inetd 방식이 standalone 방식보다 관련 서비스 처리가 빠르다.
③ 웹과 같은 빈번한 요청이 들어오는 서비스는 inetd 방식이 적합하다.
④ 사용자가 많은 서비스는 standalone 방식보다 inetd 방식이 적합하다.

inetd(또는 xinetd) 방식은 요청이 있을 때만 서비스를 기동시키는 온디맨드 구조이므로 상시 데몬 방식(standalone)보다 메모리/자원 측면에서 효율적이다. 그러나 빈번한 요청이 많은 웹 서버류는 standalone 방식이 일반적이다.

28

핵심이론 94p

다음 중 사용자가 본인이 실행한 백그라운드 프로세스 목록을 확인하는 명령어로 가장 알맞은 것은?

① ps
② bg
③ jobs
④ exec

jobs는 현재 셀에서 자신이 실행한 백그라운드 작업 목록을 확인하는 명령어이다.

오답 풀이

① ps는 시스템 전체/선택된 프로세스 상태를 보여주지만 "작업번호 기반의 셀 작업 목록"에 특화된 것은 jobs이다.
② bg는 일시 중지된 포어그라운드 프로세스([Ctrl]+[Z]로 중지)를 백그라운드에서 다시 실행시키는 명령어이다.
④ exec는 현재 셀 프로세스를 새로운 프로그램으로 완전히 대체하는 명령어이다.

29

핵심이론 89p

다음 보기의 시그널을 번호값이 낮은 순부터 높은 순으로 정렬했을 때 세 번째에 해당하는 시그널 이름으로 알맞은 것은?

① SIGTSTP
② SIGKILL
③ SIGINT
④ SIGTERM

시그널 번호를 낮은 번호부터 정렬하면 SIGINT(2) → SIGKILL(9) → SIGTERM(15) → SIGTSTP(20) 순서가 된다. 세 번째는 SIGTERM이다.

시그널 번호
• SIGINT(인터럽트): 2
• SIGKILL(강제 종료): 9
• SIGTERM(기본 정상 종료): 15
• SIGTSTP(일시 중지): 20

30

핵심이론 88p

다음 (㉠), (㉡) 안에 들어갈 내용으로 알맞은 것은?

하나의 프로세스가 다른 프로세스를 실행하기 위한 시스템 호출 방법에는 (㉠)와 (㉡)(이)가 있다. (㉠)(은)는 새로운 프로세스를 위해 메모리를 할당 받아 복사본 형태의 프로세스를 실행하는 형태로 기존의 프로세스는 그대로 실행되어 있다. 새롭게 생성된 프로세스는 원래의 프로세스랑 똑같은 코드를 기반으로 실행된다. (㉡)(은)는 원래의 프로세스를 새로운 프로세스로 대체하는 형태로 호출한 프로세스의 메모리에 새로운 프로세스의 코드를 덮어 씌워 버린다.

① ㉠ exec, ㉡ fork
② ㉠ fork, ㉡ exec
③ ㉠ background, ㉡ foreground
④ ㉠ foreground, ㉡ background

fork()는 현재 프로세스를 복제해 자식 프로세스를 생성하는 방식이다. 이때 부모는 그대로 실행되며, 자식은 같은 코드 흐름에서 분기된다. exec()는 현재 프로세스의 메모리 이미지를 새 프로그램으로 덮어씌워 대체 실행하는 호출이다.

정답 27 ① 28 ③ 29 ④ 30 ②

31

다음 설명에 해당하는 파일명으로 가장 알맞은 것은?

> 모든 사용자에게 적용되는 alias와 함수를 설정하려고 한다.

① /etc/.bashrc
② /etc/.bash_profile
③ /etc/bashrc
④ /etc/profile

/etc/bashrc 계열 파일은 보통 모든 사용자에게 공통으로 적용되는 bash의 별칭(alias), 함수 등을 인터랙티브 셸 전역으로 적용할 때 사용한다.

오답 풀이

①② 존재하지 않는 파일이다.
④ /etc/profile 파일은 로그인 셸 전역 환경변수 성격이 강하다.

32

다음 중 (㉠) 안에 들어갈 명령어의 결과로 알맞은 것은?

```
[ihduser@ihd ~]$ user=kaitman
[ihduser@ihd ~]$ echo "$user"
( ㉠ )
```

① 아무것도 출력되지 않는다.
② $user
③ ihduser
④ kaitman

셸 변수 user에 kaitman을 대입한 뒤 echo "$user"를 수행하면 변수 값이 확장되어 출력된다. 큰따옴표는 변수 확장을 허용하므로 $user 그대로 출력되지 않는다. 따라서 출력 결과는 kaitman이다.

33

다음 중 가장 최근에 실행한 명령어를 재실행할 때 사용하는 명령어로 알맞은 것은?

① !0
② !1
③ !!
④ history -1

!!는 히스토리에서 가장 최근에 실행한 명령어를 그대로 다시 실행하는 명령어이다.

오답 풀이

①② !0, !1은 히스토리 번호 기반 호출인데 환경에 따라 의미가 달라질 수 있다.
④ history는 목록 출력 성격의 명령어이다.

34

다음은 셸 변수를 선언한 후에 관련 내용을 확인하는 과정이다. (㉠) 안에 들어갈 명령어로 알맞은 것은?

```
$ a=1
$ b=2
$ ( ㉠ )
```

① printenv
② unset
③ env
④ set

set은 현재 셸의 변수/함수 등 셸 내부 상태를 폭넓게 출력하는 명령어이다. 문제는 a, b를 셸 변수로 선언한 뒤 확인하는 흐름이므로 set이 가장 알맞다.

오답 풀이

①③ printenv, env는 환경변수 중심 명령어이고, 단순 셸 변수는 누락될 수 있다.
② unset은 셸 변수(또는 함수)를 해제(삭제)하는 명령어이다.

정답
31 ③ 32 ④ 33 ③ 34 ④

35

다음은 로그인 셸을 확인하는 과정이다. (㉠) 안에 들어갈 명령어로 알맞은 것은?

```
[ihdman@www ~]# ( ㉠ )
PID         TTY           TIME        CMD
2472        pts/0         00:00:00    bash
2881        pts/0         00:00:00    ( ㉠ )
```

① ps
② chsh
③ jobs
④ shells

ps는 PID, TTY, TIME, CMD 등 현재 실행 중인 프로세스의 상태를 출력하는 명령어이다. 해당 출력에서 현재 로그인 셸 (bash)과 함께 실행한 명령어도 표시되며, 보통 ps 자체가 함께 나타난다.

36

다음 (㉠) 안에 들어갈 파일명으로 알맞은 것은?

> 특정 사용자가 로그인 시에 부여되는 셸 정보는 (㉠) 파일에서 확인할 수 있다.

① /etc/passwd
② /etc/shells
③ /etc/bashrc
④ /etc/profile

/etc/passwd 파일에 특정 사용자의 로그인 셸 정보가 계정 정보와 함께 저장되어 있다. 각 행의 마지막 필드는 로그인 셸 경로이다.

오답 풀이
② /etc/shells는 허용되는 셸 목록이다.
③④ /etc/bashrc, /etc/profile은 전역 설정 파일이다.

37

다음은 ihdman 사용자가 변경 가능한 셸의 목록 정보를 확인하는 과정이다. (㉠) 안에 들어갈 내용으로 알맞은 것은?

```
[ihdman@www ~]$ chsh ( ㉠ )
```

① -l
② -u
③ -s
④ -c

chsh 명령어에서 -l 옵션은 시스템에서 변경 가능한 셸 목록을 출력한다.

오답 풀이
②④ -u, -c는 일반적인 chsh 옵션으로 보기 어렵다.
③ -s는 셸을 지정하여 변경할 때 쓰는 옵션이다.

38

다음 설명에 해당하는 셸로 알맞은 것은?

> 히스토리 기능, Alias 기능, 작업 제어 등과 같은 유용한 기능이 포함된 셸로, 1978년에 버클리 대학의 빌 조이가 개발하였다.

① bourne shell
② csh
③ dash
④ bash

C Shell(csh)은 1978년 버클리 대학의 빌 조이가 개발했고, 히스토리, alias, 작업 제어 기능으로 유명한 셸이다.

오답 풀이
① bourne shell은 초기의 전통 셸이다.
③ dash는 경량 sh 계열이다.
④ bash는 GNU 프로젝트에서 발전했다.

39

다음 설명에 해당하는 파일명으로 알맞은 것은?

> 현재 시스템에 마운트된 파일 시스템 정보를 저장하고 있는 파일로, 실제 파일은 /proc/self/mounts이다.

① /etc/fstab   ② /etc/mtab
③ /etc/mounts   ④ /proc/partitions

/etc/mtab 파일은 현재 시스템에서 마운트된 파일 시스템 정보를 저장하고 있다. 현대 시스템에서는 /etc/mtab이 /proc/self/mounts를 참조(연동)하도록 구성되는 경우가 많다.

40

다음 중 /etc/fstab 파일의 첫 번째 필드에 설정할 수 있는 값으로 틀린 것은?

① UUID   ② LABEL
③ 마운트 포인트   ④ 장치 파일명

/etc/fstab 파일의 첫 번째 필드는 보통 장치 식별자(예: 장치 파일명, UUID, LABEL 등)를 설정할 수 있고 두 번째 필드는 마운트 포인트를 설정할 수 있다.

41

다음은 ihduser 사용자의 홈 디렉터리가 차지하고 있는 디스크 용량을 확인하는 과정이다. (㉠) 안에 들어 갈 명령어로 알맞은 것은?

```
# ( ㉠ )
56M    /home/ihduser
```

① df -sh ~ihduser   ② quota ihduser
③ du -sh ~ihduser   ④ df -sh /home/ihduser

du는 특정 사용자의 홈 디렉터리가 차지하는 디스크 사용량을 확인하는 명령어이다. -s 옵션은 총합을 출력하고, -h 옵션은 사람이 읽기 쉬운 단위로 표시한다. ~ihduser는 해당 사용자의 홈 디렉터리를 의미한다.

42

다음 중 fdisk 작업 후에 변경된 파티션 정보를 저장하고 종료하는 명령어로 알맞은 것은?

① n   ② w
③ x   ④ q

w는 변경된 파티션 정보를 실제 디스크에 저장하고 종료하는 명령어이다.

오답 풀이

① n은 새 파티션을 생성한다.
③ x는 전문가 모드로 진입한다.
④ q는 저장하지 않고 종료한다.

43

다음 결과에 해당하는 명령어로 알맞은 것은?

```
[root@www ~]#
/dev/sda1:UUID="971f6cb3-bc3a-4d52-b95c-efa78e4aada2"
TYPE="xfs"
/dev/sda2:UUID="ZrLntQ-Sw3-hUtA-pLsN-Fp31-Q5kvCr"
TYPE="swap"
[root@www ~]#
```

① lsblk   ② blkid
③ fdisk   ④ UUID

blkid는 UUID와 파일 시스템 타입(TYPE)을 함께 출력하는 명령어이다.

오답 풀이

① lsblk는 블록 장치 트리 구조를 보여준다.
③ fdisk는 파티션 편집 도구이다.

정답   39 ②   40 ③   41 ③   42 ②   43 ②

44

다음 결과에 해당하는 명령어로 알맞은 것은?

```
Block grace time: 7days; Inode grace time: 7days
                    Block limits          File limits
User         used   soft hard grace used  soft hard grace

root    --      0      0    0     3     0    0     0
adlin   --     12 102400    0     7     0    0     0
joon2   --     12      0    0     7     0    0     0
```

① quota
② edquota
③ repquota
④ xfs_quota

repquota는 모든 사용자 또는 그룹에 설정된 디스크 사용량 (used), 소프트 한도(soft), 하드 한도(hard), 유예 기간(grace) 등을 출력하는 명령어이다.

오답 풀이

① quota는 사용자별 디스크 쿼터 사용 현황과 블록 및 inode 제한 정보를 출력하는 명령어이다.
② edquota는 쿼터 값을 편집하는 명령어이다.
④ xfs_quota는 XFS 파일 시스템 전용 쿼터 관리 도구이다.

45

다음 중 설정된 umask 값이 0022일 경우 생성되는 파일의 허가권 값으로 알맞은 것은?

① -rw-r—r--
② -rw-rw-r--
③ -rwxr-xr-x
④ -rwxrwxr-x

umask 값이 0022이면 파일의 기본 권한 666에서 그룹과 기타 사용자의 쓰기 권한이 마스크 처리되어 실제 권한은 666 - 022 = 644이다. r(4), w(2), x(1)이므로 소유자는 rw-, 그룹과 기타 사용자는 r-- 권한을 가지게 된다.

46

project 그룹에 속한 사용자들이 /project 디렉터리에서 파일 생성은 자유로우나 삭제는 본인이 생성한 파일만 가능하도록 설정하려고 한다. 또한 파일 생성 시 자동으로 그룹 소유권이 project로 부여되도록 설정하려고 한다. /project 디렉터리의 정보가 다음과 같을 때 관련 명령어로 알맞은 것은?

```
[root@www /]#ls -ld /project
drwr-x---. 2 root project 6 Apr  4 19:32 /project
[root@www /]#
```

① chmod 1770 /project
② chmod 2770 /project
③ chmod 3770 /project
④ chmod 5770 /project

파일 생성은 자유이고 삭제는 본인 파일만 가능한 설정은 Sticky Bit를 통해 구현된다. 파일 생성 시 그룹 소유권이 자동으로 project로 부여하려면 SetGID를 통해 구현된다. 이를 숫자로 지정하려면 Sticky Bit 1, SetGID 2 이므로 1000자리에 3을 부여해야 한다. 권한 설정 대상이 파일이 아닌 디렉터리이므로 소유자와 그룹은 7을 지정해야 하고 기타 사용자의 권한은 부여할 필요가 없다. ls 명령어에서 확인된 기타 사용자의 기존 권한은 0이므로 기존 권한을 그대로 부여해 새로 지정하는 권한은 3770이어야 한다.

47

다음 명령어의 결과로 설정되는 lin.txt 파일의 허가권 값으로 알맞은 것은?

```
[posein@www~] ls -l lin.txt
-rw-rw-r--. 1 posein posein 81 Jun 28 17:09 lin.txt
[posein@www~] chmod g=r lin.txt
```

① ----r-----
② -r--r--r--
③ -rw-r--r--
④ -rw-rw----

chmod g=r은 그룹 권한을 읽기(r--)로 변경하는 명령어이다. 소유자는 기존 rw- 권한을 유지하고, 그룹과 기타 사용자는 r-- 권한을 가지게 된다.

정답

44 ③　45 ①　46 ③　47 ③

48

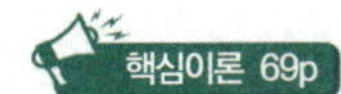

다음 중 파일이나 디렉터리의 소유자를 변경하는 명령어로 알맞은 것은?

① ls　　　　　　② chgrp
③ chown　　　　④ umask

chown은 파일이나 디렉터리의 소유자를 변경하는 명령어이다.

오답 풀이

① ls는 파일이나 디렉터리 목록과 권한 등을 조회한다.
② chgrp는 그룹 소유권 변경한다.
④ umask는 기본 권한 설정에 사용한다.

2과목　리눅스 활용

49

다음 중 클라우드 서비스에서 이용자의 설정이 많은 순서로 나열된 것은?

① SaaS > PaaS > IaaS
② PaaS > SaaS > IaaS
③ IaaS > PaaS > SaaS
④ IaaS > SaaS > PaaS

클라우드 서비스는 IaaS 〉 PaaS 〉 SaaS 순서로 이용자의 설정이 많다.

50

다음 설명에 해당하는 명칭으로 알맞은 것은?

빅데이터 환경에서 데이터 분석 기술을 통해 분석된 데이터의 의미와 가치를 시각적으로 표현할 때 유용한 프로그래밍 언어이다.

① Hadoop　　　　② NoSQL
③ R　　　　　　 ④ Cassandra

R은 통계 분석과 데이터 시각화에 특화되어 있고, 빅데이터 분석 결과를 시각적으로 표현하는 데 유용하다.

51

다음 중 CPU 반가상화를 지원하는 가상화 기술로 알맞은 것은?

① Xen　　　　　② KVM
③ Docker　　　　④ VirtualBox

Xen은 CPU 반가상화를 지원하는 대표적인 가상화 기술로, 게스트 OS가 하이퍼바이저를 인식하고 동작한다.

52

다음 상황에 적합한 클러스터링 기술로 알맞은 것은?

다수의 웹 서버를 운영하는 환경으로 하나의 로드밸런서 시스템을 이용해 부하를 분산한다.

① 고계산용 클러스터　　② 베어울프 클러스터
③ 고가용성 클러스터　　④ HPC 클러스터

고가용성 클러스터는 로드밸런서를 이용해 웹 서버 부하를 분산하는 구조이며, 서비스 연속성과 장애 대응을 목적으로 한다.

53

다음 중 SYN Flooding 공격과 같은 네트워크 상태 정보를 확인하는 명령어로 알맞은 것은?

① ip　　　　　　② arp
③ route　　　　　④ netstat

netstat은 네트워크 연결 상태와 SYN_RECV 상태 등을 확인할 수 있는 명령어로, SYN Flooding 공격 탐지에 활용된다.

정답　　48 ③　49 ③　50 ③　51 ①　52 ③　53 ④

54

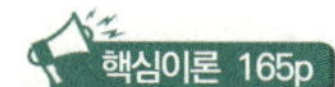

다음 설명에 해당하는 파일명으로 알맞은 것은?

> kait라고 입력하면 ihd.or.kr 도메인이 자동으로 덧
> 붙여지도록 특정 도메인을 등록해서 이름 호출 시 단
> 축하려고 한다. 예를 들면 kait를 호출하면 kait.ihd.
> or.kr로 접속되도록 한다.

① /etc/hosts
② /etc/resolv.conf
③ /etc/sysconfig/network
④ /etc/sysconfig/network-scripts

/etc/resolv.conf 파일은 도메인 검색 접미사를 설정하며, 짧
은 호스트 이름 입력 시 자동으로 도메인이 붙는다.

55

다음 설정을 확인할 수 있는 파일명으로 알맞은 것은?

```
127.0.0.1              localhost
::1                    localhost ip6-localhost ip6-loopback
192.168.5.13           www.ihd.or.kr
```

① /etc/hosts
② /etc/resolv.conf
③ /etc/sysconfig/network
④ /etc/sysconfig/network-scripts

/etc/hosts 파일은 IP 로컬에서 우선적으로 참조되는 이름 해
석 파일로, 주소와 호스트 이름을 직접 매핑한다.

56

다음 중 네트워크 카드에 물리적으로 케이블이 연결되
었는지를 점검할 때 사용하는 명령어로 알맞은 것은?

① ifconfig　　　　② ss
③ netstat　　　　④ mii-tool

mii-tool은 네트워크 카드의 물리적 링크 상태를 확인하는 명
령어로, 케이블 연결 여부 점검에 사용한다.

57

다음 중 시스템에 설정된 게이트웨이 주소값을 확인하
는 명령어로 틀린 것은?

① ip　　　　② route
③ netstat　　　　④ ethtool

ethtool은 네트워크 카드의 하드웨어 설정을 확인하는 명령어
로, 게이트웨이 주소값 확인 기능은 제공하지 않는다.

58

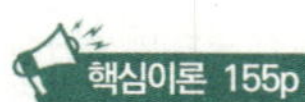

다음 설명과 같은 경우에 사용 가능한 IP 주소의 개수
로 알맞은 것은?

> C 클래스 네트워크 주소 대역 1개를 할당받은 상태
> 이고, 여러 부서가 존재하는 관계로 서브넷 마스크 값
> 은 255.255.255.192로 설정할 예정이다. 또한 인터
> 넷 사용 없이 내부 통신망으로 구축할 예정이다.

① 252　　　　② 250
③ 248　　　　④ 244

서브넷의 값이 255.255.255.192이므로 192를 2진수로 변환
하면 11000000이다. 네트워크는 2자리이고 호스트가 6자리이
다. 네트워크 개수는 $2^2 = 4$이고 호스트 개수는 앞뒤 2개는 예
약되어 있으므로 $2^6 - 2 = 62$이다. 따라서 총 호스트 개수는
$4 \times 62 = 248$이다.

59

IP 주소 및 서브넷 마스크값이 다음과 같을 때 설정되
는 브로드캐스트 주소값으로 알맞은 것은?

```
192.168.5.189/26
```

① 192.168.5.190　　　　② 192.168.5.191
③ 192.168.5.192　　　　④ 192.168.5.193

/26 서브넷의 블록 크기는 64이다. 192.168.5.189는 128 ~
191 범위에 속하며 맨 마지막 주소가 브로드캐스트이다.

## 60

다음 중 로컬 시스템에 있는 파일을 FTP 서버에 업로드하는 경우에 사용하는 명령어로 알맞은 것은?

① get
② put
③ recv
④ hash

put은 FTP에서 로컬 파일을 서버로 업로드할 때 사용하는 명령어이다.

오답 풀이

① get은 서버에서 로컬로 다운로드할 때 사용한다.
③ recv는 서버에 있는 파일을 로컬 컴퓨터로 복사(다운로드)한다.
④ hash는 파일 전송 중 진행률을 시각적으로 표시하는 기능을 켜거나 끈다.

61

다음은 원격지의 IP 주소가 192.168.5.13번인 ssh 서버에 kaitman 계정으로 변경해서 접속하는 과정이다. (㉠) 안에 들어갈 내용으로 알맞은 것은?

```
[ihd@www ~]$ ssh ( ㉠ )
```

① kaitman@192.168.5.13
② -n kaitman 192.168.5.13
③ -p kaitman 192.168.5.13
④ -U kaitman 192.168.5.13

ssh 접속 시 사용자명@IP주소 형식으로 계정을 지정한다.

62

다음은 원격지 텔넷 서버에 계정을 변경해서 접속하는 과정이다. (㉠) 안에 들어갈 옵션으로 알맞은 것은?

```
[ihd@www ~] telnet ( ㉠ ) kaitman 192.168.5.13
```

① -u
② -n
③ -p
④ -l

telnet에서 -l 옵션은 로그인할 사용자 계정을 지정하며, 원격 서버 접속 시 사용자 변경에 사용된다.

63

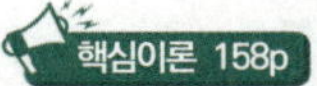

다음 중 메일 서버 간의 메시지 교환에 사용되는 프로토콜로 알맞은 것은?

① SNMP
② SMTP
③ IMAP
④ POP3

SMTP는 메일 서버 간 메일 전송에 사용되는 프로토콜이다.

오답 풀이

① SNMP는 네트워크 관리 시스템과 네트워크 장비 간의 통신을 담당한다.
③④ IMAP, POP3는 메일 수신에 사용된다.

64

다음 설명에 해당하는 인터넷 서비스로 알맞은 것은?

리눅스를 비롯한 유닉스 계열 운영체제와 윈도우 운영체제 간의 자료 및 하드웨어 공유를 지원한다.

① NFS
② SAMBA
③ Gopher
④ FTP

SAMBA는 유닉스 계열 운영체제와 윈도우 운영체제 간 파일 및 프린터 공유를 지원하며, SMB/CIFS 프로토콜을 기반으로 동작한다.

65

다음 중 X 윈도우가 설치되지 않은 환경의 콘솔 창에서 사용할 수 있는 웹 브라우저로 알맞은 것은?

① links
② firefox
③ opera
④ safari

links는 콘솔 환경에서 사용할 수 있는 텍스트 기반 웹 브라우저로, X 윈도우 환경이 필요 없다.

정답

60 ② 61 ① 62 ④ 63 ② 64 ② 65 ①

66

다음 설명에 해당하는 국제기구로 알맞은 것은?

> IP 주소, 인터넷 도메인 이름, 프로토콜의 범주와 포트 할당 등의 업무를 담당한다.

① ICANN
② IEEE
③ TIA
④ ISO

ICANN은 IP 주소, 도메인 이름, 포트 번호 관리 업무를 담당하는 국제기구로, 인터넷 자원을 전반적으로 관리한다.

67

다음 중 IPv4의 C 클래스 네트워크 주소 대역으로 알맞은 것은?

① 191.0.0.0 ~ 223.255.255.255
② 192.0.0.0 ~ 223.255.255.255
③ 191.0.0.0 ~ 224.255.255.255
④ 192.0.0.0 ~ 224.255.255.255

IPv4의 C 클래스 네트워크 주소 범위: 192.0.0.0 ~ 223.255.255.255

68

다음 중 네트워크 프로토콜에 할당된 포트번호를 확인할 수 있는 파일명으로 알맞은 것은?

① /etc/protocol
② /etc/protocols
③ /etc/service
④ /etc/services

/etc/services 파일에는 네트워크 서비스와 포트번호가 정의되어 있어 프로토콜별 포트 확인에 사용한다.

69

다음 중 OSI 7계층 모델의 전송 계층에서 사용되는 프로토콜 데이터 단위로 알맞은 것은?

① Packet
② Segment
③ frame
④ bit

OSI 7계층 모델의 전송 계층에서 사용되는 데이터 단위는 Segment이다. TCP와 UDP가 해당 계층에서 동작한다.

70

다음 설명에 해당하는 네트워크 프로토콜로 알맞은 것은?

> 소프트웨어적으로 할당된 논리 주소인 IP 주소를 실제 물리 주소인 MAC 주소로 변환하는 역할을 수행한다.

① IP
② ICMP
③ ARP
④ UDP

ARP는 IP 주소를 MAC 주소로 변환하는 프로토콜로, 로컬 네트워크에서 주소 해석에 사용된다.

71

다음 그림에 해당하는 네트워크 케이블로 알맞은 것은?

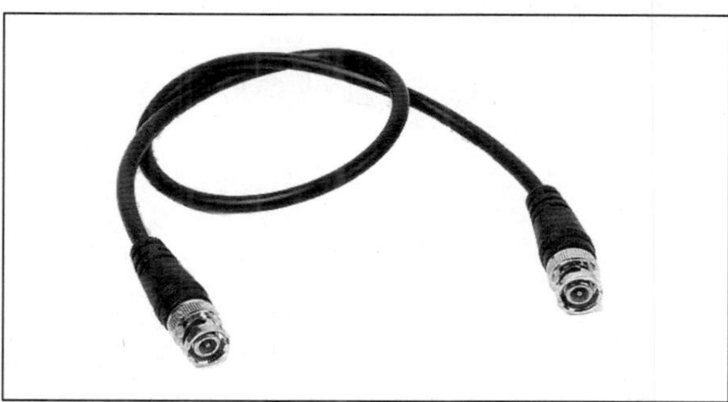

① STP
② UTP
③ BNC
④ 광케이블

BNC는 동축 케이블에 사용되는 커넥터로, 과거 이더넷 네트워크에서 사용되었다.

72

다음 중 인터네트워킹 장비를 OSI 7계층 모델의 하위 계층부터 나열한 순서로 알맞은 것은?

① Router-Bridge-Repeater
② Router-Repeater-Bridge
③ Repeater-Bridge-Router
④ Bridge-Repeater-Router

하위 계층부터 나열하면 Repeater → Bridge → Router 순이다.

인터네트워킹 장비
• Repeater: 물리 계층 장비
• Bridge: 데이터 링크 계층 장비
• Router: 네트워크 계층 장비

73

다음 중 이미지 뷰어 프로그램으로 가장 거리가 먼 것은?

① totem
② ImageMagick
③ Eog
④ Gimp

totem은 동영상 플레이어로 이미지 뷰어와 거리가 멀다.

오답 풀이
② ImageMagick는 비트맵 이미지를 생성, 편집, 구성 또는 변환하는 데 사용되는 강력한 오픈 소스 소프트웨어 도구 모음이다.
③④ Eog, Gimp는 이미지 처리에 사용된다.

74

다음 중 사용자가 X 윈도우 실행을 실행할 경우 관련 키 정보를 저장하는 파일로 알맞은 것은?

① .Xsession
② .Xsetup
③ .Xinitrc
④ .Xauthority

.Xauthority 파일은 X 서버 접속을 위한 인증 키 정보를 저장하며, X 윈도우 실행 시 자동으로 사용된다.

75

다음 중 X 클라이언트를 원격지로 전송하기 위해 변경하는 환경변수로 알맞은 것은?

① VISUAL
② DISPLAY
③ TERM
④ XTERM

원격 X 서버로 응용 프로그램의 디스플레이를 전송하려면 DISPLAY 환경변수를 원격지의 IP 주소나 호스트 이름으로 설정해야 한다.

76

다음 중 X 서버에서 IP 주소가 192.168.12.22번인 X 클라이언트를 허가하는 명령어로 알맞은 것은?

① xhost 192.168.12.22
② xhost * 192.168.12.22
③ xhost - 192.168.12.22
④ xhost add 192.168.12.22

xhost [IP주소] 명령어는 특정 클라이언트의 접속을 허용한다.

77

다음 중 윈도우 매니저 종류로 틀린 것은?

① Metacity
② Enlightenment
③ Window Maker
④ XFce

XFce는 데스크톱 환경이다.

오답 풀이
①②③ Metacity, Enlightenment, Window Maker는 윈도우 매니저이다.

78

핵심이론 126p

다음 중 KDE에 대한 설명으로 틀린 것은?

① Metacity라는 윈도우 매니저를 사용한다.
② 데스크톱 환경의 일종이다.
③ Qt 라이브러리를 기반으로 만들어졌다.
④ 리눅스뿐만 아니라 FreeBSD, Solaris, OS X 등
　도 지원한다.

KDE는 Metacity가 아닌 KWin 윈도우 매니저를 사용하며, Qt
라이브러리를 기반으로 한 데스크톱 환경이다.

79

핵심이론 126p

다음 중 사용자 로그인 및 세션 관리 역할을 수행하는
X 윈도우의 구성요소로 알맞은 것은?

① 디스플레이 매니저　　② 데스크톱 환경
③ 윈도우 매니저　　　　④ 유저 인터페이스

디스플레이 매니저는 사용자 로그인과 세션 관리를 담당하며,
gdm, lightdm 등이 이에 해당한다.

80

핵심이론 125p

다음은 시스템 부팅 시 X 윈도우가 실행되도록 설정하
는 과정이다. (㉠), (㉡) 안에 들어갈 내용으로 알맞
은 것은?

```
# systemctl ( ㉠ ) ( ㉡ )
```

① ㉠ set-default, ㉡ multi-user
② ㉠ set-default, ㉡ graphical
③ ㉠ get-default, ㉡ multi-user.target
④ ㉠ get-default, ㉡ graphical.target

systemctl set-default graphical.target이 부팅 시 X 윈도우
를 실행하도록 설정하는 명령어이다. 그러나 systemctl set-default
graphical도 실제로 실행·설정이 가능하다.

1과목 리눅스 운영 및 관리

01

project 그룹에 속한 사용자들이 /project 디렉터리에서 파일 생성은 자유로우나 삭제는 본인이 생성한 파일만 가능하도록 설정하려고 한다. /project 디렉터리의 정보가 다음과 같을 때 관련 명령어로 알맞은 것은?

```
[root@www /]# ls -ld /project
drwxr-xw--. 2 root project 6 Apr 4 19:32 /project
[root@www /]#
```

① chmod g+s /project
② chmod g+t /project
③ chmod o+s /project
④ chmod o+t /project

/project 디렉터리에서 동일 그룹 사용자들이 파일 생성은 가능하되 삭제는 파일 소유자만 가능하게 하려면 Sticky Bit가 필요하다. g+t는 기술적으로는 가능할 수 있으나, 관례적으로 Sticky Bit는 o+t를 사용하여 설정한다.

02

다음 중 특수 권한을 부여해서 사용하는 경우의 예로 가장 거리가 먼 것은?

① Sticky Bit를 파일에 부여한다.
② SetUID를 실행 파일에 부여한다.
③ SetGID를 실행 파일에 부여한다.
④ SetGID를 디렉터리에 부여한다.

Sticky Bit는 일반적으로 디렉터리에 적용하여 파일 삭제 권한을 제어한다. 파일에 Sticky Bit를 부여하는 경우는 실질적인 의미가 없으며 사용 사례도 드물다.

오답 풀이
②③④ SetUID, SetGID는 실행 파일이나 디렉터리에 실제로 활용된다.

03

다음 중 파일이나 디렉터리의 소유자를 확인하는 명령어로 알맞은 것은?

① ls
② chmod
③ chown
④ umask

ls는 파일이나 디렉터리의 목록을 출력하는 명령어로, -l 옵션을 사용하면 소유자와 그룹 정보를 확인할 수 있다.

오답 풀이
② chmod는 파일이나 디렉터리의 권한을 변경한다.
③ chown은 파일이나 디렉터리의 소유자를 변경한다.
④ umask는 파일이나 디렉터리의 기본 권한 설정에 사용된다.

04

다음 중 생성된 a.txt의 허가권 값으로 알맞은 것은?

```
$ umask
0002
$ touch a.txt
```

① -rw-rw-r--
② -rwxrwxr-x
③ drw-rw-r--
④ drwxrwxr-x

umask 값이 0002이면 파일의 기본 권한 666에서 기타 사용자의 쓰기 권한이 마스크 처리되어 실제 권한은 666 - 002 = 664이다. r(4), w(2), x(1)이므로 소유자와 그룹 사용자는 rw-, 기타 사용자는 r--이다.

정답   01 ④ 02 ① 03 ① 04 ①

05

다음 설명에 해당하는 명령어로 알맞은 것은?

> 사용자나 그룹에 쿼터를 설정할 때 사용하는 명령어
> 로 실행시키면 vi 편집기를 이용해서 관련 값을 지정
> 해야 한다.

① quota
② edquota
③ setquota
④ xfs_quota

edquota는 사용자 또는 그룹의 디스크 쿼터를 설정할 때 사용하는 명령어로, 실행 시 vi를 통해 블록과 inode 제한 값을 직접 편집한다.

오답 풀이

① quota는 쿼터 조회용 명령어이다.
③ setquota는 명령행에서 직접 매개변수를 사용하여 할당량을 즉시 설정하는 명령어이다.
④ xfs_quota는 XFS 파일 시스템 전용 쿼터 관리 도구이다.

06

다음 중 현재 마운트된 디스크의 남아있는 용량을 확인할 때 사용하는 명령어로 알맞은 것은?

① df
② du
③ fdisk
④ mount

df는 파일 시스템 단위로 디스크의 전체 용량, 사용량, 남은 용량을 확인할 때 사용하는 명령어이다.

오답 풀이

② du는 디렉터리나 파일 사용량을 확인하는 명령어이다.
③ fdisk는 하드 디스크 드라이브의 파티션 테이블을 생성하고 조작하는 명령어이다.
④ mount는 특정 장치(예 하드 디스크 파티션, USB 드라이브)에 있는 파일 시스템을 리눅스의 전체 디렉터리 트리 구조에 연결하는 명령어이다.

07

다음 결과에 해당하는 명령어로 알맞은 것은?

```
[posein@www~]$
NAME          MAJ:MIN   RM    SIZE      RO    TYPE  MOUNTPOINTS
sda           8:0       0   223.6G      0    disk
├─sda1        8:1       0    600M       0    part  /boot/efi
├─sda2        8:2       0      1G       0    part  /boot
└─sda3        8:3       0    222G       0    part
  ├─rl-root   253:0     0     70G       0    lvm   /
  ├─rl-swap   253:1     0    7.8G       0    lvm   [SWAP]
  └─rl-home   253:2     0   144.2G      0    lvm   /home
sdb           8:16      0   931.5G      0    disk
└─sdb1        8:17      0   638.5G      0    part
sr0           11:0      1    70.3M      0    rom
[pcsein@www~]$
```

① lsblk
② blkid
③ fdisk
④ df

lsblk는 디스크, 파티션, LVM 구조를 트리 형태로 출력하는 명령어로, 블록 장치 구조를 한눈에 확인할 수 있다.

08

다음 설명에 해당하는 파일명으로 알맞은 것은?

> 파일 시스템에 대한 정보를 담고 있는 파일로 부팅
> 시에 마운트할 파티션 정보가 기록되어 있다.

① /etc/fstab
② /etc/mtab
③ /etc/mounts
④ /etc/partitions

/etc/fstab 파일은 시스템 부팅 시 자동으로 마운트할 파일 시스템 정보를 저장한다.

오답 풀이

②③ /etc/mtab, /etc/mounts는 현재 시스템에 실제로 마운트된 모든 파일 시스템의 목록을 담고 있는 파일이다.
④ /etc/partitions는 커널이 인식하고 있는 모든 디스크 파티션 정보를 담고 있는 가상 파일이다.

05 ② 06 ① 07 ① 08 ①

다음 (㉠) 안에 들어갈 명령어로 알맞은 것은?

```
# ( ㉠ ) –o remount,rw /home
```

① quota
② mount
③ umount
④ fdisk

이미 마운트된 파일 시스템의 옵션을 변경할 때는 mount 명령어와 remount 옵션을 사용한다.

오답 풀이

① quota는 쿼터 조회용 명령어이다.
③ umount는 마운트 해제에 사용되는 명령어이다.
④ fdisk는 하드 디스크 드라이브의 파티션 테이블을 생성하고 조작하는 명령어이다.

10  핵심이론 78p

다음은 /dev/sdb1을 XFS 파일 시스템으로 포맷하는 과정이다. (㉠) 안에 들어갈 명령어로 알맞은 것은?

```
# ( ㉠ ) /dev/sdb1
```

① xfs.mkfs
② mkfs.xfs
③ mke2fs -j xfs
④ mke2fs –t xfs

mkfs.xfs는 XFS 파일 시스템을 생성할 때 사용하는 표준 명령어이다.

오답 풀이

① xfs.mkfs는 사용되지 않는 형태의 명령어이다.
③④ mke2fs는 ext 계열 파일 시스템용이다.

11  핵심이론 82p

다음 설명에 해당하는 셸로 알맞은 것은?

GNU 프로젝트를 위해 개발된 셸로 GNU 운영체제, 리눅스, 맥 OS X 등 다양한 운영체제에서 사용한다.

① bourne shell
② csh
③ dash
④ bash

bash는 GNU 프로젝트에서 개발한 셸로, GNU/Linux, macOS 등 다양한 운영체제에서 기본 셸로 사용되고 있다.

12  핵심이론 83p

다음 (㉠) 안에 들어갈 파일명으로 알맞은 것은?

특정 사용자가 로그인한 후에 사용 가능한 셸의 목록 정보를 확인하려면 (㉠) 파일에서 관련 정보를 얻을 수 있다.

① /etc/passwd
② /etc/shells
③ /etc/bashrc
④ /etc/profile

/etc/shells 파일에는 시스템에서 사용 가능한 로그인 셸 목록이 저장되어 있다. 사용자가 셸을 변경할 때 이 파일을 기준으로 허용 여부를 판단한다.

13  핵심이론 83p

다음 명령어의 결과에 대한 설명으로 가장 알맞은 것은?

```
$ echo $SHELL
```

① 사용자가 로그인 시에 부여받은 셸 정보가 출력된다.
② 사용자가 현재 사용하고 있는 셸 정보가 출력된다.
③ 사용자가 변경할 수 있는 셸 정보가 출력된다.
④ 화면에 어떠한 결과도 출력되지 않는다.

$SHELL 환경변수는 사용자가 로그인할 때 부여받은 기본 셸 정보를 저장한다. 이 값은 /etc/passwd에 기록된 로그인 셸과 동일하며, 사용자가 현재 사용하고 있는 셸 정보는 ps –p $$로 확인할 수 있다.

정답   09 ② 10 ② 11 ④ 12 ② 13 ①

## 14

다음은 ihd 사용자가 다른 셸로 변경하는 과정이다.
(㉠) 안에 들어갈 내용으로 알맞은 것은?

```
[ihd@www ~]$ chsh ( ㉠ ) /bin/csh
```

① -l   ② -u
③ -s   ④ -c

chsh 명령어에서 -s 옵션은 변경할 셸과 그 경로를 지정한다.
사용 가능한 셸은 보통 /etc/shells 파일에 파일등록된 목록을
기준으로 허용된다.

15

다음 중 최근에 실행한 명령어 중에 'al'이라는 문자열을
포함한 명령어를 찾아서 실행하는 명령어로 알맞은 것은?

① !?al   ② !!al
③ !*al   ④ !-al

!?[문자열] 명령어는 히스토리에서 해당 문자열이 포함된 가장
최근 명령어를 찾아 실행한다. !?al은 최근 명령어 중 al이 포함
된 항목을 호출한다.

16

다음 (㉠) 안에 들어갈 파일명으로 알맞은 것은?

사용자가 로그인한 후에 입력한 명령어들은 로그아웃
할 때 사용자의 홈 디렉터리 안에 있는 (㉠) 파일에
서 저장된다.

① bash_profile   ② bash_history
③ .bash_profile   ④ .bash_history

.bash_history 파일은 사용자가 실행한 명령어 이력이 저장되
는 파일로, 로그인/로그아웃 과정이나 셸 설정에 따라 기록·반
영 시점이 달라질 수 있다.

17

ls 명령어에 에일리어스(alias)가 설정된 상태인데 원래
의 ls 명령어를 실행하려고 한다. 다음 중 관련 설명으
로 알맞은 것은?

① ls 명령어 앞에 ! 기호를 덧붙여서 실행한다.
② ls 명령어 앞에 $ 기호를 덧붙여서 실행한다.
③ ls 명령어 앞에 \ 기호를 덧붙여서 실행한다.
④ ls 명령어 앞에 / 기호를 덧붙여서 실행한다.

ls가 alias로 재정의되어 있을 때 \ls처럼 백슬래시를 붙이면
alias를 우회해 원래 명령어를 실행한다.

18

다음 (㉠) 안에 들어갈 내용으로 알맞은 것은?

```
ihd@www ~]$ echo ( ㉠ )
ko_KR.UTF-8
```

① $LANG   ② $TERM
③ $PS1   ④ $TMOUT

$LANG 환경변수는 시스템의 기본 로케일 설정을 저장하며 언
어, 지역, 문자 인코딩 정보를 포함한다. ko_KR.UTF-8은 한국
어 로케일과 UTF-8 문자셋을 의미한다.

19

다음 (㉠) 안에 들어갈 내용으로 알맞은 것은?

사용자가 시스템에 로그인하면 bash라는 프로세스를
할당받고, 명령어를 실행하면 (㉠) 프로세스가 발생
하면서 동작한다.

① exec   ② fork
③ init   ④ systemd

사용자가 명령어를 실행하면 셸(bash)은 fork()를 호출하여 자
식 프로세스를 생성한다. 이후 자식 프로세스에서 exec()를 통
해 실제 명령 프로그램이 실행된다.

     14 ③   15 ①   16 ④   17 ③   18 ①   19 ②

20

다음 중 명령어를 백그라운드 프로세스로 실행하기 위한 방법으로 알맞은 것은?

① 실행 명령어 앞부분에 bg를 덧붙여서 실행한다.
② 실행 명령어 앞부분에 jobs를 덧붙여서 실행한다.
③ 실행 명령어 뒷부분에 &기호를 덧붙여서 실행한다.
④ 실행 명령어 뒷부분에 bg를 덧붙여서 실행한다.

명령어 뒤에 &를 붙이면 프로세스가 백그라운드로 실행되고 jobs로 작업 상태를 확인할 수 있다.

21

다음 (㉠) 안에 들어갈 내용으로 알맞은 것은?

데몬 프로세스를 실행하는 방법 중에서 (㉠) 방식은 보통 부팅 시에 실행되어 해당 프로세스가 메모리에 계속 상주하면서 클라이언트의 서비스 요청을 처리하는 방식이다.

① init
② inetd
③ xinetd
④ standalone

standalone은 데몬이 독립적으로 상주하며 요청을 직접 처리하는 방식이다.

오답 풀이
① init는 커널이 부팅을 마친 후 가장 먼저 실행하는 첫 번째 사용자 공간 프로세스이다.
②③ inetd, xinetd는 슈퍼데몬이 필요할 때만 띄우는 방식이다.

22

다음 명령어의 결과에 대한 설명으로 알맞은 것은?

```
# renice -10 bash7
```

① bash 프로세스의 우선순위를 높인다.
② bash 프로세스의 우선순위를 낮춘다.
③ bash 프로세스의 PRI 값을 -10으로 변경한다.
④ 사용법 오류로 인해 실행되지 않는다.

제시된 명령어 형태는 올바른 사용법이 아니므로 실행 오류가 발생한다. nice, renice는 PID 지정 방식과 옵션 형식이 정해져 있어 정확한 구문을 지켜야 한다.

23

다음 중 포어그라운드 프로세스를 백그라운드 프로세스로 전환하기 위해 사용하는 키 조합으로 알맞은 것은?

① Ctrl+C
② Ctrl+A
③ Ctrl+Z
④ Ctrl+D

Ctrl+Z는 포어그라운드 프로세스를 일시 정지시키고 작업을 중지 상태로 만든다. 이후 bg로 백그라운드 실행, fg로 포어그라운드 복귀가 가능하다.

24

다음 중 kill 명령어를 실행할 때 전달되는 기본 시그널 명칭과 번호의 조합으로 알맞은 것은?

① SIGKILL, 9
② SIGKILL, 15
③ SIGTERM, 9
④ SIGTERM, 15

시그널 번호
• SIGHUP(Hang Up): 1
• SIGINT(인터럽트): 2
• SIGKILL(강제 종료): 9
• SIGTERM(기본 정상 종료): 15
• SIGTSTP(일시 중지): 20

25

cron을 이용해서 해당 스크립트를 매월 1일 오전 4시 2분에 주기적으로 실행하려고 한다. (㉠) 안에 들어갈 내용으로 알맞은 것은?

```
( ㉠ ) /etc/backup.sh
```

① 4 2 * * 1
② 2 4 * * 1
③ 4 2 1 * *
④ 2 4 1 * *

crontab의 5필드는 '분 시 일 월 요일' 순서이다. 매월 1일 오전 4시 2분에 주기적으로 실행하려면 2 4 1 * *로 지정해야 한다.

정답　　20 ③　21 ④　22 ④　23 ③　24 ④　25 ④

26

다음은 프로세스 아이디가 513, 514, 515번인 프로세스를 종료시키는 과정이 (㉠) 안에 들어갈 명령어로 알맞은 것은?

```
# ( ㉠ ) 513 514 515
```

① kill
② pkill
③ killall
④ pgrep

kill [프로세스ID] 명령어로 특정 프로세스를 종료할 수 있다.

오답 풀이
②③ pkill, killall은 이름 기반으로 프로세스를 종료한다.
④ pgrep은 프로세스를 검색한다.

27

다음 결과에 해당하는 명령어로 알맞은 것은?

```
    17:36:36 up  6:21,  3 users,  load average: 0.21, 0.06, 0.02
Tasks: 275 total,   1 running, 274 sleeping,   0 stopped,   0 zombie
%Cpu(s):  0.1 us,  0.0 sy,  0.0 ni, 99.8 id,  0.0 wa,  0.0 hi,  0.0 si,  0.0 st
MiB Mem :   7629.9 total,    5958.2 free,    1160.9 used,    779.1 buff/cache
MiB Swap:   8016.0 total,    8016.0 free,       0.0 used.  6469.0 avail Mem
```

PID	USER	PR	NI	VIRT	RES	SHR	S	%CPU	%MEM	TIME+	COMMAND
5974	ojk	20	0	4705560	199296	110332	S	0.7	2.6	0:16.52	gnome–shell
7701	ojk	20	0	231580	5388	3340	R	0.3	0.1	0:00.11	top
1	root	20	0	49192	41252	10304	S	0.0	0.5	0:02.55	systemd
2	root	20	0	0	0	0	S	0.0	0.0	0:00.01	kthreadd
3	root	20	0	0	0	0	S	0.0	0.0	0:00.00	pool_workq+
4	root	0	-20	0	0	0	I	0.0	0.0	0:00.00	kworker/R–+

① ps
② top
③ jobs
④ pstree

top은 CPU/메모리 사용량과 프로세스 목록이 실시간으로 갱신되어 출력하는 명령어이다. load average, Tasks, %Cpu, Mem/Swap 등의 항목을 대표적으로 확인할 수 있다.

28

다음 설명에 해당하는 명령어로 알맞은 것은?

사용자가 로그아웃하거나 작업 중인 터미널 창이 닫혀도 프로세스를 백그라운드로 계속해서 작업할 수 있도록 해준다.

① bg
② jobs
③ pgrep
④ nohup

nohup은 터미널이 종료되어도 프로세스가 SIGHUP 영향을 받지 않게 실행하는 명령어이다. 보통 nohup [명령어]& 으로 백그라운드 장기 실행에 사용한다.

29

다음 중 vi 편집기를 개발한 인물로 알맞은 것은?

① 빌 조이
② 리처드 스톨만
③ 브람 무레나르
④ 제임스 고슬링

vi는 빌 조이가 개발했다.

오답 풀이
② 리처드 스톨만은 emacs의 개발자이다.
③ 브람 무레나르는 vim의 개발자이다.
④ 라이언 고슬링은 다른 분야의 인물이다.

30

다음 중 기본 사용법이 동일한 편집기의 조합으로 알맞은 것은?

① vi, emacs
② pico, emacs
③ pico, nano
④ vi, pico

pico와 nano는 단축키 기반 인터페이스가 유사해 기본 사용법이 거의 동일하다. nano는 pico 호환을 목표로 한 대표적인 콘솔 편집기이다.

정답
26 ① 27 ② 28 ④ 29 ① 30 ③

31

다음 설명에 해당하는 편집기로 알맞은 것은?

> X 윈도우 환경에서만 사용할 수 있는 편집기로, 윈도우 운영체제의 메모장처럼 손쉽게 사용할 수 있다.

① nano
② gedit
③ vim
④ emacs

gedit은 GNOME 데스크톱 환경에서 사용하는 GUI 텍스트 편집기이다. nano, vim, emacs와 달리 창 기반으로 마우스 조작이 가능하다.

32

다음 중 vi 편집기의 명령 모드에서 바로 직전에 삭제한 줄을 다시 복원하기 위해 실행하는 명령어로 알맞은 것은?

① c
② r
③ u
④ dd

vi의 명령 모드에서 u는 직전 변경을 되돌리는 명령어(undo)이다. 반복 실행 시 여러 단계 되돌리기가 가능하다.

33

다음 중 vi 편집기에서 한 줄이 linux인 경우에만 전부 Linux로 치환하는 명령어로 알맞은 것은?

① :% s/^linux$/Linux/g
② :% s/linux/^Linux$/g
③ :% s/\\<linux\\>/Linux/g
④ :% s/linux/\\<Linux\\>/g

^는 행의 시작, $는 행의 끝을 의미하므로 ^linux$는 한 줄 전체가 linux인 경우에만 매칭된다. 따라서 해당 줄만 Linux로 치환된다.

34

다음 중 vi 편집기에서 행 번호가 표시되도록 하는 ex 모드 환경 설정으로 알맞은 것은?

① set no
② set ai
③ set sm
④ set number

set number 또는 set nu는 vi(ex 모드)에서 행 번호 표시를 켜는 설정이다. 설정 후 화면 왼쪽에 줄 번호가 나타나 편집 위치 파악이 쉬워진다.

35

다음 중 데비안 계열 리눅스에서 사용되는 패키지 관리 도구 모음으로 가장 알맞은 것은?

① YaST, zypper
② YaST, dpkg
③ dpkg, apt-get
④ dnf, zypper

데비안 계열은 dpkg를 로컬 .deb 패키지 설치·조회 도구로 사용하고, apt-get(apt)을 온라인 의존성 설치 도구로 사용한다.

오답 풀이

①②④ YaST, zypper는 수세 계열 도구이고, dnf는 레드햇 계열 도구이다.

36

다음 중 리눅스에서 사용되는 온라인 패키지 관리 도구로 거리가 먼 것은?

① dnf
② dpkg
③ zypper
④ apt-get

dpkg는 로컬 .deb 패키지 설치·조회에 쓰이는 도구로, 온라인 저장소 관리 기능과는 거리가 멀다.

오답 풀이

①③④ dnf, zypper, apt-get는 저장소 기반 온라인 설치 도구이다.

정답   31 ②   32 ③   33 ①   34 ④   35 ③   36 ②

37

다음 중 Makefile 파일이 생성되는 소스 설치 단계로 알맞은 것은?

① configure
② make
③ cmake
④ make install

소스 설치에서 ./configure 단계는 시스템 환경을 점검하고 Makefile을 생성한다. 이후 make로 빌드하고 make install로 설치한다.

38

다음 중 소스 설치 방법으로 cmake를 선택한 프로젝트로 틀린 것은?

① MySQL
② PHP
③ KDE
④ LMMS

PHP는 전통적으로 autotools(configure) 기반 빌드가 일반적이다.

오답 풀이

①③④ MySQL, KDE, LMMS는 cmake 기반 대표 프로젝트이다.

39

다음 중 현재 디렉터리에 있는 C언어 파일만을 source.tar로 묶는 명령어로 알맞은 것은?

① tar rvf *.c source.tar
② tar rvf source.tar *.c
③ tar cvf *.c source.tar
④ tar cvf source.tar *.c

tar cvf source.tar *.c는 현재 디렉터리의 c 파일만을 아카이브로 만든다.

tar 옵션
- -c: 새 아카이브를 생성한다.
- -v: 진행을 자세히 출력한다.
- -f: 파일 이름을 지정한다.

40

다음 중 yum 명령어를 이용해서 nmap 패키지를 설치하는 명령어로 알맞은 것은?

① yum nmap install
② yum install nmap
③ yum -y nmap
④ yum -i nmap

yum 명령어를 사용하여 패키지를 설치할 때는 install 옵션을 사용한다.

41

다음 (㉠) 안에 들어갈 내용으로 알맞은 것은?

```
# rpm ( ㉠ ) /bin/ls
coreutils-8.22-24.el7.x86_64
```

① -qi
② -ql
③ -qa
④ -qf

rpm에서 -qf 옵션은 "이 파일이 어느 패키지에 속하는가"를 질의하며, 파일 경로를 인수로 받아 패키지 소속을 역추적할 때 사용한다.

42

다음은 tar에서 xz 명령어와 관련 있는 압축 옵션으로 알맞은 것은?

① -x
② -z
③ -Z
④ -J

tar 옵션
- -J: xz 방식으로 압축 또는 해제한다.
- -z gzip 방식으로 압축 또는 해제한다.
- -j: bzip2 방식으로 압축 또는 해제한다.

정답 37 ① 38 ② 39 ④ 40 ② 41 ④ 42 ④

43

핵심이론 117p

다음 중 BSD 계열 유닉스에서 사용하는 프린터 관련 명령어로 틀린 것은?

① lp
② lpr
③ lpq
④ lprm

lp는 System V 계열에서 사용하는 명령어이다.

오답 풀이

②③④ BSD 계열 프린터 명령어는 lpr, lpq, lprm이 대표적이다.

44

핵심이론 115p

다음 중 사운드 카드 사용과 관련된 프로그램으로 알맞은 것은?

① ALSA
② CUPS
③ SANE
④ LPRng

ALSA는 사운드 카드를 자동으로 구성하고 다수의 사운드 장치를 관리하는 표준 사운드 서브시스템이다.

오답 풀이

② CUPS는 리눅스와 유닉스 계열에서 사용하는 표준 출력 시스템으로, 프린터 관리와 출력 작업을 통합적으로 처리한다.
③ SANE은 리눅스 및 유닉스 계열에서 스캐너를 제어하기 위한 표준 인터페이스와 도구 모음이다.
④ LPRng는 BSD 계열 유닉스에서 사용하기 위해 개발된 버클리 프린팅 시스템으로, LPD 프로토콜을 기반으로 프린터 스풀링과 네트워크 프린터 서버 기능을 제공한다.

45

핵심이론 119p

다음 중 프린트 작업을 요청하는 명령어로 알맞은 것은?

① cancel
② lpr
③ lpq
④ lpstat

lpr은 프린트 작업을 큐에 등록하여 출력 요청을 한다.(BSD 계열)

오답 풀이

① cancel은 프린트 작업을 취소한다.
③ lpq는 출력 대기열(큐)에 있는 인쇄 작업을 취소한다. (System V 계열)
④ lpstat은 프린터, 클래스, 작업, 서버 상태까지 확인한다. (System V 계열)

46

핵심이론 41p

다음 중 LVM 구성 순서로 알맞은 것은?

가. VG(Volume Group)
나. LV(Logical Volume)
다. PV(Physical Volume)

① 가 → 나 → 다
② 다 → 나 → 가
③ 다 → 가 → 나
④ 가 → 다 → 나

LVM 구성 순서: PV → VG → LV

47

핵심이론 41p

다음 중 LVM에 대한 설명으로 틀린 것은?

① 물리적 디스크 2개를 이용해서 하나의 파티션으로 구성할 수 있다.
② 파티션의 크기를 확장해도 데이터의 손실이 발생하지 않는다.
③ 파티션의 크기를 축소해서 데이터의 손실이 발생하지 않는다.
④ 물리적 디스크 1개를 이용해서 두 개의 파티션을 구성할 수 있다.

LVM의 확장(extend)은 비교적 안전하게 가능하지만, 축소(reduce)는 파일 시스템 처리와 절차가 까다로워 데이터 손실 위험이 있다.

48

핵심이론 43p

다음 중 RAID로 구성된 하드 디스크 중에서 하나의 디스크에 오류가 발생해도 데이터의 손실이 없는 조합으로 알맞은 것은?

① RAID-0, RAID-1
② RAID-0, RAID-5
③ RAID-1, RAID-5
④ RAID-0, RAID-6

RAID-1은 미러링으로 디스크 1개 장애 시에도 데이터가 유지된다. RAID-5는 패리티로 1개 디스크 장애까지 복구가 가능하다.

49

다음은 부팅 모드를 확인하는 과정이다. X 윈도우 모드로 부팅이 될 때 (㉠), (㉡) 안에 들어갈 내용으로 알맞은 것은?

```
# systemctl (  ㉠  )
  (  ㉡  )
```

① ㉠ set-default, ㉡ multi-user.target
② ㉠ set-default, ㉡ graphical.target
③ ㉠ get-default, ㉡ multi-user.target
④ ㉠ get-default, ㉡ graphical.target

systemctl get-default은 현재 시스템의 기본 부팅 타깃을 확인하는 명령어이다. 출력 결과가 graphical.target이면 X 윈도우 기반의 GUI 모드로 부팅되도록 설정된 상태이다.

50

다음 중 X 윈도우 시스템에 할당된 TCP 포트번호로 알맞은 것은?

① 6000
② 8000
③ 8080
④ 8088

X 윈도우는 디스플레이 번호에 따라 6000번대 TCP 포트를 사용한다. 기본 디스플레이가 :0이면 6000, :1이면 6001 형태로 증가한다.

51

다음 설명에 해당하는 라이브러리 명칭으로 알맞은 것은?

X 서버와 대화하는 역할을 수행하는 Xlib을 대체하기 위해 등장한 라이브러리이다.

① XCB
② QT
③ GTK+
④ FLTK

XCB는 X 서버와 직접 통신하는 저수준 라이브러리로, 기존 Xlib의 구조적 한계를 보완하고 대체하기 위해 등장하였다. 비동기 처리와 성능 향상을 목표로 설계되었으며, 현재는 Xlib 내부어서도 활용된다.

52

다음 설명에 해당하는 명칭으로 알맞은 것은?

GNU 프로젝트에서 LGPL을 따르는 GTK+ 라이브러리를 사용해서 만든 공개형 데스크톱 환경이다.

① Qt
② KDE
③ GNOME
④ Xfce

GNOME은 리눅스 데스크톱 환경(DE)으로 GTK+ 라이브러리를 기반으로 개발되었다.

오답 풀이
① Qt는 툴킷이다.
② KDE는 GTK+가 아니고 Qt로 개발되었다.
④ Xfce는 유닉스 운영체제를 위한 가볍고 빠르며 사용하기 쉬운 오픈 소스 데스크톱 환경(DE)이다.

정답   49 ④   50 ①   51 ①   52 ③

53

다음 상황과 관련된 설명으로 알맞은 것은?

> A 시스템에 있는 Firefox 프로그램을 원격지에 있는 B 시스템에 전송해서 실행할 수 있도록 제공하려고 한다.

① A 시스템은 X 서버가 되고, 환경변수인 DISPLAY를 변경한다.
② A 시스템은 X 클라이언트가 되고, xhost 명령어를 사용해서 제어한다.
③ B 시스템은 X 클라이언트가 되고, 환경변수인 DISPLAY를 변경한다.
④ B 시스템은 X 서버가 되고, xhost 명령어를 사용해서 제어한다.

원격 X 환경에서는 화면을 제공하는 시스템이 X 서버가 되고, 프로그램이 실행되는 시스템이 X 클라이언트가 된다. 따라서 B 시스템이 X 서버가 되며, A 시스템의 접속을 허용하기 위해 B 시스템에서 xhost 명령어로 접근 제어를 수행한다.

54

다음 결과에 해당하는 명령어로 알맞은 것은?

```
[root@www ~]#
www/unix:0 MIT-MAGIC-COOKIE-1 299792e424f0d548c992faaaf778f529
#ffff#777777#:0 MIT-MAGIC-COOKIE-1 299792e424f0d548c992aaaf778f529
[root@www ~]#
```

① echo $DISPLAY
② xhost list $DISPLAY
③ xauth list $DISPLAY
④ export DISPLAY

xauth list는 X 서버 접속에 사용되는 MIT-MAGIC- COOKIE 인증 정보를 출력하는 명령어이다. 제시된 결과는 .Xauthority 파일에 저장된 인증 쿠키 목록 형식으로, DISPLAY에 해당하는 인증 정보를 확인할 때 사용된다.

55

다음 그림에 해당하는 프로그램으로 알맞은 것은?

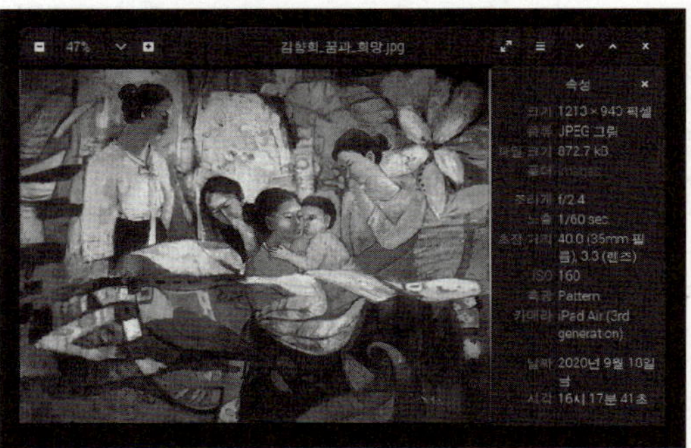

① totem
② ImageMagick
③ Eog
④ Gimp

Eog(Eye of GNOME)는 GNOME 기본 이미지 뷰어 프로그램이다. 사진/이미지 파일을 열어 보기, 간단한 회전/확대 등의 기능을 제공한다.

56

다음 그림에 해당하는 프로그램으로 알맞은 것은?

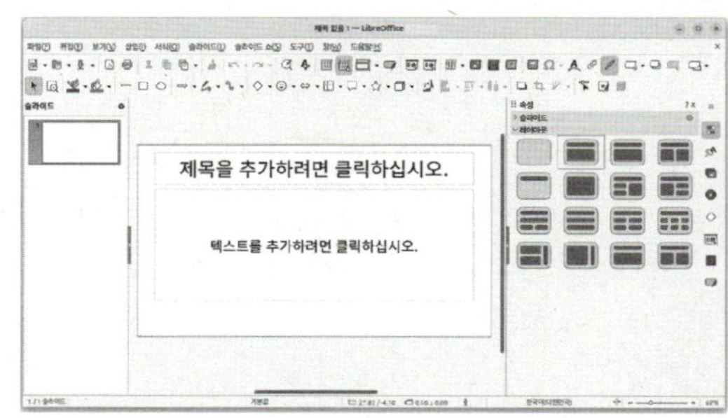

① LibreOffice Draw
② LibreOfiice Writer
③ LibreOffice Calc
④ LibreOffice Impress

LibreOffice Impress는 프레젠테이션(슬라이드) 작성 도구이다.

오답 풀이
① LibreOffice Draw는 드로잉/도형 편집 도구이다.
② LibreOffice Writer는 문서 작성 도구이다.
③ LibreOffice Calc는 스프레드시트 도구이다.

정답 　　53 ④　54 ③　55 ③　56 ④

다음 설명에 해당하는 LAN 구성 방식으로 알맞은 것은?

> 하나의 통신회선에 여러 컴퓨터를 연결해서 전송하는 방법으로 모든 장치는 동등한 조건으로 경쟁한다. 한 번에 한 컴퓨터만 전송할 수 있어서 연결된 컴퓨터의 수에 따라 네트워크의 성능에 영향을 준다.

① 망(Mesh)형
② 링(Ring)형
③ 버스(Bus)형
④ 스타(Star)형

버스형은 하나의 공유된 통신 회선에 여러 컴퓨터를 연결하는 방식이다. 모든 장치가 동일한 조건으로 전송을 경쟁하며, 한 번에 하나의 장치만 전송할 수 있어 노드 수가 증가하면 성능이 저하된다.

58

다음 (㉠) 안에 들어갈 내용으로 알맞은 것은?

> 이더넷은 LAN을 위해 개발된 네트워크 기술로 각각의 기기들이 (㉠) 길이의 고유한 MAC(Media Access Control) 주소를 기반으로 상호간에 데이터를 주고받을 수 있도록 만들었다.

① 32bit
② 48bit
③ 64bit
④ 128bit

이더넷 MAC 주소는 48bit(6byte) 길이이다. 보통 16진수 2자리씩 6묶음(예 aa:bb:cc:dd:ee:ff)으로 표현한다.

59

다음 중 패킷 교환 방식에 대한 설명으로 틀린 것은?

① 패킷별로 우선순위를 부여할 수 있다.
② 회선 교환 방식과 비교해서 지연이 적게 발생한다.
③ 각각의 패킷마다 오버헤드 비트가 존재한다.
④ 고정 대역을 할당하지 않는 관계로 이론상으로는 무제한 수용이 가능하다.

패킷 교환 방식은 공유 자원을 이용하므로 큐잉/혼잡에 따라 지연이 늘 수 있다. 회선 교환 방식은 고정 회선을 점유해 지연이 일정할 수 있다.

60

다음 설명에 해당하는 기술로 알맞은 것은?

> 광섬유 케이블을 이용해서 최대 100Mbps의 속도를 제공하기 위해 등장하였다. 1982년 10월에 미국표준협회의 X3 커미티에서 표준화되었고, 이후에 ISO 규격으로 승인되었다.

① FDDI
② X.25
③ Frame Relay
④ Cell Relay

FDDI는 광섬유 케이블을 사용하여 최대 100Mbps의 속도를 제공하는 LAN 기술이다. 1982년 ANSI X3 위원회에서 표준화되었으며 이후 ISO 표준으로 승인되었다.

61

다음 중 프로토콜 제정기관과 관련 업무의 조합으로 알맞은 것은?

> - 관련 기관
> ㉠ IEEE ㉡ ISO ㉢ EIA
> - 업무
> Ⓐ LAN 관련 표준
> Ⓑ LAN 케이블 관련 표준
> Ⓒ OSI 7계층

① ㉠ - Ⓒ
② ㉡ - Ⓐ
③ ㉠ - Ⓑ
④ ㉢ - Ⓑ

EIA(Electronic Industries Alliance)는 UTP 케이블, 커넥터 등 LAN 케이블 및 배선 규격(TIA/EIA-568)과 같은 물리적 전송 매체 표준을 제정한다.

오답 풀이

㉠ IEEE는 LAN 관련 표준(802.3 Ethernet, 802.11 WLAN)을 제정한다.
㉡ ISO는 OSI 7계층 모델을 제정한다.

정답   57 ③   58 ②   59 ②   60 ①   61 ④

62

핵심이론 147p

다음 설명에 해당하는 OSI 계층으로 알맞은 것은?

> 송신자와 수신자가 사용하는 코드와 문자 등을 번역하여 일관되게 전송하는 데이터를 서로 이해할 수 있는 기능을 제공한다.

① 표현 계층
② 세션 계층
③ 전송 계층
④ 네트워크 계층

표현 계층은 송신자와 수신자 간의 데이터 표현 형식을 일치시키는 역할을 담당한다. 문자 코드 변환, 데이터 압축 및 암호화와 같은 기능을 제공하여 서로 다른 시스템 간에도 데이터를 올바르게 이해할 수 있도록 한다.

63

핵심이론 154p

다음 중 IPv4의 B 클래스 네트워크 주소 대역으로 알맞은 것은?

① 127.0.0.0 ~ 192.255.255.255
② 127.0.0.0 ~ 191.255.255.255
③ 128.0.0.0 ~ 192.255.255.255
④ 128.0.0.0 ~ 191.255.255.255

IPv4 클래스풀에서 B 클래스는 첫 옥텟 범위는 128 ~ 191이다. 따라서 128.0.0.0 ~ 191.255.255.255 까지가 B 클래스 주소 범위이다.

64

다음 중 X 윈도우가 설치되지 않은 환경의 콘솔 창에서 사용할 수 있는 웹 브라우저로 알맞은 것은?

① lynx
② chrome
③ opera
④ safari

lynx는 텍스트 기반 웹 브라우저로, X 윈도우 없이 콘솔에서 사용 가능하다.

65

핵심이론 161p

다음 설명에 해당하는 인터넷 서비스로 알맞은 것은?

> 원격지에 있는 서버에 접속할 수 있는 서비스로 접속할 때 아이디 및 패스워드를 사용한다. 데이터 전송 시에 평문을 사용해서 최근에는 보안상의 이유로 거의 사용되지 않는다.

① SSH
② Telnet
③ Gopher
④ FTP

Telnet은 원격 로그인 서비스이지만 통신이 평문이라 보안에 취약하다. 실무에서는 암호화되는 SSH 사용이 일반적이다.

66

핵심이 157p

다음 (㉠), (㉡) 안에 들어갈 내용으로 알맞은 것은?

> WWW(World Wide Web)는 웹페이지와 다른 웹페이지를 연결하는 (㉠) 방식의 정보검색 시스템이다. 또한 웹 서버의 자원에 접근하기 위해 (㉡)(을)를 사용한다.

① ㉠ HTML, ㉡ URL
② ㉠ HTML, ㉡ 하이퍼텍스트
③ ㉠ 하이퍼텍스트, ㉡ HTML
④ ㉠ 하이퍼텍스트, ㉡ URL

하이퍼텍스트는 문서 내 링크를 통해 다른 자원으로 이동하는 개념이고, 그 연결 대상 식별에 URL이 사용된다.

오답 풀이

①②③ HTML은 하이퍼텍스트를 표현하는 마크업 언어이다.

정답 62 ① 63 ④ 64 ① 65 ② 66 ④

67

다음 중 CentOS 7 시스템을 텔넷 서버로 사용하기 위해 설치해야 하는 패키지명으로 알맞은 것은?

① telnet
② telnet_server
③ telnet-server
④ server-telnet

CentOS 7에서 텔넷 서버 기능은 telnet-server 패키지로 제공된다. telnet은 클라이언트에 해당하며 서버 제공 패키지명과 구분해야 한다.

68

다음은 원격지 SSH 서버에 계정을 변경해서 접속하는 과정이다. (㉠) 안에 들어갈 옵션으로 알맞은 것은?

```
[idh@www ~] ssh ( ㉠ ) kaitman 192.168.5.13
```

① -l
② -n
③ -p
④ -x

ssh에서 -l [사용자] 명령어는 접속 계정을 지정한다. 포트 지정은 -p를 사용하고 포워딩/암호화 관련 옵션은 다른 플래그로 구분된다.

69

다음 중 FTP 서버에 있는 파일을 로컬 시스템으로 가져올 때 사용하는 명령어로 알맞은 것은?

① get
② put
③ send
④ hash

get은 FTP 클라이언트에서 원격 서버의 파일을 로컬로 내려받는 명령어이다.

오답 풀이

②③ put, send는 반대로 로컬 파일을 서버로 업로드한다.
④ hash는 파일 전송 중 진행률을 시각적으로 표시하는 기능을 켜거나 끈다.

70

다음 중 IPv4 네트워크 주소 체계에서 '/16'이 의미하는 서브넷 마스크값으로 알맞은 것은?

① 255.0.0.0
② 255.255.0.0
③ 255.255.255.0
④ 255.255.255.128

/16은 네트워크 비트가 16개라는 의미로 서브넷 마스크값은 255.255.0.0이다. 앞의 두 옥텟이 네트워크를 구성한다.

71

다음 중 게이트웨이 주소 정보를 출력하는 명령어로 알맞은 것은?

① ip gw show
② ip gateway show
③ ip route show
④ ip add show

ip route show는 라우팅 테이블을 출력하며 기본 게이트웨이(default via)를 확인하는 명령어이다. 게이트웨이 주소 확인은 라우팅 테이블 조회가 핵심이다.

72

다음 중 시스템에 장착된 이더넷 카드의 MAC 주소를 확인하는 명령어로 알맞은 것은?

① ip
② route
③ mii-tool
④ ethtool

MAC 주소는 네트워크 인터페이스 정보 출력에서 확인할 수 있으며 ip link가 대표적이다.

오답 풀이

② route는 라우팅 정보를 확인한다.
③④ mii-tool, ethtool은 링크 상태·속도 확인에 가깝다.

정답 67 ③ 68 ① 69 ① 70 ② 71 ③ 72 ①

73

다음 정보를 확인할 수 있는 파일로 알맞은 것은?

```
nameserver 168.126.63.1
```

① /etc/hosts
② /etc/named.conf
③ /etc/resolv.conf
④ /etc/sysconfig/network

/etc/resolv.conf 파일에는 DNS 서버 주소와 검색 도메인이 기록된다. 시스템이 도메인 질의를 할 때 참조하는 기본 설정 파일이다.

74

다음 설명에 해당하는 파일명으로 알맞은 것은?

현재 사용 중인 시스템에 www.ihd.or.kr 이라는 가상의 도메인을 설정해서 다양한 네트워크 실습을 진행하려고 한다.

① /etc/hosts
② /etc/resolv.conf
③ /etc/sysconfig/network
④ /etc/sysconfig/network-scripts

/etc/hosts 파일은 로컬에서 IP-호스트명 매핑을 수동으로 정의한다. DNS 조회보다 우선 적용될 수 있어 테스트나 고정 매핑에 활용된다.

75

다음 중 SYN Flooding 공격과 같은 네트워크 상태 정보를 확인하는 명령어로 알맞은 것은?

① ip
② ss
③ arp
④ ethtool

ss는 소켓 통계 도구로 연결 상태(⑩ TCP 상태, LISTEN, SYN-RECV 등)를 빠르게 확인하는 명령어이다. SYN Flooding 의심 시 SYN 대기 상태를 보는 데 유용하다.

76

다음 조건일 때 설정되는 게이트웨이 주소 값으로 가장 알맞은 것은?

IP 주소: 192.168.5.66
서브넷 마스크: 255.255.255.192

① 192.168.5.126
② 192.168.5.127
③ 192.168.5.128
④ 192.168.5.129

서브넷의 값이 255.255.255.192이므로 192를 2진수로 변환하면 11000000이다. 네트워크는 2자리이고 호스트가 6자리이다. 네트워크 개수는 $2^2 = 4$, 즉 4개로 분할하였다는 것을 알 수 있다. 가능한 개수가 256이므로 $\frac{256}{4} = 64$, 즉, 64개 단위(0, 64, 128, 192)로 나뉘어진다. IP 주소가 192.168.5.66이므로 64 ~ 127까지의 구간을 가지고, 이 중 64와 127은 예약된 주소라 제외하면 실제 사용 가능한 것은 65 ~ 126이다. 보통 맨 앞의 주소나 맨 뒤의 주소를 게이트웨이 주소로 설정하므로 192.168.5.65 또는 192.168.5.126이다.

77

다음 그림에 해당하는 기술로 가장 알맞은 것은?

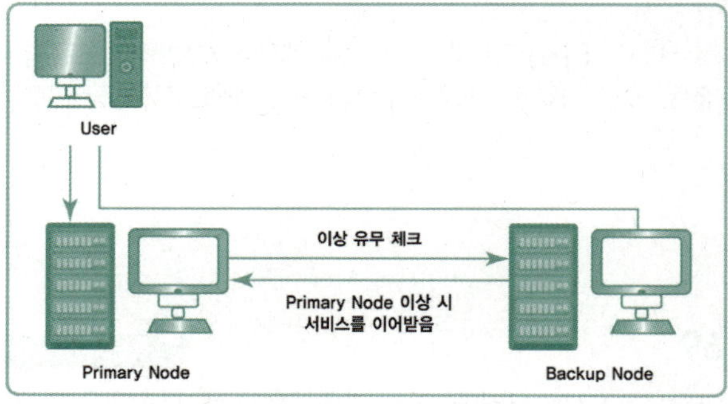

① 임베디드 시스템
② 베어울프 클러스터
③ 고가용성 클러스터
④ 부하분산 클러스터

고가용성 클러스터는 Primary Node에 장애가 발생하면 Backup Node가 서비스를 자동으로 이어받아 중단 없이 서비스를 제공하는 구조이다. 장애 감지를 위한 이상 유무 체크와 서비스 인계(Failover)가 특징이다.

78

핵심이론 178p

다음 설명에 해당하는 가상화 기술로 알맞은 것은?

2005년에 설립된 Qumranet에서 개발된 하이퍼바이 저로, x86 시스템을 기반으로 CPU 전가상화 방식을 사용한다. 현재는 레드햇사 주도로 개발되고 있다.

① Xen
② KVM
③ Docker
④ VirtualBox

KVM은 리눅스 커널 모듈 기반의 하이퍼바이저 가상화 기술이다.

오답 풀이
① Xen은 다른 하이퍼바이저 기술이다.
③ Docker는 컨테이너 생성·실행 도구이다.
④ VirtualBox는 호스트 기반 가상화 소프트웨어이다.

79

핵심이론 179p

다음 설명에 해당하는 프로그램으로 알맞은 것은?

소스가 공개된 컨테이너 관리 프로그램으로 컨테이너 화된 애플리케이션의 배포, 확장, 관리를 자동화해준 다. 현재 이 프로젝트는 CNCF(Cloud Native Computing Foundation)에서 개발되고 있다.

① Docker
② OpenStack
③ Kubernetes
④ Ansible

Kubernetes는 컨테이너의 배포 · 확장 · 관리(오케스트레이션) 를 담당한다. 여러 노드에 걸친 컨테이너 운영을 자동화하는 플 랫폼이다.

80

핵심이론 182p

다음 설명에 해당하는 프로그램으로 가장 알맞은 것은?

빅데이터 인프라 구축과 관련된 프로그램으로 파일시 스템 구축에 사용한다.

① Hadoop
② NoSQL
③ R
④ Cassandra

Hadoop은 분산 저장(HDFS)과 분산 처리( MapReduce 등) 를 기반으로 대용량 데이터를 처리하는 프레임워크이다.

오답 풀이
② NoSQL은 비관계형 데이터베이스이다.
③ R은 통계 프로그램 언어이다.
④ Cassandra는 NoSQL 데이터베이스의 일종이다.

1과목 리눅스 운영 및 관리

01

다음 설명의 상황에 설정해야 하는 작업으로 가장 알맞은 것은?

> 회사의 공유 디렉터리로 이용 중인 project에서 누구나 생성은 가능하나 삭제할 때는 본인 소유의 파일만 가능하도록 설정하려고 한다.

① project 디렉터리에 부여된 w 권한을 제거한다.
② project 디렉터리에 SetUID를 부여한다.
③ project 디렉터리에 SetGID를 부여한다.
④ project 디렉터리에 Sticky Bit를 부여한다.

> Sticky Bit는 공유 디렉터리에서 누구나 파일을 생성할 수 있지만, 삭제는 소유자만 할 수 있도록 한다.

02

다음 (㉠) 안에 들어갈 내용으로 알맞은 것은?

```
[ihd@www ~]$ ls
[ihd@www ~]$ ls touch lin.txt
[ihd@www ~]$ ls -l lin.txt
-rw-rw-r-- 1 ihd ihd 0 Jan 18 9:42 lin.txt
[ihd@www ~]$ umask
( ㉠ )
```

① 0002
② 0022
③ 0222
④ 0664

> touch lin.txt로 생성된 파일의 권한은 -rw-rw-r-- (664)이다. 이는 파일의 기본 권한 666에서 umask 값이 차감된 결과이다. 666 − 002 = 664이므로 umask 값은 0002이다.

03

다음 중 특수 권한이 설정된 파일이나 디렉터리로 알맞은 것은?

① /etc
② /etc/shadow
③ /etc/passwd
④ /usr/bin/passwd

> /usr/bin/passwd 파일은 일반 사용자가 SetUID 권한으로 root 권한을 일시적으로 상속받아 비밀번호를 변경할 수 있게 한다.

04

다음 (㉠) 안에 들어갈 명령어로 알맞은 것은?

```
[ihduser@ihd ~]$ ( ㉠ ) g+r lin.txt
```

① chmod
② chown
③ chgrp
④ umask

> g+r는 그룹(group)에 읽기 권한(read)을 추가하라는 의미로, 이와 같이 기존 파일의 권한을 변경할 때 사용하는 명령어는 chmod이다.
>
> 오답 풀이
> ② chown은 소유자를 변경하는 명령어이다.
> ③ chgrp는 그룹을 변경하는 명령어이다.
> ④ umask는 이미 존재하는 파일(lin.txt)의 권한을 변경할 수는 없다.

정답 01 ④ 02 ① 03 ④ 04 ①

다음은 ihduser 사용자에 대한 디스크 쿼터를 설정하는 과정이다. (㉠) 안에 들어갈 명령어로 알맞은 것은?

```
# ( ㉠ ) -x -c 'limit bsoft=100m bhard=100m ihduser' /home
```

① quota
② edquota
③ setquota
④ xfs_quota

> xfs_quota는 XFS 파일 시스템 전용 쿼터 관리 명령어로 -x -c 옵션과 문자열 기반 서브커맨드(limit …) 형식을 사용한다.

06

다음 중 fdisk 실행 상태에서 변경된 파티션 정보를 저장하지 않고 종료하는 명령어로 알맞은 것은?

① w
② q
③ t
④ x

> q는 변경된 파티션 정보를 저장하지 않고 종료하는 명령어이다.
>
> **오답 풀이**
> ① w는 저장 후 종료하는 명령어이다.
> ③ t는 파티션의 시스템 ID(파일 시스템 유형 고유 번호)를 변경하는 명령어이다.
> ④ x는 고급 설정을 다루는 전문가 모드로 진입하는 명령어이다.

07

다음은 ihduser 사용자의 디스크 사용량을 확인하는 과정이다. (㉠) 안에 들어갈 명령어로 알맞은 것은?

```
[root@www ~]# ( ㉠ ) 20M   /home/ihduser
```

① df -sh ~ihduser
② du -sh ~ihduser
③ mount
④ fdisk -l

> du는 특정 사용자의 홈 디렉터리가 차지하는 디스크 사용량을 확인하는 명령어이다. -s 옵션은 총합을 출력하고, -h 옵션은 사람이 읽기 쉬운 단위로 표시한다. ~ihduser는 해당 사용자의 홈 디렉터리를 의미한다.

08

다음 중 파일 시스템이 ext4인 /dev/sdb1 파티션을 /data 디렉터리로 마운트하는 명령어로 알맞은 것은?

① mount -o ext4 /data /dev/sdb1
② mount -o ext4 /dev/sdb1 /data
③ mount -t ext4 /data /dev/sdb1
④ mount -t ext4 /dev/sdb1 /data

> 파일 시스템 유형을 지정하여 마운트할 때는 -t 옵션을 사용하며, 형식은 mount -t [파일시스템] [장치] [마운트포인트]이다.

09

다음 (㉠), (㉡) 안에 들어갈 내용으로 알맞은 것은?

> 파일 시스템의 종류에 따라 파일 점검 명령어를 다르게 사용해야 한다. ext4의 경우에는 (㉠) 명령어를 사용하고, xfs의 경우에는 (㉡) 명령어를 사용한다.

① ㉠ fsck, ㉡ e2fsck
② ㉠ e2fsck, ㉡ fsck
③ ㉠ fsck, ㉡ xfs_repair
④ ㉠ fsck_repair, ㉡ xfs_repair

> ext2, ext3, ext4 파일 시스템은 fsck 명령어를 사용하며, 내부적으로 ext 계열 전용 도구인 e2fsck가 실행된다. xfs 파일 시스템은 fsck 명령어로 점검되지 않으며, 전용 복구 명령어인 xfs_repair를 사용한다.

10

다음 중 /etc/fstab 파일에서 마운트될 때의 옵션을 지정하는 필드는 몇 번째인가?

① 1
② 2
③ 3
④ 4

> /etc/fstab 파일은 총 6개의 필드로 구성되어 있으며, 네 번째 필드에 마운트 시 적용될 옵션을 지정한다.

정답   05 ④   06 ②   07 ②   08 ④   09 ③   10 ④

11

다음 설명에 해당하는 셸로 알맞은 것은?

> 1978년에 버클리 대학의 빌 조이가 개발한 셸로 히스토리 기능, alias 기능, 작업 제어 등의 유용한 기능을 포함하였다.

① bourne shell   ② csh
③ dash   ④ bash

C Shell(csh)은 1978년 버클리 대학의 빌 조이가 개발했고, 히스토리, alias, 작업 제어 기능으로 유명하다.

12

다음 중 사용자가 시스템에 로그인한 후에 이용 중인 셸을 확인하는 명령어로 알맞은 것은?

① ps   ② chsh
③ login   ④ shells

ps -p $$는 사용자가 로그인한 후 현재 이용 중인 셸을 확인하는 명령어이다. echo $SHELL 환경변수를 통해서도 확인할 수 있다.

13

다음 중 사용자가 이용할 수 있는 셸 정보가 기록된 파일명으로 알맞은 것은?

① /etc/shells   ② /etc/passwd
③ ~/.bashrc   ④ ~/.bash_profile

/etc/shells 파일에는 시스템에서 사용 가능한 셸 목록이 저장되어 있다. chsh 명령어는 이 파일을 기준으로 셸 변경 가능 여부를 판단한다.

14

다음 중 사용자가 다른 셸로 변경할 때 실행하는 명령어로 알맞은 것은?

① chsh -n /bin/csh
② chsh -s /bin/csh
③ chsh -u /bin/csh
④ chsh -l /bin/csh

chsh 명령어의 -s 옵션은 사용자의 기본 로그인 셸을 변경할 때 사용하며, 변경 후에는 다시 로그인해야 적용된다.

15

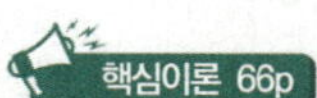

다음 중 명령행을 연장할 때 나타나는 프롬프트를 변경할 때 사용하는 환경변수로 알맞은 것은?

```
[posein@www ~]$ cp linuxmaster_seclass.txt \
>
```

① PS   ② PS1
③ PS2   ④ PROMPT

PS2 환경변수는 명령어를 여러 줄로 나누어 입력할 때 표시되는 보조 프롬프트를 지정한다. 명령행 연장 시 나타나는 〉 기호가 이에 해당한다.

16

다음 중 시스템 전체 사용자에게 적용되는 alias 및 함수를 설정할 때 사용하는 파일로 가장 알맞은 것은?

① /etc/bashrc   ② /etc/profile
③ ~/.bashrc   ④ ~/.bash_profile

/etc/bashrc 파일은 시스템 전체 사용자에게 공통으로 적용되는 alias와 함수를 설정한다. 로그인 여부와 관계없이 bash 실행 시 적용된다.

정답   11 ②   12 ①   13 ①   14 ②   15 ③   16 ①

17

다음 명령어의 결과로 알맞은 것은?

```
[ihduser$www ~]$ !!
```

① 'command not found'라는 오류 메시지를 출력한다.
② 히스토리에 저장된 명령어 목록을 출력한다.
③ 가장 마지막에 실행한 명령어를 재실행한다.
④ 로그인한 후에 가장 처음 실행한 명령어를 재실행한다.

!!는 가장 최근에 실행한 명령어를 그대로 다시 실행하는 명령어로, 반복 작업 시 효율성을 높이는 히스토리 기능이다.

18

다음 중 (㉠) 안에 들어갈 명령어의 결과로 알맞은 것은?

```
[ihduser@ihd ~]$ user=kaitman
[ihduser@ihd ~]$ echo $USER
( ㉠ )
```

① 아무것도 출력되지 않는다.
② $user
③ ihduser
④ kaitman

$USER 환경변수에는 사용자 계정명이 저장된다. 프롬프트에서 현재 사용자가 ihduser이므로 $USER에는 ihduser가 들어 있다. 따라서 echo $USER를 실행하면 USER 환경변수 값이 출력되어 결과는 ihduser이다. 반면 echo $user는 user에 kaitman이 저장되어 있으므로 kaitman이 출력된다.

19

다음 (㉠), (㉡) 안에 들어갈 내용으로 알맞은 것은?

CentOS 7 리눅스에서는 부팅을 시작하면 커널이 systemd라는 프로세스를 발생시키고 PID 번호 값은 (㉠)(을)를 부여한다. 이후 시스템 운영에 필요한 데몬을 비롯한 다른 서비스들은 (㉡) 방식으로 systemd 프로세스의 자식 프로세스로 생성한다.

① ㉠ 0, ㉡ fork   ② ㉠ 0, ㉡ exec
③ ㉠ 1, ㉡ fork   ④ ㉠ 1, ㉡ exec

systemd 프로세스 PID 번호는 1이고 새로운 프로세스는 fork() 시스템 호출을 통해 생성된다. 컴퓨터는 일반적으로 0으로 시작하므로 systemd PID 번호를 0으로 착각하기 쉬워 주의해야 한다.

20

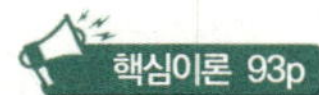

다음 중 시그널에 부여된 번호값을 확인하는 방법으로 알맞은 것은?

① signal 명령어를 사용해서 확인한다.
② kill 명령어를 사용해서 확인한다.
③ ps 명령어를 사용해서 확인한다.
④ exec 명령어를 사용해서 확인한다.

kill -l는 시스템에서 정의된 시그널 목록과 번호를 확인하는 명령어이다. 시그널 번호 확인에 가장 일반적으로 사용된다.

정답   17 ③   18 ③   19 ③   20 ②

21

다음 설명에 해당하는 명칭으로 알맞은 것은?

> 애플이 개발한 공개 소프트웨어 프린팅 시스템으로 유닉스 운영체제의 시스템을 프린터 서버로 사용할 수 있다.

① OSS
② ALSA
③ CUPS
④ LPRng

CUPS는 리눅스와 유닉스 계열에서 사용하는 표준 출력 시스템으로, 프린터 관리와 출력 작업을 통합적으로 처리한다.

오답 풀이

① OSS는 유닉스 계열에서 사운드를 만들고 캡처하는 인터페이스로, 초기에는 프리웨어 성격이었으나 라이선스 이슈로 사유화 논란이 있었다.
② ALSA는 사운드 카드를 자동으로 구성하고 다수의 사운드 장치를 관리하는 표준 사운드 서브시스템이다.
④ LPRng는 BSD 계열 유닉스에서 사용하기 위해 개발된 버클리 프린팅 시스템으로, LPD 프로토콜을 기반으로 프린터 스풀링과 네트워크 프린터 서버 기능을 제공한다.

22

다음 (㉠) 안에 들어갈 내용으로 알맞은 것은?

> 데몬 프로세스를 실행하는 방법 중에 (㉠) 방식은 단독 데몬 방식이라고 부르는데, 데몬이 독자적으로 메모리에 상주 및 제거되는 형태이다.

① init
② inetd
③ xinetd
④ standalone

standalone은 서비스가 독립적인 데몬 프로세스로 실행되어 항상 메모리에 상주하면서 요청을 처리하는 방식이다. inetd나 xinetd와 같은 슈퍼 데몬 방식과 달리, 요청이 있을 때마다 프로세스를 생성하지 않으므로 응답 속도가 빠르다. 주로 빈번하게 사용되는 서비스에 적합하다.

23

다음 설명에 해당하는 명칭으로 가장 알맞은 것은?

> rlogin, rsh 등과 같이 자주 사용되지 않는 서비스들의 포트를 리슨(Listen)하고 있으면서, 요청이 들어오면 서버 프로그램을 실행해서 연결을 처리해준다.

① inetd
② daemon
③ init
④ systemd

inetd는 자원 절약을 목적으로 사용하는 슈퍼 데몬으로, 자주 사용되지 않는 서비스들의 포트를 리슨(Listen)하고 있으면서, 요청이 들어오면 서버 프로그램을 실행해서 연결을 처리한다. rlogin, rsh, telnet 등 자주 사용되지 않는 서비스를 처리한다.

오답 풀이

② daemon은 사용자와 직접 상호작용하지 않고 메모리에 상주하면서 백그라운드에서 지속적으로 실행되는 프로세스이다.
③ init은 커널이 부팅을 마친 후 가장 먼저 실행하는 첫 번째 사용자 공간 프로세스이다.
④ systemd는 메모리에 상주하면서 서비스를 처리한다.

24

다음 중 백그라운드로 실행 중인 데몬을 확인하는 방법으로 알맞은 것은?

① jobs 명령어를 사용해서 확인한다.
② fg 명령어를 사용해서 확인한다.
③ bg 명령어를 사용해서 확인한다.
④ ps 명령어를 사용해서 확인한다.

ps는 현재 시스템에서 실행 중인 모든 프로세스를 확인할 수 있는 명령어이다.

오답 풀이

①②③ jobs, fg, bg는 현재 셸에서 실행한 작업만을 대상으로 한다.

정답 21 ③ 22 ④ 23 ① 24 ④

25

cron을 이용해서 해당 스크립트를 10분 주기로 실행하려고 한다. (㉠) 안에 들어갈 내용으로 알맞은 것은?

```
( ㉠ ) /etc/backup.sh
```

① 0-59/10 * * * * ② * 0-59/10 * * *
③ * * */10 * * ④ * * * */10 *

crontab의 5필드는 '분 시 일 월 요일' 순서이다. 10분씩 주기적으로 실행하려면 분 필드에 0-59/10 또는 */10을 지정해야 한다.

26

프로세스 아이디(PID)가 1222인 bash 프로세스의 우선순위(NI 값)가 0이다. 다음 중 이 프로세스의 NI값을 10으로 우선순위를 변경하는 명령어로 알맞은 것은?

① renice 10 1222 ② renice -10 1222
③ renice 10 bash ④ renice -10 bash

renice [변경할NI값] [PID] 명령어로 실행 중인 프로세스의 우선순위(NI 값)을 변경한다.

27

다음은 실행 중인 vsftpd 프로세스를 종료시키는 과정이다. (㉠) 안에 들어갈 명령어로 알맞은 것은?

```
# ( ㉠ ) vsftpd
```

① kill ② killall
③ fuser ④ pidof

killall은 프로세스 이름을 기준으로 해당 이름을 가진 모든 프로세스에 시그널을 전달하는 명령어이다. vsftpd와 같이 동일한 이름의 프로세스가 여러 개 실행 중일 때, 한 번의 명령어로 모두 종료할 수 있어 편리하다.

28

다음 중 프로세스 우선순위를 변경할 때 사용하는 NI 값의 범위로 알맞은 것은?

① -20 ~ 20 ② -20 ~ 19
③ -19 ~ 19 ④ -19 ~ 20

NI 값의 범위는 -20 ~ 19까지이다. 값이 작을수록 우선순위가 높고, 값이 클수록 우선순위가 낮다. 일반 사용자는 NI 값을 증가시키는 작업만 가능하며, 감소시키는 작업은 관리자 권한이 필요하다.

29

다음 중 GNU 프로젝트에 의해 관리되는 편집기로 알맞은 것은?

① pico ② nano
③ vim ④ kwrite

nano는 GNU 프로젝트에서 관리되는 텍스트 편집기이다. 조작 방법이 화면 하단에 표시되어 있어 초보자도 쉽게 사용할 수 있으며, pico 편집기의 자유 소프트웨어 대체품으로 개발되었다.

30

다음 중 vim 편집기의 개발자로 알맞은 것은?

① 빌 조이 ② 브람 무레나르
③ 리처드 스톨만 ④ 제임스 고슬링

vim은 vi를 확장하여 개발된 편집기로, 브람 무레나르가 개발하였다.

정답 25 ① 26 ① 27 ② 28 ② 29 ② 30 ②

31

다음 그림에 해당하는 편집기로 알맞은 것은?

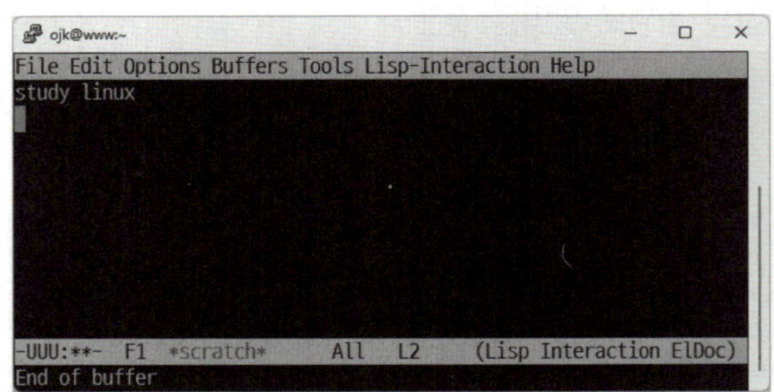

① pico
② nano
③ emacs
④ gedit

emacs는 키 조합 중심의 명령 체계를 가지며, 텍스트 편집뿐 아니라 메일, 셸, 프로그래밍 환경까지 통합적으로 제공하는 확장성이 뛰어난 편집기이다.

32

다음 중 vi 편집기에서 편집 중인 문서 파일의 마지막 줄로 이동하기 위한 명령어로 알맞은 것은?

① :^
② :+
③ :$
④ ZZ

:$는 현재 문서의 마지막 줄로 이동하는 명령어이다.

오답 풀이

① :^는 현재 행을 기준으로 윗행으로 이동한다.
② :+는 현재 행을 기준으로 아랫행으로 이동한다.
④ ZZ는 저장하고 종료한다.

33

다음 중 vi 편집기에서 단어의 시작이 linux 인 경우에만 전부 Linux로 치환하는 명령어로 알맞은 것은?

① :% s/^linux/Linux/g
② :% s/\\〈linux/Linux/g
③ :% s/Linux/^linux/g
④ :% s/Linux/\\〈linux/g

\\〈는 단어의 시작을 의미하는 정규 표현식으로, 이 패턴을 사용하면 linux로 시작하는 단어만 선택적으로 Linux로 치환할 수 있다.

34

다음 중 vi 편집기에서 환경 설정한 내용을 계속해서 사용하기 위해 등록하는 파일명으로 알맞은 것은?

① .virc
② .exrc
③ dd
④ s

.exrc 파일은 vi 편집기의 환경 설정을 저장한다.

35

다음 중 리눅스에서 사용되는 온라인 패키지 관리도구로 거리가 먼 것은?

① YaST
② apt-get
③ dnf
④ zypper

YaST는 수세(SUSE/openSUSE) 계열의 설치 및 구성 도구이다.

오답 풀이

②③④ apt-get, dnf, zypper는 데비안, 레드햇, 수세 계열에서 사용되는 온라인 패키지 관리 도구이다.

36

다음 설명에 해당하는 패키지 관리 도구로 알맞은 것은?

> 데비안 리눅스에서 다운로드 받은 rpm 파일을 deb 파일로 변환하려고 한다.

① alien
② dselect
③ dnf
④ apt-get

alien은 데비안(.deb) 패키지와 레드햇(.rpm) 패키지 간 상호 변환을 지원하는 패키지 관리 도구이다.

정답   31 ③   32 ③   33 ②   34 ②   35 ①   36 ①

37

다음은 데비안 리눅스에서 패키지를 제거하는 과정이다.
(㉠) 안에 들어갈 옵션으로 알맞은 것은?

```
# dpkg  ( ㉠ )  cron
```

① -e
② -E
③ -r
④ -d

데비안 리눅스에서 dpkg 명령어를 사용하여 패키지를 시스템에서 제거할 때는 -r(remove) 옵션을 사용한다.

38

다음은 소스 파일로 프로그램을 설치하는 과정으로 관련 디렉터리는 PATH에 등록해서 작업 중이다. (㉠) 안에 들어갈 명령어로 알맞은 것은?

```
# ( ㉠ ) --prefix=/usr/local/apache
```

① make
② cmake
③ configure
④ make install

소스 파일로 프로그램을 설치하는 일반적인 과정은 ./configure → make → make install 순서이며, 이 중 의존성 및 환경 설정을 담당하는 명령어는 configure이다.

39

다음은 묶인 파일인 text.tar를 해제하는 과정이다. (㉠) 안에 들어갈 내용으로 알맞은 것은?

```
#  tar  ( ㉠ )  text.tar
```

① cvf
② xvf
③ tvf
④ rvf

-xvf 옵션은 tar로 묶인 파일(.tar)을 해제(압축 해제 아님)할 때 사용한다.

tar 옵션
- -x: 아카이브에서 파일을 추출한다.
- -v: 처리 과정을 자세히 출력한다.
- -f: 파일 이름을 지정한다.

40

다음은 tar에서 지원하는 압축 관련 옵션에 대한 설명이다. (㉠), (㉡) 안에 들어갈 내용으로 알맞은 것은?

tar 명령어는 GNU 프로젝트에 의해 개조되어 압축 관련 옵션을 지원한다. gzip은 (㉠) 옵션을 사용하고, bzip2는 (㉡) 옵션을 사용한다.

① ㉠ -g, ㉡ -b
② ㉠ -j, ㉡ -z
③ ㉠ -j, ㉡ -b
④ ㉠ -z, ㉡ -j

tar 옵션
- -j: bzip2 방식으로 압축 또는 해제한다.
- -z: gzip 방식으로 압축 또는 해제한다.

41

다음 중 rpm 명령어의 설치 관련 옵션으로 가장 거리가 먼 것은?

① -i
② -U
③ -F
④ -f

rpm 옵션
- -i: 새로운 패키지를 설치한다.
- -U: 기존 패키지를 업데이트 또는 새로 설치한다.
- -F: 이미 설치된 패키지만 업데이트한다.
- -f: 파일이 속한 패키지를 질의한다.

42

다음 중 미설치된 sendmail 패키지에 대한 자세한 정보를 확인하는 명령어로 알맞은 것은?

① rpm -qi sendmail
② yum -qi sendmail
③ yum list sendmail
④ yum info sendmail

yum info는 패키지의 설치 여부와 관계없이 상세 정보를 출력하는 명령어이다. 미설치 패키지의 설명, 버전, 저장소 정보를 확인할 수 있다.

정답   37 ③   38 ③   39 ②   40 ④   41 ④   42 ④

43

다음 설명에 해당하는 시그널 번호로 알맞은 것은?

> 강제로 사용자 로그아웃 시키는 작업과 같이, 기본종료 시그널로 불가능할 경우에 이용하는 강제종료 시그널이다.

① 1
② 9
③ 15
④ 20

시그널 번호 9는 SIGKILL에 해당한다. SIGKILL은 운영체제가 프로세스를 즉시 종료시키는 강제 종료 시그널로, 프로세스가 이를 처리하거나 무시할 수 없다. 일반적인 종료에는 사용하지 않으며, 다른 시그널로 종료되지 않을 때 최후의 수단으로 사용한다.

44

다음 설명에 해당하는 프로그램으로 알맞은 것은?

> X 윈도우 기반의 GTK+ 라이브러리로 개발된 스캐너 프로그램으로, 스캔 작업 이외의 캡처된 이미지 수정도 가능하다.

① OSS
② ALSA
③ SANE
④ XSANE

XSANE은 X 윈도우 기반의 GTK+ 라이브러리로 개발된 스캐닝 프로그램이다.

45

다음 중 사운드 카드를 제어 및 설정할 때 사용하는 명령어로 알맞은 것은?

① lpadmin
② cancel
③ lpc
④ alsactl

alsactl은 ALSA 사운드 설정을 저장하거나 복원하는 명령어이다. 시스템 재부팅 후에도 동일한 사운드 설정을 유지하는 데 사용된다.

46

다음 중 BSD 계열 유닉스에서 출력을 실행할 때 사용하는 명령어로 알맞은 것은?

① lp
② lpr
③ lpc
④ lpstat

lpr은 BSD 계열 유닉스의 출력 명령어이다. System V 계열에서는 lp를 출력 명령어로 사용한다.

47

다음 설명에 해당하는 LVM 용어로 알맞은 것은?

> 사용자가 필요한 만큼 할당해서 생성되는 공간으로 물리적 디스크에서 분할하여 사용하는 파티션이라고 할 수 있다.

① PV
② PE
③ VG
④ LV

LV는 Logical Volume의 약자로, 사용자가 실제로 파일 시스템을 생성하고 데이터를 저장하는 논리적 저장 공간이다. VG와 PV 위에 구성된다.

48

다음 중 10GB 용량을 가진 디스크 4개를 사용해서 RAID-0을 구성했을 경우 실제 사용 가능한 디스크 용량으로 알맞은 것은?

① 10GB
② 20GB
③ 30GB
④ 40GB

RAID-0은 스트라이핑 방식으로 여러 디스크를 하나의 논리 디스크처럼 사용한다. 장애 복구 기능은 없지만 모든 디스크 용량을 합산하여 사용할 수 있으므로 10GB × 4 = 40GB이다.

정답   43 ②   44 ④   45 ④   46 ②   47 ④   48 ④

49

다음 그림에 해당하는 데스크톱 환경으로 알맞은 것은?

① 그놈　　　　　　　② 그놈 클래식
③ KDE Plasma　　　④ LXDE

리눅스의 한 종류인 우분투(Ubuntu)에서 사용되었던 그놈
(GNOME) 쉘 데스크톱 환경의 애플리케이션 실행 화면이다.

50

다음 (㉠), (㉡) 안에 들어갈 내용으로 알맞은 것은?

X 윈도우는 클라이언트/서버 구조로 되어 있는데, 서
로 간의 통신을 위해 (㉠)(을)를 사용한다. 아울러
(㉡)(은)는 X 윈도우에서 동작하는 일종의 응용 프로
그램을 뜻한다.

① ㉠ X 서버, ㉡ X 클라이언트
② ㉠ X 클라이언트, ㉡ X 서버
③ ㉠ X 프로토콜, ㉡ X 서버
④ ㉠ X 프로토콜, ㉡ X 클라이언트

X 윈도우는 클라이언트/서버 구조이다. 통신에는 X 프로토콜을
사용하고 X 클라이언트는 실제로 화면에 출력되는 응용 프로그
램을 의미한다.

51

다음 설명에 해당하는 명칭으로 알맞은 것은?

GUI 환경을 이용하기 위해 사용자에게 제공되는 인
터페이스 스타일이다. 파일관리자, 아이콘, 창, 도구
모음, 배경 화면, 위젯 등을 제공한다.

① 데스크톱 환경　　　② 윈도우 매니저
③ 디스플레이 매니저　④ 위젯

데스크톱 환경은 GUI 기반 사용자 인터페이스 전체를 의미한
다. 창 관리자, 파일 관리자, 아이콘, 배경 화면 등이 포함된다.

52

다음 중 그놈에서 사용하는 파일 관리자 프로그램으로
알맞은 것은?

① nautilus　　　　　② metacity
③ mutter　　　　　　④ palsma

nautilus는 GNOME 데스크톱 환경에서 사용하는 기본 파일
관리자로, 파일 탐색과 관리 기능을 제공한다.

53

다음 명령어의 결과에 대한 설명으로 알맞은 것은?

```
[root@www ~]# echo $DISPLAY:0
```

① X 클라이언트를 실행하면 권한이 없는 관계로 허
　가 거부된다.
② X 클라이언트를 실행하면 원격지 시스템의 첫 번
　째 X 서버에 실행된다.
③ X 클라이언트를 실행하면 로컬 시스템의 첫 번째
　X 서버에 실행된다.
④ X 클라이언트를 실행하면 원격지 시스템에서 허가
　거부된다.

X 클라이언트 실행 시 DISPLAY 환경변수에 따라 로컬 시스템
의 X 서버에 출력된다. 별도 설정이 없다면 로컬 첫 번째 X 서
버가 사용된다.

정답　　　49 ① 　50 ④ 　51 ① 　52 ① 　53 ③

54

 핵심이론 129p

다음 중 원격지에서 전송받은 킷값을 설치하는 명령어로 알맞은 것은?

① xauth add DISPLAY f778bead............002ba58
② xauth add DISPLAY . f778bead............002ba58
③ xauth add $DISPLAY f778bead............002ba58
④ xauth add $DISPLAY . f778bead............002ba58

xauth add $DISPLAY .은 원격지에서 전달받은 인증 쿠키를 현재 DISPLAY에 등록하여 X 클라이언트 실행을 가능하게 하는 명령어이다.

55

 핵심이론 129p

다음 중 LibreOffice Calc 프로그램에 대한 설명으로 가장 알맞은 것은?

① 발표용 문서를 만들 때 사용한다.
② 숫자 표에서 다양한 계산을 위해 사용한다.
③ 보고서를 작성할 때 사용한다.
④ 이미지가 많이 삽입된 문서를 작성할 때 사용한다.

LibreOffice Calc는 스프레드시트 프로그램으로, 수식 계산과 데이터 분석에 사용된다.

56

 핵심이론 130p

다음 중 동영상을 재생할 때 사용하는 프로그램으로 가장 알맞은 것은?

① Totem
② Evince
③ Eog
④ Gimp

Totem은 GNOME 환경에서 기본으로 제공되는 동영상 재생 프로그램으로, 다양한 멀티미디어 형식을 지원한다.

57

 핵심이론 178p

다음 중 리눅스에서 사용 가능한 가상화 기술로 틀린 것은?

① Xen
② KVM
③ Hyper-V
④ VirtualBox

Hyper-V는 마이크로소프트의 가상화 기술로, 리눅스에서 기본 제공되는 가상화 기술은 아니다.

58

 핵심이론 181p

다음 설명에 가장 관계가 깊은 명칭으로 알맞은 것은?

마이크로컨트롤러(Microcontroller)를 내장하여 특정한 기능을 반복적으로 수행하기 위해 하드웨어와 소프트웨어를 결합하여 만든 전자 제어 시스템이다.

① KVM
② LXC
③ Arduino
④ Hadoop

Arduino는 마이크로컨트롤러 기반 임베디드 시스템 플랫폼으로, 교육 및 프로토타이핑에 널리 사용된다.

59

 핵심이론 180p

다음 설명에 해당하는 클라우드 컴퓨팅 서비스 유형으로 가장 알맞은 것은?

업무 처리에 필요한 서버, 데스크톱 컴퓨터, 스토리지 같은 IT 하드웨어 자원을 원하는 만큼 빌려서 사용하려고 한다.

① IaaS
② SaaS
③ PaaS
④ DaaS

IaaS는 서버, 스토리지, 네트워크와 같은 인프라 자원을 서비스 형태로 제공하는 클라우드 모델이다.

정답
54 ④ 55 ② 56 ① 57 ③ 58 ③ 59 ①

60

다음 설명에 해당하는 프로그램으로 알맞은 것은?

> 소프트웨어 프로비저닝, 구성 관리, 배포 프로그램으로 유닉스, 리눅스, 윈도우 운영체제에서 사용 가능한 공개 프로그램이다. 2015년 레드햇에 인수되어서 관리되고 있다.

① Docker   ② Openstack
③ Kubernetes   ④ Ansible

Ansible은 소프트웨어 배포 및 구성 관리, 애플리케이션 배포, 오케스트레이션 등을 자동화하는 도구이다.

61

다음 설명에 해당하는 네트워크 종류로 알맞은 것은?

> - 도시권 통신망은 큰 도시 또는 캠퍼스에 퍼져 있는 컴퓨터 네트워크이다.
> - DSL 전화망, 케이블 TV 네트워크를 통한 인터넷 서비스 제공이 대표적인 예이다.

① LAN   ② MAN
③ SAN   ④ WAN

MAN은 도시 규모의 네트워크로, 여러 LAN을 연결하여 구성된다.

62

다음 중 netstat 명령어를 이용하여 라우팅 테이블 정보를 출력할 때 사용하는 옵션으로 알맞은 것은?

① -r   ② -t
③ -m   ④ -n

netstat 명령어의 -r 옵션은 시스템의 라우팅 테이블을 출력하여 네트워크 경로를 확인할 수 있다.

63

다음 중 루프백(Loopback) 네트워크가 속해 있는 IPv4의 클래스로 알맞은 것은?

① A 클래스   ② B 클래스
③ C 클래스   ④ D 클래스

루프백 주소는 127.0.0.0/8 대역으로, IPv4의 A 클래스에 속한다.

64

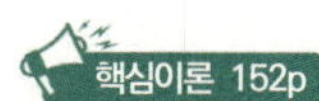

다음 설명에 해당하는 국제기구로 알맞은 것은?

> 1998년에 설립된 인터넷의 비즈니스, 기술계, 학계 및 사용자 단체 등으로 구성된 기관으로 인터넷 DNS의 기술적 관리, IP 주소 공간 할당, 프로토콜 파라미터 지정, 루트 서버 시스템 관리 등의 업무를 조정하는 역할을 한다.

① ICANN   ② IEEE
③ ITU-T   ④ ISO

ICANN은 도메인 이름과 IP 주소를 관리하는 국제기구로, 인터넷 주소 체계를 총괄한다.

65

다음 설명에 가장 적합한 서비스로 알맞은 것은?

> 한 대의 리눅스 시스템에 파일 공유를 위한 디렉터리를 생성하고, 나머지 리눅스 시스템 사용자들이 손쉽게 접근할 수 있도록 구축한다.

① NFS   ② NIS
③ SAMBA   ④ HTTP

NFS는 네트워크를 통해 파일 시스템을 공유하는 서비스이다.

정답   60 ④   61 ②   62 ①   63 ①   64 ①   65 ①

66

다음 중 OSI 7계층 모델 기준으로 가장 낮은 계층에서 지원하는 장치로 알맞은 것은?

① Gateway ② Repeater
③ Bridge ④ Router

Repeater는 OSI 7계층 모델의 1계층(물리 계층) 장치로, 신호를 증폭하거나 재생한다.

67

다음의 설명에 해당하는 웹 브라우저로 알맞은 것은?

구글에서 개발한 웹 브라우저로 초기에는 웹키트 레이아웃 엔진을 이용하였으나 현재는 웹키트의 포크(fork)된 블링크(Blink)를 사용한다.

① 엣지 ② 사파리
③ 파이어폭스 ④ 크롬

크롬은 구글에서 개발한 웹 브라우저로, 빠른 속도와 확장 기능을 제공한다.

68

다음 (㉠) 안에 들어갈 내용으로 알맞은 것은?

SAMBA가 처음 등장했을 때는 SMB 프로토콜을 사용하였으나 최근에는 (㉠) 프로토콜을 사용한다.

① SSH ② NFS
③ PORTMAP ④ CIFS

CIFS는 SMB 기반 파일 공유 프로토콜로, 윈도우와 리눅스 간 파일 공유에 사용된다.

69

네트워크 전송 상의 충돌이 없고, 노드의 숫자가 늘더라도 전체적인 성능 저하가 적으며, 노드의 추가가 비교적 어렵고 노드에 문제가 발생했을 경우 전체 네트워크가 중단될 수 있는 LAN 구성 방식으로 알맞은 것은?

① 스타형 ② 링형
③ 망형 ④ 버스형

링형은 충돌이 없고 성능 저하가 적지만, 하나의 노드 장애가 전체 네트워크 중단으로 이어질 수 있다.

70

다음 중 게이트웨이 주소를 확인하는 명령어로 알맞은 것은?

① ifconfig ② ifstat
③ ss ④ route

route는 시스템의 기본 게이트웨이와 라우팅 정보를 확인하는 명령어이다. MS Windows의 ipconfig 명령어는 기본 게이트웨이가 출력되지만 리눅스의 ifconfig 명령어는 게이트웨이가 출력되지 않는다.

71

다음 중 OSI 7계층 모델을 하위 계층부터 나열한 순서로 알맞은 것은?

① 네트워크 → 데이터링크 → 전송 → 세션 → 응용 → 표현 → 물리
② 물리 → 네트워크 → 데이터링크 → 전송 → 세션 → 표현 → 응용
③ 응용 → 데이터링크 → 네트워크 → 전송 → 세션 → 표현 → 물리
④ 물리 → 데이터링크 → 네트워크 → 전송 → 세션 → 표현 → 응용

OSI 7계층 모델: 물리 → 데이터링크 → 네트워크 → 전송 → 세션 → 표현 → 응용

정답 66 ② 67 ④ 68 ④ 69 ② 70 ④ 71 ④

72

다음 중 OSI 7계층 모델에서 데이터링크 계층의 데이터 전송 단위로 알맞은 것은?

① frame
② segment
③ socket
④ bit

frame은 데이터링크 계층의 데이터 전송 단위이다.

73

다음 중 UDP 프로토콜과 가장 관련 있는 서비스로 알맞은 것은?

① TELNET
② SMTP
③ DNS
④ HTTP

DNS는 빠른 질의 응답을 위해 주로 UDP 프로토콜을 사용한다.

74

OSI 7계층 모델 중 네트워크 계층과 가장 거리가 먼 프로토콜로 알맞은 것은?

① ICMP
② UDP
③ IP
④ ARP

UDP는 전송 계층 프로토콜로, 네트워크 계층과는 직접적인 관련이 없다.

75

다음 중 소켓의 모든 정보를 출력하는 ss 명령어의 옵션으로 알맞은 것은?

① -n
② -a
③ -o
④ -t

ss 명령어의 -a 옵션은 모든 상태의 소켓 정보를 출력한다.

76

다음 설명에 해당하는 TCP 프로토콜의 패킷으로 알맞은 것은?

> TCP/IP 네트워크 계층에서의 3-way handshake로 연결 설정의 첫 단계이다.

① SYN
② SYN/ACK
③ RST
④ ACK

TCP 연결 설정: SYN → SYN/ACK → ACK

77

다음에서 설명하는 해당하는 명령어로 알맞은 것은?

> www.kait.or.kr 웹 서버에 sftp 서비스가 활성화되어 있는지 점검하려고 한다.

① telnet www.kait.or.kr@443
② telnet www.kait.or.kr 443
③ telnet www.kait.or.kr 21
④ telnet www.kait.or.kr 22

telnet [호스트명] [포트번호] 명령어를 사용하여 원격 서버의 특정 서비스(포트) 활성화 여부를 점검한다. sftp의 기본 포트는 22이다.

정답   72 ①   73 ③   74 ②   75 ②   76 ①   77 ④

78

 핵심이론 155p

다음과 같은 조건일 경우 설정되는 네트워크 주소값으로 알맞은 것은?

> IP 주소 및 서브넷 마스크: 192.168.3.194/26

① 192.168.3.190 ② 192.168.3.191
③ 192.168.3.192 ④ 192.168.3.193

서브넷의 CIDR 값이 26이므로 네트워크 자리수가 26(24 + 2)이고, 호스트 자리수는 6이다. 네트워크 개수는 $2^2 = 4$, 즉 4개로 분할한 것이다. 가능한 개수가 256이므로 $\frac{256}{4} = 64$, 즉 64개 단위(0, 64, 128, 192)로 나뉜다. IP 주소가 192.168.3.194이므로 마지막 옥텟이 192 ~ 255 구간에 해당한다. 이 중 가장 앞의 주소가 네트워크 주소이므로 192.168.3.192이다.

79

 핵심이론 151p

다음 설명에 해당하는 프로토콜로 알맞은 것은?

> 이더넷 카드에 할당된 MAC 주소와 IP 주소를 매칭시켜주는 역할을 수행한다.

① IP ② TCP
③ ICMP ④ ARP

ARP(Address Resolution Protocol)는 이더넷 카드에 할당된 MAC 주소와 IP 주소를 서로 매핑시켜주는 역할을 수행하는 프로토콜이다.

80

 핵심이론 135p

다음 중 Ethernet과 가장 관련 있는 전송 기술로 알맞은 것은?

① CSMA/CD ② ATM
③ FDDI ④ Token Ring

CSMA/CD(Carrier Sense Multiple Access with Collision Detection)은 Ethernet에서 사용되는 대표적인 매체 접근 제어(MAC) 방식 및 전송 기술이다.

정답 78 ③ 79 ④ 80 ①

1과목 리눅스 운영 및 관리

01

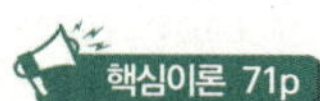

다음 설명의 상황에 설정해야 하는 작업으로 가장 알맞은 것은?

> project 그룹 소유의 디렉터리인 project에 ihduser 사용자가 파일을 생성 시 그룹 소유권을 자동으로 project 그룹 권한으로 지정되도록 한다.

① ihduser 사용자를 project 그룹에 추가시킨다.
② project 디렉터리에 SetUID를 부여한다.
③ project 디렉터리에 SetGID를 부여한다.
④ project 디렉터리에 Sticky Bit를 부여한다.

> SetGID는 디렉터리 아래 생성되는 파일의 그룹이 상위 디렉터리 그룹으로 지정된다.
>
> **오답 풀이**
> ② SetUID는 파일 실행 시 소유자의 권한으로 실행되게 한다.
> ④ Sticky Bit는 누구나 파일을 생성할 수 있지만 소유자만 파일을 삭제할 수 있도록 한다.

02

다음 중 lin.txt 파일의 그룹 소유권을 kait, 소유자는 ihduser로 설정하는 명령어로 알맞은 것은?

① chown kait:ihduser lin.txt
② chown ihduser:kait lin.txt
③ charp kait:ihduser lin.txt
④ charp ihduser:kait lin.txt

> chown [소유자]:[그룹] [파일명] 명령어는 파일의 소유자와 그룹을 변경한다. 소유자는 ihduser, 그룹은 kait이므로 chown ihduser:kait lin.txt이다.

03

다음 중 파일이나 디렉터리에 부여된 SetUID나 SetGID와 같은 특수 권한을 확인하는 명령어로 알맞은 것은?

① ls
② chmod
③ chown
④ umask

> ls를 사용하여 특수 권한이 부여된 경우 권한 필드에 s 또는 t가 표시된다.
>
> **오답 풀이**
> ② chmod는 권한을 변경하는 명령어이다.
> ③ chown은 소유권을 변경하는 명령어이다.
> ④ umask는 기본 파일 생성 권한을 설정하는 명령어이다.

04

다음 설명에 해당하는 명령어로 알맞은 것은?

> data 디렉터리 포함하여 하위에 존재하는 디렉터리 및 파일까지 모두 허가권을 변경하려고 한다.

① chmod -a 755 data
② chmod -A 755 data
③ chmod -r 755 data
④ chmod -R 755 data

> chmod 명령어의 -R 옵션은 재귀적으로 하위 디렉터리 및 파일까지 적용한다.

> **정답** 　　01 ③　02 ②　03 ①　04 ④

05

핵심이론 73p

다음은 ihduser 사용자에 대한 디스크 쿼터를 설정하는
과정이다. (㉠) 안에 들어갈 명령어로 알맞은 것은?

```
[root@ihd ~]# ( ㉠ ) ihduser
```

① quota
② edquota
③ setquota
④ xfs_quota

edquota는 사용자 또는 그룹의 디스크 쿼터를 설정할 때 사용
하며, 실행 시 vi를 통해 블록과 inode 제한 값을 직접 편집하
는 명령어이다.

오답 풀이
① quota는 쿼터 조회용 명령어이다.
③ setquota는 명령행에서 직접 매개변수를 사용하여 할당량을
  즉시 설정하는 명령어이다.
④ xfs_quota는 XFS 파일 시스템 전용 쿼터 관리 도구이다.

06

핵심이론 78p

다음 중 fdisk 실행 상태에서 파티션을 삭제할 때 사용
하는 명령어로 알맞은 것은?

① d
② r
③ e
④ x

fdisk 실행 중 파티션을 삭제하는 데 사용되는 서브 명령어는 d
이다. p는 파티션 테이블을 출력하고, n은 새로운 파티션을 생
성한다.

07

핵심이론 76p

다음 내용이 기록된 파일명으로 알맞은 것은?

```
/dev/sda1 / xfs rw,seclabel,relatime,attr2,inode64,noquota  0  0
selinuxfs /sys/fs/selinux  selinuxfs  rw,relatime  0  0
```

① /etc/fstab
② /etc/mtab
③ /etc/mounts
④ /etc/partitions

/etc/mtab 파일은 현재 마운트된 파일 시스템과 옵션 정보가
실시간으로 기록된다.

08

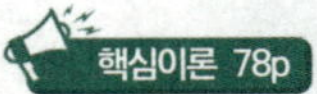
핵심이론 78p

다음 중 /dev/sdb1 파티션을 ext4 파일 시스템으로
포맷하는 명령어로 알맞은 것은?

① mke2fs −j /dev/sdb1
② mke2fs −j ext4 /dev/sdb1
③ mke2fs −t ext4 /dev/sdb1
④ mke2fs.ext4 /dev/sdb1

mke2fs 명령어의 −t 옵션은 특정 파일 시스템 타입을 지정한다.

09

핵심이론 79p

다음 중 현재 마운트된 디스크의 사용량을 확인할 때
사용하는 명령어로 알맞은 것은?

① df
② du
③ fdisk
④ mount

df는 파일 시스템 단위로 디스크의 전체 용량, 사용량, 남은 용
량을 확인할 때 사용하는 명령어이다.

오답 풀이
② du는 디렉터리나 파일 사용량을 확인하는 명령어이다.
③ fdisk는 하드 디스크 드라이브의 파티션 테이블을 생성하고
  조작하는 명령어이다.
④ mount는 특정 장치(예 하드 디스크 파티션, USB 드라이
  브)에 있는 파일 시스템을 리눅스의 전체 디렉터리 트리 구
  조에 연결하는 명령어이다.

10

핵심이론 81p

다음 (㉠), (㉡) 안에 들어갈 내용으로 알맞은 것은?

리눅스에서는 파티션을 생성하면 고유한 이 값이 부
여되는데, 이 값을 (㉠)라고 부른다. 이 값을 확인할
때는 (㉡) 명령어를 사용한다.

① ㉠ blkid, ㉡ UUID
② ㉠ label, ㉡ UUID
③ ㉠ label, ㉡ blkid
④ ㉠ uuid, ㉡ blkid

리눅스에서는 파티션을 생성하면 고유한 ID 값이 부여된다. 이
ID를 확인하는 명령어는 blkid(블록 장치 ID 확인)이며, 이 값
은 UUID라고 불린다.

정답 05 ② 06 ① 07 ② 08 ③ 09 ① 10 ④

11

다음 중 등장한 시기가 오래된 셸로 알맞은 것은?

① bash
② csh
③ dash
④ bourne shell

Bourne shell(sh)은 유닉스 초기에 개발된 가장 오래된 셸이다.

오답 풀이

① bash는 Bourne-again shell의 약자로, 현재 가장 널리 사용되는 셸이다.
② C shell(csh)은 Bourne shell 다음에 등장했다.
③ dash는 POSIX 표준을 준수하며 작고 가볍게 구현된 셸로, Bourne shell 다음에 등장했다.

12

핵심이론 54p

다음 중 특정 사용자에게 부여된 로그인 셸이 기록된 파일명으로 알맞은 것은?

① /etc/shells
② /etc/passwd
③ ~/.bashrc
④ ~/.bash_profile

/etc/passwd 파일의 마지막 필드에 로그인 시 부여되는 셸 정보가 기록된다.

13

핵심이론 84p

다음 중 이용할 수 있는 셸의 정보를 확인할 때 사용하는 명령어로 알맞은 것은?

① chsh -i
② chsh -s
③ chsh -u
④ chsh -l

chsh는 사용자의 로그인 셸을 변경할 때 사용하는 명령어이다. -l 옵션은 현재 시스템에서 이용 가능한 셸 목록을 출력한다.

14

핵심이론 86p

다음 중 사용자의 로그인 셸이 저장되는 환경변수명으로 알맞은 것은?

① LOGIN
② USER
③ SHELL
④ BASH

SHELL은 현재 사용자의 로그인 셸 정보를 저장하는 환경변수이다.

15

핵심이론 50p

다음 중 최근에 실행한 명령어 중에 'al'로 끝나는 명령어를 찾아서 실행하는 명령어로 알맞은 것은?

① !!al
② !?al
③ !*al
④ !-al

!?[문자열] 명령어는 히스토리에서 해당 문자열이 포함된 가장 최근 명령어를 찾아 실행한다. !?al은 최근 명령어 중 al이 포함된 항목을 호출한다.

16

핵심이론 86p

다음 중 시스템 전체 사용자에게 적용되는 환경변수 및 시작 관련 프로그램을 설정할 때 사용하는 파일로 가장 알맞은 것은?

① /etc/bashrc
② /etc/profile
③ ~/.bashrc
④ ~/.bash_profile

/etc/profile 파일에 시스템의 모든 사용자에게 공통으로 적용되는 환경변수를 설정한다.

오답 풀이

① /etc/bashrc는 bash 셸 사용자에게 공통으로 적용된다.
③④ ~/.bashrc, ~/.bash_profile은 개별 사용자의 환경 설정 파일이다.

정답

11 ④ 12 ② 13 ④ 14 ③ 15 ② 16 ②

17

다음 설명에 해당하는 셀의 기능으로 알맞은 것은?

> 명령행에서 이름이 긴 파일명을 입력할 때 앞 글자만 입력하고 Tab 키를 눌러 나머지 부분을 불러올 수 있다.

① 명령어 히스토리 기능
② 명령행 완성 기능
③ 에일리어스(alias) 기능
④ 명령행 편집 기능

명령행 완성 기능(Command-line completion)은 명령행에서 파일명 일부를 입력하고 Tab 키를 눌러 나머지 부분을 자동으로 완성시켜 준다.

18

다음 예시로 제시된 프롬프트를 변경할 때 사용하는 환경변수로 알맞은 것은?

> [ihduser@www ~] $

① PS
② PS1
③ PS2
④ PROMPT

[ihduser@www ~]$ 프롬프트는 기본 프롬프트이다. bash 셸의 기본 프롬프트 설정은 PS1을 사용하고 PS2는 보조 프롬프트 변경할 때 사용한다.

19

다음 (㉠), (㉡) 안에 들어갈 내용으로 알맞은 것은?

> CentOS 7 리눅스에서는 부팅을 시작하면 커널이 (㉠)(이)라는 최초의 프로세스를 발생시키고 PID는 (㉡)(을)를 부여한다.

① ㉠ init, ㉡ 0
② ㉠ init, ㉡ 1
③ ㉠ systemd, ㉡ 0
④ ㉠ systemd, ㉡ 1

CentOS 7 리눅스에서는 부팅을 시작하면 커널이 systemd라는 초기 프로세스(PID 1)를 발생시킨다. 이전 버전의 유닉스/리눅스에서는 init 프로세스가 이 역할을 담당했다.

20

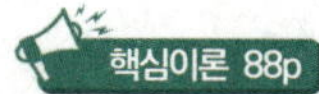

다음은 기존의 프로세스를 교체하면서 새로운 프로세스를 발생시키는 과정이다. (㉠) 안에 들어갈 내용으로 알맞은 것은?

> $ (㉠) ps ㅓ

① exec
② fork
③ nohup
④ watch

exec는 현재 실행 중인 프로세스를 새로운 프로세스로 교체하는 시스템 호출이다.

오답 풀이
② fork는 현재 프로세스의 복사본(자식 프로세스)을 생성하는 데 사용된다.
③ nohup은 로그아웃하거나 터미널을 닫아도 해당 프로그램이 계속 실행되도록 하는 명령어이다.
④ watch는 지정한 명령어를 주기적으로 반복 실행하여 그 결과를 화면에 실시간으로 출력해 주는 명령어이다.

21

다음 결과에 해당하는 명령어로 알맞은 것은?

> [posein@www ~]$
> [1] - Stopped vim a.txt
> [2] + Stopped vim b.txt
> [3] Running find / -name '*.txt' 2> /dev/null > list.txt &

① fg
② bg
③ jobs
④ kill

[1] - Stopped vim a.txt는 현재 백그라운드에서 중단된 작업 목록을 보여주는 형식이다. 백그라운드 작업 목록을 확인할 때 사용하는 명령어는 jobs이다.

22

다음 중 SIGHUP의 시그널 번호로 알맞은 것은?

① 1
② 2
③ 9
④ 15

> **시그널 번호**
> - SIGHUP(Hang Up): 1
> - SIGINT(인터럽트): 2
> - SIGKILL(강제 종료): 9
> - SIGTERM(기본 정상 종료): 15

23

다음 설명에 해당하는 명령어로 알맞은 것은?

> PID 14164인 프로세스의 우선순위 값을 -10으로 지정한다.

① renice -10 14164
② renice --10 14164
③ nice -10 14164
④ nice --10 14164

> 이미 실행 중인 프로세스의 우선순위를 변경하는 명령어는 renice -n NI값 PID 또는 renice NI값 PID이다.
>
> **오답 풀이**
> ② 실행되지 않는다. nice -n 10 14164로 하여야 한다.
> ③④ nice는 실행할 프로세스 우선순위를 지정하는 것으로, 실행 중인 프로세스에는 사용할 수 없다.

24

다음 중 프로세스명을 인자값으로 사용하는 명령어의 조합으로 알맞은 것은?

① kill, nice
② kill, renice
③ killall, nice
④ killall, renice

> kill과 renice는 프로세스ID를 인자로 설정하고 killall과 nice는 프로세스명을 인자로 설정한다.

25

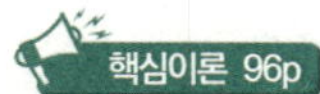

cron을 이용해서 해당 스크립트를 매주 토요일과 일요일 오전 4시 1분에 주기적으로 실행하려고 한다. (㉠) 안에 들어갈 내용으로 알맞은 것은?

> (㉠) /etc/backup.sh

① 1 4 * * 0,6
② 1 4 * * 5,6
③ 4 1 * * 0,6
④ 4 1 * * 5,6

> crontab 5필드는 '분 시간 일 월 요일' 순서이다. 매주 토요일(0)과 일요일(6) 오전 4시 1분에 주기적으로 실행하려면 1 4 * * 0,6을 지정해야 한다.

26

다음 설명에 해당하는 명칭으로 가장 알맞은 것은?

> 주기적이고 지속적인 서비스 요청을 처리하기 위해 계속 실행되는 프로세스이다.

① inetd
② xinetd
③ standalone
④ daemon

> 데몬(daemon)은 주기적이고 지속적인 서비스를 처리하기 위해 계속 실행되는 프로그램 또는 프로세스이다.
>
> **오답 풀이**
> ①②③ inetd, xinetd, standalone은 데몬 실행 방식의 종류이다.

27

다음 설명에 해당하는 ps 명령어의 프로세스 상태 코드 값으로 알맞은 것은?

> 작업이 종료되었으나 부모 프로세스로부터 회수되지 않아 메모리를 차지하고 있는 상태이다.

① S
② T
③ X
④ Z

> 좀비(Zombie) 프로세스는 작업이 종료되었으나 부모 프로세스로부터 회수되지 않아 메모리를 차지하고 있는 상태를 말하며, ps 명령어의 상태 코드 값은 Z이다.

> **정답** 22 ① 23 ① 24 ③ 25 ① 26 ④ 27 ④

28

다음 중 포어그라운드 프로세스를 백그라운드 프로세스로 전환하기 위해 사용하는 키 조합으로 알맞은 것은?

① Ctrl+C
② Ctrl+A
③ Ctrl+I
④ Ctrl+Z

Ctrl+Z는 포어그라운드에서 실행 중인 프로세스를 중지(Stopped) 상태로 만든 후 백그라운드로 전환한다.

29

다음 설명에 해당하는 편집기로 알맞은 것은?

> 리처드 스톨만이 개발한 고성능 문서 편집기로, 단순한 편집기를 넘어서 텍스트 처리를 위한 포괄적인 통합 환경을 제공한다.

① nano
② gedit
③ vim
④ emacs

emacs는 리처드 스톨만이 개발한 고성능 문서 편집기이다.

30

다음 중 nano 편집기에서 프로그램을 종료하는 키 조합으로 알맞은 것은?

① Ctrl+A
② Ctrl+E
③ Ctrl+C
④ Ctrl+X

Ctrl+X는 nano에서 프로그램을 종료한다.

오답 풀이
① Ctrl+A는 줄의 처음(Beginning of Line)으로 이동한다.
② Ctrl+E는 줄의 끝(End of Line)으로 이동한다.
③ Ctrl+C는 현재 커서 위치를 알려준다.

31

다음 중 X 윈도우 환경에서만 실행되는 편집기로 알맞은 것은?

① gedit
② pico
③ nano
④ emacs

gedit은 GNOME 데스크톱 환경의 기본 텍스트 편집기로, X 윈도우 환경에서만 실행된다.

오답 풀이
②③ pico, nano은 터미널 환경에서 실행된다.
④ emacs는 모두에서 실행될 수 있다.

32

vi 편집기로 파일을 불러올 때 커서를 파일의 가장 마지막 줄에 위치시키려고 한다. (㉠) 안에 들어갈 내용으로 알맞은 것은?

```
# vi ( ㉠ ) lin.txt
```

① -c
② -r
③ -R
④ +

vi 명령어의 + 옵션은 파일을 열 때 커서를 파일의 마지막 줄에 위치시킨다.

정답

28 ④ 29 ④ 30 ④ 31 ① 32 ④

33

다음 설명에 해당하는 vi 편집기의 ex 모드 환경 설정으로 알맞은 것은?

> 문서를 편집할 때 [Enter] 키를 입력해서 행 바꿈을 하면 바로 윗줄의 시작 열과 같은 곳에 커서를 위치시키려고 한다.

① set ai
② set nu
③ set sm
④ set ts

set ai는 행 바꿈을 하면 바로 윗줄의 시작 열과 같은 곳에 커서를 위치시키는 auto indent 설정이다.

오답 풀이

② set nu는 줄 번호를 표시하는 설정이다.
③ set sm은 괄호의 짝을 시각적으로 확인할 수 있게 해주는 설정이다.
④ set ts는 탭문자 간격 설정이다.

34

다음 중 vi 편집기에서 커서 키가 없는 자판 이용 시에 아래 방향으로 이동하기 위한 명령어로 알맞은 것은?

① h
② j
③ k
④ l

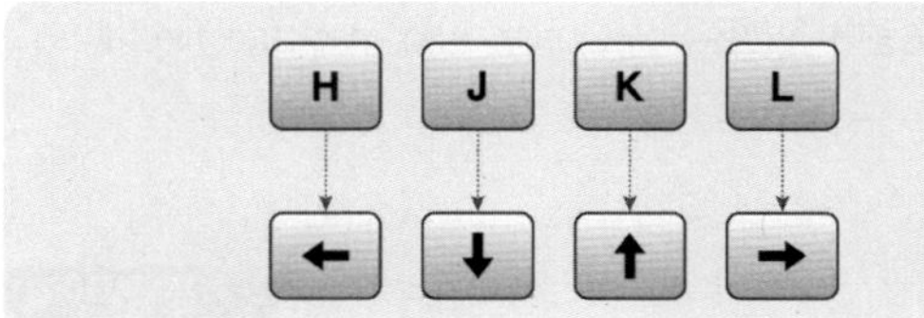

35

다음 중 수세 리눅스에서 사용되는 패키지 관리 도구 모음으로 가장 알맞은 것은?

① YaST, zypper
② YaST, dpkg
③ dpkg, zypper
④ dnf, zypper

YaST와 zypper는 수세 계열 리눅스에서 사용되는 패키지 관리 도구이다.

36

다음 설명에 해당하는 패키지 관리 도구로 알맞은 것은?

> 데비안 리눅스에서 사용하는 curses 메뉴 방식의 도구로, 커서를 사용해서 주어진 메뉴를 이동하면서 손쉽게 패키지를 관리할 수 있다.

① alien
② dselect
③ dnf
④ zypper

dselect는 데비안 계열 리눅스에서 사용되는 curses 메뉴 방식의 도구로, 패키지를 설치하거나 제거할 때 메뉴를 이용해 손쉽게 처리할 수 있는 관리 도구이다.

37

다음 (㉠) 안에 들어갈 명령어로 알맞은 것은?

```
# ( ㉠ ) -i vim_4.5-3.deb
```

① rpm
② dpkg
③ apt
④ pat-get

파일 확장자가 .deb인 패키지는 데비안 계열의 패키지 파일로, 이 패키지를 설치하거나 관리할 때 사용되는 명령어는 dpkg이다.(예 dpkg -i vim_4.5-3.deb (설치))

38

다음 설명에 해당하는 소스 설치 단계로 알맞은 것은?

> Makefile 파일을 읽어 들여서 타깃(target)과 의존성(dependencies) 관련 작업을 수행한다.

① configure
② make
③ cmake
④ make clean

make 단계는 MakeFile 파일을 읽어 들여서 타깃(target)과 의존성(dependencies) 관련 작업을 수행하는 소스 설치 단계이다.

정답

33 ① 34 ② 35 ① 36 ② 37 ② 38 ②

39

다음은 text.tar에 묶인 파일의 내용을 확인하는 과정이다. (㉠) 안에 들어갈 내용으로 알맞은 것은?

```
# tar ( ㉠ ) text.tar
```

① cvf　　　　② xvf
③ tvf　　　　④ rvf

tar 옵션
- -t: 아카이브 내부를 확인(파일 목록 보기)한다.
- -c: 새 아카이브를 생성한다.
- -x: 아카이브에서 파일을 추출한다.
- -v: 처리 과정을 자세히 출력한다.
- -f: 파일 이름을 지정한다.

40

다음 중 대용량의 파일을 백업할 때 압축 효율성이 좋은 순서의 나열로 알맞은 것은?

① .gz > .bz2 > .xz
② .bz2 > .gz > .xz
③ .xz > .gz > .bz2
④ .xz > .bz2 > .gz

압축 효율성은 .xz 〉.bz2 〉.gz 순서로 좋다. xz가 가장 높은 압축률을 제공하지만 압축 속도는 느린 편이다.

41

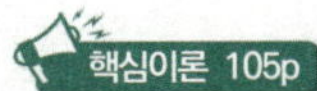

다음 결과에 해당하는 명령어로 알맞은 것은?

```
[root@www packages]#
Name         : vsftpd
Version      : 3.0.2
Release      : 29.el7_9
Architecture : x86_64
Install Date : (not installed)
Group        : System Environment/Daemons
Size         : 382345
License      : GPLv2 with exceptions
Signature    : RSA/SHA256, Sat Jun 12 00:00:15 2021, Key
ID 24c0a7f4bb38fbb5
Source RPM   : vsftpd-3.0.2-29.el7_9.src.rpm
Build Date   :Thu Jun 10 01:15:38 2021
Build Host   :x86-02.bsys.centos.org
Relocations (not relocatable)
Packager     : CentOS BuildSystem <http://bugs.centos.org>
Vendor       : CentOS
URL          : security.appspot.com
Summary      : Very Secure Ftp Daemon
Description  : vsftpd is a Very Secure FTP daemon. It was
written completely from scratch.
[root@www packages]#
```

① rpm –ql vsftpd
② rpm –qa vsftpd
③ rpm –qV vsftpd
④ rpm –qip vsftpd-3.0.2-29.el7_9.x86_64.rpm

RPM 패키지 파일의 정보로, 특정 RPM 파일의 정보를 질의하는 rpm 명령어 옵션은 –qip(query, info, package file)이다.

42

다음 중 yum 명령어를 이용해서 nmap 패키지를 제거하는 명령어로 알맞은 것은?

① yum –e nmap
② yum –d nmap
③ yum remove nmap
④ yum delete nmap

yum 명령어를 사용하여 패키지를 제거할 때는 remove 또는 erase 명령어를 사용한다.

정답　　　　39 ③　40 ④　41 ④　42 ③

43

다음 중 CentOS 7에서 X 윈도우 기반으로 프린터를 설정할 때 실행하는 명령어로 알맞은 것은?

① printtool
② printconf
③ system-config-printer
④ redhat-config-printer

system-config-printer는 CentOS 7에서 X 윈도우 환경에서 프린터를 설정하기 위해 실행하는 명령어이다.

44

다음 (㉠), (㉡) 안에 들어갈 내용으로 알맞은 것은?

> 초기 리눅스에서는 사운드 카드를 사용하기 위해서 표준 유닉스 장치 시스템 콜을 사용하는 (㉠)(을)를 이용하였으나 사유화되면서, (㉡)(으)로 전환되었다.

① ㉠ ALSA, ㉡ OSS
② ㉠ OSS, ㉡ ALSA
③ ㉠ SANE, ㉡ XSANE
④ ㉠ XSANE, ㉡ SANE

초기 리눅스에서 사운드 카드를 사용하기 위한 표준은 OSS였으나, 현재 대부분의 리눅스 배포판에서 기본으로 사용하는 사운드 시스템은 ALSA이다.

45

다음 중 리눅스에서 프린터 서버로 사용하기 위해 설치하는 프로그램으로 알맞은 것은?

① CUPS
② SANE
③ ALSA
④ OSS

CUPS(Common Unix Printing System)는 리눅스에서 프린터 서버로 사용되는 표준 프로그램이다.

46

다음 중 System V 계열 유닉스에서 출력을 실행할 때 사용하는 명령어로 알맞은 것은?

① lp
② lpr
③ lpc
④ lpstat

lp는 System V 계열 유닉스에서 출력을 실행할 때 사용하는 명령어로, BSD 계열에서는 lpr을 주로 사용한다.

47

다음 설명에 해당하는 LVM 용어로 알맞은 것은?

> LVM을 구성하는 일종의 단위로 일반 하드디스크의 블록에 해당한다.

① PV
② PE
③ VG
④ LV

PE(Physical Extent)는 LVM을 구성하는 볼륨 그룹 내 일정한 크기의 일반 하드디스크 블록 단위이다.

오답 풀이
① PV(물리 볼륨)는 실제 하드디스크 파티션이다.
③ VG(볼륨 그룹)는 PV들의 집합이다.
④ LV(논리 볼륨)는 사용자에게 제공되는 가상 디스크이다.

48

다음 중 하드디스크 4개를 사용해서 RAID 구성했을 경우 실제 사용 가능한 디스크 용량의 효율성이 50%인 조합으로 알맞은 것은?

① RAID-0, RAID-5
② RAID-1, RAID-5
③ RAID-0, RAID-6
④ RAID-1, RAID-6

RAID-1은 미러링 방식으로, 디스크 용량의 50%만 사용 가능하며 나머지 50%는 백업에 사용된다. RAID-6은 패리티 정보를 2개 디스크에 저장하므로 4개 디스크 사용 시 50%의 효율성을 가진다.(2개 디스크 용량 손실)

오답 풀이
①②③ RAID-0은 스트라이핑으로 효율성 100%, RAID-5는 패리티 1개 저장으로 효율성이 75%이다.

정답   43 ③   44 ②   45 ①   46 ①   47 ②   48 ④

49

다음 그림에 해당하는 데스크톱 환경으로 알맞은 것은?

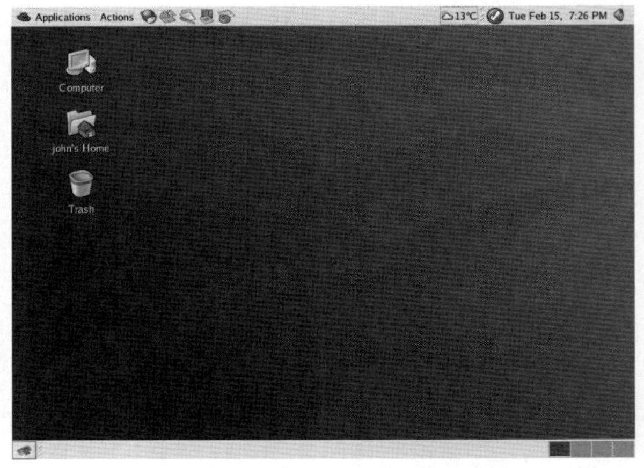

① 그놈
② 그놈 클래식
③ KDE Plasma
④ LXDE

그놈 클래식은 상단 패널 중심의 전통적 인터페이스로 Dock과 Activities가 없다.

50

핵심이론 122p

다음 설명에 해당하는 명칭으로 알맞은 것은?

> IBM 호환 시스템을 사용하는 유닉스 계열 운영체제를 위한 X 윈도우 프로젝트로 1992년 시작되었다.

① XFree86
② Wayland
③ X.org
④ Metacity

XFree86은 IBM 호환 시스템에서 사용되는 유닉스 계열 운영체제를 위한 X 윈도우 시스템 구현체로, 현재는 X.Org가 주로 사용된다.

51

핵심이론 127p

다음 중 윈도우 매니저의 종류로 틀린 것은?

① Afterstep
② Enlightenment
③ Xfwm
④ Xfce

Xfce는 Xfwm 윈도우 매니저를 사용하는 데스크톱 환경이다.

오답 풀이

①②③ Afterstep, Enlightenment, Xfwm은 윈도우 매니저의 종류이다.

52

핵심이론 126p

다음 중 KDE와 가장 관계가 깊은 라이브러리로 알맞은 것은?

① Qt
② GTK+
③ FLTK
④ Motif

KDE 데스크톱 환경은 Qt 라이브러리를 기반으로 개발되었고, GNOME은 GTK+ 라이브러리를 사용한다.

53

핵심이론 128p

다음 중 X 서버에 접근할 수 있는 클라이언트 IP 주소를 확인하는 명령어로 알맞은 것은?

① xauth
② xhost
③ xauth list
④ xhost +

xhost는 X 서버의 접근 제어를 관리하는 명령어로, 접근 가능한 호스트 목록을 확인할 수 있다.

정답 49 ② 50 ① 51 ④ 52 ① 53 ②

54

핵심이론 125p

다음 상황과 관련된 설명으로 알맞은 것은?

> A 시스템에 있는 Firefox 프로그램을 원격지에 있
> 는 B 시스템에 전송해서 실행할 수 있도록 제공하려
> 고 한다.

① A 시스템은 X 서버가 되고, 환경변수인 DISPLAY
　를 변경한다.
② A 시스템은 X 클라이언트가 되고, 환경변수인
　DISPLAY를 변경한다.
③ B 시스템은 X 클라이언트가 되고, 환경변수인
　DISPLAY를 변경한다.
④ B 시스템은 X 서버가 되고, 환경변수인 DISPLAY
　를 변경한다.

화면 출력을 담당하는 B 시스템은 X 서버가 되고, 프로그램을
실행하는 A 시스템은 X 클라이언트가 된다. A 시스템에서 환경
변수 DISPLAY를 설정해서 B 시스템에 화면을 보낸다.

55

핵심이론 130p

다음 중 촬영된 사진을 편집할 때 사용하는 프로그램으
로 가장 알맞은 것은?

① LibreOffice　　　　② ImageMagick
③ Eog　　　　　　　④ Gimp

Gimp(GNU Image Manipulation Program)는 리눅스에서 널
리 사용되는 이미지 편집 프로그램이다.

56

핵심이론 129p

다음 중 PDF 문서를 확인할 때 사용하는 프로그램으로
가장 알맞은 것은?

① Evince　　　　　② LibreOffice Writer
③ LibreOffice Calc　④ LibreOffice Impress

Evince는 리눅스에서 PDF 문서를 볼 때 사용되는 기본 프로그
램 중 하나이다.

57

다음 설명에 해당하는 기술로 가장 알맞은 것은?

> 고성능의 계산 능력을 제공하기 위한 목적으로 제작
> 되어 주로 과학 계산용으로 활용된다. 흔히 슈퍼컴퓨
> 터라고 부르는 시스템을 구축하는데 사용되는 핵심
> 기술이다.

① 임베디드 시스템　　② 베어울프 클러스터
③ 고가용성 클러스터　④ 부하분산 클러스터

베어울프 클러스터는 고성능의 계산 능력을 제공하기 위해 여러
계산 노드를 네트워크로 연결하여 병렬 처리하는 시스템이다.

58

핵심이론 178p

다음 중 VMware에서 생성한 가상 머신의 파일 형식으
로 알맞은 것은?

① VDI　　　　　　② VHD
③ VMD　　　　　　④ VMDK

VMDK(Virtual Machine Disk)는 VMware에서 가상 머신의
하드 디스크 이미지 파일 형식이다.

59

핵심이론 181p

다음 설명에 해당하는 운영체제로 알맞은 것은?

> 리눅스 커널에서 구동되는 모바일 운영체제로, Palm
> OS를 계승한 소프트웨어이다. 현재 LG전자가 주도적
> 으로 개발하고 있다.

① QNX　　　　　　② BlackBerrry
③ webOS　　　　　④ Tizen

webOS는 리눅스 커널에서 구동되며 Palm OS를 계승한 모바
일 운영체제로, 현재 LG전자가 주도적으로 개발하고 있다.

정답　　　54 ②　55 ④　56 ①　57 ②　58 ④　59 ③

60

다음 설명에 해당하는 프로그램으로 알맞은 것은?

> 리눅스의 응용 프로그램들을 프로세스 격리 기술을 사용해 컨테이너로 실행하고 관리하는 오픈 소스 프로젝트로 2013년에 공개되었다.

① Docker 　　② Openstack
③ Kubernetes 　④ Ansible

> Docker는 응용 프로그램들을 프로세스 격리 기술을 사용하여 컨테이너 방식으로 실행할 수 있게 하는 오픈소스 프로그램이다.

61

다음 설명에 해당하는 네트워크 종류로 알맞은 것은?

> - 국가, 대륙 등과 같은 넓은 지역을 연결하는 네트워크이다.
> - 거리상 제약이 없지만, 다양한 경로를 경유해서 도달하므로 속도가 느리고 전송 에러율도 높은 편이다.

① LAN 　　② MAN
③ X.25 　　④ WAN

> WAN(Wide Area Network)는 국가, 대륙 등 넓은 지역을 연결하며, 거리에 제약은 없지만 상대적으로 전송 속도가 느린 네트워크이다.

62

다음과 같은 설정이 저장되는 파일로 알맞은 것은?

> 192.168.0.100　　www.ihd.or.kr

① /etc/sysconfig/network-scripts
② /etc/resolv.conf
③ /etc/hosts
④ /etc/profile

> /etc/hosts 파일에 IP 주소와 호스트 이름(www.ihd.or.kr) 간의 매핑 정보가 저장된다.

63

다음 중 네트워크 인터페이스 환경 설정과 관련 파일들이 저장된 디렉터리로 알맞은 것은?

① /etc/networking/devices
② /etc/sysconfig/devices
③ /etc/sysconfig/network
④ /etc/sysconfig/network-scripts

> /etc/sysconfig/network-scripts/ 디렉터리에 네트워크 인터페이스 환경 설정 파일들이 있다.

64

다음 설명에 해당하는 국제기구로 알맞은 것은?

> 미국 전자 산업 협회로, 전자 산업과 관련된 각종 조사, 제안, 규격 제정 등의 일을 하고 있다. 제정한 규격으로는 RS-232C, LAN용 트위스 페어 케이블 규정 등이 있다.

① EIA 　　② IEEE
③ ITU 　　④ ANSI

> EIA(Electronic Industries Alliance)는 미국 전자 산업 협회로, 랜 케이블 규격 등을 제정한다.

65

다음 설명에 해당하는 프로토콜로 알맞은 것은?

> 메시지에 대한 오류 보고와 이에 대한 피드백을 원래 소스에게 보고하는 역할을 수행한다.

① TCP 　　② ICMP
③ UDP 　　④ HTTP

> ICMP(Internet Control Message Protocol)는 메시지에 대한 오류 보고 및 피드백을 원래 호스트에게 돌려보내는 역할을 한다.

정답　　60 ①　61 ④　62 ③　63 ④　64 ①　65 ②

66

 핵심이론 145p

다음 중 OSI 7계층 모델 기준으로 가장 많은 계층을 지원하는 장치로 알맞은 것은?

① HUB
② Repeater
③ Bridge
④ Gateway

> Gateway는 서로 다른 프로토콜 구조를 가진 네트워크를 연결하는 장치로, OSI 7계층 모두에서 동작 가능하다.

67

다음 설명에 해당하는 명칭으로 알맞은 것은?

> - 각 기기들이 48비트 길이의 고유한 MAC 주소를 기반으로 상호간에 데이터를 주고받을 수 있도록 만들어졌다.
> - BNC, UTP 등의 케이블이 사용되고, 허브, 스위치 등의 장치를 이용한다.

① Token Ring
② FDDI
③ X.25
④ Ethernet

> Ethernet은 각 기기에 48비트 MAC 주소가 할당되고, UTP 케이블 등을 사용하는 LAN 기술이다.

68

 핵심이론 162p

다음에서 설명하는 서비스로 알맞은 것은?

> 리눅스가 설치된 시스템에 프린터를 연결하여 사용 중이다. 윈도우를 사용하는 회사 직원들의 컴퓨터에서도 리눅스 시스템에 연결된 프린터 사용이 가능하게 하려고 한다.

① NFS
② SSH
③ SAMBA
④ FTP

> Samba는 리눅스 프린터를 윈도우 사용자와 공유할 수 있게 하는 서비스이다.

69

 핵심이론 135p

중앙 제어기를 중심으로 모든 기기는 Point-to-Point 방식으로 연결하고, 중앙 제어기 고장 시 전체 네트워크가 중단되고 설치 비용이 많이 드는 LAN 구성 방식으로 알맞은 것은?

① 스타형
② 링형
③ 망형
④ 버스형

> 스타형은 중앙 제어기를 중심으로 연결되는 방식이다.

70

 핵심이론 147p

다음 중 SNMP 프로토콜의 포트번호로 알맞은 것은?

① 21
② 25
③ 143
④ 161

> SNMP의 요청/응답은 UDP 161 포트를 사용하고 TRAP는 UDP 162 포트를 사용한다.

71

 핵심이론 162p

다음 중 SSH와 관련된 서비스로 가장 거리가 먼 것은?

① nfs
② scp
③ rsh
④ sftp

> nfs는 네트워크 파일 시스템 공유 서비스로 SSH와는 거리가 멀다.
>
> **오답 풀이**
> ②④ scp, sftp는 ssh를 이용해 파일을 전송한다.
> ③ rsh는 원격 접속 관련이다.

정답 66 ④ 67 ④ 68 ③ 69 ① 70 ④ 71 ①

72

다음 중 OSI 7계층 모델에서 전송 계층의 데이터 전송 단위로 알맞은 것은?

① frame
② segment
③ socket
④ bit

전송 계층의 데이터 단위는 세그먼트(Segment) 또는 데이터그램(Datagram)이다.

73

다음 중 IPv6의 주소 표현 단위로 알맞은 것은?

① 16bit
② 32bit
③ 64bit
④ 128bit

IP 주소 체계
• IPV4: 32bit 주소
• IPv6: 128bit 주소

74

다음 중 전자 메일과 가장 관련 있는 프로토콜로 알맞은 것은?

① SSH
② SNMP
③ SMTP
④ SMB

SMTP(Simple Mail Transfer Protocol)는 전자 메일 전송에 사용되는 프로토콜이다.

75

다음 중 이더넷 카드에 연결된 케이블의 상태를 확인할 수 있는 명령어로 알맞은 것은?

① telnet
② arp
③ ifconfig
④ ethtool

ethtool은 이더넷 카드의 물리적 링크 상태를 확인할 수 있는 명령어이다.

76

다음 설명에 해당하는 netstat 명령어의 상태값(State)으로 알맞은 것은?

> 3 Way-Handshaking이 완료된 후 서버와 클라이언트가 서로 연결된 상태이다.

① SYN_RECV
② LISTEN
③ ESTABLISHED
④ SYS_SENT

ESTABLISHED는 3 Way-Handshaking 완료 후 서버와 클라이언트가 서로 연결된 상태이다.

77

다음에서 설명하는 프로토콜로 알맞은 것은?

> 세그먼트를 보내기만 하고 응답을 주고받지 않는 프로토콜로, 제대로 전달되었는 지의 여부를 확인하지 않으며 오류 수정도 하지 않는다.

① IP
② ARP
③ VRRP
④ UDP

UDP는 세그먼트만 보내고 응답을 주고받지 않는 비신뢰성, 비연결형 프로토콜이다.

78

다음 중 IPv4의 C 클래스 대역에 할당된 사설 IP 주소의 네트워크 개수로 알맞은 것은?

① 32
② 64
③ 128
④ 256

C 클래스 사설 IP 대역(192.168.0.0 ~ 192.168.255.255)은 256개의 네트워크를 가진다.

정답　72 ②　73 ④　74 ③　75 ④　76 ③　77 ④　78 ④

79

핵심이론 163p

다음 설명에 해당하는 인터넷 서비스로 가장 알맞은 것은?

> 실시간 채팅 프로토콜로 여러 사용자가 모여 대화를 할 수 있는 서비스이다. 개인 간의 대화와 파일 전송 기능을 제공한다. Xchat과 같은 클라이언트 프로그램을 사용해야 한다.

① Usenet　　　　② IRC
③ Samba　　　　④ NFS

IRC(Internet Relay Chat)는 실시간 채팅 프로토콜로 여러 사용자가 대화하며 파일 전송도 지원하는 서비스이다.

80

핵심이론 158p

다음 중 프로토콜과 포트번호의 조합으로 알맞은 것은?

① TELNET - 22　　　② SSH - 23
③ FTP - 443　　　　④ IMAP - 143

프로토콜과 포트번호
- TELNET: TCP 23번
- SSH: TCP 22번
- FTP: TCP 20, 21번
- IMAP: TCP 143번

정답　79 ②　80 ④

01

다음은 /etc/passwd 파일의 내용을 출력하는 과정이다. (㉠) 안에 들어갈 명령어로 알맞은 것은?

```
# ( ㉠ ) /etc/passwd
```

① lp
② lpc
③ lpstat
④ lprm

lp는 직접 파일을 인쇄하는 명령어이다.
오답 풀이
② lpc는 프린터 자체를 켜고 끄거나, 인쇄 대기열을 중단시키거나 재시작한다.
③ lpstat은 프린터 및 작업 상태를 조회한다.
④ lprm은 인쇄 대기열에 들어 있는 출력 작업을 삭제한다.

02

다음 중 System V 계열에 속하는 프린트 관련 명령어로 틀린 것은?

① lp
② lpc
③ lpstat
④ cancel

lpc는 프린터 제어 명령어이다.(BSD 계열)
오답 풀이
①③④ lp, lpstat, cancel은 System V 계열이다.

03

다음 설명에 해당하는 LVM 관련 용어로 알맞은 것은?

사용자가 필요한 만큼 할당하여 만들어지는 공간으로 물리적 디스크에서 분할하여 생성하는 파티션과 같은 개념이다.

① 볼륨 그룹(VG)
② 논리적 볼륨(LV)
③ 물리적 볼륨(PV)
④ 물리적 확장(PE)

문제가 오해의 소지가 많지만, 물리적 파티션과 같은 개념이므로 PV나 PE는 아니고, VG는 분할하기 전에 PV를 묶은 것이므로 아니다. 사용자가 할당하여 만드는 공간이므로 LV라고 할 수 있다.

04

다음 설명에 해당하는 용어로 알맞은 것은?

리눅스 및 유닉스 운영체제에서 사운드를 만들고 캡처하기 위한 인터페이스로 표준 유닉스 시스템 콜을 사용한다. Hannu Savolaonen에 의해 만들어졌으며 현재는 4종류의 라이선스 옵션을 기반으로 배포된다.

① ALSA
② CUPS
③ OSS
④ SANE

한누 사볼라이넨(Hannu Savolainen)이 개발한 OSS는 유닉스 및 리눅스 환경에서 표준적인 사운드 인터페이스로 사용되었다. 이후 OSS는 상용 라이선스로 전환되었고, 이를 계기로 리눅스 커뮤니티에서는 ALSA가 주력 사운드 시스템으로 채택되었다.
오답 풀이
② CUPS는 애플이 개발한 프린팅 시스템이다.
④ SANE은 스캐너, 비디오 캠 등 이미지 관련 API이다.

정답 01 ① 02 ② 03 ② 04 ③

05

다음 중 인터넷상에서 원격으로 인쇄하기 위해 사용되는 프로토콜명으로 알맞은 것은?

① IPP
② LPRng
③ CUPS
④ PPD

IPP(Internet Printing Protocol)는 클라이언트와 프린터 간에 인쇄 작업을 제출하고 프린터 상태를 조회하는 등의 통신을 처리하는 프로토콜이다.

오답 풀이

② LPRng는 BSD 계열의 인쇄 시스템이다.
③ CUPS는 프린팅 시스템 자체이다.
④ PPD는 프린터 설명 파일 형식이다.

06

다음 중 구성된 디스크 중에 한 개라도 오류가 발생하면 데이터 복구가 불가한 RAID 구성법으로 알맞은 것은?

① RAID-0
② RAID-1
③ RAID-5
④ RAID-6

RAID-0은 스트라이핑 방식을 사용하여 구성된 디스크 중 한 개라도 오류가 발생하면 전체 데이터 복구가 불가능하다.

오답 풀이

② RAID-1은 미러링을 통해 데이터 안정성을 제공한다.
③④ RAID-5, RAID-6은 패리티 정보를 사용하여 1개 또는 2개의 디스크 오류 발생 시에도 데이터 복구가 가능하다.

07

다음 중 rpm 명령어에서 설치할 때 사용하는 옵션으로 가장 거리가 먼 것은?

① -i
② -U
③ -f
④ -F

rpm 옵션
- -i: 새로운 패키지를 설치한다.
- -U: 기존 패키지를 업데이트 또는 새로 설치한다.
- -F: 이미 설치된 패키지만 업데이트한다.
- -f: 파일이 속한 패키지를 질의한다.

08

다음 중 소스 파일을 이용한 설치 방법이 나머지 셋과 다른 것은?

① Apache httpd
② MySQL
③ PHP
④ Nmap

MySQL은 5.5 버전 이후부터는 cmake를 사용하여 설치를 진행해야 한다.

오답 풀이

①③④ Apache httpd, PHP, Nmap 등은 configure, make, make install 과정을 통해 설치한다.

09

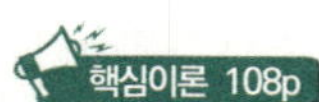

다음 중 데비안 계열 리눅스에서 사용하는 패키지 관리 도구로 가장 알맞은 것은?

① rpm
② yum
③ dpkg
④ YaST

dpkg apt, apt-get은 데비안 계열 패키지 관리 도구이다.

오답 풀이

①② rpm, yum은 레드햇 계열 패키지 관리 도구이다.
④ YaST는 수세 계열 설치 및 시스템 관리 도구이다.

10

다음 중 yum을 이용해서 nmap 패키지를 제거하는 명령어로 알맞은 것은?

① yum delete nmap
② yum clean nmap
③ yum remove nmap
④ yum destory nmap

yum remove [패키지명] 또는 yum erase [패키지명] 명령어로 패키지를 제거한다.

정답
05 ①　06 ①　07 ③　08 ②　09 ③　10 ③

11

핵심이론 110p

다음 중 아파치 웹 서버 소스 파일을 내려받은 후 압축을 해제하는 과정이다. (㉠) 안에 들어갈 내용으로 알맞은 것은?

```
# tar ( ㉠ ) httpd-2.4.53.tar.bz2
```

① jxvf ② Jxvf
③ zxvf ④ Zxvf

> tar 옵션
> - -j: bzip2 방식으로 압축 또는 해제한다.
> - -v 처리 과정을 자세히 출력한다.
> - -x: 아카이브에서 파일을 추출한다.
> - -f: 파일 이름을 지정한다.
> - -z: gzip2 방식으로 압축 또는 해제한다.

12

핵심이론 112p

다음 중 소스 파일을 이용한 설치 단계로 가장 알맞은 것은?

① make clean → make → make install
② make → make clean → make install
③ configure → make → make install
④ configure → make clean → make install

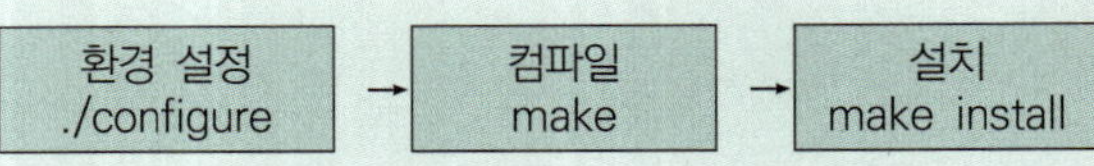

13

핵심이론 109p

다음 중 온라인 기반 패키지 관리 도구로 거리가 먼 것은?

① apt-get ② yum
③ zypper ④ YaST

> YaST는 로컬 패키지 관리 도구이다.
>
> 오답 풀이
> ①②③ apt-get(데비안 계열), yum(레드햇 계열), zypper(openSUSE 계열)는 온라인 기반 패키지 관리 도구이다.

14

핵심이론 105p

다음 중 의존성이 있는 httpd 패키지를 강제로 제거하는 명령어로 알맞은 것은?

① rpm -r httpd —force
② rpm -r httpd --nodeps
③ rpm -e httpd —force
④ rpm -e httpd —nodeps

> rpm으로 패키지를 제거하려면 기본적으로 rpm -e [패키지명] 명령어를 사용한다. 이때, --nodeps는 의존성 검사를 무시하고 강제로 제거하도록 하는 옵션이다.

15

핵심이론 102p

다음 중 vi 편집기에서 변경된 내용을 저장하지 않고 종료하는 명령어로 알맞은 것은?

① :w! ② :q!
③ :x! ④ :e!

> vi 명령어
> - :q!은 변경된 내용을 저장하지 않고 종료한다.
> - :w!은 강제로 저장한다.
> - :x!은 강제로 저장 후 종료한다.
> - :e!은 파일의 마지막 저장된 내용으로 되돌린다.

16

핵심이론 100p

다음 중 emacs 편집기를 개발한 인물로 알맞은 것은?

① 빌 조이 ② 리처드 스톨만
③ 리누스 토발즈 ④ 브람 무레나르

> emacs는 리처드 스톨만(Richard Stallman)이 개발한 확장 가능한 텍스트 편집기이다.
>
> 오답 풀이
> ① 빌 조이는 vi를 개발했다.
> ③ 리누스 토발즈는 리눅스 커널을 개발했다.
> ④ 브람 무레나르는 vim을 개발했다.

정답   11 ①   12 ③   13 ④   14 ④   15 ②   16 ②

다음 중 vi 편집기에서 줄의 시작이 linux일 때 Linux로 치환하는 명령어로 알맞은 것은?

① :% s/^linux/Linux/
② :% s/\<linux/Linux/
③ :% s/\<linux\>/Linux/
④ :% s/$linux/Linux/

vi에서 문자열 치환 시 ^는 줄의 시작을 의미한다. 따라서 ^linux는 줄의 맨 앞에 위치한 linux 문자열만을 대상으로 한다.

18

다음 중 vi 편집기에서 현재 커서가 위치한 줄부터 아래 방향으로 3줄 복사하는 명령어로 알맞은 것은?

① 3j   ② 3p
③ 3dd   ④ 3yy

vi에서 yy는 현재 커서가 위치한 한 줄을 복사하는 명령어이다. 숫자를 앞에 붙이면 해당 개수만큼의 줄을 복사한다.

19

다음은 (㉠), (㉡) 안에 들어갈 내용으로 알맞은 것은?

> 워싱턴 대학에서 유닉스용으로 만든 (㉠) 편집기는 리눅스 초기 배포판에 포함되었으나 최근에는 이 복제판인 (㉡) 편집기가 사용되고 있다.

① ㉠ vi, ㉡ vim
② ㉠ vi, ㉡ pico
③ ㉠ pico, ㉡ nano
④ ㉠ nano, ㉡ pico

nano는 pico를 기반으로 기능을 확장하여 개발된 편집기로, pico와 호환성을 유지하면서도 검색, 치환 등의 기능이 추가되었다. 따라서 pico → nano의 관계가 올바르다.

20

다음은 vi 편집기 실행 시에 자동으로 행 번호가 나타나도록 설정하는 과정이다. (㉠), (㉡) 안에 들어갈 파일명과 설정 내용의 조합으로 알맞은 것은?

```
[ihduser@kait ~]$ cat > ( ㉠ ) ( ㉡ )
```

① ㉠ .virc, ㉡ set no
② ㉠ .virc, ㉡ set nu
③ ㉠ .exrc, ㉡ set no
④ ㉠ .exrc, ㉡ set nu

.exrc는 vi의 사용자 환경 설정 파일이다. set nu는 행 번호를 표시하는 옵션으로, vi 실행 시 자동으로 줄 번호가 나타나도록 설정할 수 있다.

오답 풀이
①② .virc는 존재하지 않는 파일명이다.

21

다음 중 백그라운드로 수행 중인 프로세스를 확인하는 명령어로 알맞은 것은?

① bg   ② fg
③ jobs   ④ nohup

jobs은 현재 셸에서 백그라운드 또는 중지 상태로 실행 중인 작업 목록을 확인하는 명령어이다.

오답 풀이
①② bg, fg는 작업 상태를 변경하는 명령어이다.
④ nohup은 터미널 종료와 무관하게 프로세스를 유지할 때 사용하는 명령어이다.

정답   17 ①   18 ④   19 ③   20 ④   21 ③

22

다음 중 CentOS 7 버전에서 모든 프로세스의 시작이 되는 프로세스 이름으로 알맞은 것은?

① init
② inetd
③ deamon
④ systemd

CentOS 7부터는 기존의 init 시스템을 대체하여 systemd가 기본 초기화 시스템으로 사용된다. systemd는 병렬 서비스 시작과 의존성 관리 기능을 제공하며, 모든 프로세스의 시작점이 된다.

23

다음 제시된 명령어를 백그라운드 프로세스로 실행하려고 할 때 (㉠) 안에 들어갈 내용으로 알맞은 것은?

```
# find / -name "*.txt"" > list ( ㉠ )
```

① ;
② |
③ &
④ +

명령어 끝에 &를 붙이면 해당 명령어는 백그라운드 프로세스로 실행된다. 터미널을 계속 사용할 수 있다는 장점이 있으며, 장시간 수행되는 작업에서 자주 사용된다.

24

다음 중 작업 중인 터미널이 닫혀도 실행 중인 프로세스를 계속해서 백그라운드 프로세스로 유지하려고 할 때 사용하는 명령어로 알맞은 것은?

① bg
② fg
③ jods
④ nohup

nohup은 터미널 세션이 종료되더라도 실행 중인 프로세스가 종료되지 않도록 하는 명령어이다. 원격 접속 환경이나 로그아웃 후에도 작업을 유지해야 할 때 사용된다.

25

다음 명령어의 결과에 대한 설명으로 알맞은 것은?

```
# kill 513
```

① PID가 513번인 프로세스에 1번 시그널을 전송한다.
② PID가 513번인 프로세스에 9번 시그널을 전송한다.
③ PID가 513번인 프로세스에 15번 시그널을 전송한다.
④ kill 명령어는 프로세스명을 사용하므로 명령 오류가 발생한다.

kill은 기본적으로 SIGTERM(15번) 시그널을 전송하는 명령어이다. SIGTERM은 정상 종료 요청 시그널로, 프로세스가 종료 전에 정리 작업을 수행할 수 있도록 한다.

26

다음은 프로세스 아이디(PID)가 1222번인 프로세스의 우선순위 값을 변경하는 과정이다. (㉠) 안에 들어갈 명령어로 알맞은 것은?

```
# ( ㉠ ) -10 1222
```

① nice
② renice
③ top
④ ps

renice는 이미 실행 중인 프로세스의 우선순위 값을 변경할 때 사용하는 명령어이다.

오답 풀이

① nice는 프로세스 실행 시 우선순위를 지정하는 명령어이다.
③ top는 실시간으로 CPU 사용률, 메모리 사용량, 스왑 사용량, 프로세스별 자원 점유율 등을 주기적으로 갱신하여 보여주는 모니터링 도구이다.
④ ps는 현재 실행 중인 프로세스의 상태 정보를 출력하는 명령어이다.

정답
22 ④ 23 ③ 24 ④ 25 ③ 26 ②

27

다음 (㉠), (㉡) 안에 들어갈 내용으로 가장 알맞은 것은?

> (㉠)(은)는 주기적이고 지속적인 서비스 요청을 처리하기 위해서는 계속 실행되는 프로세스로 일종의 (㉡) 프로세스이다.

① ㉠ standalone, ㉡ foreground
② ㉠ standalone, ㉡ background
③ ㉠ daemon, ㉡ foreground
④ ㉠ daemon, ㉡ background

> 데몬은 시스템 서비스로서 백그라운드에서 지속적으로 실행되는 프로세스이다. 사용자 입력 없이 동작하며, 네트워크 서비스나 시스템 관리 작업을 담당한다.

28

다음 설명에 해당하는 명칭으로 알맞은 것은?

> 하나의 프로세스가 다른 프로세스를 실행할 때 호출하는 방법으로 새로운 프로세스를 위해 메모리를 할당받아 복사본 형태로 프로세스를 실행한다. 새롭게 생성된 프로세스는 원래 프로세스의 자식 프로세스가 된다.

① exec
② fork
③ init
④ inetd

> fork는 부모 프로세스를 복제하여 새로운 자식 프로세스를 생성하는 시스템 호출이다. 이후 exec를 통해 다른 프로그램을 실행하는 구조로 많이 사용된다.

29

다음 중 cron을 이용해서 매주 1회만 작업 스크립트를 실행하려고 할 때 (㉠) 안에 들어갈 내용을 알맞은 것은?

> (㉠) /etc/work.sh

① 4 0 * 1 *
② 4 0 1 * *
③ 4 0 * * 2
④ 4 0 * 2 *

> crontab의 5필드는 '분 시 일 월 요일' 순서이다. 매주 1회씩 주기적으로 실행하려면 분 시 요일을 지정해야 한다. 4 0 * * 2는 04분 01시 화요일(2)에 실행한다는 의미로 주 1회 조건을 충족한다.

30

다음 중 Ctrl+Z 키 조합으로 실행했을 때 발생하는 시그널명과 번호의 조합으로 알맞은 것은?

① SIGSTOP, 19
② SIGSTOP, 20
③ SIGTSTP, 19
④ SIGTSTP, 20

> Ctrl+Z 키 조합은 SIGTSTP 시그널을 발생시켜 현재 실행 중인 프로세스를 일시 중지 상태로 만들며, 시그널 번호는 20번이다.

31

다음 설명에 해당하는 셸의 기능으로 알맞은 것은?

> 기존에 실행한 명령어들을 위/아래 방향키를 사용해 검색 및 편집하여 특정 명령어를 반복 수행할 수 있다.

① 명령행 완성 기능
② 명령행 편집 기능
③ 명령어 히스토리 기능
④ 명령어 alias 기능

> 명령어 히스토리 기능은 이전에 입력한 명령을 다시 불러와 실행할 수 있는 기능이다. 방향키 또는 history 명령어를 통해 활용할 수 있다.

정답 27 ④ 28 ② 29 ③ 30 ④ 31 ③

32

다음 중 현재 사용 가능한 셸 목록 정보가 저장된 파일명으로 알맞은 것은?

① /etc/passwd
② /etc/shells
③ /etc/login.defs
④ /etc/default/useradd

/etc/shells 파일에는 시스템에서 사용할 수 있는 로그인 셸의 목록이 저장된다. 사용자 셸 변경 시 이 파일에 등록된 셸만 사용할 수 있다.

33

다음 설명에 해당하는 셸로 알맞은 것은?

1989년 브라이언 폭스가 GNU 프로젝트를 위해 개발한 셸로 명령 히스토리, 명령행 편집 등 다양한 기능을 지원한다.

① ksh
② tcsh
③ bash
④ dash

bash는 GNU 프로젝트에서 개발한 셸로, 리눅스 시스템에서 가장 널리 사용된다. 명령어 히스토리, 자동 완성 기능 등을 제공한다.

34

다음 선언된 셸 변수를 해제하는 명령어로 알맞은 것은?

① env
② set
③ unset
④ printenv

unset은 이미 선언된 셸 변수를 제거할 때 사용되는 명령어이다. 변수 값을 비우는 것이 아니라 변수 자체를 삭제한다는 점이 특징이다.

35

다음 설명에 해당하는 파일로 가장 알맞은 것은?

특정 디렉터리를 명령어 검색 디렉터리로 지정하기 위해, 환경변수 PATH에 등록하고 계속해서 사용하려고 한다.

① ~/.bashrc
② ~/.bash_history
③ ~/.bash_profile
④ ~/.bash_logout

~/.bash_profile은 환경변수 PATH에 등록하는 등 로그인 시 한 번만 실행되는 설정 파일이다.

오답 풀이

① ~/.bashrc는 새로운 셸이 시작될 때마다 실행된다.
② ~/.bash_history는 사용자가 로그인한 후에 입력한 명령어들이 로그아웃할 때 저장되는 파일이다.
④ ~/.bash_logout은 로그인 셸을 종료(로그아웃)할 때 자동으로 실행되는 개인용 설정 파일이다.

36

다음 (㉠) 안에 출력되는 내용으로 알맞은 것은?

```
[ihduser@kait ~]$ user=lin
[ihduser@kait ~]$ echo $USER
( ㉠ )
```

① lin
② USER
③ ihduser
④ 아무것도 출력되지 않는다.

$USER는 현재 로그인한 사용자 이름을 저장하는 환경변수이다. ihduser 사용자로 로그인한 상태에서 echo $USER를 실행하면 환경변수에 저장된 값인 ihduser가 출력된다.

정답   32 ② 33 ③ 34 ③ 35 ③ 36 ③

37

핵심이론 83p

다음 중 로그인 셸을 확인하는 명령어로 알맞은 것은?

① cat SHELL
② cat $SHELL
③ echo SHELL
④ echo $SHELL

$SHELL 환경변수에는 사용자의 기본 로그인 셸 경로가 저장되어 있다. cat $SHELL은 $SHELL 변수에 저장된 경로의 파일 내용을 출력하려고 시도하므로 의도한 결과가 나오지 않는다.

38

핵심이론 83p

다음은 ihduser 사용자가 로그인 후에 사용 중인 셸을 확인하는 과정이다. (㉠) 안에 들어갈 내용으로 알맞은 것은?

[ihduser@kait ~] $ (㉠)

① ps
② chsh -s
③ chsh -l
④ chsh -u

현재 사용 중인 셸 프로세스의 정보를 확인하려면 프로세스 상태를 출력하는 ps -p $$ 명령어를 사용할 수 있다.

오답 풀이

②③④ chsh는 사용자의 로그인 셸을 변경하는 명령어이다.

39

다음 중 디스크 용량 단위를 적은 순서부터 큰 순서로 바르게 나열한 것은?

① GB<TB<PB<EB
② TB<GB<PB<EB
③ GB<TB<EB<PB
④ TB<GB<EB<PB

디스크 용량 크기: GB(기가바이트) < TB(테라바이트) < PB(페타바이트) < EB(엑사바이트)

40

핵심이론 79p

다음은 ihduser 사용자의 디스크 사용량을 확인하는 과정이다. (㉠) 안에 들어갈 명령어로 알맞은 것은?

(㉠) -sh ~ihduser

① quota
② mount
③ df
④ du

du(Disk Usage)는 사용자의 디스크 사용량을 확인하는 명령어이다.

오답 풀이

① quota는 디스크 할당량을 설정하거나 확인하는 데 사용된다.
② mount는 특정 장치(예) 하드 디스크 파티션, USB 드라이크)에 있는 파일 시스템을 리눅스의 전체 디렉터리 트리 구조에 연결하는 명령어이다.
③ df는 마운트된 파일 시스템의 전체 용량과 사용 가능한 용량을 확인하는 데 사용된다.

41

핵심이론 70p

다음은 /project 디텍터리를 포함해서 하위 디렉터리 및 파일의 그룹 소유권을 project로 변경하는 과정이다. (㉠) 안에 들어갈 내용으로 알맞은 것은?

(㉠) project /project

① chgrp -r
② chgrp -R
③ chmod -r
④ chown -r

chgrp는 파일 또는 디렉터리의 그룹 소유권을 변경하는 명령어이다. 하위 디렉터리 및 파일까지 재귀적으로(Recursive) 변경하려면 -R 옵션을 사용해야 한다.

오답 풀이

①③④ -r은 일부 명령어에서 재귀적인 의미로 사용되기도 하나 chgrp에서는 -R이 표준이다.

정답

37 ④ 38 ① 39 ① 40 ④ 41 ②

42

다음은 XFS 파일 시스템으로 구성된 /dev/sdb1 파티션을 점검 및 복구하는 과정이다. (㉠) 안에 들어갈 명령어로 알맞은 것은?

```
# ( ㉠ )  /dev/sdb1
```

① fsck -t xfs
② e2fsck -t xfs
③ xfs_repair
④ mkfs -t xfs

xfs_repair는 XFS 파일 시스템의 점검 및 복구에 사용되는 명령어이다.

오답 풀이
①② fsck, e2fsck는 ext2, ext3, ext4 등의 파일 시스템에 주로 사용되는 명령어이다.
④ mkfs는 파일 시스템을 생성하는 명령어이다.

43

다음 결과에 해당하는 명령어로 알맞은 것은?

```
[root@www ~]#
/dev/sda1 on / type xfs (rw,relatime,seclabel, attr2,inode64,
noquota)
```

① fdisk
② mount
③ df
④ du

mount 현재 시스템에 마운트된 파일 시스템의 정보를 출력하는 명령어이다. 제시된 결과는 /dev/sda1이 /에 xfs 타입으로 마운트된 정보를 보여주고 있다.

오답 풀이
① fdisk는 디스크 파티션을 설정하는 명령어이다.
③ df는 디스크 사용량 정보를 보여주는 명령어이다.
④ du는 사용자의 디스크 사용량을 확인하는 명령어이다.

44

다음 중 chmod 명령어 사용법 관련된 예로 틀린 것은?

① chmod u+s a.out
② chmod g+s a.out
③ chmod o+t /project
④ chmod g+t /project

g+t는 잘못된 옵션 조합이다.

chomod 특수 권한
• u+s: 사용자(owner)에게 SetUID 권한을 부여한다.
• g+s: 그룹에게 SetGID 권한을 부여한다.
• o+t: 다른 사용자(others)에게 Sticky Bit 권한을 부여한다.

45

다음 중 사용자 디스크 쿼터 설정을 위해 /etc/fstab 파일에 설정하는 옵션 값으로 틀린 것은?

① quota
② uquota
③ usrquota
④ userquota

userquota는 /etc/fstab 파일에 지정하는 올바른 옵션 값이 아니다.

오답 풀이
①②③ /etc/fstab 파일에 지정하는 옵션 값에는 quota, uquota, usrquota, grpquota 등이 있다.

46

다음 명령어를 실행했을 경우에 'a.txt' 파일의 허가권 값으로 알맞은 것은?

```
$ umask 022
$ touch a.txt
```

① ----r--r--
② -rwxr-xr-x
③ -rw-r--r--
④ -rw-rw-r--

umask 값이 022이면 파일의 기본 권한 666에서 그룹과 기타 사용자의 쓰기 권한이 마스크 처리되어 실제 권한은 666 - 022 = 644이다. r(4), w(2), x(1)이므로 소유자는 rw-, 그룹과 기타 사용자는 r-- 권한을 가지게 된다.

정답   42 ③   43 ②   44 ④   45 ④   46 ③

47

다음은 ihduser 사용자의 디스크 쿼터를 설정하는 과정이다. (㉠) 안에 들어갈 명령어로 알맞은 것은?

```
# ( ㉠ ) ihduser
```

① quota
② edquota
③ repquota
④ xfs_quota

edquota는 사용자별 또는 그룹별 디스크 할당량(quota)을 대화식으로 설정하는 명령어이다.

오답 풀이

① quota는 디스크 쿼터 정보를 확인한다.
③ repquota는 파일 시스템별 할당량 요약 보고서를 출력한다.
④ xfs_quota는 XFS 파일 시스템 전용 디스크 쿼터를 관리한다.

48

다음의 경우 관련 설명으로 알맞은 것은?

```
[root@www ~]# id ihduser
uid=1009(ihduser) gid=1009(ihduser) groups=1009(ihduser),1018(project)
[root@www ~]# ls -ld /project
drwxr-xr-x. 2 root project 6 Apr 6 10:22 /project
[root@www ~]# chmod 3070 /project
```

① ihduser 사용자는 /project 디렉터리에 들어갈 수 없다.
② ihduser 사용자는 /project 디렉터리에 들어갈 수는 있으나 파일을 생성할 수 없다.
③ ihduser 사용자가 /project 디렉터리에 파일을 생성하면 그룹 소유권은 project이다.
④ ihduser 사용자가 /project 디렉터리에 파일을 생성하면 그룹 소유권은 ihduser이다.

chmod 3070 /project은 /project 디렉터리에 특별 권한 3(SetUID + SetGID)을 설정하는 명령어이다. SetGID가 설정되면, 해당 디렉터리 내에 생성되는 파일이나 하위 디렉터리의 그룹 소유권은 파일을 생성한 사용자가 속한 주 그룹이 아닌, 해당 디렉터리(/project)의 그룹 소유권인 project로 설정된다. 따라서 ihduser 사용자가 파일을 생성하면 그룹 소유권은 project가 된다.

49

다음 중 리눅스 커널 기반으로 만들어진 운영체제로 틀린 것은?

① webOS
② QNX
③ GENIVI
④ Tizen

QNX는 리눅스와는 다른 실시간 운영체제(RTOS) 커널을 기반으로 한다.

오답 풀이

①③④ webOS, GENIVI, Tizen은 모두 리눅스 커널을 기반으로 만들어진 운영체제이다.

50

다음 설명의 경우에 구성해야 할 클러스터 기법으로 가장 알맞은 것은?

지속적인 서비스 제공을 목적으로 하는 클러스터로, 주된 역할을 수행하는 Primary Node에 오류가 발생할 경우에 Backup Node가 관련 서비스를 이어받도록 한다.

① 베어울프 클러스터
② 고계산용 클러스터
③ 부하분산 클러스터
④ 고가용성 클러스터

고가용성 클러스터는 여러 서버를 하나의 시스템처럼 묶어 부하를 분산하거나(부하 분산 클러스터), 한 노드에 오류가 발생했을 때 다른 노드가 즉시 서비스를 인계받아 지속적인 서비스 운영을 가능하게 하는 방식이다.

정답　　　47 ② 　48 ③ 　49 ② 　50 ④

51

다음 설명에 해당하는 가상화 기술로 알맞은 것은?

> 레드햇에서 인수한 Qumranet에서 개발한 하이퍼바이저로, x86 시스템 기반으로 전가상화 방식을 사용한다.

① Docker
② Xen
③ KVM
④ VirtualBox

KVM(Kernel-based Virtual Machine)은 레드햇에서 인수한 Qumranet에서 개발한 하이퍼바이저 기반 x86 시스템 기반 가상화 방식이다.

오답 풀이
① Docker는 컨테이너 생성·실행 도구이다.
② Xen은 다른 하이퍼바이저 기술이다.
④ VirtualBox는 호스트 기반 가상화 소프트웨어이다.

52

다음 설명에 해당하는 빅데이터 관련 기술로 알맞은 것은?

> 대량의 자료를 처리할 수 있는 큰 컴퓨터 클러스터에서 동작하는 분산 응용 프로그램을 지원하는 프리웨어 자바 소프트웨어 프레임워크이다.

① Hadoop
② NoSQL
③ R
④ Anisible

Hadoop은 대량의 자료를 처리할 수 있는 클러스터 기술로, 파일 시스템(HDFS)과 맵리듀스(MapReduce) 프로그램을 지원하는 오픈 소스 프레임워크이다.

오답 풀이
② NoSQL은 비관계형 데이터베이스 시스템이다.
③ R은 통계 프로그래밍 언어이다.
④ Ansible은 자동화 도구이므로 빅데이터 기술로 보기 어렵다.

53

다음은 특정 IP 주소에 가상 도메인을 설정하는 과정이다. (㉠) 안에 들어갈 파일명으로 알맞은 것은?

```
# cat > > ( ㉠ )
192.168.56.102 www.ihd.or.kr
```

① /etc/hosts
② /etc/resolv.conf
③ /etc/sysconfig/network
④ /etc/sysconfig/network-scripts

/etc/hosts 파일은 IP 주소와 도메인 이름을 직접 매핑한다. 특정 IP 주소에 가상 도메인을 설정할 때 DNS 서버를 거치지 않고 로컬에서 이름 해석이 가능하다.

54

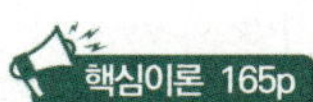

다음 설명에 해당하는 파일로 알맞은 것은?

> 네트워크 관리자로부터 사용 중인 리눅스 시스템의 DNS 서버 주소를 변경하라는 연락을 받아서 관련 내용으로 수정하려고 한다.

① /etc/hosts
② /etc/resolv.conf
③ /etc/sysconfig/network
④ /etc/sysconfig/network-scripts

/etc/resolv.conf 파일에는 DNS 서버 주소와 도메인 검색 순서가 설정된다. 시스템에서 도메인 이름을 IP 주소로 변환할 때 참조하는 핵심 파일이다.

정답 

51 ③ 52 ① 53 ① 54 ②

55

핵심이론 159p

다음 중 FTP 서비스에서 사용하는 포트번호에 대한 설명으로 알맞은 것은?

① FTP 서비스는 20번 포트를 사용해서 데이터 전송 및 제어를 관리한다.
② FTP 서비스는 21번 포트를 사용해서 전송 및 제어를 관리한다.
③ FTP 서비스는 20번 포트로 데이터를 전송하고, 21번 포트로 제어한다.
④ FTP 서비스는 20번 포트로 제어하고, 21번 포트로 데이터를 전송한다.

FTP 서비스에서 21번 포트는 명령 및 제어를 담당하며, 실제 데이터 전송은 20번 포트를 사용한다.

56

핵심이론 160p

다음 설명에 해당하는 인터넷 서비스로 알맞은 것은?

패킷을 암호화하여 안전한 원격 로그인을 지원하는 기능 이외에 원격 셸, 원격 복사, 안전한 파일 전송 등도 지원한다.

① SSH
② telnet
③ NFS
④ FTP

SSH는 패킷을 암호화하여 보안이 강화된 원격 로그인을 지원하며, sftp를 이용하여 안전한 파일 전송을 한다.

오답 풀이
② telnet은 암호화되지 않은 평문 통신을 사용하여 보안에 취약하다.
③ NFS는 네트워크 파일 시스템 공유 서비스이다.
④ FTP는 파일을 송수신하기 위한 클라이언트-서버 구조를 기반으로 동작하는 인터넷 서비스이다.

57

핵심이론 157p

다음 설명에 해당하는 웹 브라우저로 알맞은 것은?

모질라(Mozilla) 재단에서 개발한 자유 소프트웨어로 게코(Gecko) 레이아웃 엔진을 사용한다. 탭 브라우징, 맞춤법 검사, 통합 검색 등의 기능을 제공한다.

① 사파리
② 오페라
③ 크롬
④ 파이어폭스

파이어폭스(Firefox)는 모질라 재단에서 개발한 자유 소프트웨어 웹 브라우저이며, 게코(Gecko) 렌더링 엔진을 사용한다.

오답 풀이
① 사파리는 애플에서 개발했다.
② 오페라는 오페라 소프트웨어에서 개발했다.
③ 크롬은 구글에서 개발했다.

58

핵심이론 147p

다음 중 전자 우편 서비스와 관련된 프로토콜로 가장 거리가 먼 것은?

① SNMP
② SMTP
③ IMAP
④ POP3

SNMP은 네트워크 장비 관리에 사용되는 프로토콜이다.

오답 풀이
② SMTP은 이메일 전송 프로토콜이다.
③ IMAP은 메일 서버의 이메일을 동기화하고 관리하는 프로토콜이다.
④ POP3은 메일 서버에서 클라이언트로 이메일을 다운로드하는 프로토콜이다.

정답

55 ③ 56 ① 57 ④ 58 ①

59

다음 설명에 해당하는 LAN 구성 방식으로 알맞은 것은?

> 장애 발생 시에도 다른 시스템에 영향이 적고, 우회할 수 있는 방법이 존재하여 신뢰성이 높다. 단점으로 설치 비용이 많이 들고, 운영이 어렵다. 또한 장애 발생 시에 고장 지점을 찾기가 쉽지 않다.

① 망(Mesh)형
② 링(Ring)형
③ 버스(Bus)형
④ 스타(Star)형

> 망형은 한 경로에 장애가 발생하더라도 다른 경로를 통해 통신이 가능하므로 장애에 강하고 신뢰성이 매우 높다. 그러나 모든 노드를 다중 연결해야 하므로 케이블과 장비가 많이 필요해 설치 비용이 높고, 구조가 복잡하여 운영 및 장애 지점 파악이 어렵다.

60

다음 그림에 해당하는 케이블로 알맞은 것은?

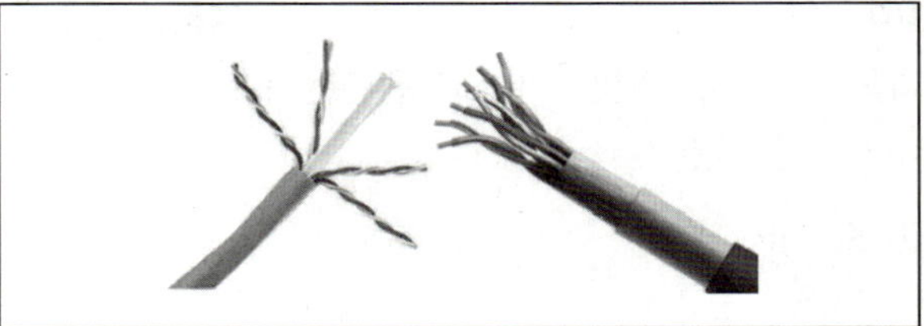

① STP
② UTP
③ BNC
④ Fiber Cable

> UTP 케이블은 이더넷 LAN에서 가장 널리 사용되며, 차폐가 없는 대신 설치가 간편하고 비용이 저렴하다.
>
> **오답 풀이**
> ① STP는 차폐 기능이 있다.
> ③ BNC는 동축 케이블이다.
> ④ Fiber Cable은 광케이블이다.

61

다음 중 C 클래스 네트워크 대역에서 서브넷 마스크값을 255.255.255.192로 설정했을 때 생성되는 서브 네트워크의 개수로 알맞은 것은?

① 2
② 4
③ 62
④ 64

> 서브넷의 값이 255.255.255.192이므로 192를 2진수로 변환하면 11000000이다. 네트워크는 2자리이고 호스트가 6자리이다. 네트워크 개수는 $2^2 = 4$, 즉 4개로 분할하였다는 것을 알 수 있다.

62

다음 설명에 해당하는 명칭으로 가장 알맞은 것은?

> 도시와 같은 공중 영역을 상호 연결하기 위해 개발된 것으로 IEEE 802.6으로 표준화되었다.

① X.25
② ATM
③ DQDB
④ FDDI

> DQDB는 대도시 지역에 걸쳐 고속의 데이터 전송을 제공하기 위해 설계된 방식으로 IEEE 802.6으로 표준화되었다. 이는 X.25나 ATM과 같은 다른 광역 네트워크 기술들과 차별화되는 MAN 환경에 특화된 기술이다.

63

다음 중 라우팅 테이블 정보를 출력하는 명령어로 알맞은 것은?

① ip
② ifconfig
③ mii-tool
④ ethtool

> 라우팅 테이블 정보를 출력하는 명령어는 ip route 또는 netstat -rn, route -n 등이다.
>
> **오답 풀이**
> ② ipconfig는 네트워크 인터페이스 정보를 출력한다.
> ③ mii-tool은 이더넷 네트워크 인터페이스의 상태를 확인하며 네트워크 케이블이 연결 여부를 확인한다.
> ④ ethtool은 네트워크 인터페이스 카드(NIC)의 물리 계층 설정과 상태를 확인·제어한다.

정답   59 ① 60 ② 61 ② 62 ③ 63 ①

다음 설명에 해당하는 OSI 계층으로 알맞은 것은?

> 응용 프로그램 간의 통신을 관리하는 방법과 동기화를 유지하는 서비스를 제공한다. 응용 프로그램 사이의 접속 설정 및 유지, 데이터의 전송 순서 및 동기점의 위치를 제공한다.

① 네트워크 계층   ② 전송 계층
③ 세션 계층   ④ 표현 계층

> 세션 계층은 응용 프로그램 간 통신 관리, 접속 설정 및 유지, 동기화 제공 등을 수행한다.

65

다음 중 SSH 서버의 변경된 포트번호로 접속하기 위해 사용되는 ssh 명령어의 옵션으로 알맞은 것은?

① -l   ② -n
③ -p   ④ -x

> SSH 서버에 접속할 때 기본 포트(22번)가 아닌 변경된 포트번호로 접속하려면 ssh 명령어의 -p 옵션을 사용해야 한다.
>
> **오답 풀이**
> ① -l은 로그인할 사용자 이름을 지정하는 데 사용된다.
> ② -n은 표준 입력(stdin)을 /dev/null로 리디렉션한다.
> ④ -x는 X11 포워딩 기능을 비활성화한다.

66

다음 (㉠), (㉡) 안에 들어갈 내용으로 알맞은 것은?

> 삼바는 리눅스를 비롯한 유닉스 계열 운영체제와 윈도우 운영체제 간의 자료 및 하드웨어를 공유하게 해 준다. 초기에는 (㉠) 프로토콜은 사용했으나 현재는 (㉡) 프로토콜로 확정되었다.

① ㉠ SMB, ㉡ CIFS   ② ㉠ SMB, ㉡ NFS
③ ㉠ CIFS, ㉡ SMB   ④ ㉠ NFS, ㉡ CIFS

> SMB는 마이크로소프트사가 개발한 운영체제 간의 파일 공유 및 프린터 공유 등을 위한 프로토콜이다. CIFS는 SMB 프로토콜의 확장된 형태로, 인터넷 환경에서 파일 공유를 위해 설계되었다.

67

다음 중 CentOS 7 버전에서 이더넷 카드(Ethernet Card)를 장착했을 때 나타나는 장치명의 형식으로 가장 알맞은 것은?

① lo   ② eth0
③ enp0s3   ④ virbr0

> CentOS 7 버전에서는 이더넷 카드 장치명에 예측 가능한 네트워크 인터페이스 이름 지정 방식이 도입되어 enp0s3, enp2s0 등과 같은 형식이 사용된다.
>
> **오답 풀이**
> ① lo는 루프백 인터페이스 이름이다.
> ② eth0은 이전 방식의 이름이다.
> ④ virbr0은 가상화 도구를 사용할 때 자동으로 생성되는 가상 네트워크 브리지이다.

68

다음 중 IPv4의 C 클래스 네트워크 주소 대역으로 알맞은 것은?

① 191.0.0.0 ~ 223.255.255.255
② 192.0.0.0 ~ 223.255.255.255
③ 191.0.0.0 ~ 233.255.255.255
④ 192.0.0.0 ~ 233.255.255.255

> **네트워크 주소 대역**
> - 클래스 A: 01 ~ 27
> - 클래스 B: 128 ~ 191
> - 클래스 C: 192 ~ 223
> - 클래스 D: 224 ~ 239(멀티캐스트용)
> - 클래스 E: 240 ~ 255(연구용)

정답   64 ③   65 ③   66 ①   67 ③   68 ②

다음 (㉠), (㉡) 안에 들어갈 내용으로 알맞은 것은?

> 인터넷 등장 초기에는 IP 주소 및 인터넷 서비스에 대한 포트번호 지정과 같은 관리를 미국 상무부 산하 단체인 (㉠)에서 관리했으나, 현재는 국제적인 기구로 바뀌면서 (㉡)에서 관리한다.

① ㉠ IEEE, ㉡ ICANN
② ㉠ ICANN, ㉡ IEEE
③ ㉠ ICANN, ㉡ IANA
④ ㉠ IANA, ㉡ ICANN

인터넷 등장 초기에는 IP 주소 할당 및 관리를 미국 상무부 산하의 IANA에서 담당했다. 이후 ICANN이 설립되었고 현재 전 세계 인터넷 주소 자원을 총괄 관리하고 있다.

70

다음 중 로컬 네트워크상에 있는 다른 호스트의 MAC 주소를 확인할 때 사용하는 명령어로 알맞은 것은?

① ip
② ss
③ arp
④ ifconfig

arp는 다른 호스트의 MAC 주소를 확인할 때 사용하는 명령어이다. IP 주소를 사용하여 해당 IP에 매핑된 MAC 주소를 확인할 수 있다.

오답 풀이

①④ ip, ipconfig는 자신의 시스템 네트워크 인터페이스 정보를 확인한다.
② ss는 TCP/UDP 소켓, 리스닝 포트, 연결 상태, 프로세스 정보 등을 확인한다.

71

다음 조건일 때 설정되는 게이트웨이 주소 값으로 가장 알맞은 것은?

> - IP 주소: 192.168.5.150
> - 서브넷 마스크값: 255.255.255.192

① 192.168.5.126
② 192.168.5.127
③ 192.168.5.128
④ 192.168.5.129

서브넷의 값이 255.255.255.192이므로 192를 2진수로 변환하면 11000000이다. 네트워크는 2자리이고 호스트가 6자리이다. 네트워크 개수는 $2^2 = 4$, 즉 4개로 분할하였다는 것을 알 수 있다. 가능한 개수가 256이므로 $\frac{256}{4} = 64$, 즉 64개 단위(0, 64, 128, 192)로 나뉘어진다. IP 주소가 192.168.5.150이므로 128 ~ 191까지의 구간을 가지고, 이 중 128와 191은 예약된 주소라 제외하면 실제 사용 가능한 것은 129 ~ 190이다. 보통 맨 앞의 주소나 맨 뒤의 주소를 게이트웨이 주소로 설정하므로 192.168.5.129 또는 192.168.5.190이다.

72

다음 설명에 해당하는 LAN 케이블 규격으로 알맞은 것은?

> 대역폭(Bandwidth)은 100MHz이고, 최대 전송 속도는 1Gbps를 지원한다.

① CAT-5
② CAT-5E
③ CAT-6
④ CAT-7

CAT-5E는 이더넷 네트워크 대역폭은 100MHz이며, 최대 전송 속도는 1Gbps(기가비트 이더넷)를 지원한다.

오답 풀이

① CAT-5는 100Mbps까지만 지원한다.
③ CAT-6 이상은 더 높은 대역폭과 속도를 지원한다.
④ CAT-7은 존재하지 않는다.

정답

69 ④　70 ③　71 ④　72 ②

73

다음 중 마이크로소프트사의 파워포인트를 대체해서 사용할 수 있는 프로그램으로 알맞은 것은?

① LibreOffice Writer
② LibreOffice Draw
③ LibreOffice Calc
④ LibreOffice Impress

LibreOffice Impress는 프레젠테이션(슬라이드) 작성 도구이다.

오답 풀이

① LibreOffice Writer는 문서 작성 도구이다.
② LibreOffice Draw는 드로잉/도형 편집 도구이다.
③ LibreOffice Calc는 스프레드시트 도구이다.

74

다음 중 이미지 뷰어 프로그램으로 가장 알맞은 것은?

① eog
② totem
③ evolution
④ evince

eog는 'Eye of GNOME'의 약자로, 기본 이미지 뷰어 프로그램이다.

오답 풀이

② totem은 동영상 플레이어이다.
③ evolution은 이메일 클라이언트이다.
④ evince은 PDF 또는 문서 뷰어이다.

75

다음 중 GNOME과 가장 관련이 깊은 라이브러리로 알맞은 것은?

① Qt
② Xlib
③ XCB
④ GTK+

GNOME은 리눅스 데스크톱 환경(DE)으로 GTK+ 라이브러리를 기반으로 개발되었다.

오답 풀이

① KDE 데스크톱 환경은 Qt 라이브러리를 기반으로 한다.
②③ Xlib, XCB는 X 윈도우 시스템의 더 하위 레벨 라이브러리이다.

76

다음은 X 서버에 접근할 수 있는 클라이언트를 허가하는 과정이다. (㉠) 안에 들어갈 내용으로 알맞은 것은?

```
# ( ㉠ ) 192.168.5.13
```

① xset
② xauth
③ xhost
④ xrandr

X 윈도우 시스템에서 xhost는 X 서버에 접근할 수 있는 클라이언트의 호스트 목록을 제어하는 명령어이다. 예를 들어 xhost +192.168.5.13 명령어는 해당 IP 주소를 가진 클라이언트의 접근을 허용한다.

77

다음 중 윈도우 매니저의 종류로 틀린 것은?

① Metacity
② Xfce
③ Mutter
④ Kwin

Xfce는 가볍고 효율적인 데스크톱 환경(DE: Desktop Environment) 전체를 의미하며, 그 안에 윈도우 매니저(Window Manager)를 포함한다.

78

GNOME 데스크톱을 사용 중인데, 다른 데스크톱 환경으로 변경하려고 한다. 다음 중 설치 가능한 데스크톱 환경으로 알맞은 것은?

① KDE
② Mutter
③ Metacity
④ Nautilus

GNOME을 사용 중이더라도, KDE와 같은 다른 DE를 설치하여 로그인 시 선택할 수 있다.

오답 풀이

②③ Mutter, Metacity는 윈도우 매니저의 일부이다.
④ Nautilus는 GNOME의 파일 관리자 이름이다.

정답
73 ④ 74 ① 75 ④ 76 ③ 77 ② 78 ①

79

다음 중 시스템 시작 시 콘솔 기반의 텍스트 모드로 부팅이 되도록 설정하는 명령어로 알맞은 것은?

① systemctl set-default multi-user.service
② systemctl set-default multi-user.target
③ systemctl get-default multi-user.service
④ systemctl get-default multi-user.target

CentOS 7과 같이 systemd를 사용하는 리눅스 시스템에서 텍스트 모드로 부팅되도록 설정하는 명령어는 systemctl set-default multi-user.target이고, 그래픽으로 부팅되도록 하는 명령어는 systemctl set-default graphical.target이다.

오답 풀이

①③④ 존재하지 않는 명령어이다.

80

다음은 X 윈도우 터미널에서 해상도를 변경하는 과정이다. (㉠) 안에 들어갈 명령어로 알맞은 것은?

```
# ( ㉠ ) -s 1024×768
```

① xmodmap
② xset
③ xrefresh
④ xrandr

xrandr(X Resize and Rotate)은 X 윈도우 시스템에서 디스플레이의 해상도, 회전, 반사 등의 설정을 관리하는 명령어이다.

오답 풀이

① xmodmap은 키보드 맵핑을 설정한다.
② xset은 X 서버 설정을 관리한다.
③ xrefresh는 화면 새로 고침을 담당한다.

06

1과목 리눅스 운영 및 관리

01

다음 중 예약된 프린터 작업을 취소하는 명령어로 알맞은 것은?

① lpr
② lpq
③ cancel
④ lpstat

cancel은 출력 대기열(큐)에 있는 인쇄 작업을 취소한다.(System V 계열)

오답 풀이

① lpr은 프린트 작업을 큐에 등록하여 출력 요청을 한다.(BSD 계열)
② lpq는 현재 프린터 큐에 쌓인 작업 목록을 확인한다.(BSD 계열)
④ lpstat은 프린터, 클래스, 작업, 서버 상태까지 확인한다.(System V 계열)

02

다음 중 스캐너를 사용하기 위해 설치해야 하는 패키지로 알맞은 것은?

① LPRng
② ALSA
③ CUPS
④ XSANE

스캐너를 사용하기 위해서는 XSANE 패키지를 설치해야 한다. XSANE은 리눅스에서 스캐너를 위한 그래픽 사용자 인터페이스를 제공하는 응용 프로그램이다.

03

다음 RAID 구성 레벨 중에서 디스크 오류 대처와 가장 거리가 먼 것은?

① RAID-0
② RAID-1
③ RAID-5
④ RAID-6

RAID-0은 데이터를 여러 디스크에 분산하여 저장하는 스트라이핑(Striping) 방식을 사용하여 성능 향상을 목표로 한다. 별도의 오류 대처 기능이나 패리티 정보를 저장하지 않으므로, 디스크 오류 대처와 가장 거리가 멀다.

오답 풀이

②③④ RAID-1, RAID-5, RAID-6은 모두 데이터 중복성이나 패리티를 통해 오류 대처 기능을 제공한다.

04

다음 중 사운드 카드와 관련된 조합으로 알맞은 것은?

① OSS, CUPS
② ALSAM, CUPS
③ OSS, SANE
④ OSS, ALSA

OSS와 ALSA는 모두 리눅스 운영체제에서 사운드 카드를 제어하고 관리하는 소프트웨어 프레임워크이다. 이 둘은 리눅스 사운드 시스템의 핵심 구성 요소로 함께 사용되거나 상호 호환성을 위해 지원된다.

정답   01 ③   02 ④   03 ①   04 ④

05

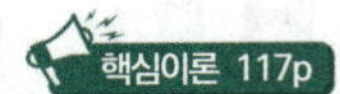 핵심이론 117p

다음 유닉스에서 사용하는 프린팅 명령어 중 나머지 셋과 계열이 다른 것은?

① lp
② lpr
③ lpq
④ lprm

lp는 BSD 계열의 프린팅 시스템에서 주로 사용되는 명령어이다.

오답 풀이

②③④ lpr, lpq, lprm, lpstat 등은 System V 계열의 프린팅 시스템에서 사용되는 명령어이다.

06

 핵심이론 41p

다음 설명에 해당하는 LVM 용어로 알맞은 것은?

> 파일 시스템을 구성하는 일반적인 디스크의 블록(Block)에 해당하고 일정한 크기를 갖는다.

① PE
② PV
③ LV
④ VG

LVM에서 PV를 구성하는 최소 논리적 단위를 PE라고 하며, 일반 파일 시스템의 블록에 해당한다.

오답 풀이

② PV(물리 볼륨)는 실제 하드디스크 파티션이다.
③ LV(논리 볼륨)는 VG에서 생성한 논리적인 디스크 공간이다.
④ VG(볼륨 그룹)는 PV들의 집합이다.

07

 핵심이론 106p

다음 중 yum 명령어를 이용해서 sendmail 패키지를 설치하는 명령어로 알맞은 것은?

① yum install sendmail
② yum -i sendmail
③ yum -yl sendmail
④ yum infol sendmail

yum 명령어를 사용하여 패키지를 설치할 때는 install 옵션을 사용한다.

08

 핵심이론 105p

다음은 httpd 라는 이름의 rpm 패키지가 설치되어 있는지를 확인하는 과정이다. (㉠) 안에 들어갈 내용으로 알맞은 것은?

```
# rpm ( ㉠ ) | grep httpd
```

① -qa
② -qi
③ -qd
④ -ql

rpm 옵션
• -qa: 설치된 모든 패키지 목록을 조회한다.
• -qi: 패키지의 자세한 정보를 조회한다.
• -ql: 패키지가 설치한 파일 목록을 조회한다.

09

 핵심이론 113p

다음 중 소스 파일로 프로그램 설치하는 방법이 나머지 셋과 다른 것은?

① MySQL
② Apache httpd
③ PHP
④ Nmap

MySQL은 버전에 따라 cmake 기반 빌드 방식이나 바이너리 배포 파일을 사용하는 경우가 많아 소스 설치 방식이 다르다.

오답 풀이

②③④ Apache httpd, PHP, Nmap은 configure, make, make install 과정을 거치는 일반적인 소스 파일 설치 방식을 사용한다.

정답   05 ①   06 ①   07 ①   08 ①   09 ①

10

다음은 MySQL 소스 파일을 설치하기 위해서 압축을 푸는 과정이다. (㉠) 안에 들어갈 내용으로 알맞은 것은?

```
# tar ( ㉠ ) mysql-boost-5.7.36.tar.gz
```

① gxvf
② zxvf
③ jxvf
④ Jxvf

tar 옵션
- -z: gzip 방식으로 압축 또는 해제한다.
- -x: 아카이브에서 파일을 추출한다.
- -v: 처리 과정을 자세히 출력한다.
- -f: 파일 이름을 지정한다.
- -j: bzip2 방식으로 압축 또는 해제한다.

11

다음은 rpm 파일을 내려받아서 설치하는 과정이다. (㉠) 안에 들어갈 내용으로 알맞은 것은?

```
# rpm ( ㉠ ) vsftpd-3.0.2-28.el7.x86_64.rpm
```

① -U
② -i
③ -E
④ -V

rpm 옵션
- -U: 기존 패키지를 업데이트 또는 새로 설치한다.
- -i: 새로운 패키지를 설치한다.

12

다음 중 소스 파일로 프로그램을 설치하는 단계인 configure 작업 후에 생성되는 파일명으로 알맞은 것은?

① .config
② .configure
③ make
④ Makefile

configure 스크립트를 실행하면 시스템 환경에 맞게 컴파일 옵션이 설정되고, 최종적으로 make 명령어가 사용할 Makefile이 생성된다.

13

다음 중 온라인 기반 패키지 관리 도구로 틀린 것은?

① apt-get
② yum
③ dpkg
④ zypper

dpkg는 데비안 계열 리눅스에서 .deb 파일을 직접 설치·삭제·관리하는 오프라인 기반 도구이다.

오답 풀이

①②④ apt-get, yum, zypper는 모두 온라인 저장소(repository)를 통해 패키지를 검색·설치·업데이트할 수 있는 온라인 기반 패키지 관리 도구이다.

14

다음 중 데비안 계열 리눅스의 패키지 관리 도구로 가장 거리가 먼 것은?

① dselect
② alien
③ dpkg
④ dnf

dnf는 레드햇 계열(예 Fedora, CentOS 등)에서 yum을 대체하는 차세대 패키지 관리 도구이다.

오답 풀이

①②③ dselect, alien, dpkg는 데비안 계열에서 사용되는 패키지 관리 도구이다.

15

vi 편집기에서 표시되고 있는 행 번호를 제거할 때 사용하는 환경 설정 값으로 알맞은 것은?

① set uno
② set unnu
③ set unno
④ set nonu

vi에서 행 번호를 제거할 때는 :set nonumber 또는 :set nonu 명령어를 사용한다. :set number, :set nu는 행 번호를 표시할 때 사용하는 명령어이다.

정답 10 ② 11 ① 12 ④ 13 ③ 14 ④ 15 ④

16

 핵심이론 98p

다음 중 가장 처음에 등장한 편집기로 알맞은 것은?

① vi
② gedit
③ nano
④ pico

vi는 1970년대 후반에 빌 조이(Bill Joy)에 의해 개발된 유닉스 시스템의 표준 텍스트 편집기이다.

오답 풀이

② gedit은 GNOME 데스크톱 환경의 그래픽 편집기이다.
③④ nano, pico는 그 이후에 등장한 비교적 사용이 쉬운 편집기이다.

17

 핵심이론 103p

다음 중 vi 편집기에서 모든 windows라는 문자열을 linux로 치환하는 명령어로 알맞은 것은?

① :% s/linux/windows/g
② :% s/windows/linux/g
③ :% s/\⟨linux\⟩/windows/g
④ :% s/\⟨windows\⟩/linux/g

vi에서 문자열을 치환하는 명령어는 :%s/찾을문자열/바꿀문자열/g 이다. 여기서 %는 모든 줄을 의미하고, g는 한 줄의 모든 일치 항목을 의미한다. 따라서 모든 windows를 linux로 치환하는 명령어는 :%s/windows/linux/g 이다.

18

 핵심이론 104p

vi 편집기 실행할 때마다 행 번호가 자동으로 표시되도록 설정하려고 한다. 다음 중 관련 설정을 저장하기 위해 생성해야 할 파일명으로 알맞은 것은?

① .virc
② .vimrc
③ .viex
④ .vimex

환경 설정을 저장하려면 사용자의 홈 디렉터리에 .vimrc 파일을 생성하고 설정 내용을 입력한다. 이 파일은 vi/vim이 실행될 때마다 자동으로 설정을 불러온다.

19

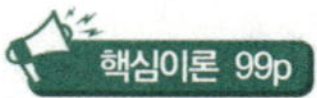 핵심이론 99p

다음 (㉠), (㉡) 안에 들어갈 내용으로 알맞은 것은?

> (㉠)(은)는 워싱턴 대학에서 만든 유닉스용 편집기로, 윈도우의 메모장처럼 간편하게 사용하도록 만들었다. 초기 리눅스 시스템에서 사용되었으나 라이선스 문제로 인해 다시 만들어진 편집기가 (㉡)이다.

① ㉠ vi, ㉡ pico
② ㉠ vi, ㉡ nano
③ ㉠ nano, ㉡ pico
④ ㉠ pico, ㉡ nano

워싱턴 대학교에서 개발한 메모장 스타일의 편집기는 pico이다. pico의 라이선스 문제로 인해 GNU 프로젝트에서 새로 개발한 편집기는 nano이다.

20

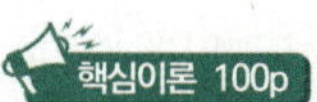 핵심이론 100p

다음 중 emacs 편집기를 종료하는 조합으로 알맞은 것은?

① Ctrl+C 후에 Ctrl+X
② Ctrl+X 후에 Ctrl+C
③ Ctrl+C 후에 Ctrl+F
④ Ctrl+X 후에 Ctrl+F

emacs를 종료할 때는 Ctrl+X를 누른 후, 이어서 Ctrl+C 키 조합을 사용한다.

21

 핵심이론 94p

다음 중 백그라운드로 실행시킨 프로세스를 확인하는 명령어로 알맞은 것은?

① job
② jobs
③ fg
④ bg

jobs는 현재 셸에서 백그라운드로 실행 중인 작업 목록을 확인하는 명령어이다.

오답 풀이

③ fg는 백그라운드 작업을 포어그라운드로 전환한다.
④ bg는 정지된 백그라운드 작업을 실행시킨다.

정답

16 ① 17 ② 18 ② 19 ④ 20 ② 21 ②

## 22

다음 설명에 해당하는 용어로 가장 알맞은 것은?

> 주기적이고 지속적인 서비스 요청을 처리하기 위해 메모리에 계속 상주하고 있는 프로그램으로, 백그라운드 프로세스의 일종이다.

① init
② inetd
③ standalone
④ daemon

daemon은 주기적이거나 지속적인 서비스를 제공하기 위해 백그라운드에서 실행되며 메모리에 상주하는 프로세스이다.

오답 풀이
① init은 시스템 부팅 시 가장 먼저 실행되는 최상위 프로세스이다.
② inetd는 네트워크 서비스 요청을 처리하는 슈퍼 데몬이다.
③ standalone은 init, systemd 같은 서비스 관리자 없이 스스로 실행되고 스스로 백그라운드화한다.

23

다음 중 실시간으로 CPU 사용량을 확인할 때 이용하는 명령어로 알맞은 것은?

① top
② pgrep
③ nohup
④ free

top은 시스템의 현재 실행 중인 프로세스 목록을 실시간으로 보여주며 CPU 및 메모리 사용량을 모니터링할 때 사용하는 명령어이다.

오답 풀이
② pgrep는 실행 중인 프로세스의 이름을 기반으로 프로세스 ID를 검색한다.
③ nohup은 로그아웃하거나 터미널을 닫아도 해당 프로그램이 계속 실행되도록 한다.
④ free는 메모리 사용량만 확인한다.

24

다음 중 GNU 프로젝트의 일환으로 만들어진 셸로 알맞은 것은?

① ksh
② bash
③ dash
④ csh

bash(Bourne Again Shell)는 GNU 프로젝트의 일환으로 본 셸(sh)의 기능을 확장하여 만들어진 셸이다.

오답 풀이
①③④ ksh(Korn Shell), dash, csh(C Shell) 등은 다른 계열의 셸이다.

25

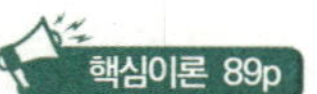

다음 중 Ctrl+C 키 조합으로 발생하는 시그널의 번호 값으로 알맞은 것은?

① 1
② 2
③ 15
④ 20

Ctrl+C는 현재 실행 중인 프로세스에게 인터럽트 시그널(SIGINT)을 보내 종료를 요청하며, 이 시그널의 번호 값은 2이다.

오답 풀이
① 1은 Hangup 시그널이다.
③ 15는 종료 시그널이다.
④ 20은 터미널에서 Ctrl+Z는 입력 시 보내는 시그널이다.

26

작업번호가 2번인 백그라운드 프로세스를 종료하려고 한다. 다음 (㉠) 안에 들어갈 내용으로 알맞은 것은?

```
# kill ( ㉠ )
```

① 2
② &2
③ +2
④ %2

kill %[번호] 명령어는 셸 작업 제어에서 백그라운드 작업번호(Job Number)를 지정해 해당 작업을 종료한다.

정답   22 ④   23 ①   24 ②   25 ②   26 ④

27

다음 설명에 해당하는 명령어로 알맞은 것은?

> PID 14164인 프로세스의 우선순위 값을 −10으로 지정한다.

① renice −10 14164　　② renice ──10 14164
③ nice −10 14164　　④ nice −−10 14164

이미 실행 중인 프로세스의 우선순위를 변경하는 명령어는 renice −n NI값 PID 또는 renice NI값 PID이다.

오답 풀이

② 실행되지 않는다. nice −n 10 14164로 하여야 한다.
③④ nice는 실행할 프로세스 우선순위를 지정하는 것으로, 실행 중인 프로세스에는 사용할 수 없다.

28

cron을 이용해서 해당 스크립트를 매주 월요일 오전 10시 2분에 주기적으로 실행하려고 한다. 다음 (㉠) 안에 들어갈 내용으로 알맞은 것은?

> (㉠) /etc/check.sh

① 1 10 * * 2　　② 2 10 * * 2
③ 1 10 * * 1　　④ 2 10 * * 1

crontab의 5필드는 '분 시 일 월 요일' 순서이다. 매주 월요일 (1 또는 Mon) 오전 10시 2분에 주기적으로 실행하려면 2 10 * * 1로 지정해야 한다.

29

다음 중 백그라운드로 실행시킨 프로세스의 우선순위값을 확인하는 명령어로 알맞은 것은?

① jobs −p　　② jobs −l
③ ps aux　　④ ps −l

ps 명령어로 프로세스 정보를 확인할 때 −l(long format) 옵션을 사용하면 NI(Nice value) 및 PRI(Priority) 값을 확인할 수 있다.

오답 풀이

①② jobs는 작업 정보만 제공한다.
③ ps aux는 우선순위 정보를 직관적으로 제공하지 않는다.

30

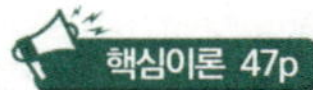

다음 (㉠), (㉡) 안에 들어갈 내용으로 알맞은 것은?

> CentOS 7 버전 리눅스에서는 부팅을 시작하면 커널이 (㉠)(이)라는 최초의 프로세스를 발생시키고, 이후 시스템 운영에 필요한 데몬을 비롯한 다른 프로세스들은 (㉡) 방식으로 (㉠) 프로세스의 자식 프로세스로 생성하게 된다.

① ㉠ init, ㉡ exec
② ㉠ init, ㉡ fork
③ ㉠ systemd, ㉡ exec
④ ㉠ systemd, ㉡ fork

CentOS 7부터는 전통적인 init 대신 systemd가 시스템 시작 프로세스로 사용된다. 새로운 프로세스를 생성할 때 fork 시스템 콜을 사용하여 자신의 복제본을 만든 후 exec 시스템 콜로 새로운 프로그램을 실행한다.

31

다음 중 현재 실행 중인 포어그라운드 프로세스의 작업을 백그라운드 프로세스로 전환하기 위해 사용하는 키 조합으로 알맞은 것은?

① Ctrl+Z　　② Ctrl+C
③ Ctrl+L　　④ Ctrl+D

Ctrl+Z는 현재 포어그라운드에서 실행 중인 프로세스를 일시 정지(suspend)하여 백그라운드로 보내기 위해 사용하는 키 조합이다. 이후 bg 명령어로 백그라운드에서 실행을 재개할 수 있다.

오답 풀이

② Ctrl+C는 프로세스를 종료하는 시그널을 보낸다.
③ Ctrl+L은 현재 터미널 화면을 깨끗하게 지우고 커서를 맨 윗줄로 이동시킨다.
④ Ctrl+D는 EOF(End of File, 파일의 끝) 신호를 보낸다.

정답　　27 ①　28 ④　29 ④　30 ④　31 ①

32

다음은 환경변수를 이용해서 로그인 셸을 확인하는 과정이다. (㉠) 안에 들어갈 내용으로 알맞은 것은?

```
$ echo ( ㉠ )
```

① $HOME   ② $SHELL
③ $LOGIN   ④ $TERM

$SHELL은 현재 사용자의 로그인 셸 정보를 담고 있는 환경변수이다.

오답 풀이

① $HOME은 홈 디렉터리 경로를 저장하는 변수이다.
③ $LOGIN은 현재 시스템에 로그인한 사용자의 계정 이름을 담고 있는 변수이다.
④ $TERM은 현재 사용자가 사용 중인 터미널의 종류(Terminal Type)를 나타내는 변수이다.

33

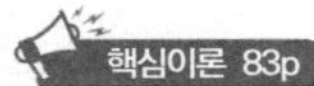

다음 중 선언된 셸 변수를 확인하는 명령어로 가장 알맞은 것은?

① chsh   ② set
③ unset   ④ env

set은 현재 셸에 선언된 모든 셸 변수와 환경변수 목록을 확인하는 명령어이다.

오답 풀이

① chsh는 사용자의 로그인 셸을 변경한다.
③ unset은 변수를 제거한다.
④ env는 환경변수만 출력한다.

34

다음 중 현재 시스템에서 사용 가능한 셸의 정보를 저장하고 있는 파일로 알맞은 것은?

① /etc/shells   ② /etc/bashrc
③ /etc/passwd   ④ /etc/profile

/etc/shells 파일에는 시스템에서 사용 가능한 로그인 셸 목록이 저장된다. 사용자의 셸 변경 시 해당 파일에 등록된 셸만 선택할 수 있다.

35

다음 중 ls 명령어에 설정된 에일리어스(alias)를 해제하는 명령어로 알맞은 것은?

① alias ls   ② alias -c ls
③ ualias ls   ④ unalias ls

unalias ls는 ls 명령어에 설정된 에일리어스를 해제하는 명령어이다.

오답 풀이

①② alias은 설정 또는 확인에 사용된다.
③ ualias는 존재하지 않는 명령어이다.

36

다음은 root 권한으로 ihduser 사용자가 실행한 명령어의 목록 정보를 확인하는 과정이다. (㉠) 안에 들어갈 내용으로 가장 알맞은 것은?

```
# cat ( ㉠ )
```

① ~ihduser/.history
② ~ihduser/.profile
③ ~ihduser/.bash_history
④ ~ihduser/.bash_profile

~ihduser/.bash_history 파일은 해당 사용자가 실행한 명령어 기록을 저장한다. root 권한으로 실행하더라도 사용자 계정의 히스토리는 해당 파일에 기록된다.

37

다음 중 셸에서 실행 후 저장되는 history 개수를 확인할 수 있는 환경변수명으로 알맞은 것은?

① HISTORY   ② HISTORYSIZE
③ HISTSIZE   ④ HISTFILESIZE

HISTSIZE 환경변수는 메모리에 저장되는 히스토리 개수를 의미한다.

오답 풀이

④ HISTFILESIZE는 파일에 저장되는 최대 히스토리 개수이다.

정답   32 ②   33 ②   34 ①   35 ④   36 ③   37 ③

38

다음 중 ihduser 사용자의 로그인 셸을 확인하는 명령어로 알맞은 것은?

① chsh ihduser
② chsh -l ihduser
③ grep ihduser /etc/passwd
④ grep ihduser /etc/shells

/etc/passwd 파일에는 사용자 계정 정보와 로그인 셸 정보가 함께 저장되어 있다. grep 명령어를 이용하면 특정 사용자의 로그인 셸을 직접 확인할 수 있다.

39

다음 중 파일이나 디렉터리의 허가권 값을 변경하는 명령어로 알맞은 것은?

① chmod
② chgrp
③ umask
④ chown

chmod은 파일이나 디렉터리의 접근 권한을 변경하는 데 사용되는 명령어이다.

오답 풀이

② chgrp는 그룹을 변경한다.
③ umask는 기본 권한 설정과 관련된다.
④ chown은 소유자를 변경한다.

40

다음은 마운트된 /backup 영역을 마운트 해제하는 과정이다. (㉠) 안에 들어갈 명령어로 알맞은 것은?

```
# ( ㉠ ) /backup
```

① umount
② unmount
③ eject
④ nohup

umount는 마운트된 파일 시스템을 해제하는 명령어이다.

오답 풀이

② unmount는 존재하지 않는 명령어이다.
③ eject는 이동식 미디어를 분리하는 명령어이다.
④ nohup은 프로세스 실행과 관련된 명령어이다.

41

다음 결과에 해당하는 명령어로 알맞은 것은?

```
[root@www ~]#
Filesystem      Size    Used    Avail   Use%  Mounted on
devtmpfs        1.9G       0    1.9G     0%  /dev
tmpfs           1.9G       0    1.9G     0%  /dev/shm
tmpfs           1.9G    9.4M    1.9G     1%  /run
tmpfs           1.9G       0    1.9G     1%  /sys/fs/cgroup
/dev/sda1        47G    8.2G     39G    18%  /
tmpfs           379M     24K    379M     1%  /run/user/0
/dev/sda3       1.9G     33M    1.9G     2%  /mnt
```

① du
② df
③ mount
④ fdisk

각 파일 시스템의 전체 용량, 사용량, 가용 공간, 사용 비율, 마운트 지점을 출력하려면 df 명령어를 사용한다.

오답 풀이

① du는 디렉터리별 디스크 사용량을 확인한다.
③ mount는 마운트 정보를 설정한다.
④ fdisk는 디스크 파티션 관리에 사용된다.

42

다음 중 파일에 부여되는 허가권 값인 w에 대한 설명으로 알맞은 것은?

① 파일의 내용을 볼 수 있는 권한이다.
② 파일을 삭제할 수 있는 권한이다.
③ 파일을 실행할 수 있는 권한이다.
④ 파일의 내용을 수정할 수 있는 권한이다.

파일 권한 중 w는 write를 의미하며, 파일의 내용을 수정하거나 변경할 수 있는 권한이다.

오답 풀이

① 파일의 내용을 볼 수 있는 읽기 권한은 r이다.
② 파일을 삭제할 수 있는 권한은 디렉터리 권한과 관련된다.
③ 파일을 실행할 수 있는 실행 권한은 x이다.

정답

38 ③　39 ①　40 ①　41 ②　42 ④

43

다음은 data 디렉터리의 하위 디렉터리를 포함해서 디렉터리 내부의 모든 파일 및 디렉터리의 그룹 소유권을 kait로 변경하는 과정이다. (㉠), (㉡) 안에 들어갈 내용으로 알맞은 것은?

```
# ( ㉠ )  ( ㉡ ) kait data/
```

① ㉠ chown, ㉡ -r
② ㉠ chown, ㉡ -R
③ ㉠ chgrp, ㉡ -r
④ ㉠ chgrp, ㉡ -R

chgrp는 그룹 소유권 변경 명령어로, 디렉터리 내부의 모든 파일과 하위 디렉터리를 포함하여 소유자를 변경하려면 -R 옵션을 사용해야 한다.

오답 풀이

①②③ chown을 사용해서 그룹 소유권을 바꾸려면 그룹명 앞에 콜론(:) 또는 마침표(.)를 붙여야 한다. 그러나 kait 앞에 아무것도 없으므로 불가능하다. 또한 chgrp나 chown에 r 옵션은 존재하지 않는다.

44

다음은 /home 영역에 설정된 사용자 쿼터 정보를 확인하는 과정이다. (㉠) 안에 들어갈 명령어로 알맞은 것은?

```
# ( ㉠ ) /home
```

① quota
② edquota
③ setquota
④ repquota

repquota는 파일 시스템에 설정된 사용자 및 그룹 쿼터 정보를 요약 형태로 출력하는 명령어이다.

오답 풀이

① quota는 사용자별 디스크 쿼터 사용 현황을 확인한다.
② edquota는 쿼터값을 편집한다.
③ setquota는 직접 제한값 설정에 사용된다.

45

다음 중 /etc/fstab 파일에서 마운트되는 옵션 정보를 기록하는 필드는 몇 번째인가?

① 세 번째
② 네 번째
③ 다섯 번째
④ 여섯 번째

/etc/fstab 파일에서 네 번째 필드는 마운트 옵션을 기록한다. 이 필드에는 rw, ro, noexec 등의 옵션이 설정된다. 앞의 필드들은 장치명, 마운트 지점, 파일 시스템 종류를 지정한다.

46

다음 중 파티션에 할당된 UUID 값을 확인하는 명령어로 알맞은 것은?

① UUID
② lsuid
③ blkid
④ fdisk

blkid는 블록 장치에 할당된 UUID와 파일 시스템 타입을 확인하는 데 사용되는 명령어이다.

오답 풀이

① UUID는 장치를 고유하게 식별하기 위해 사용된다.
② lsuid는 존재하지 않는 명령어이다.
④ fdisk는 하드 디스크 드라이브의 파티션 테이블을 생성하고 조작하는 명령어이다.

47

다음 설명에 해당하는 가상화 기술로 알맞은 것은?

> 2005년 설립된 Qumranet에서 개발한 하이퍼바이저이다. x86 시스템 기반으로 CPU 전가상화 방식이고, QEMU이라는 CPU 에뮬레이터를 사용한다.

① KVM
② XEN
③ VirtualBox
④ Hyper-V

KVM은 리눅스 커널 모듈 기반의 하이퍼바이저 가상화 기술이다.

오답 풀이

② XEN은 다른 하이퍼바이저 기술이다.
③④ VirtualBox, Hyper-V는 별도의 가상화 플랫폼이다.

정답   43 ④   44 ④   45 ②   46 ③   47 ①

48

핵심이론 72p

허가권이 다음과 같이 설정되어 있을 때 관련 설명으로 가장 알맞은 것은?

```
$ ls -l /usr/bin/wall
-r-xr-sr-x 1 root tty 15344 Jun 10 2022 /usr/bin/wall
```

① tty 사용자가 실행 시에 일시적으로 root 권한을 갖는다.
② 실행시킨 사용자에 상관없이 일시적으로 root 권한을 갖는다.
③ 실행시킨 사용자는 일시적으로 tty 그룹 권한을 갖는다.
④ tty 그룹에 속한 사용자가 실행 시에만 일시적으로 root 권한을 갖는다.

해당 파일은 그룹 실행 권한 위치에 s가 설정된 setgid 실행 파일이다. 따라서 실행한 사용자는 파일의 소유 그룹인 tty 그룹 권한을 일시적으로 획득하여 실행된다. root 권한과는 무관하다.

2과목 리눅스 활용

49

핵심이론 173p

다음 설명에 해당하는 클러스터 구성 방식으로 알맞은 것은?

지속적인 서비스 제공을 목적으로 하는 클러스터로서 주 노드(Primary Node)와 백업 노드(Backup Node)로 구성한다. 백업 노드는 주 노드의 처리상태를 체크하고 있다가 이상이 발생하면 관련 서비스를 이어 받는다.

① 고계산용 클러스터
② 부하분산 클러스터
③ HA(High Available) 클러스터
④ HPC(High Performance Computing) 클러스터

고가용성 클러스터(HA 클러스터)는 시스템 장애 발생 시에도 서비스를 지속적으로 제공하기 위한 클러스터이다. 장애 감지 및 자동 전환 기능을 통해 서비스 중단을 최소화하는 것이 목적이다.

50

핵심이론 162p

다음은 원격지의 윈도우 시스템에 공유된 폴더를 마운트하는 과정이다. (㉠) 안에 들어갈 내용으로 알맞은 것은?

```
mount -t ( ㉠ ) -o username=administrator,
password=1234  //192.168.5.13/data/mnt
```

① ntfs
② cifs
③ samba
④ xfs

cifs는 윈도우 시스템의 공유 폴더를 리눅스에서 마운트할 때 사용하는 파일 시스템 타입으로, SMB/CIFS 프로토콜 기반의 네트워크 파일 시스템이다.

오답 풀이
① ntfs는 윈도우 시스템 로컬 파일 시스템이다.
③ samba는 윈도우 시스템과 공유하는 전체 서비스의 이름이다.
④ xfs는 레드햇 계열 리눅스에서 기본 파일 시스템으로 채택한 고성능 64비트 파일 시스템이다.

51

핵심이론 181p

다음 설명에 해당하는 명칭으로 알맞은 것은?

영국 잉글랜드의 한 재단이 학교와 개발도상국에서 기초 컴퓨터 과학 교육을 증진하기 위해 개발한 신용카드 크기의 싱글 보드 컴퓨터이다.

① 아두이노
② 라즈베리 파이
③ 큐비보드
④ 오드로이드

라즈베리 파이는 단일 보드 컴퓨터 형태로, 리눅스 기반 운영체제를 사용하고 교육 및 임베디드 시스템 학습에 활용된다.

48 ③ 49 ③ 50 ② 51 ②

다음 설명에 해당하는 프로그램으로 알맞은 것은?

> Docker와 같은 컨테이너화된 애플리케이션의 배포 · 확장 · 관리를 자동화하려고 한다.

① GENIVI
② Ansible
③ OpenStack
④ Kubernetes

Kubernetes는 컨테이너 기반 애플리케이션의 배포 · 확장 · 관리를 자동화하는 오케스트레이션 도구이다. 대규모 클라우드 환경에서 컨테이너 관리 표준으로 사용된다.

53

다음 중 IP 주소 할당 및 도메인을 관리하는 국제기구로 알맞은 것은?

① ICANN
② IEEE
③ ISO
④ EIA

ICANN은 전 세계 IP 주소 할당과 도메인 이름 시스템을 관리하는 국제 기구로, 인터넷 자원의 전반적인 조정을 담당한다.

54

다음 중 파일 전송 및 다운로드 진행 상태를 '#' 기호로 확인할 때 사용하는 FTP 명령어로 알맞은 것은?

① sharp
② mget
③ bi
④ hash

FTP에서 hash 명령어를 사용하면 파일 전송 중 일정 블록마다 # 기호를 출력하여 진행 상태를 확인할 수 있다. 대용량 파일 전송 시 유용하다.

55

다음 중 프로토콜과 포트번호 조합으로 틀린 것은?

① POP3 - 110
② IMAP - 143
③ TELNET - 23
④ SNMP - 151

SNMP의 기본 포트번호는 161이다.

오답 풀이

①②③ POP3, IMAP, TELNET은 각각 올바른 기본 포트를 사용한다.

56

다음 중 UDP 프로토콜과 가장 관련 있는 서비스로 알맞은 것은?

① DNS
② TELNET
③ SMTP
④ HTTP

DNS는 UDP 프로토콜을 기본으로 사용하는 서비스이다. 빠른 응답이 중요하며, 필요 시 TCP를 보조적으로 사용한다.

오답 풀이

②③④ TELNET, SMTP, HTTP는 TCP 기반 서비스이다.

57

다음 중 장애 발생 시에도 다른 시스템에 영향이 적어 가장 신뢰성이 높은 LAN 구성 방식으로 알맞은 것은?

① 링(Ring)형
② 버스(Bus)형
③ 스타(Star)형
④ 망(Mesh)형

망형(Mesh) 구조는 모든 노드가 다수의 경로로 연결되어 있어 하나의 장애가 전체 네트워크에 미치는 영향이 적다. 신뢰성이 가장 높은 구조이나 비용과 관리 복잡도가 높다.

정답 | 52 ④　53 ①　54 ④　55 ④　56 ①　57 ④

58

다음 중 루프백(Loopback) 네트워크가 속해 있는 IPv4의 클래스로 알맞은 것은?

① A 클래스　　　　② B 클래스
③ C 클래스　　　　④ D 클래스

루프백 주소는 127.0.0.0 대역으로, IPv4의 A 클래스에 속한다. 이 주소는 자기 자신을 테스트하는 용도로 사용된다.

59

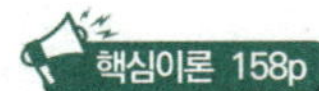

다음 중 메일 관련 프로토콜로 틀린 것은?

① POP3　　　　② SMTP
③ IMAP　　　　④ FTP

FTP는 메일 송수신과 직접적인 관련이 없는 파일 전송 프로토콜이다.

오답 풀이
①②③ POP3, SMTP, IMAP은 모두 전자우편 시스템에서 사용되는 프로토콜이다.

60

다음 중 OSI 7계층 모델을 제정한 기관으로 알맞은 것은?

① IEEE　　　　② ISO
③ ANSI　　　　④ EIA

OSI 7계층 모델은 ISO에 의해 제정되었으며, 네트워크 통신 구조를 계층적으로 정의한 국제 표준이다.

61

다음 중 프로토콜과 관련된 포트번호를 확인할 수 있는 파일로 알맞은 것은?

① /etc/protocol　　　　② /etc/hosts
③ /etc/group　　　　④ /etc/services

/etc/services 파일에는 각종 네트워크 서비스와 해당 서비스가 사용하는 프로토콜 및 포트번호 정보가 저장되어 있다. 시스템과 응용 프로그램이 서비스 이름을 포트번호로 변환할 때 참고한다.

62

다음 중 IP 주소가 192.168.1.0인 경우에 사용되는 주소 체제로 가장 알맞은 것은?

① 네트워크 주소
② 게이트웨이 주소
③ 서브넷 마스크 주소
④ 브로드캐스트 주소

IP 주소가 192.168.1.0인 경우 이는 해당 네트워크의 네트워크 주소이다. 네트워크 주소는 호스트에 할당할 수 없으며, 네트워크 자체를 식별하는 용도로 사용된다.

63

다음 중 패킷 교환 방식에 대한 설명으로 틀린 것은?

① 전송 대역폭이 동적이다.
② 패킷마다 오버헤드 비트는 존재하지 않는다.
③ 이론상 호스트의 무제한 수용이 가능하다.
④ 모든 데이터가 같은 경로로 전송되지 않을 수도 있다.

패킷 교환 방식에서는 각 패킷마다 헤더 정보가 포함되므로 오버헤드 비트가 존재한다.

64

다음 중 OSI 7계층 모델 중 네트워크 계층과 가장 거리가 먼 프로토콜로 알맞은 것은?

① ICMP　　　　② UDP
③ IP　　　　④ ARP

UDP는 OSI 7계층 모델 중 전송 계층에 속하는 프로토콜이다.

오답 풀이
①③④ ICMP, IP, ARP는 네트워크 계층과 밀접한 관련이 있다.

정답　　58 ①　59 ④　60 ②　61 ④　62 ①　63 ②　64 ②

65

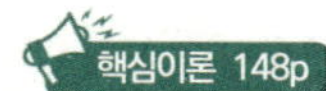

다음 중 OSI 7계층 모델에서 데이터링크 계층이 제공하는 인접한 개방형 시스템 간에 데이터 전송 기능을 이용하여 연결성과 통신 경로 선택(Routing)을 제공하는 계층으로 알맞은 것은?

① 전송 계층
② 네트워크 계층
③ 데이터링크 계층
④ 물리 계층

OSI 7계층 모델에서 네트워크 계층은 논리적 주소 지정과 라우팅 기능을 담당한다. 또한 인접한 시스템 간의 연결성과 통신 경로 선택 기능을 제공한다.

66

다음 중 게이트웨이(Gateway) 주소를 확인하는 명령어로 알맞은 것은?

① nslookup
② ifconfig
③ arp
④ route

route는 라우팅 테이블 정보를 확인하고 수정하는 데 사용되는 명령어로, 기본 게이트웨이 주소도 함께 확인할 수 있다.

오답 풀이

① nslookup은 DNS 서버에 질의한다.
② ifconfig는 인터페이스 설정을 확인한다.
③ arp는 ARP 테이블 확인에 사용된다.

67

다음 중 네트워크 인터페이스의 물리적 케이블 연결 정보를 확인할 수 있는 명령어로 가장 알맞은 것은?

① arp
② ifconfig
③ ethtool
④ ss

ethtool은 네트워크 인터페이스의 물리적 링크 상태, 속도, 듀플렉스 모드 등 케이블 연결 정보를 확인하는 데 사용되는 명령어로, 물리 계층 수준의 정보를 제공한다.

68

다음 중 netstat 명령어를 이용하여 라우팅 테이블 정보를 출력할 때 사용하는 옵션으로 알맞은 것은?

① -t
② -m
③ -n
④ -r

netstat 명령어의 -r 옵션은 시스템의 라우팅 테이블 정보를 출력한다.

오답 풀이

① -t는 TCP 연결을 출력한다.
② -m은 메모리 버퍼(STREAMS 또는 Mbuf)의 통계 정보를 출력한다.
③ -n은 숫자 형식으로 출력한다.

69

다음 설명에 해당하는 TCP 프로토콜의 패킷으로 알맞은 것은?

> 클라이언트에서 서버로 전송하는 최초의 패킷이다. 이 패킷을 전송받은 서버는 half-open 상태가 된다.

① RST
② SYN/ACK
③ SYN
④ ACK

TCP 연결 설정 과정은 SYN → SYN/ACK → ACK 순서로 이루어진다. 이 중 연결을 시작할 때 전송되는 첫 번째 패킷은 SYN 패킷이다.

70

다음 중 MAN을 위한 국제 표준 규격인 IEEE 802.6로 정의된 프로토콜은?

① DQDB
② X.25
③ FDDI
④ Frame Relay

IEEE 802.6 표준은 MAN 환경을 위한 규격으로 DQDB 프로토콜을 정의한다. 도시 규모 네트워크를 대상으로 한 기술이다.

정답   65 ② 66 ④ 67 ③ 68 ④ 69 ③ 70 ①

다음 설명에 해당하는 명령어로 알맞은 것은?

> www.kait.or.kr 웹서버에 https 서비스가 활성화되어 있는지 점검하려고 한다.

① telnet www.kait.or.kr@80
② ssh www.kait.or.kr@443
③ ssh www.kait.or.kr:80
④ telnet www.kait.or.kr 443

telnet [호스트명] [포트번호] 명령어로 특정 포트에 접속할 수 있다. 이때, https 프로토콜의 사용 포트는 443이다.

72

다음 중 IPv4의 C 클래스 대역에 대한 설명으로 알맞은 것은?

① IP 주소 첫 번째 부분의 2비트가 10인 경우이다.
② IP 주소 첫 번째 부분의 2비트가 11인 경우이다.
③ IP 주소 첫 번째 부분의 3비트가 110인 경우이다.
④ IP 주소 첫 번째 부분의 3비트가 111인 경우이다.

IPv4의 C 클래스 주소는 첫 번째 옥텟의 상위 3비트가 110으로 시작한다. 이 주소 체계는 소규모 네트워크에 주로 사용된다.

73

다음 중 텍스트 모드로 부팅된 상태에서 X 윈도우를 실행하는 명령어로 알맞은 것은?

① xinit
② startx
③ systemctl xinit
④ systemctl startx

startx는 텍스트 모드에서 X 윈도우 환경을 실행할 때 사용하는 명령어로, 사용자의 X 세션을 시작하는 표준 명령어이다.

74

다음 중 PDF 문서를 확인할 때 사용하는 프로그램으로 알맞은 것은?

① Gimp
② eog
③ evince
④ Gwenview

evince는 리눅스 환경에서 PDF 문서를 확인하는 대표적인 문서 뷰어로, GNOME 환경의 기본 PDF 뷰어로 사용된다.

75

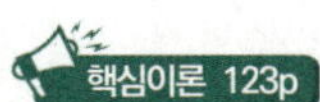

다음 설명에 해당하는 라이브러리로 알맞은 것은?

> C언어로 구현된 클라이언트 라이브러리로, X 서버와 대화를 할 수 있게 해준다. 저수준의 인터페이스이므로 키보드나 마우스에 대한 반응 등 단순한 기능만을 갖는다.

① Xlib
② XCB
③ QT
④ GTK+

Xlib는 X 윈도우 시스템과 직접 통신하기 위한 기본 라이브러리로, X 윈도우 기반 응용 프로그램 개발의 기초가 된다.

76

다음 중 스프레드시트(Spreadsheet) 프로그램으로 실행하는 명령어로 알맞은 것은?

① oocalc
② oowriter
③ ooimpress
④ oodraw

oocalc는 오픈오피스의 스프레드시트 프로그램을 실행하는 명령어로, 엑셀과 유사한 표 계산 기능을 제공한다.

오답 풀이
② oowriter는 오픈오피스의 워드프로세서를 실행한다.
③ ooimpress는 오픈오피스의 프레젠테이션을 실행한다.
④ oodraw는 오픈오피스의 그래픽 프로그램을 실행한다.

정답　71 ④　72 ③　73 ②　74 ③　75 ①　76 ①

77

 핵심이론 130p

다음 중 이미지 뷰어 프로그램으로 가장 거리가 먼 것은?

① Eog
② ImageMagick
③ Gimp
④ Totem

Totem은 동영상 재생 프로그램으로 이미지 뷰어가 아니다.

오답 풀이

①②③ Eog, ImageMagick, Gimp는 이미지 파일을 처리하거나 확인하는 프로그램이다.

78

 핵심이론 126p

다음 설명에 해당하는 용어로 알맞은 것은?

1996년 튀빙겐 대학교 학생이었던 마티아스 에트리가 Qt 라이브러리 기반으로 만든 데스크톱 환경이다.

① KDE
② GNOME
③ LXDE
④ Wayland

KDE는 1996년 튀빙겐 대학교 학생이었던 마티아스 에트리가 Qt 라이브러리 기반으로 만든 데스크톱 환경이다.

오답 풀이

② GNOME은 GNOME Project에 의해서 만들어졌고 GTK++ 기반이다.
③ LXDE는 저사양 컴퓨터나 사양이 제한된 시스템을 위해 설계된 초경량 데스크톱 환경이다.
④ Wayland는 X-Window 시스템(X11)을 대체하기 위해 개발된 차세대 그래픽 디스플레이 서버 프로토콜이다.

79

 핵심이론 129p

다음 (㉠) 안에 들어갈 명령어로 알맞은 것은?

```
# ( ㉠ ) list $DISPLAY
```

① xauth
② xhost
③ xrandr
④ export

xauth는 X 윈도우 환경에서 인증 정보를 관리하는 데 사용되는 명령어로, 원격 X 윈도우 접속 시 접근 제어와 관련된 역할을 수행한다.

80

 핵심이론 125p

다음 중 시스템 시작 시 X 윈도우 모드로 부팅하는 대신에 텍스트 모드로 부팅되도록 설정하는 명령어로 알맞은 것은?

① systemctl set-default multi-user.target
② systemctl set-default texmode.target
③ systemctl set-default runlevel5.target
④ systemctl set-default graphical.target

systemctl set-default multi-user.target은 시스템 부팅 시 그래픽 환경이 아닌 텍스트 모드로 부팅되도록 기본 타깃을 설정하는 명령어이다.

오답 풀이

②③ 존재하지 않는 명령어이다.
④ systemctl set-default graphical.target는 그래픽 환경으로 부팅되게 설정한다.

정답

77 ④ 78 ① 79 ① 80 ①

01

핵심이론 116p

다음 중 스캐너 관련 API로 알맞은 것은?

① OSS
② ALSA
③ SANE
④ CUPS

SANE은 리눅스 및 유닉스 계열에서 스캐너를 제어하기 위한 표준 인터페이스와 도구 모음이다.

오답 풀이

① OSS는 유닉스 계열에서 사운드를 만들고 캡처하는 인터페이스로, 초기에는 프리웨어 성격이었으나 라이선스 이슈로 사유화 논란이 있었다.
② ALSA는 사운드 카드를 자동으로 구성하고 다수의 사운드 장치를 관리하는 표준 사운드 서브시스템이다.
④ CUPS는 리눅스와 유닉스 계열에서 사용하는 표준 출력 시스템으로, 프린터 관리와 출력 작업을 통합적으로 처리한다.

02

핵심이론 43p

다음 설명에 해당하는 RAID 기술로 알맞은 것은?

디스크에 에러 발생 시 데이터의 손실을 막기 위해, 추가로 하나 이상의 장치에 중복 저장하는 기술이다.

① Volume Group
② Linear
③ Striping
④ Mirroring

디스크에 에러가 발생했을 때 데이터의 손실을 막기 위해 하나 이상의 장치에 데이터를 중복 저장하는 기술은 미러링(Mirroring), 즉 RAID 1이다.

오답 풀이

① Volume Group은 여러 개의 Physical Volume을 묶어 하나의 저장 공간으로 만든 단위이다.
③ 스트라이핑(Striping) 즉, RAID 0은 데이터를 분산 저장하여 성능을 향상시키지만 데이터 안정성은 제공하지 않는다.

03

다음 중 CentOS 7에서 X 윈도우 기반으로 프린터를 설정할 때 사용하는 명령어로 알맞은 것은?

① printconf
② printtool
③ system-config-printer
④ redhat-config-printer

CentOS 7을 포함한 레드햇 계열 리눅스에서는 X 윈도우 기반 프린터 설정 도구로 system-config-printer 명령어를 사용한다.

오답 풀이

①②④ printconf, printtool, redhat-config-printer는 이전 버전의 리눅스에서 사용되던 명령어이다.

04

핵심이론 41p

다음 설명과 같은 상황에서 사용해야 하는 기술로 가장 알맞은 것은?

/home 디렉터리를 500GB로 구성할 예정이지만, 사용자가 많아질 경우를 대비해서 쉽게 용량 증설이 가능한 환경으로 구축하려고 한다.

① LVM
② RAID
③ Bonding
④ Clustering

LVM(Logical Volume Manager)은 물리적인 디스크를 논리적인 디스크로 할당하여 필요시 용량을 유연하게 확장하거나 관리하는 기술이다.

오답 풀이

② RAID는 여러 디스크를 묶어 성능이나 안정성을 높이는 기술이다.
③ Bonding은 네트워크 인터페이스의 이중화 또는 대역폭 확장을 위한 기술이다.
④ Clustering은 여러 대의 컴퓨터(노드)를 네트워크로 연결하여, 마치 하나의 시스템처럼 동작하게 만드는 기술이다.

정답　　01 ③　02 ④　03 ③　04 ①

05

실행 중인 프로세스들의 CPU 사용률을 실시간으로 확인할 때 사용하는 명령어로 알맞은 것은?

① nice
② pstree
③ renice
④ top

top은 실행 중인 프로세스들의 CPU 사용률 등을 실시간으로 확인하는 명령어이다.

06

다음 중 용량이 2GB 하드디스크 7개를 이용하여 RAID-6로 구성했을 때 가용 공간으로 알맞은 것은?

① 8GB
② 10GB
③ 12GB
④ 14GB

RAID-6의 가용 공간은 (총 디스크 개수 – 2) × 디스크 용량으로 계산된다. 따라서 7개의 2GB 하드디스크를 사용하면 (7 – 2) × 2GB = 10GB의 가용 공간을 얻을 수 있다.

07

다음 중 sendmail 패키지를 제거하는 명령어로 알맞은 것은?

① rpm -i sendmail
② rpm -r sendmail
③ rpm -e sendmail
④ rpm -d sendmail

RPM 패키지를 제거할 때는 rpm -e 명령어를 사용한다.

오답 풀이
① -i는 새로운 패키지를 설치한다.
② -r은 잘못된 옵션 표기이다.
④ -d는 디버그 정보를 표시할 때 사용한다.

08

다음 (㉠) 안에 들어갈 내용으로 알맞은 것은?

```
tar ( ㉠ ) linux-5.13.4.tar.xz
```

① jxvf
② Jxvf
③ zxvf
④ Zxvf

tar 옵션
• -J: xz 방식으로 압축 또는 해제한다.
• -z: gzip 방식으로 압축 또는 해제한다.
• -j: bzip2 방식으로 압축 또는 해제한다.

09

다음 중 소스 설치 과정 중에서 configure 작업 후에 관련 정보가 저장되는 파일명으로 알맞은 것은?

① install
② .config
③ .configure
④ Makefile

./configure는 컴파일 옵션 등을 설정하는 명령어로, 이 설정에 기반하여 실제 컴파일에 사용되는 Makefile 파일이 생성된다.

10

다음 중 yum 기반으로 작업한 목록을 확인하는 명령어로 알맞은 것은?

① yum list
② yum worklist
③ yum work list
④ yum history

yum history는 yum 트랜잭션의 타임라인, 성공 여부 등 작업 내역을 확인할 수 있는 명령어이다.

11

핵심이론 110p

다음은 묶여있는 tar 파일을 /usr/local/src 디렉터리에 푸는 과정이다. (㉠) 안에 들어갈 내용으로 알맞은 것은?

```
# tar xvf backup.tar ( ㉠ ) /usr/local/src
```

① -d　　　　　　② -D
③ -c　　　　　　④ -C

tar 옵션
- -C: 작업을 수행할 특정 디렉터리를 지정한다.

12

핵심이론 113p

아파치 웹 서버를 소스 설치하는 과정에서 configure를 진행했으나 다시 configure 하기 위해 관련 파일들을 제거하려고 한다. 다음 (㉠) 안에 들어갈 내용으로 알맞은 것은?

```
[root@www httpd-2.4.46]# make ( ㉠ )
```

① clean　　　　　② delete
③ remove　　　　④ reconfigure

make clean은 소스 컴파일 후 관련 파일들을 정리할 때 일반적으로 사용하는 명령어로, 컴파일 과정에서 생성된 오브젝트 파일 등을 제거하여 소스 트리를 깨끗한 상태로 되돌린다.

13

핵심이론 109p

다음 중 SUSE 리눅스에서 사용하는 패키지 관리 도구로 가장 알맞은 것은?

① rpm　　　　　② yum
③ dpkg　　　　　④ zypper

zypper는 SUSE Linux Enterprise Server 및 openSUSE에서 사용되는 명령줄 패키지 관리 도구이다.

오답 풀이

①②③ rpm, yum, dpkg는 레드햇 계열이다.

14

핵심이론 110p

다음 중 레드햇 리눅스에서 사용되는 패키지 관리 도구로 가장 거리가 먼 것은?

① rpm　　　　　② yum
③ dnf　　　　　④ pacman

pacman은 Arch Linux에서 사용되는 패키지 관리 도구로, 레드햇 계열(예 rpm, yum, dnf 사용)과는 거리가 멀다.

15

핵심이론 103p

다음 설명에 해당하는 vi 편집기의 환경 설정 값으로 알맞은 것은?

vi 편집기를 이용해서 C프로그래밍을 작성 중이다. 각 행 앞에 행 번호가 나타나도록 설정하려고 한다.

① set no　　　　② set nu
③ set ai　　　　④ set list

:set nu 또는 :set number은 vi에서 작업할 때 행 번호를 화면에 나타나도록 설정하는 명령어이다.

16

핵심이론 101p

다음 중 vi 편집기의 명령 모드에서 편집 모드로 전환하는 키로 틀린 것은?

① a　　　　　　② e
③ i　　　　　　④ o

e 키는 vi의 편집 모드 전환 키가 아니다.

오답 풀이

①③④ vi의 편집 모드(입력 모드) 전환 키는 i, a, o, I, A, O 등이다.

정답　　　11 ④　12 ①　13 ④　14 ④　15 ②　16 ②

17

다음 중 vi 편집기에서 줄의 시작이 linux일 때 Linux로 치환하는 명령어로 알맞은 것은?

① :% s/\linux/Linux/
② :% s/\<linux/Linux/
③ :% s/^linux/Linux/
④ :% s/$linux/Linux/

vi에서 문자열 치환 시 ^는 줄의 시작을 의미한다. 따라서 ^linux는 줄의 맨 앞에 위치한 linux 문자열만을 대상으로 한다.

18

vi 편집기로 line.txt 파일의 내용을 불러오면서 커서의 위치를 마지막 줄에 위치시키려고 한다. 다음 (㉠) 안에 들어갈 옵션으로 알맞은 것은?

```
$ vi ( ㉠ ) line.txt
```

① +   ② -e
③ -l   ④ -L

vi 명령어 실행 시 파일 이름 앞에 + 옵션을 붙이면 커서가 파일의 마지막 줄에 위치하게 된다.

19

다음 중 GNU 프로젝트에 의해 만들어진 편집기로 알맞은 것은?

① vi   ② vim
③ nano   ④ pico

nano는 PINE 이메일 클라이언트의 pico 편집기를 복제하여 GNU 프로젝트에서 개발되었다.

20

다음 중 emacs 편집기 개발과 밀접한 인물의 조합으로 알맞은 것은?

① 리처드 스톨만, 제임스 고슬링
② 리처드 스톨만, 빌 조이
③ 빌 조이, 제임스 고슬링
④ 제임스 고슬링, 브람 무레나르

리처드 스톨만과 제임스 고슬링은 emacs의 개발자이다.

오답 풀이
②③ 빌 조이는 vi의 개발자이다.
④ 브람 무레나르는 vim의 개발자이다.

21

다음 설명에 해당하는 용어로 알맞은 것은?

> 사운드 카드를 자동으로 구성하게 하고, 다수의 사운드 장치를 관리하는 것이 목적이다. 1998년 Jaroslav Kysela에 의해 시작되었고, GPL 및 LGPL 라이선스 기반으로 배포되고 있다.

① OSS   ② ALSA
③ SANE   ④ CUPS

ALSA(Advanced Linux Sound Architecture)는 사운드 카드를 자동으로 구성하고 다수의 사운드 장치를 관리하는 표준 사운드 서브시스템이다.

오답 풀이
① OSS는 유닉스 계열에서 사운드를 만들고 캡처하는 인터페이스로, 초기에는 프리웨어 성격이었으나 라이선스 이슈로 사유화 논란이 있었다.
③ SANE은 리눅스 및 유닉스 계열에서 스캐너를 제어하기 위한 표준 인터페이스와 도구 모음이다.
④ CUPS는 리눅스와 유닉스 계열에서 사용하는 표준 출력 시스템으로, 프린터 관리와 출력 작업을 통합적으로 처리한다.

정답   17 ③   18 ①   19 ③   20 ①   21 ②

22

다음 명령어의 결과와 가장 관련 있는 프로세스 생성 방식으로 알맞은 것은?

```
[root@www ~] #
systemd    +-ModemManager----2*[{ModemManager}]
    |-NetworkManager-+-2*[dhclient]
    |               -2*[{NetworkManager}]
    |-2*[abrt-watch-log]
    |-abrtd
    |-accounts-daemon----2*[{accounts-daemon}]
    |-alsactl
    |-at-spi-bus-laun--dbus-daemon----{dbus-daemon}
    |                 -3*[{at-spi-bus-laun}]
    |-at-spi2-registr---2*[{at-spi2-registr}]
    |-atd
    |-auditd-+-audispd-+-sedispatch
    |        !          -{audispd}
    |        -{auditd}
    |-avahi-daemon--avahi-daemon
```

① exec   ② fork
③ inetd   ④ standalone

pstree는 부모-자식 관계의 프로세스 계층 구조를 출력하는 명령어이다. 이는 부모 프로세스가 자식 프로세스를 생성하는 fork 방식과 관련이 깊다.

23

다음은 ihduser가 cron 설정을 하는 과정이다. (㉠) 안에 들어갈 명령어의 옵션으로 알맞은 것은?

```
[ihduser@www ~]$ crontab ( ㉠ )
```

① -n   ② -e
③ -i   ④ -u

crontab -e는 사용자의 cron 작업을 설정 및 편집하는 명령어로, -e는 edit(편집)를 의미한다.

24

다음 결과에 해당하는 명령어로 알맞은 것은?

```
[root@www ~] #
systemd    +-ModemManager----2*[{ModemManager}]
    |-NetworkManager-+-2*[dhclient]
    |               -2*[{NetworkManager}]
    |-2*[abrt-watch-log]
    |-abrtd
    |-accounts-daemon----2*[{accounts-daemon}]
    |-alsactl
    |-at-spi-bus-laun--dbus-daemon----{dbus-daemon}
    |                 -3*[{at-spi-bus-laun}]
    |-at-spi2-registr---2*[{at-spi2-registr}]
    |-atd
    |-auditd-+-audispd-+-sedispatch
    |        !          -{audispd}
    |        -{auditd}
    |-avahi-daemon--avahi-daemon
```

① ps   ② tree
③ pstree   ④ ps_mem

pstree는 부모-자식 관계의 프로세스 계층 구조를 출력하는 명령어이다.

25

다음 설명과 같이 cron을 설정할 때의 날짜 형식으로 알맞은 것은?

매주 월요일과 수요일 오전 11시 10분에 점검 스크립트인 /etc/check.sh를 실행한다.

① 10 11 * * 1-3 /etc/check.sh
② 11 10 * * 1-3 /etc/check.sh
③ 10 11 * * 1,3 /etc/check.sh
④ 11 10 * 1,3 /etc/check.sh

crontab의 5필드는 '분 시간 일 월 요일' 순서이다. 매주 월요일과 수요일 오전 11시 10분에 주기적으로 실행하려면 10 11 * * 1,3으로 지정해야 한다.

정답   22 ②   23 ②   24 ③   25 ③

26

다음 중 (㉠) 안에 들어갈 내용으로 알맞은 것은?

> (㉠) 방식은 관련 프로세스가 메모리에 항상 상주하는 것이 아니라, 클라이언트의 서비스 요청이 들어왔을 때 관련 프로세스를 실행시키고 요청이 끝나면 자동으로 프로세스를 종료시키는 방식이다.

① exec
② fork
③ inetd
④ standalone

inetd는 요청이 있을 때만 관련 프로세스가 메모리에 상주하는 방식이다. 클라이언트의 서비스 요청이 들어왔을 때 관련 프로세스를 실행시키고 요청이 끝나면 종료시킨다.

27

다음 중 백그라운드 프로세스를 확인하는 명령어로 알맞은 것은?

① bg
② fg
③ jobs
④ nohup

jobs는 현재 셸에서 실행 중인 백그라운드 프로세스 목록을 확인하는 명령어이다.

28

다음은 프로세스 아이디(PID)가 1222번인 프로세스의 우선순위 값을 -10으로 지정하는 과정이다. (㉠), (㉡) 안에 들어갈 내용으로 알맞은 것은?

```
# ( ㉠ ) ( ㉡ ) 1222
```

① ㉠ nice, ㉡ -10
② ㉠ nice, ㉡ --10
③ ㉠ renice, ㉡ -10
④ ㉠ renice, ㉡ --10

renice는 이미 실행 중인 프로세스의 우선순위(nice 값)를 변경하는 명령어이다. 우선순위 값은 -20부터 19까지의 범위이며, 낮은 값일수록 우선순위가 높다.

29

다음 중 Ctrl+\ 입력 시에 전송되는 시그널로 알맞은 것은?

① SIGINT
② SIGHUP
③ SIGQUIT
④ SIGTERM

키보드로 Ctrl+\를 입력하면 프로세스에 SIGQUIT 시그널이 전송되며, 이는 코어 덤프를 생성하며 프로세스를 종료시킨다.

30

다음 중 커널이 사용하는 프로세스의 우선순위 항목으로 알맞은 것은?

① NI
② PRI
③ VSZ
④ RSS

PRI(Priority)는 커널이 실제로 사용하는 프로세스의 우선순위 값이다.

오답 풀이

① NI는 사용자가 우선순위를 조절할 때 사용하며 PRI 값에 영향을 준다.
③ VSZ는 프로세스가 사용할 수 있는 가상 메모리의 전체 크기이다.
④ RSS는 프로세스가 실제로 물리 메모리(RAM)를 점유하고 있는 크기이다.

31

다음 설명에 해당하는 파일로 가장 알맞은 것은?

> ihduser 사용자는 본인이 설정한 앨리어스(alias)를 다음 로그인해서도 계속 사용하려고 한다.

① ~/.bashrc
② ~/.bash_history
③ ~/.bash_profile
④ ~/.bash_logout

사용자 홈 디렉터리의 ~/.bashrc 파일은 사용자 본인이 설정한 별명(alias)이나 환경변수 등을 로그인할 때마다 사용하도록 설정한다.

정답   26 ③ 27 ③ 28 ③ 29 ③ 30 ② 31 ①

32

다음 설명에 해당하는 파일로 알맞은 것은?

> 리눅스 시스템에서 사용 가능한 셸의 목록 정보가 저장된 파일이다.

① /bin/bash   ② /etc/shells
③ /etc/passwd   ④ /etc/skel

/etc/shells 파일은 리눅스 시스템에서 사용 가능한 셸의 목록 정보가 저장되어 있다.

33

다음은 ihduser가 사용 가능한 셸의 정보를 확인하는 과정이다. (㉠) 안에 들어갈 옵션으로 알맞은 것은?

```
[ihduser@www ~]$ chsh ( ㉠ )
```

① -c   ② -l
③ -s   ④ -u

chsh -l은 현재 시스템에서 사용 가능한 셸의 목록을 확인하는 명령어로, -l은 list를 의미한다.

34

다음 설명에 해당하는 셸로 알맞은 것은?

> 1978년에 버클리 대학의 빌 조이가 개발한 것으로 히스토리 기능, 별명(alias) 기능, 작업 제어 등의 유용한 기능들을 포함하였다.

① csh   ② ksh
③ bash   ④ tcsh

csh(C Shell)는 1978년 버클리 대학의 빌 조이가 개발했으며, 히스토리, 별명(alias), 작업 제어 등의 유용한 기능을 포함한 셸이다.

35

다음 중 ihduser가 로그인 셸을 변경했을 때 저장되는 파일로 알맞은 것은?

① ~/.bashrc   ② ~/.bash_profile
③ /etc/passwd   ④ /etc/shells

사용자의 로그인 셸 정보는 사용자 계정 정보가 담긴 /etc/passwd 파일에 저장된다.

36

다음 명령어의 결과에 대한 설명으로 알맞은 것은?

```
$ history 5
```

① 처음에 실행한 명령어 5개를 화면에 출력한다.
② 최근에 실행한 명령어 5개를 화면에 출력한다.
③ 히스토리 목록 번호 중에서 5번에 해당하는 명령어를 실행한다.
④ 최근에 실행한 명령어 목록 중에서 5만큼 거슬러 올라가서 해당 명령어를 실행한다.

history 5는 최근에 실행한 명령어 5개를 화면에 출력하는 명령어이다.

37

다음 중 특정 사용자가 로그인 한 이후 선언한 셸 변수를 전부 확인할 때 사용하는 명령어로 알맞은 것은?

① env   ② printenv
③ set   ④ unset

set은 현재 셸에 선언된 모든 셸 변수 및 함수 목록을 확인하는 명령어이다.

오답 풀이

①② env나 printenv는 환경변수만 출력한다.
④ unset은 변수 제거이다.

정답   32 ②   33 ②   34 ①   35 ③   36 ②   37 ③

38

다음은 ihduser가 본인에게 도착하는 메일 관련 파일의 경로를 확인하는 과정이다. (㉠) 안에 들어갈 환경변수명으로 알맞은 것은?

```
[ihduser@www ~]$ echo ( ㉠ )
/var/spool/mail/ihduser
```

① $MAIL
② $MAILFILE
③ $MAILCHECK
④ $MAILSPOOL

$MAIL은 사용자에게 도착하는 메일이 저장되는 파일의 경로를 지정하는 환경변수이다.

39

핵심이론 55p

다음 중 일반 사용자가 파일의 내용을 볼 수 없는 파일로 알맞은 것은?

① /etc/passwd
② /etc/shadow
③ /etc/group
④ /etc/fstab

/etc/shadow 파일은 사용자 계정의 암호화된 비밀번호 정보가 저장된다. 보안을 위해 root 사용자만 읽을 수 있도록 권한이 설정되어 있어 일반 사용자는 내용을 볼 수 없다.

40

핵심이론 77p

다음은 CD-ROM 드라이브의 디스크 트레이(Tray)를 여는 과정이다. (㉠) 안에 들어갈 명령어로 알맞은 것은?

```
# ( ㉠ ) /dev/cdrom
```

① eject
② mount
③ umount
④ unmount

eject는 CD-ROM 드라이브의 디스크 트레이를 열거나 닫을 때 사용하는 명령어이다.

41

다음 조건에 해당하는 명령어로 알맞은 것은?

파일 시스템이 XFS인 /dev/sdb1을 /backup 디렉터리로 마운트한다.

① mount -j xfs /backup /dev/sdb1
② mount -j xfs /dev/sdb1 /backup
③ mount -t xfs /backup /dev/sdb1
④ mount -t xfs /dev/sdb1 /backup

mount -t [파일시스템타입] [장치명] [마운트포인트] 명령어를 사용하여 파일 시스템을 마운트한다.

42

다음 중 명령어의 결과가 아래와 같을 경우 관련 설명으로 틀린 것은?

```
[ihd@www ~]$ ls -ld /tmp
drwxrwxrwx 24  root  root   4096   Jul 12 20:59 /tmp
[ihd@www ~]$ ls -l /tmp
-rw-rw-r-- 1 kait  kait  1222 Jul 11 09:15 lin.txt
-rw-r--r-- 1 ihd   ihd   513 Jul 11 21:05 joon.txt
```

① ihd 사용자는 /tmp 디렉터리 안으로 들어갈 수 있다.
② ihd 사용자는 /tmp 디렉터리 안에 파일을 생성할 수 있다.
③ ihd 사용자는 lin.txt 파일을 삭제할 수 있다.
④ ihd 사용자는 joon.txt 파일을 수정할 수 없다.

ihd 사용자는 joon.txt 파일에 대한 쓰기 권한(w)이 있으므로 파일을 수정할 수 있다.

43

핵심이론 69p

다음은 lin.sh 파일의 소유자는 ihduser, 소유 그룹은 kaitgroup으로 지정하는 과정이다. (㉠) 안에 들어갈 명령어로 알맞은 것은?

```
# ( ㉠ ) ihduser:kaitgroup lin.sh
```

① chmod　　　　② chown
③ chgrp　　　　④ umask

chown [소유자]:[그룹] [파일명] 명령어로 파일의 소유자나 소유 그룹을 변경할 수 있다.

44

핵심이론 73p

다음은 ihduser 사용자의 디스크 쿼터 설정 정보만 확인하려고 한다. (㉠) 안에 들어갈 명령어로 가장 알맞은 것은?

```
# ( ㉠ ) ihduser
```

① quota　　　　② edquota
③ repquota　　　④ xfs_quota

quota는 사용자의 디스크 쿼터 정보를 확인하는 명령어이다.

오답 풀이
② edquota는 쿼터 설정을 편집할 때 사용한다.
③ repquota는 모든 사용자 또는 그룹에 설정된 디스크 사용량, 소프트 한도, 하드 한도, 유예 기간 등을 한눈에 확인한다.
④ xfs_quota는 XFS 파일 시스템 전용 디스크 쿼터 관리 도구이다.

45

핵심이론 79p

다음 결과에 해당하는 명령어로 알맞은 것은?

```
[root@www ~]#
Filesystem Type        Size Used  Avail Use% Mounted on
devtmpfs   devtmpfs   2.0G    0   2.0G   0% /dev
tmpfs      tmpfs      2.0G    0   2.0G   0% /dev/shm
tmpfs      tmpfs      2.0G9.5M  2.0G   1% /run
tmpfs      tmpfs      2.0G    0   2.0G   0% /sys/fs/cgroup
/dev/sda1  xfs         47G7.4G  40G  16% /
tmpfs      tmpfs      396M 24K  396M   1% /run/user/0
[root@www ~]#
```

① df　　　　　　② du
③ mount　　　　④ lsblk

파일 시스템의 총 용량, 사용량, 가용 용량, 마운트 지점 등을 출력하는 명령어는 df이다.

46

핵심이론 80p

/etc/fstab 파일은 총 6개의 필드로 구성되어 있는데, 마운트되는 디렉터리(mount point)는 몇 번째 필드인가?

① 첫 번째　　　　② 두 번째
③ 세 번째　　　　④ 네 번째

/etc/fstab 파일의 두 번째 필드는 파일 시스템이 마운트되는 디렉터리, 즉 마운트 포인트이다.

정답　　　　　　　　　　43 ②　44 ①　45 ①　46 ②

47

다음 (㉠), (㉡) 안에 들어갈 내용으로 알맞은 것은?

> 리눅스에서 파티션을 생성하면 고유한 값인 (㉠) 가 부여되는데, 이 값은 (㉡) 명령으로 확인할 수 있다.

① ㉠ SetUID, ㉡ UUID
② ㉠ SetUID, ㉡ blkid
③ ㉠ UUID, ㉡ blkid
④ ㉠ UUID, ㉡ UUID

> UUID는 리눅스에서 파티션을 생성하면 할당되는 고유한 값으로, 이 값을 확인할 때는 blkid 명령어를 사용한다.

48

다음 중 SetUID 또는 SetGID와 같은 특수 권한이 설정된 파일로 알맞은 것은?

① /usr/bin/passwd
② /usr/sbin/useradd
③ /etc/passwd
④ /etc/shadow

> /usr/bin/passwd 파일은 일반 사용자가 자신의 비밀번호를 변경할 때 root 권한이 필요한 작업을 수행할 수 있도록 SetUID 권한이 설정되어 있다.

49

다음 설명에 해당하는 용어로 가장 알맞은 것은?

> 하이퍼바이저나 게스트 운영체제를 사용하지 않고, 응용 프로그램과 라이브러리 등을 이미지로 만들어서 프로세스처럼 동작시키는 경량화된 가상화 방식으로 2013년 3월에 탄생하였다.

① 도커(Docker)
② 쿠버네티스(Kubernetes)
③ 앤서블(Ansible)
④ 오픈스택(OpenStack)

> 도커(Docker)는 하이퍼바이저 없이 게스트 운영체제를 격리된 컨테이너 환경에서 실행하며, 이미지 기술과 레이어링 방식을 사용하여 배포를 단순화한 기술이다.

50

다음 중 업무 처리에 필요한 서버나 스토리지와 같은 IT 하드웨어 자원을 빌려 쓰는 클라우드 서비스로 알맞은 것은?

① SaaS
② IaaS
③ DaaS
④ PaaS

> IaaS(Infrastructure as a Service)는 서버, 스토리지, 네트워크와 같은 IT 인프라 자원을 서비스로 제공하는 클라우드 모델이다.

정답　47 ③　48 ①　49 ①　50 ②

51

다음 설명에 해당하는 플랫폼으로 알맞은 것은?

> 2009년 2월에 BMW, 델파이, GM, 인텔, 윈드리버 등이 설립하여 만든 조직에서 리눅스 커널 기반의 표준화된 자동차용 IVI(In-Vehicle Infotainment)를 위해 만든 플랫폼이다.

① MeeGo IVI
② Tizen IVI
③ GENIVI
④ Android IVI

GENIVI(제니비)는 2009년 BMW, GM, 인텔, 윈드리버 등이 설립한 비영리 연합체로, 표준화된 리눅스 기반 차량용 인포테인먼트 플랫폼을 위해 만든 오픈소스 플랫폼이다.

52

다음 설명에 해당하는 리눅스 배포판으로 알맞은 것은?

> 레드햇 엔터프라이즈 리눅스의 복제 버전에 해당하는 CentOS 지원 종료에 따라 탄생한 리눅스 배포판이다. CentOS 프로젝트 창립자인 Gregory Kurtzer가 주도하고 있다.

① Rocky Linux
② Arch Linux
③ Alma Linux
④ Linux Mint

Rocky Linux는 레드햇 엔터프라이즈 리눅스의 바이너리 호환 버전으로, CentOS 프로젝트의 방향 변경에 따라 커뮤니티 주도로 개발된 배포판이다.

53

전송 매체를 광섬유 케이블(Optical Fiber Cable)을 사용하여 설계된 링 구조의 통신망으로, 네트워크 액세스를 제어하기 위해 토큰 패싱 방법을 사용하는 LAN 전송 방식으로 알맞은 것은?

① Token Ring
② Ethernet
③ X.25
④ FDDI

FDDI(Fiber Distributed Data Interface)는 광섬유 케이블을 사용하며, 토큰 패싱 방식을 사용하는 링 구조의 고속 LAN 전송 방식이다.

54

다음 중 파일 전송 및 다운로드 진행 상태를 '#' 기호로 확인할 때 사용하는 FTP 명령어로 알맞은 것은?

① open
② hash
③ status
④ chmod

FTP에서 hash 명령어로 파일 전송 진행 상태를 '#' 기호로 표시할 수 있다.

55

다음 중 모질라 재단에서 개발한 자유 소프트웨어로 게코(Gecko) 레이아웃 엔진을 사용한 웹 브라우저로 알맞은 것은?

① 파이어폭스
② 크롬
③ 엣지
④ 익스플로어

파이어폭스(Firefox)는 모질라 재단에서 개발하고 게코 레이아웃 엔진을 사용하는 웹 브라우저이다.

정답   51 ③   52 ①   53 ④   54 ②   55 ①

56

다음 중 최상위 도메인으로 틀린 것은?

① com   ② mil
③ org   ④ or

or는 올바른 최상위 도메인(TLD)이 아니다.

오답 풀이

①②③ com, mil, org는 모두 최상위 도메인이다.

57

다음 중 주요 프로토콜과 포트번호 조합으로 틀린 것은?

① SMTP – 25   ② IMAP – 143
③ SNMP – 53   ④ HTTPS – 443

SNMP의 기본 포트번호
- 161번/udp (관리자 → 장치)
- 162번/udp (장치 → 관리자)

58

다음 중 OSI 7계층 모델에서 데이터링크 계층의 데이터 전송 단위로 알맞은 것은?

① data   ② segment
③ bit   ④ frame

프레임(frame)은 OSI 7계층 모델에서 데이터링크 계층의 데이터 전송 단위이다.

59

다음 중 LAN의 접속 규격과 처리에 대한 표준을 제정하는 기관으로 알맞은 것은?

① ISO   ② ANSI
③ ITU-T   ④ IEEE

IEEE(국제전기전자학회)는 LAN(근거리 통신망)의 접속 규격과 처리에 대한 표준을 제정하는 기관이다.

60

다음 중 프로토콜이 다른 통신망을 상호 접속하기 위한 통신 장비로 알맞은 것은?

① 게이트웨이(Gateway)
② 라우터(Router)
③ 리피터(Repeater)
④ 브리지(Bridge)

게이트웨이(Gateway)는 프로토콜이 다른 네트워크 간의 상호 접속을 위해 사용되는 통신 장비이다.

61

다음 중 운영 중인 서버의 특정 포트에 접속하여 연결된(ESTABLISHED) 정보를 확인하는 명령어의 조합으로 가장 알맞은 것은?

① ip, netstat   ② ss, route
③ ip, route   ④ ss, netstat

ss 또는 netstat 명령어로 운영 중인 서버의 네트워크 연결 상태를 확인한다.

62

리눅스 시스템에 첫 번째 네트워크 인터페이스로 설정된 eth0의 작동을 중지시킬 때 사용하는 명령어로 알맞은 것은?

① ifconfig eth0 up
② ifconfig eth0 down
③ ipconfig eth0 down
④ ipconfig eth0 up

ifconfig [인터페이스명] down 명령어로 네트워크 인터페이스의 작동을 중지시킨다.

정답   56 ④   57 ③   58 ④   59 ④   60 ①   61 ④   62 ②

63

다음 중 공인 IP 주소로 알맞은 것은?

① 192.168.0.1　　② 165.141.105.240
③ 172.30.255.254　　④ 10.10.10.100

64

다음 중 OSI 7계층 모델의 네트워크 계층과 관련된 프로토콜로 알맞은 것은?

① BGP　　② TCP
③ UDP　　④ SMB

BGP(Border Gateway Protocol)는 네트워크 계층에서 동작하는 라우팅 프로토콜이다.

오답 풀이

②③ TCP, UDP는 전송 계층 프로토콜이다.
④ SMB는 메일 전송 프로토콜이다.

65

다음 중 3-way handshaking을 수행하는 프로토콜로 알맞은 것은?

① TCP　　② UDP
③ ICMP　　④ SNMP

TCP는 신뢰성 있는 연결을 위해 3-way handshaking 과정을 수행하는 프로토콜이다.

66

다음 중 Secure 기반의 원격제어 서비스와 연관이 없는 것은?

① ssh　　② sftp
③ scp　　④ sccp

sccp는 시스코(Cisco)에서 개발한 IP 폰 제어 프로토콜이다.

오답 풀이

①②③ ssh, sftp, scp는 모두 보안(Secure) 기반의 원격 접속 또는 파일 전송 프로토콜이다.

67

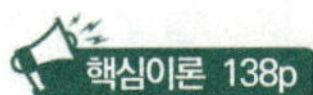

다음에서 설명하는 것으로 알맞은 것은?

> · 국가 및 대륙과 같은 넓은 지역을 연결하는 네트워크이다.
> · 거리의 제한이 없으나 다양한 경로를 거쳐 도달하므로 속도가 느리고 전송 에러율도 높은 편이다.
> · 구성 방식에는 전용회선 방식과 교환회선 방식이 있다.

① LAN　　② MAN
③ WAN　　④ SIP

WAN(Wide Area Network)은 국가 및 대륙 등 넓은 지역을 연결하는 네트워크이다. 거리에 제한이 없으며, 다양한 경로를 거쳐도 속도나 에러율은 낮은 편이다. 구성 방식에는 전용회선 방식과 교환회선 방식이 있다.

정답　　63 ②　64 ①　65 ①　66 ④　67 ③

68

다음 설명에 해당하는 파일로 알맞은 것은?

> 네트워크 사용 유무 지정, 호스트명 설정, 게이트웨이 주소 설정, NIS 도메인명 등이 기록되는 파일이다.

① /etc/sysconfig/network-scripts
② /etc/sysconfig/network
③ /etc/resolv.conf
④ /etc/passwd

/etc/sysconfig/network 파일에 네트워크 설정 사용 유무, 호스트명 설정, 게이트웨이 주소 설정, NIS 도메인명 등이 기록된다.

69

다음 중 데이터의 암호화와 해독을 수행하고, 효율적인 전송을 위해 필요에 따라 압축과 해제를 수행하는 OSI 7계층 모델의 계층으로 알맞은 것은?

① 응용 계층
② 데이터링크 계층
③ 물리 계층
④ 표현 계층

표현 계층(Presentation Layer)은 응용 계층에서 보낸 정보를 다른 시스템의 응용 계층이 읽을 수 있도록 변환하는 역할을 한다. 이 과정에서 데이터의 암호화, 복호화, 압축 등의 기능을 수행한다.

70

다음 중 이더넷 환경에서 다중 접속의 반송파 감지 및 충돌 탐지 방식을 뜻하는 용어로 알맞은 것은?

① CSMA/CA
② CSMA/CD
③ FDDI
④ DQDB

CSMA/CD(Carrier Sense Multiple Access with Collision Detection)는 이더넷 환경에서 여러 컴퓨터들이 하나의 전송 매체를 공유할 수 있도록 하는 매체 접근 제어 방식이다. 데이터를 전송하기 전 채널을 감지하고, 충돌 발생 시 전송을 중단하고 재전송한다.

71

핵심이론 154p

다음과 같은 조건일 때 설정되는 브로드캐스트 주소 값으로 알맞은 것은?

> • IP 주소: 192.168.3.129
> • 서브넷 마스크: 255.255.255.192

① 192.168.3.126
② 192.168.3.127
③ 192.168.3.190
④ 192.168.3.191

서브넷의 값이 255.255.255.192이므로 192를 2진수로 변환하면 11000000이다. 네트워크는 2자리이고 호스트가 6자리이다. 네트워크 개수는 $2^2 = 4$, 즉 4개로 분할하였다는 것을 알 수 있다. 가능한 개수가 256이므로 $\frac{256}{4} = 64$, 즉 64개 단위(0, 64, 128, 192)로 나뉘어진다. IP 주소가 192.168.3.129이므로 128 ~ 191까지의 구간을 가지고 있다. 이 중 가장 마지막 주소가 브로드캐스트 주소이므로 192.168.3.191이다.

72

다음 중 이더넷 카드의 Link mode를 Auto-negotiation에서 1000Mb/s Full duplex로 변경하는 명령어로 알맞은 것은?

① route
② ifconfig
③ netstat
④ ethtool

ethtool은 이더넷 카드의 설정을 확인하거나 변경하는 데 사용되는 명령어이다. ethtool -s eth0 speed 1000 duplex full autoneg off 명령어를 사용하여 링크 모드를 1000Mb/s, Full duplex로 설정하고 자동 협상을 비활성화할 수 있다.

73

다음 설명에 가장 적합한 프로그램으로 알맞은 것은?

> 그래픽이나 로고 디자인, 사진 편집, 색 바꾸기, 이미지 합성, 이미지 포맷 변환, 레이어 기법을 통한 움직이는 이미지 작업 등을 수행하려고 한다.

① Eog
② ImageMagick
③ Gimp
④ Totem

Gimp(GNU Image Manipulation Program)는 그림 편집, 사진 편집에 사용되는 무료 오픈 소스 소프트웨어로, 포토샵과 유사한 기본적인 기능을 제공한다.

74

다음 중 마이크로소프트사의 엑셀(Excel)을 대체할 수 있는 프로그램으로 알맞은 것은?

① LibreOffice Writer
② LibreOffice Draw
③ LibreOffice Calc
④ LibreOffice Impress

LibreOffice Calc는 마이크로소프트 엑셀과 유사한 기능을 제공하는 스프레드시트 프로그램으로, LibreOffice 오피스 스위트의 일부이다.

75

다음 설명에 해당하는 용어로 알맞은 것은?

> X 윈도우 환경에서 윈도우(window)의 배치와 표현을 담당하는 시스템 소프트웨어이다. 기본적인 기능으로는 창 열기와 닫기, 창 최소화 및 최대화, 창 이동, 창 크기 조정 등이 있다.

① 윈도우 매니저
② 데스크톱 환경
③ 디스플레이 매니저
④ 데스크톱 매니저

윈도우 매니저(Window Manager)는 X 윈도우 시스템에서 창의 배치, 크기 조정, 외양과 테두리 등 창의 표현을 담당하는 시스템 프로그램이다.

76

다음은 X 서버 실행 시에 생성된 인증키 값을 확인하는 과정이다. (㉠) 안에 들어갈 명령어로 알맞은 것은?

```
# ( ㉠ ) list $DISPLAY
```

① xauth
② xhost
③ xset
④ echo

xauth는 X 서버의 인증 키(매직 쿠키)를 관리하는 데 사용되는 명령어로, 현재 시스템의 X 인증 정보를 확인하거나 추가할 수 있다.

77

다음 명령어의 결과에 대한 설명으로 가장 알맞은 것은?

```
[root@www ~]# echo $DISPLAY
:1
```

① X 클라이언트 프로그램 실행이 활성화된 상태이다.
② X 클라이언트 프로그램 실행이 비활성화된 상태이다.
③ X 클라이언트 프로그램 실행 시 첫 번째 X 윈도우에 실행된다.
④ X 클라이언트 프로그램 실행 시 두 번째 X 윈도우에 실행된다.

echo $DISPLAY 명령어의 결과가 :1이라면, 이는 X 클라이언트 프로그램 실행 시 두 번째 X 윈도우에 실행된다는 의미이다. 기본 X 윈도우는 :0이다.

정답   73 ③ 74 ③ 75 ① 76 ① 77 ④

78

다음 중 GNOME과 가장 거리가 먼 것은?

① konqueror　　② nautilus
③ metacity　　④ mutter

konqueror는 KDE 데스크톱 환경에서 주로 사용되는 웹 브라우저 및 파일 관리자이다.

오답 풀이

②③④ nautilus, metacity, mutter는 GNOME 데스크톱 환경과 관련된 구성 요소이다.

79

다음 설명에 해당하는 라이브러리로 알맞은 것은?

> C언어로 구현된 클라이언트 라이브러리로 X 서버와 대화하는 역할을 수행한다. 저수준의 인터페이스로 키보드나 마우스에 대한 반응 등의 단순한 기능만을 하고 있다.

① Qt　　② Xlib
③ GTK+　　④ Motif

Xlib는 C언어로 구현된 클라이언트 라이브러리로, X 서버와 통신하는 데 사용되며, X 프로토콜의 복잡한 부분을 추상화하여 프로그래머가 쉽게 응용 프로그램을 작성할 수 있도록 돕는다.

80

다음 중 시스템 시작 시 X 윈도우 모드로 부팅이 되도록 설정하는 명령어는?

① systemctl set-default multi-user.target
② systemctl set-default runlevel3.target
③ systemctl set-default runlevel5.target
④ systemctl set-default x.target

systemctl set-default graphical.target 또는 systemctl set-default runlevel5.target은 시스템 시작 시 X 윈도우 모드(그래픽 모드)로 부팅되도록 설정하는 systemctl 명령어이다.

오답 풀이

①② 텍스트 모드로 부팅하게 하는 명령어이다.
④ 존재하지 않는 명령어이다.

정답　　78 ① 　79 ② 　80 ③

1과목 리눅스 운영 및 관리

01

다음 중 프린터 큐의 상태를 출력하는 명령어로 알맞은 것은?

① lp
② lpr
③ lpc
④ lpstat

lpstat은 현재 등록된 프린터와 프린터 큐의 상태, 작업 대기 현황 등을 출력하는 명령어이다.

오답 풀이

①② lp, lpr은 인쇄 작업을 수행하는 명령어이다.
③ lpc는 프린터 제어용 명령어로 큐 상태 출력과는 목적이 다르다.

02

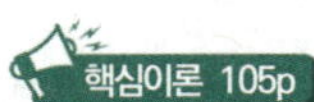

다음 중 sendmail이라는 패키지를 설치하는 명령어로 알맞은 것은?

① rpm -e sendmail-8.14.7-6.el7.x86_64.rpm
② rpm -u sendmail-8.14.7-6.el7.x86_64.rpm
③ rpm -U sendmail-8.14.7-6.el7.x86_64.rpm
④ rpm -V sendmail-8.14.7-6.el7.x86_64.rpm

rpm 옵션
- -U: 기존 패키지를 업데이트 또는 새로 설치한다.(-u는 존재하지 않는 옵션이다.)
- -e: 패키지를 제거한다.
- -V: 패키지의 무결성을 검증한다.

03

다음 설명에 해당하는 LVM 관련 용어로 알맞은 것은?

> LVM에 구성되는 일종의 블록(Block) 같은 영역으로 보통 1단위당 4MB로 할당된다.

① PV
② VG
③ LV
④ PE

PE(Physical Extent)는 LVM을 구성하는 볼륨 그룹 내 일정한 크기의 일반 하드디스크 블록 단위이다. 일반적으로 하나의 PE는 4MB 크기로 구성된다.

오답 풀이

① PV(물리 볼륨)는 실제 하드디스크 파티션이다.
② VG(볼륨 그룹)는 PV들의 집합이다.
③ LV(논리 볼륨)는 사용자에게 제공되는 가상 디스크이다.

04

다음 중 스캐너 관련 프로그램으로 알맞은 것은?

① CUPS
② ALSA
③ OSS
④ SANE

SANE은 리눅스 및 유닉스 계열에서 스캐너를 제어하기 위한 표준 인터페이스와 도구 모음이다.

오답 풀이

① CUPS는 리눅스와 유닉스 계열에서 사용하는 표준 출력 시스템으로, 프린터 관리와 출력 작업을 통합적으로 처리한다.
② ALSA는 사운드 카드를 자동으로 구성하고 다수의 사운드 장치를 관리하는 표준 사운드 서브시스템이다.
③ OSS(Open Sound System)는 유닉스 계열에서 사운드를 만들고 캡처하는 인터페이스로, 초기에는 프리웨어 성격이었으나 라이선스 이슈로 사유화 논란이 있었다.

정답

01 ④ 02 ③ 03 ④ 04 ④

05

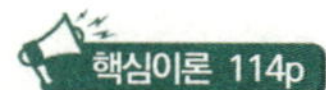
핵심이론 114p

다음 설명에 해당하는 용어로 알맞은 것은?

> 버클리 프린팅 시스템으로 BSD 계열 유닉스에서 사용하기 위해 개발되었다. 라인 프린터 데몬 프로토콜을 사용하여 프린터 스풀링과 네트워크 프린터 서버를 지원한다.

① CUPS
② LPRng
③ SANE
④ ALSA

LPRng는 BSD 계열 유닉스에서 사용하기 위해 개발된 버클리 프린팅 시스템이다. LPD 프로토콜을 기반으로 프린터 스풀링과 네트워크 프린터 서버 기능을 제공한다.

오답 풀이
① CUPS는 리눅스와 유닉스 계열에서 사용하는 표준 출력 시스템으로, 프린터 관리와 출력 작업을 통합적으로 처리한다.
③ SANE은 리눅스 및 유닉스 계열에서 스캐너를 제어하기 위한 표준 인터페이스와 도구 모음이다.
④ ALSA는 사운드 카드를 자동으로 구성하고 다수의 사운드 장치를 관리하는 표준 사운드 서브시스템이다.

06

핵심이론 43p

다음 설명에 해당하는 RAID의 종류로 알맞은 것은?

> 최소 3개의 디스크로 구성해야 하고, 패리티 정보를 이용해서 하나의 디스크가 고장이 발생한 경우에도 데이터 사용이 가능한 구성 방식이다. 디스크 3개로 구성 시에 약 33.3%가 패리티 공간으로 사용된다.

① RAID-0
② RAID-1
③ RAID-5
④ RAID-6

RAID-5는 최소 3개의 디스크로 구성되며 패리티 정보를 분산 저장한다. 디스크 3개 구성 시 전체 용량의 약 33.3%가 패리티 공간으로 사용된다. 하나의 디스크에 장애가 발생하더라도 데이터를 복구할 수 있다.

07

핵심이론 106p

다음은 yum 명령어를 이용해서 telnet-server 패키지를 설치하는 과정이다. (㉠) 안에 들어갈 내용으로 알맞은 것은?

```
# yum ( ㉠ ) telnet-server
```

① -i
② -y
③ install
④ --install

yum 명령어를 사용하여 패키지를 설치할 때는 install 옵션을 사용한다.

오답 풀이
② -y는 자동 승인 옵션이다.
①④ -i, --install은 올바른 옵션이 아니다.

08

다음 그림은 CentOS 7에서 프린터를 설정하기 위해 관련 프로그램을 실행한 것이다. 해당 프로그램을 실행하기 위한 명령어로 알맞은 것은?

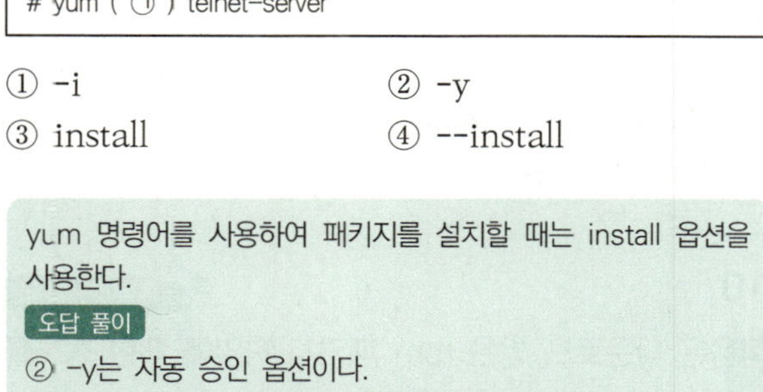

① printconf
② printtool
③ system-config-printer
④ redhat-config-printer

system-config-printer는 CentOS 7에서 프린터 설정을 위한 표준 GUI 도구이다.

오답 풀이
①④ printconf, redhat-config-printer는 이전 버전에서 사용되던 도구이다.
② printtool은 CentOS에서 사용되지 않는다.

09

다음 중 compress 명령어로 생성되는 압축 파일명으로 알맞은 것은?

① php-8.0.3.tar.Z   ② php-8.0.3.tar.xz
③ php-8.0.3.tar.gz   ④ php-8.0.3.tar.bz2

> compress 명령어로 생성되는 압축 파일의 확장자는 .Z로, tar와 함께 사용되면 .tar.Z 형태가 된다. xz, gzip, bzip2는 각각 다른 압축 도구에서 생성되는 형식이다.

10

다음은 다운로드 받은 rpm 패키지 파일에 대한 정보를 확인하는 과정이다. (㉠) 안에 들어갈 내용으로 알맞은 것은?

```
# rpm ( ㉠ ) totem-3.26.2-1.el7.x86_64.rpm
```

① -qif   ② -qip
③ -qiv   ④ -qiF

> **rpm 옵션**
> - -q: 특정 패키지 설치 여부를 확인한다.(질의 모드)
> - -qi: 패키지 정보를 상세 출력한다.
> - -p: 설치되지 않은(다운로드만) rpm 파일을 대상으로 한다.
> - -qip: 설치되지 않은(다운로드만) rpm 파일 정보를 확인한다.

11

다음은 backup.tar 파일의 내용을 확인하는 과정이다. (㉠) 안에 들어갈 내용으로 알맞은 것은?

```
# tar ( ㉠ ) backup.tar
-rw-rw-r-- ihd/kait 40 2021-03-30 00:01 int.tat
-rw-rw-r-- ihd/kait 40 2021-03-30 00:01 joon.txt
```

① cvf   ② xvf
③ rvf   ④ tvf

> **tar 옵션**
> - -t: 아카이브 내부를 확인(파일 목록 보기)한다.
> - -tvf: 압축을 해제하지 않고 파일 내용을 조회한다.
> - -cvf: 여러 개의 파일을 압축한다.
> - -xvf: 압축되어 있는 파일을 푼다.
> - -rvf: 기존 파일에 추가하여 압축한다.

12

다음 (㉠) 안에 들어갈 내용으로 알맞은 것은?

> (㉠)(은)는 소스 컴파일 시 사용되는 Make의 대체 프로그램으로 멀티플랫폼을 지원하기 위한 목적으로 등장한 오픈 소스 프로젝트이다. 이 방법을 사용하는 대표적인 프로그램에는 MySQL이 있다.

① make   ② cmake
③ configure   ④ dnf

> cmake는 소스 컴파일 시 사용되는 빌드 시스템 생성 도구이다. Makefile을 자동으로 생성해주며, 다양한 플랫폼에서 일관된 빌드 환경을 제공한다. 또한 MySQL과 같은 대형 프로젝트에서 자주 사용된다.

13

다음 중 온라인 패키지 관리 도구로 가장 거리가 먼 것은?

① YaST   ② yum
③ apt-get   ④ zypper

> YaST(Yet another Setup Tool)는 SUSE/openSUSE 리눅스 배포판의 설치 및 시스템 관리 도구 모음이다.
> `오답 풀이`
> ②③④ yum, apt-get, zypper는 온라인 소프트웨어 저장소에서 패키지를 설치·업데이트·제거하는 데 사용되는 도구이다.

14

다음 중 소스 컴파일 단계에서 configure 작업 후에 생성되는 파일로 알맞은 것은?

① .config   ② config.h
③ configure.h   ④ Makefile

> Makefile은 소스 컴파일 과정에서 configure 실행 후 생성되는 핵심 파일로, 컴파일 규칙과 의존성이 정의되어 있다.
> `오답 풀이`
> ② config.h는 일부 프로젝트에서 생성되지만 필수 결과물은 아니다.

`정답`   09 ①   10 ②   11 ④   12 ②   13 ①   14 ④

15

다음 중 vim(vi improved)를 개발한 인물로 알맞은 것은?

① 리처드 스톨만　　　② 제임스 고슬링
③ 아보일 카사르　　　④ 브람 무레나르

> vim은 vi를 확장한 편집기로, 브람 무레나르가 개발하였다.
>
> **오답 풀이**
> ① 리처드 스톨만은 GNU 프로젝트 창시자이다.
> ② 제임스 고슬링은 자바 개발자이다.

16

다음 설명에 해당하는 편집기로 알맞은 것은?

> 1976년도에 빌 조이가 개발한 유닉스 계열 시스템의 대표적인 편집기이다.

① vi　　　　　　　② emacs
③ gedit　　　　　　④ pico

> vi는 1976년에 빌 조이가 개발한 유닉스 계열 시스템의 대표적인 화면 기반 편집기이다.
>
> **오답 풀이**
> ② emacs는 리처드 스톨만이 개발한 다른 종류의 인기 있는 편집기이다.
> ③ gedit은 GNOME 데스크톱 환경의 그래픽 편집기이다.
> ④ pico는 Pine 메일 프로그램과 함께 쓰이던 유닉스 텍스트 편집기로, 복사/붙여넣기와 맞춤법 검사 등 기본 기능을 제공한다.

17

vi 편집기 사용 중 비정상적인 종료로 인해 작업이 중단되었다. 다음 중 생성된 스왑 파일 목록을 확인하는 방법으로 알맞은 것은?

① vi +　　　　　　② vi -r
③ vi -R　　　　　　④ vi -s

> vi가 비정상적으로 종료되면 스왑 파일(.swp)이 생성된다. 이 스왑 파일을 이용하여 복구 가능한 파일 목록을 확인하거나 복구 모드로 진입할 때는 vi -r을 사용한다.

18

다음 설명과 같은 경우 유용한 vi 편집기의 환경 설정 값으로 알맞은 것은?

> vi 편집기의 ex 모드에서 개행문자($), TAB 문자(^I) 등을 확인하기 위해 설정한다.

① set ai　　　　　　② set ic
③ set sm　　　　　　④ set list

> set list는 vi에서 탭 문자(^I), 줄 바꿈 문자($)와 같은 특수 문자를 화면에 표시하도록 설정하는 명령어이다. 문서를 편집하거나 포맷을 확인할 때 유용하다.

19

다음 중 nano 편집기에서 프로그램을 종료하는 조합으로 알맞은 것은?

① Ctrl+A　　　　　　② Ctrl+E
③ Ctrl+C　　　　　　④ Ctrl+X

> nano의 화면 하단에 표시되는 도움말을 보면, 프로그램을 종료하는 명령어는 ^X(Ctrl+X)임을 알 수 있다. ^O는 저장, ^G는 도움말 보기에 사용된다.

20

다음 중 vi 편집기에서 ihd라는 단어를 kait로 치환하는 명령어로 알맞은 것은?

① :% s/^ihd/kait/g
② :% s/^ihd$/kait/g
③ :% s/〈ihd〉/kait/g
④ :% s/\〈ihd\〉/kait/g

> vi에서 문자열을 치환할 때 %s/찾을 문자열/바꿀 문자열/g 형식을 사용한다. 여기서 \〈와 \〉는 단어의 시작과 끝을 의미하는 정규식이므로, :%s/\〈ihd\〉/kait/g는 'ihd'라는 단어 전체를 'kait'로 치환하는 정확한 명령어이다.

21

다음 중 프로세스에 전송되는 시그널명과 시그널 번호를 확인할 때 사용하는 명령어로 알맞은 것은?

① ps
② kill
③ stat
④ signals

kill은 프로세스에 전송 가능한 시그널명과 번호를 확인할 때 사용하는 명령어이다. kill 명령어에 -l 옵션을 사용하면 시그널 목록을 확인할 수 있다.

오답 풀이

① ps는 프로세스 상태 확인 명령어이다.
④ signals는 커널이나 다른 프로세스가 특정 프로세스에 비동기적으로 메시지를 전달하는 이벤트 통지 메커니즘이다.

22

다음 중 SIGTERM의 시그널 번호로 알맞은 것은?

① 1
② 9
③ 15
④ 20

시그널 번호
- SIGHUP(Hang Up): 1
- SIGINT(인터럽트): 2
- SIGKILL(강제 종료): 9
- SIGTERM(기본 정상 종료): 15
- SIGTSTP(일시 중지): 20

23

실행 중인 모든 프로세서를 확인하기 위해 사용하는 ps 명령어 옵션으로 알맞은 것은?

① ef
② -a
③ aux
④ -f

모든 프로세스를 확인하기 위해서는 주로 BSD 스타일의 옵션인 aux를 조합하여 사용한다. 여기서 a는 터미널과 연결된 모든 사용자 프로세스, u는 소유자 기반 상세 정보, x는 터미널과 연결되지 않은 데몬 프로세스까지 포함한다.

24

다음 상황과 가장 관련 있는 용어로 알맞은 것은?

> 프로세스 A가 프로세스 B를 실행시킨 상태이다. 프로세스 B의 PPID(Parent Process Identity)를 조회해 보니 프로세스 A의 PID(Process Identity)이다.

① fork
② exec
③ signal
④ daemon

fork()는 리눅스/유닉스 시스템에서 새로운 프로세스를 생성하는 시스템 호출이다. 부모 프로세스(프로세스 A)가 fork()를 호출하면 자신과 동일한 복제본인 자식 프로세스(프로세스 B)가 생성되며, 이후 자식 프로세스는 exec() 시스템 호출을 통해 새로운 프로그램을 실행하는 것이 일반적인 방식이다.

25

다음 (㉠) 안에 들어갈 내용으로 가장 알맞은 것은?

> 웹이나 메일 등과 같이 서비스의 요청이 빈번하고, 빠른 서비스를 제공해야 하는 경우에는 데몬 프로세스를 (㉠) 방식으로 실행시키는 것이 적합하다.

① init
② inetd
③ xinetd
④ standalone

Telnet이나 FTP처럼 요청이 빈번한 서비스는 시스템 부팅 시 상주하여 빠르게 응답하는 독립 실행형(Standalone) 방식으로 실행하는 것이 효율적이다.

오답 풀이

②③ inetd, xinetd 방식은 요청이 있을 때마다 데몬을 실행하므로 오버헤드가 발생한다.

정답   21 ② 22 ③ 23 ③ 24 ① 25 ④

26

 핵심이론 89p

프로세스 아이디(Process Indentity)가 1222번인 프로세스를 강제 종료하려고 한다. 다음 (㉠) 안에 들어갈 내용으로 알맞은 것은?

```
# kill ( ㉠ ) 1222
```

① -1
② -9
③ -15
④ -20

27

 핵심이론 94p

다음 중 우선순위 변경 명령으로 설정할 수 있는 NI 값의 범위로 알맞은 것은?

① -19 ~ 20
② -19 ~ 19
③ -20 ~ 19
④ -20 ~ 20

리눅스에서 설정 가능한 NI 값의 범위는 -20부터 19까지이다. 값이 낮을수록 우선순위가 높고 일반 사용자는 음수 값을 설정할 수 없다.

28

 핵심이론 90p

다음 중 현재 로그인에서 사용 중인 셸의 우선 순위 항목값인 NI 및 PRI 값을 확인할 때 사용하는 명령어로 알맞은 것은?

① nice
② renice
③ ps
④ kill

ps는 프로세스의 NI와 PRI 값을 확인할 때 사용하는 명령어이다.

오답 풀이

①② nice, renice는 우선순위 변경에 사용된다.
④ kill은 프로세스에 전송 가능한 시그널명과 번호를 확인할 때 사용된다.

29

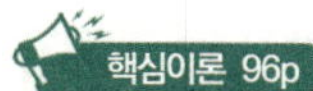 핵심이론 96p

다음 중 cron을 이용해서 매주 월요일부터 금요일까지 오후 12시에 백업 스크립트를 실행하려고 할 때 (㉠) 안에 들어갈 내용으로 알맞은 것은?

```
( ㉠ ) /etc/backup.sh
```

① 12 0 * * 1-5
② 0 12 * * 1-5
③ 12 0 * 1-5 *
④ 0 12 * 1-5 *

crontab의 5필드는 '분 시 일 월 요일' 순서이다. 매주 월요일부터 금요일(1-5)까지 오후 12시에 주기적으로 실행하려면 0 12 * * 1-5로 지정해야 한다.

30

 핵심이론 87p

다음 (㉠), (㉡) 안에 들어갈 내용으로 알맞은 것은?

CentOS 6 버전에서 최초의 프로세스명은 (㉠) 이었으나, CentOS 7 버전부터는 (㉡)로 변경되었다.

① ㉠ init, ㉡ systemd
② ㉠ inetd, ㉡ systemd
③ ㉠ systemd, ㉡ init
④ ㉠ systemd, ㉡ inetd

CentOS 6 버전까지는 부팅 시 최초의 프로세스로 전통적인 init 시스템을 사용했다. CentOS 7부터는 systemd가 이를 대체하여 새로운 시스템 관리자 및 서비스 관리자로 도입되었다.

정답 26 ② 27 ③ 28 ③ 29 ② 30 ①

31

다음은 chsh 명령어의 사용법을 확인하는 과정이다. (㉠) 안에 들어갈 옵션으로 알맞은 것은?

```
[ihduser@www ~]$ chsh ( ㉠ )
```

① -c
② -l
③ -s
④ -u

chsh 명령어의 도움말은 -u(-h 와 같음) 옵션을 사용한다.

오답 풀이
① -c는 존재하지 않는 옵션이다.
② 사용 가능한 셸 목록을 확인할 때는 -l(list) 옵션을 사용한다.
③ 셸을 변경할 때는 -s(shell) 옵션을 사용한다.

32

다음 설명에 해당하는 파일로 알맞은 것은?

리눅스 시스템에서 사용 가능한 셸 정보가 저장된 파일이다.

① /bin/bash
② /etc/shells
③ /etc/passwd
④ /etc/shadow

/etc/shells 파일에는 시스템에서 사용 가능한 로그인 셸 목록이 정의되어 있다.

오답 풀이
① /bin/bash는 셸 명령어이다.
③ /etc/passwd는 사용자 계정 정보 파일이다.
④ /etc/shadow는 /etc/passwd 파일의 암호만 따로 저장한다.

33

다음 중 가장 먼저 등장한 셸로 알맞은 것은?

① Bourne Shell
② C Shell
③ Korn Shell
④ Bash

Bourne Shell은 유닉스 초기에 개발된 가장 오래된 셸이다. 이후 C Shell, Korn Shell, Bash 등이 등장하였다.

34

다음 중 선언된 셸 변수를 전부 확인할 때 사용하는 명령어로 알맞은 것은?

① set
② env
③ chsh
④ export

set은 현재 선언된 셸 변수와 환경변수 목록을 모두 출력하는 명령어이다.

오답 풀이
② env는 환경변수만 출력한다.
③ chsh는 사용하는 셸을 변경한다.
④ export는 환경변수를 지정한다.

35

다음 중 명령행에서 역슬래시(\ )를 사용하여 나타나는 2차 프롬프트를 변경하려고 할 때 사용하는 환경변수로 알맞은 것은?

① PS
② PS1
③ PS2
④ PROMPT

PS2는 명령행 연장 시 표시되는 2차 프롬프트를 정의하는 환경변수이다.

오답 풀이
② PS1은 기본 프롬프트이다.

36

다음 설명에 해당하는 셸의 기능으로 알맞은 것은?

명령행에서 hd라고 입력하면 홈 디렉터리 안의 내용을 확인할 수 있도록 설정하려고 한다.

① 명령행 완성 기능
② 앨리어스(Alias) 기능
③ 히스토리(history) 기능
④ 명령행 편집 기능

alias 기능은 길거나 자주 사용하는 명령어를 짧은 별명으로 지정하여 편리하게 사용할 수 있도록 한다. cd 명령어를 사용하여 홈 디렉터리로 이동하는 것처럼 설정할 수 있다.

정답　　31 ④　32 ②　33 ①　34 ①　35 ③　36 ②

37

다음 설명에 해당하는 파일명으로 가장 알맞은 것은?

> 시스템 전체 사용자에게 적용하는 환경변수와 시작 관련 프로그램을 설정하는 파일이다.

① /etc/profile　　　② /etc/bash_profile
③ /etc/bashrc　　　④ ~/.bash_profile

/etc/profile 파일은 시스템 전체 사용자에게 적용되는 로그인 셸 환경 설정 파일이다.

오답 풀이
④ ~/.bash_profile은 홈 디렉터리의 사용자 개인 환경 설정 파일이다.

38

핵심이론 82p

다음 설명에 해당하는 셸로 알맞은 것은?

> POSIX와 호환되는 /bin/sh를 가능한 작게 구현한 셸로 빠른 작업 수행이 특징이며 현재 데비안 및 우분투 계열 리눅스의 기본 셸이다.

① ksh　　　　　② bash
③ dash　　　　　④ tcsh

dash는 Debian 계열에서 기본 셸로 사용되는 경량 셸이다. bash보다 빠르며 POSIX 규격을 따른다.

39

핵심이론 72p

다음 중 특정 디렉터리를 공유 디렉터리로 사용할 때 설정해야 할 내용으로 가장 알맞은 것은?

① 공유 디렉터리에 SetUID를 지정한다.
② 공유 디렉터리에 SetGID를 지정한다.
③ 공유 디렉터리에 Sticky Bit를 지정한다.
④ 공유 디렉터리에 UUID를 지정한다.

Sticky Bit가 설정된 디렉터리에서는 파일 소유자 또는 루트 사용자만이 파일을 삭제할 수 있다. 따라서 특정 디렉터리를 공유 디렉터리로 사용 시 Sticky Bit를 설정하는 것이 적절하다.

40

다음 중 파티션 단위로 남아 있는 디스크의 용량을 확인하는 명령어로 알맞은 것은?

① df　　　　　② du
③ free　　　　④ edquota

df는 디스크 파일 시스템의 사용량(Disk Free) 정보를 파티션 단위로 보여주는 명령어이다.

오답 풀이
② du는 특정 디렉터리나 파일의 사용량(Disk Usage)을 확인한다.
③ free는 리눅스 시스템의 메모리(RAM)와 스왑(Swap) 메모리의 전체 용량, 사용량, 여유량 등을 확인한다.
④ edquota는 사용자 또는 그룹의 디스크 쿼터를 설정할 때 사용하며 실행 시 vi를 통해 블록과 inode 제한 값을 직접 편집한다.

41

다음 중 디스크에 부여된 UUID 값을 확인하는 명령어로 알맞은 것은?

① mount　　　　② df
③ du　　　　　④ blkid

blkid는 블록 장치(예 하드 디스크, 파티션 등)의 속성을 확인하는 데 사용되는 명령어로, 파일 시스템 유형, 레이블, 그리고 고유 식별자인 UUID 값을 확인할 수 있다.

42

다음 중 파일에 부여되는 쓰기 권한(w: write)에 대한 설명으로 가장 알맞은 것은?

① 파일을 삭제할 수 있는 권한이다.
② 파일의 내용을 볼 수 있는 권한이다.
③ 파일의 내용을 수정할 수 있는 권한이다.
④ 실행 파일로 바꿀 수 있는 권한이다.

파일에 대한 쓰기 권한(w)은 파일의 내용을 수정하거나 변경할 수 있는 권한이다.

오답 풀이
① 파일을 삭제할 수 있는 권한은 디렉터리의 쓰기 권한과 관련된다.
② 파일의 내용을 볼 수 있는 권한은 읽기 권한(r)이다.

정답　　37 ①　38 ③　39 ③　40 ①　41 ④　42 ③

43

다음은 data라는 디렉터리를 포함해서 하위 디렉터리 및 파일의 소유권을 ihduser로 변경하는 과정이다. (㉠) 안에 들어갈 명령어 및 옵션으로 알맞은 것은?

```
# ( ㉠ ) ihduser data/
```

① chmod -r
② chmod -R
③ chown -r
④ chown -R

chown은 파일이나 디렉터리의 소유권을 변경할 때 사용되는 명령어이다. 하위 디렉터리와 파일까지 포함하여 재귀적으로 소유권을 변경하려면 -R(Recursive) 옵션을 사용해야 한다.

44

다음 결과에 해당하는 명령어로 알맞은 것은?

```
File   Edit   Search   Terminal   Help
[root@www ~]#
*** Report for user quotas on device /dev/sda3
Block grace time: 7days; Inode grace time: 7days

                Block limits          File limits
User       used  soft  hard grace used  soft hard grace
--------------------------------------------------------
root    --     0     0     0    3     0    0    0
adlin   --    12 10240  1264    7     0    0    0
joon2   --    12     0     0    7     0    0    0
```

① quota
② edquota
③ repquota
④ setquota

repquota는 특정 파일 시스템에 설정된 사용자 디스크 쿼터(할당량) 정보를 요약하여 보고서 형식으로 출력하는 명령어이다.

오답 풀이

① quota는 사용자별 디스크 쿼터 사용 현황과 블록 및 inode 제한 정보를 보여준다.
② edquota는 사용자 또는 그룹의 디스크 쿼터를 설정할 때 사용하며 실행 시 vi를 통해 블록과 inode 제한 값을 직접 편집한다.
④ setquota는 명령행에서 직접 매개변수를 사용하여 할당량을 즉시 설정한다.

45

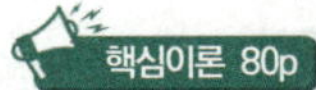

특정 파티션에 실행 파일이 실행되지 않도록 /etc/fstab 파일에 noexec 설정을 할 때 등록해야 하는 필드(field)로 알맞은 것은?

① 2번째 필드
② 3번째 필드
③ 4번째 필드
④ 5번째 필드

/etc/fstab 파일의 4번째 필드에 noexec 옵션을 설정하여 해당 파티션 내의 실행 파일이 실행되지 않도록 제한할 수 있다.

46

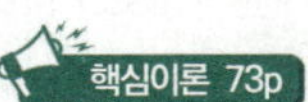

다음은 관련 정보 변경 후에 다시 마운트하는 과정이다. (㉠) 안에 들어갈 내용으로 알맞은 것은?

```
# mount ( ㉠ ) /home
```

① -o loop
② -t loop
③ -o remount
④ -t remount

이미 마운트된 파일 시스템의 옵션(예 /etc/fstab에서 수정한 내용)을 변경 후에 다시 적용하려면, mount 명령어에 -o remount 옵션을 사용한다.

47

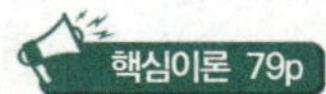

다음은 CentOS 7에서 사용되는 XFS 파일 시스템을 점검하는 과정이다. (㉠) 안에 들어갈 명령어 및 옵션으로 알맞은 것은?

```
# ( ㉠ ) /dev/sdb1
```

① fsck -t xfs
② e2fsck -t xfs
③ xfs.fsck
④ xfs_repair

XFS 파일 시스템은 저널링 파일 시스템으로, 보통 부팅 시 자동 복구가 되므로 fsck 명령어를 직접 사용하지 않는다. 수동으로 파일 시스템을 점검하거나 복구할 때는 XFS 전용 도구인 xfs_repair 명령어를 사용한다.

48

다음 중 파일이나 디렉터리에 부여된 소유권의 값을 확인하는 명령어로 알맞은 것은?

① chmod ② chown
③ umask ④ ls

ls는 파일 및 디렉터리 목록을 출력할 때 사용하는 명령어로, -l 옵션을 함께 사용하면 소유자, 그룹, 권한 등 상세 정보를 확인할 수 있다.

오답 풀이

① chmod는 파일이나 디렉터리의 접근 권한(Permission)을 변경하는 명령어이다.
② chown은 소유권을 변경하는 명령어이다.
③ umask는 파일이나 디렉터리가 새로 생성될 때 기본적으로 적용되는 권한을 숫자로 지정(mask)하는 명령어이다.

2과목 리눅스 활용

49

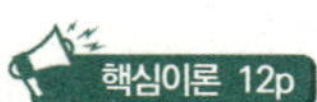

다음 중 리눅스 커널 기반의 운영체제로 틀린 것은?

① webOS ② Tizen
③ QNX ④ GENIVI

QNX는 리눅스가 아닌 자체적인 마이크로커널 기반의 실시간 운영체제(RTOS)이다.

오답 풀이

①②④ webOS, Tizen, GENIVI는 모두 리눅스 커널을 기반으로 하는 임베디드 또는 모바일 운영체제이다.

50

다음 설명에 해당하는 명칭으로 알맞은 것은?

> 오픈 소스를 기반으로 한 단일 보드 마이크로 컨트롤러로 완성된 보드와 관련 개발 도구 및 환경을 말한다. 2005년 이탈리아의 IDII(Interaction Design Institute Ivera)에서 개발하였다.

① 아두이노(Arduino)
② 라즈베리 파이(Raspberry Pi)
③ 마이크로비트(Microbit)
④ 큐비 보드(Cubie Board)

아두이노는 이탈리아에서 개발한 마이크로 컨트롤러이다.

오답 풀이

② 라즈베리 파이는 리눅스 기반의 단일 보드 컴퓨터로, 마이크로프로세서를 사용한다.
③ 마이크로비트는 코딩과 컴퓨팅 사고를 쉽게 배우기 위해 만든 초소형 교육용 마이크로컨트롤러 보드이다.
④ 큐비 보드는 ARM 기반의 싱글보드 컴퓨터(SBC)로, 라즈베리 파이와 같은 계열의 초기 세대 개발용 보드이다.

51

다음 그림에 해당하는 명칭으로 알맞은 것은?

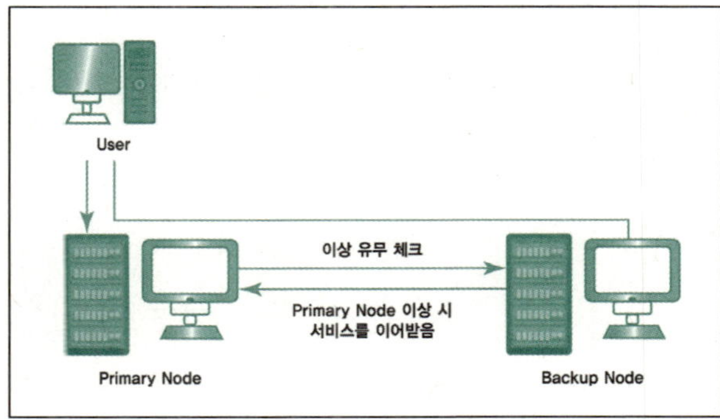

① 서버 가상화
② 컨테이너 기술
③ HA(High Availability) 클러스터
④ HPC(High Performance Computing) 클러스터

그림은 고가용성 구성을 위한 HA 클러스터 구조를 나타내며, 장애 발생 시 서비스 연속성을 보장한다.

정답

48 ④ 49 ③ 50 ① 51 ③

52

다음 설명에 해당하는 프로그램으로 알맞은 것은?

> 구글에 의해 설계되었고 현재는 리눅스 재단에 의해
> 관리되는 컨테이너 관리 프로그램이다.

① Docker
② Ansible
③ OpenStack
④ Kubernetes

> Kubernetes는 컨테이너 오케스트레이션 도구로, 컨테이너 배
> 포와 확장을 자동화한다.

53

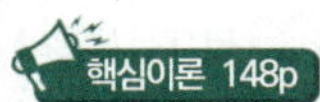

다음 중 OSI 7계층 모델에서 물리 계층의 데이터 전송
단위로 알맞은 것은?

① bit
② frame
③ packet
④ segment

> 물리 계층(Physical Layer)은 물리적인 전송 매체를 통해 비트
> (bit) 단위의 데이터를 전송하는 역할을 담당한다.
>
> **오답 풀이**
> ② 프레임(frame)은 데이터링크 계층의 전송 단위이다.
> ③ 패킷(packet)은 네트워크 계층의 전송 단위이다.
> ④ 세그먼트(segment)는 전송 계층의 전송 단위이다.

54

다음 중 리눅스와 윈도우 시스템 간의 자료 공유를 위
해 사용되는 인터넷 서비스로 가장 알맞은 것은?

① SSH
② SAMBA
③ NFS
④ IRC

> SAMBA는 리눅스와 윈도우 간 파일 및 프린터 공유를 위한 서
> 비스로, SMB/CIFS 프로토콜을 사용한다.

55

다음 중 잘 알려진 포트(Well-Known Port)의 범위로
알맞은 것은?

① 0 ~ 1023
② 1024 ~ 8080
③ 8081 ~ 35535
④ 35536 ~ 65535

> Well-Known Port: 0 ~ 1023

56

다음 중 FTP에 대한 설명으로 틀린 것은?

① Active 모드와 Passive 모드를 지원한다.
② 익명의 계정(Anonymous)을 이용하여 접속할 수
있다.
③ FTP를 사용하기 위해서는 FTP 서버가 반드시 필
요하다.
④ 1984년 썬 마이크로시스템즈사에서 개발한 프로
토콜이다.

> FTP는 1970년대 초기에 개발된 프로토콜로, 1984년 썬 마이
> 크로시스템즈사에서 개발한 것은 NFS이다.

57

다음 중 로컬 네트워크상에 있는 다른 시스템의 MAC
주소를 확인할 때 사용하는 명령어로 알맞은 것은?

① mii-tool
② arp
③ ifconfig
④ ss

> arp는 ARP(Address Resolution Protocol) 캐시 테이블을 확
> 인하거나 조작할 때 사용되는 명령어로, IP 주소에 해당하는 물
> 리적 주소(MAC 주소) 정보를 보여준다.

정답 52 ④ 53 ① 54 ② 55 ① 56 ④ 57 ②

58

다음 중 LAN 및 MAN 관련 표준을 제정한 기관으로 알맞은 것은?

① ISO
② ANSI
③ ITU
④ IEEE

IEEE(국제전기전자공학자협회)는 근거리 통신망(LAN) 및 도시권 통신망(MAN)과 관련된 표준, 특히 802 시리즈 표준(예 이더넷 802.3, Wi-Fi 802.11)을 제정한 기관이다.

오답 풀이

① ISO는 7계층 모델과 같은 더 넓은 범위의 표준을 제정한다.
② ANSI는 컴퓨터 언어와 기술의 표준을 정하여 서로 다른 시스템 간의 호환성을 보장한다.
③ ITU는 UN 산하 정보통신기술(ICT) 전문 국제기구이다.

59

다음 중 POP3 포트번호로 알맞은 것은?

① 20
② 25
③ 53
④ 110

POP3(Post Office Protocol version 3)는 이메일 클라이언트가 메일 서버로부터 이메일을 수신할 때 사용하는 표준 프로토콜로서 TCP 110번 포트를 사용한다.

오답 풀이

① 20은 FTP의 포트번호이다.
② 25는 SMTP의 포트번호이다.
③ 53은 DNS의 포트번호이다.

60

다음 중 SSH에 대한 설명으로 틀린 것은?

① 원격 셸 기능 지원
② 안전한 파일 전송 지원
③ 패킷 암호화 원격 로그인 지원
④ 평문 전송 기능 지원

SSH(Secure Shell)는 원격 시스템에 안전하게 접속하고 파일을 전송할 수 있는 프로토콜이다. 전송되는 데이터를 암호화하여 보안을 제공하므로, 평문 전송 기능을 지원하지 않는다.

61

다음 중 네트워크 인터페이스의 물리적 연결 여부를 확인할 수 있는 명령어로 가장 알맞은 것은?

① arp
② ifconfig
③ ethtool
④ ss

ethtool는 이더넷 카드(NIC)의 드라이버 정보, 속도, 듀플렉스 모드, 링크 상태 등 물리적인 하드웨어 관련 정보를 확인하거나 설정할 때 사용하는 명령어이다.

62

다음 중 허브(HUB)와 PC 연결과 같이 일반적인 연결에 사용하는 UTP 케이블 배열로 알맞은 것은?

① 흰녹, 녹, 흰주, 파, 주, 흰파, 흰갈, 갈
② 흰주, 주, 흰녹, 파, 흰파, 녹, 흰갈, 갈
③ 흰주, 주, 흰녹, 녹, 파, 흰파, 흰갈, 갈
④ 흰녹, 녹, 흰주, 파, 흰파, 주, 흰갈, 갈

허브와 PC 연결처럼 서로 다른 종류의 장치를 연결할 때는 다이렉트(Straight-through) 케이블을 사용한다. T568B 표준 배열은 흰주, 주, 흰녹, 파, 흰파, 녹, 흰갈, 갈 순서이다.

63

다음 중 프로토콜의 기본 구성 요소 3가지로 틀린 것은?

① 구문
② 순서
③ 소켓
④ 의미

소켓은 네트워크 통신을 위한 인터페이스(API)의 개념이다.

오답 풀이

①②④ 프로토콜의 기본 구성 3요소는 구문(Syntax, 데이터 형식 및 코딩), 의미(Semantics, 제어 정보 및 오류 처리), 순서(Timing, 전송 속도 및 순서)이다.

정답   58 ④ 59 ④ 60 ④ 61 ③ 62 ② 63 ③

64

핵심이론 166p

다음 설명에 해당하는 파일로 가장 알맞은 것은?

> 원격지 시스템에 접속할때 IP 주소 대신 가상 도메인
> 주소인 www.ihd.or.kr을 설정하여 사용하려고 한다.

① /etc/resolv/conf
② /etc/services
③ /etc/sysconfig/network-scripts
④ /etc/hosts

/etc/hosts 파일은 IP 주소와 호스트 이름을 수동으로 매핑해 놓는 정적 파일이다. DNS 서버를 사용하기 전에 로컬에서 호스트 이름 정보를 찾을 때 가장 먼저 참조한다.

65

핵심이론 156p

다음 중 IPv6의 주소 표현의 단위로 알맞은 것은?

① 16bit
② 32bit
③ 64bit
④ 128bit

IPv6 주소는 128비트 길이로 구성되어 있다. IPv4의 32비트에 비해 훨씬 넓은 주소 공간을 제공하며, 16비트씩 8개의 필드로 나누어 콜론(:)으로 구분하여 표기한다.

66

핵심이론 156p

다음 중 IPv6의 특징으로 틀린 것은?

① 흐름 제어 기능 지원
② 호스트 주소 자동 설정
③ 인증 및 보안 기능
④ 헤더 구조 복잡성

IPv6는 헤더 구조가 IPv4보다 단순화되고 효율적으로 설계되었다. 불필요한 필드를 제거하고 확장 헤더를 도입하여 처리 속도를 높였다.

67

핵심이론 150p

다음 중 TCP의 3-way handshaking에서 수행하는 패킷의 순서로 알맞은 것은?

① SYN → ACK → SYN/ACK
② ACK → SYN/ACK → SYN
③ ACK → SYN → SYN/ACK
④ SYN → SYN/ACK → ACK

TCP 3-way handshaking 과정
• 1단계: 클라이언트가 SYN 패킷 전송
• 2단계: 서버가 SYN과 ACK 패킷을 동시에 전송
• 3단계: 클라이언트가 다시 ACK 패킷을 최종 전송

68

핵심이론 141p

다음 중 UTP 케이블 카테고리(Category) 5e의 최대 전송 속도로 가장 알맞은 것은?

① 10 Mbps
② 64 Mbps
③ 100 Mbps
④ 1 Gbps

UTP 케이블 카테고리 5e(CAT5e)는 주로 기가비트 이더넷 (Gigabit Ethernet, 1000BASE-T) 환경에서 사용하도록 설계 되었으므로 최대 전송 속도는 1 Gbps이다. 카테고리 6 이상은 더 높은 속도를 지원한다.

69

핵심이론 147p

다음 중 OSI 7계층 모델을 하위 계층부터 나열한 순서로 알맞은 것은?

① 물리 → 데이터링크 → 네트워크 → 전송 → 세션 → 표현 → 응용
② 물리 → 네트워크 → 전송 → 데이터링크 → 세션 → 응용 → 표현
③ 응용 → 표현 → 세션 → 전송 → 네트워크 → 데이터링크 → 물리
④ 응용 → 세션 → 표현 → 전송 → 네트워크 → 데이터링크 → 물리

OSI 7계층 모델: 물리 계층 → 데이터링크 계층 → 네트워크 계층 → 전송 계층 → 세션 계층 → 표현 계층 → 응용 계층

정답
64 ④ 65 ④ 66 ④ 67 ④ 68 ④ 69 ①

70

다음 중 OSI 7계층 모델 중 세션 계층의 전송 단위로 가장 알맞은 것은?

① data
② packet
③ bit
④ frame

OSI 7계층 모델에서 5계층인 세션 계층부터 7계층인 응용 계층까지는 특별한 프로토콜 데이터 단위(PDU) 명칭이 없으며, 일반적으로 데이터(Data) 또는 메시지(Message)를 전송 단위로 취급한다.

71

다음 중 IPv4의 C 클래스 대역에 대한 설명으로 알맞은 것은?

① IP 주소 첫 번째 부분의 2비트가 10인 경우이다.
② IP 주소 첫 번째 부분의 2비트가 11인 경우이다.
③ IP 주소 첫 번째 부분의 4비트가 1110인 경우이다.
④ IP 주소 첫 번째 부분의 3비트가 110인 경우이다.

IPv4의 C 클래스 주소는 첫 번째 옥텟의 상위 3비트가 110으로 시작한다. 이 주소 체계는 소규모 네트워크에 주로 사용된다.

72

다음 중 게이트웨이 주소값을 설정하는 명령어로 알맞은 것은?

① route add –net 192.168.10.1
② route add net 192.168.10.1
③ route add default gw 192.168.10.1
④ route add default –gw 192.168.10.1

리눅스에서 route add default gw [IP주소] 명령어로 기본 게이트웨이를 설정한다. 해당 네트워크 외부로 나가는 기본 경로를 지정하는 역할을 한다.

73

다음 중 PDF 문서 뷰어 프로그램으로 알맞은 것은?

① Eog
② Evince
③ Gimp
④ Gwenview

Evince는 GNOME 데스크톱 환경에서 기본적으로 사용되는 문서 뷰어로, PDF, PostScript 등 다양한 문서 형식을 지원한다.

오답 풀이
①④ Eog, Gwenview는 이미지 뷰어이다.
③ Gimp는 이미지 편집 프로그램이다.

74

다음 중 워드프로세서(Word Processor) 프로그램으로 알맞은 것은?

① LibreOffice Writer
② LibreOffice Draw
③ LibreOffice Calc
④ LibreOffice Impress

LibreOffice Writer는 오픈 소스 오피스 스위트인 LibreOfiice에 포함된 워드프로세서(문서 작성) 도구이다.

오답 풀이
② LibreOffice Draw는 드로잉/도형 편집 도구이다.
③ LibreOffice Calc는 스프레드시트 도구이다.
④ LibreOffice Impress는 프레젠테이션(슬라이드) 작성 도구이다.

75

다음 중 KDE와 가장 관련이 깊은 라이브러리로 알맞은 것은?

① Qt
② GRK+
③ Xlib
④ XCB

KDE(K Desktop Environment) 데스크톱 환경은 Qt 위젯 툴킷을 기반으로 개발되었다.

오답 풀이
② GNOME은 리눅스 데스크톱 환경(DE)으로 GTK+ 툴킷을 기반으로 개발되었다.
③④ Xlib이나 XCB는 X 윈도우 시스템의 더 하위 레벨 라이브러리이다.

정답   70 ①   71 ④   72 ③   73 ②   74 ①   75 ①

76

 핵심이론 126p

다음 중 KDE에서 제공하는 이미지 뷰어 프로그램으로 알맞은 것은?

① Eog
② ImageMagick
③ Gimp
④ Gwenview

Gwenview는 KDE 데스크톱 환경의 기본 이미지 뷰어 프로그램이다.

오답 풀이
① Eog는 GNOME 환경의 뷰어이다.
③ Gimp는 이미지 편집 프로그램이다.

77

 핵심이론 128p

다음 중 X 서버에 IP 주소가 192.168.5.13인 X 클라이언트의 접근을 허가하는 명령어로 알맞은 것은?

① xhost + 192.168.5.13
② xhost add 192.168.5.13
③ xauth + 192.168.5.13
④ xauth add 192.168.5.13

xhost는 X 서버에 접속할 클라이언트를 제어하는 명령어로, 특정 IP 주소의 접근을 허가할 때는 xhost + [IP주소] 명령어를 사용한다.

78

 핵심이론 126p

다음 설명에 해당하는 용어로 알맞은 것은?

> GUI 환경을 이용하기 위해서 사용자에게 제공되는 인터페이스 스타일을 말한다. 파일 관리자, 아이콘, 창, 도구 모음, 폴더, 배경 화면, 데스크톱 위젯을 제공하고 Drag & Drop 및 프로세스 간의 통보와 같은 기능도 제공한다.

① 데스크톱 환경
② 윈도우 매니저
③ 디스플레이 매니저
④ 유저 인터페이스

데스크톱 환경(Desktop Environment)은 GUI 환경에서 사용자에게 제공되는 통합된 인터페이스 스타일을 말하며, 파일 관리자, 아이콘, 창 관리, 배경화면 등을 포함한 종합적인 사용자 경험을 제공한다.

79

 핵심이론 126p

다음 중 윈도우 매니저의 종류로 알맞은 것은?

① Xfce
② GNOME
③ Kwin
④ LXDE

Kwin은 KDE 데스크톱 환경에서 사용되는 윈도우 매니저(Window Manager)이다.

오답 풀이
①②④ Xfce, GNOME, LXDE 등은 전체 데스크톱 환경을 의미한다.

80

 핵심이론 125p

다음 중 시스템 시작 시 X 윈도우 모드로 부팅이 되도록 설정하는 명령어는?

① systemctl runlevel.5
② systemctl graphic.target
③ systemctl set-default runlevel5
④ systemctl set-default graphic.target

X 윈도우 모드(그래픽 모드)로 부팅되도록 설정하는 명령어는 systemctl set-default graphical.target이다. 그렇지만 심벌릭 링크가 걸려 있어서 systemctl set-default runlevel5, systemctl set-default runlevel5.target 도 실행 가능하다.

오답 풀이
①② systemctl runlevel.5, systemctl graphic.target은 존재하지 않는 명령어이다.
④ systemctl set-default graphic.target은 존재하지 않는 명령어로, systemctl set-default graphical.target으로 해야 한다.

정답   76 ④   77 ①   78 ①   79 ③   80 ③

파이널 실전모의고사

자격종목	시험시간	문항수	점수
리눅스마스터 2급 2차	100분	80문항	

1과목 리눅스 운영 및 관리

01 다음 중 CentOS 7에서 사용자의 디스크 사용량을 제한할 때 사용하는 명령어로 알맞은 것은?

① quota
② xquota
③ set_quota
④ xfs_quota

02 다음 중 CentOS 7에서 사용 가능한 파일 시스템 점검 명령어로 틀린 것은?

① fsck
② e2fsck
③ xfs.fsck
④ xfs_repair

03 다음 중 장착된 디스크들의 파티션 테이블 정보를 확인하는 명령어로 가장 알맞은 것은?

① mount -a
② fdisk -l
③ df -hT
④ du -h

04 다음 중 XFS 파일 시스템을 생성하는 명령어로 알맞은 것은?

① mke2fs
② xfs_mkfs
③ xfs.mkfs
④ mkfs.xfs

05 다음 (㉠) 안에 들어갈 내용으로 알맞은 것은?

> (㉠) 설정은 보통 실행 파일에 사용되는데, 해당 파일을 실행하는 동안에는 실행시킨 사용자의 권한이 아닌 해당 파일의 소유자 권한으로 인식하게 된다.

① ACL
② SetUID
③ SetGID
④ Sticky Bit

06 파일의 허가권이 다음과 같다. 사용자는 읽기, 쓰기, 실행 권한을 부여하고, 그룹과 다른 사용자는 읽기 및 실행 권한만 설정하는 명령어로 알맞은 것은?

```
$ ls -l lin.sh
-rw-rw-r-- 1 ihd ihd 1079 Jan 27 16:29 lin.sh
```

① chmod 664 lin.sh
② chmod 644 lin.sh
③ chmod a+x,g-w lin.sh
④ chmod u+rwx,go+rx lin.sh

07 다음 중 파일이나 디렉터리의 생성 시에 부여되는 기본 허가권의 값을 지정하는 명령어로 알맞은 것은?

① chmod
② chgrp
③ umask
④ quota

08 다음 증 ihd 사용자의 디스크 사용량을 확인하는 명령어로 알맞은 것은?

① df   ② du
③ free   ④ edguota

09 다음 중 부팅 시에 특정 파티션을 자동으로 마운트되도록 등록하는 파일로 알맞은 것은?

① /etc/mtab   ② /etc/fstab
③ /etc/partitions   ④ /etc/filesystems

10 다음과 같이 허가권이 설정되어 있을 때, 다른 그룹에 속한 kait 사용자의 접근을 막기 위한 명령어로 가장 알맞은 것은?

```
$ ls -ld data
drwxrwxr-x 2 ihd ihd 6 Jan 26 16:59 data
```

① group 계층의 r 권한을 제거한다.
② group 계층의 x 권한을 제거한다.
③ other 계층의 r 권한을 제거한다.
④ other 계층의 x 권한을 제거한다.

11 다음 설명에 해당하는 셸로 알맞은 것은?

> 1981년에 등장한 셸로 1975년 켄 그리어가 테넥스(TENEX)라는 운영체제에 반영한 명령행 완성 기능과 C 셸을 통합해서 만들어졌다.

① bash   ② ksh
③ dash   ④ tcsh

12 다음 중 bash에서 os라는 셸 변수에 linux라는 값을 선언하는 방법으로 알맞은 것은?

① os=linux
② set os=linux
③ unset os=linux
④ env os=linux

13 다음 중 로그인하면 나타나는 프롬프트를 변경하려고 할 때 사용하는 환경변수로 알맞은 것은?

① PS   ② PS1
③ PS2   ④ PROMPT

14 다음 설명에 해당하는 파일명으로 가장 알맞은 것은?

> 개인 사용자가 정의한 alias 및 함수들을 설정할 때 사용하는 파일이다.

① ~/bashrc   ② ~/bash_profile
③ ~/.bashrc   ④ ~/.bash_profile

15 다음 설명에 해당하는 파일로 알맞은 것은?

> ihd 라는 사용자의 로그인 셸 정보를 확인하려고 한다.

① /bin/bash   ② /etc/shells
③ /etc/passwd   ④ /etc/shadow

16 다음은 사용자가 로그인 셸을 변경하는 과정이다. (㉠) 안에 들어갈 옵션으로 알맞은 것은?

```
[ihduser@www ~]$ chsh ( ㉠ ) /bin/csh
```

① -c   ② -l
③ -s   ④ -u

17 다음은 로그인 셸 정보를 확인하는 과정이다. (㉠) 안에 들어갈 내용으로 알맞은 것은?

```
[ihduser@www ~]$ echo ( ㉠ )
```

① SHELL   ② $SHELL
③ SHELLS   ④ $SHELLS

18 다음 (㉠) 안에 들어갈 내용으로 알맞은 것은?

명령행에서 파일명이나 디렉터리명 입력 시 글자 일부분만 입력하고 (㉠) 키를 누르면 나머지 부분을 자동 완성시킬 수 있다.

① ↑   ② ↓
③ Tab   ④ Ctrl

19 다음 중 CentOS 7 리눅스의 최초 프로세스명으로 알맞은 것은?

① init   ② inetd
③ xinetd   ④ systemd

20 다음 중 cron을 이용해서 해당 스크립트를 5분 주기로 실행하려고 할 때 (㉠) 안에 들어갈 내용으로 알맞은 것은?

```
( ㉠ ) /etc/heartbeat.sh
```

① 5 * * * *   ② */5 * * * *
③ 5/* * * * *   ④ * * * * 5

21 다음 명령어 실행 시에 발생되는 시그널로 알맞은 것은?

```
# kill 2101
```

① SIGHUP   ② SIGKILL
③ SIGINIT   ④ SIGTERM

22 다음 설명과 관련 있는 명령어로 알맞은 것은?

오랜 시간이 소요되는 백업 명령을 실행하려고 한다. 작업 중인 터미널이 닫혀도 계속 실행될 수 있게 하려고 한다.

① nice   ② renice
③ nohup   ④ bg

23 다음 중 프로세스 ID(PID)로 우선순위를 변경할 때 사용하는 명령어로 알맞은 것은?

① nice   ② renice
③ nohup   ④ pkill

24 다음 중 포어그라운드 프로세스의 작업을 일시적으로 중지(Suspend)시키는 키 조합으로 알맞은 것은?

① Ctrl+Z   ② Ctrl+C
③ Ctrl+I   ④ Ctrl+D

25 다음 설명으로 알맞은 것은?

다른 프로세스를 실행하기 위한 시스템 호출 방법 중 하나로서 특정 프로세스가 새로운 프로세스를 발생시킬 때 프로세스가 증가하지 않는 방식이다.

① exec   ② fork
③ nice   ④ renice

26 다음 결과에 해당하는 명령어로 알맞은 것은?

```
[posein@localhost ~]$
USER PID %CPU %MEM VSZ RSS TTY STAT   START TIME
COMMAND
root   1 1.7   0.3 128228 6856 ? Ss  16:17 0:02 /usr/lib/
systemd/systemd —switched-root —system —deserialize 21
root   2 0.0   0.0 0  0   ?  S   16:17 0:00 [kthread]
root   3 0.0   0.0 0  0   ?  S   16:17 0:00 [ksoftirqd/0]
root   4 0.0   0.0 0  0   ?  S   16:17 0:00 [kworker/0:0]
root   5 0.0   0.0 0  0   ?  S   16:17 0:00 [kworker/0:0H]
root   6 0.0   0.0 0  0   ?  S   16:17 0:00 [kworker/2:0]
root   7 0.0   0.0 0  0   ?  S   16:17 0:00 [migration/0]
root   8 0.0   0.0 0  0   ?  S   16:17 0:00 [rcu_bh]
root   9 0.0   0.0 0  0   ?  S   16:17 0:00 [rcu_sched]
[posein@localhost ~]$
```

① ps
② top
③ pstree
④ pgrep

27 다음 설명으로 가장 알맞은 것은?

> 주기적이고 지속적인 서비스 요청을 처리하기 위해 메모리에 계속 실행되어 있는 프로세스로, 백그라운드 프로세스의 일종이다.

① init
② systemd
③ daemon
④ xinetd

28 다음 중 백그라운드 프로세스와 가장 관련이 깊은 기호로 알맞은 것은?

① 〉
② &
③ %
④ ^

29 다음 중 vi 편집기에서 줄의 linux로 끝날 경우 마지막에 '.' 기호를 덧붙이도록 치환하는 명령어로 알맞은 것은?

① :% s/linux$/linux./
② :% s/linux./linux$/
③ :% s/linux\>/linux./
④ :% s/linux./linux\>/

30 다음 중 nano 편집기에서 커서의 위치를 해당 줄의 끝으로 이동하는 조합으로 알맞은 것은?

① Ctrl+A
② Ctrl+E
③ Ctrl+C
④ Ctrl+X

31 다음 중 vi 편집기의 명령 모드에서 현재 커서가 위치한 곳의 문자를 삭제하는 입력 키로 알맞은 것은?

① e
② d
③ x
④ dd

32 다음 설명과 같은 경우 유용한 vi 편집기의 환경 설정 값으로 알맞은 것은?

> vi 편집기를 이용해서 C프로그래밍을 작성 중이다. Enter 키를 입력하여 다음 행으로 이동했을 때 바로 위 줄과 같은 열에 커서를 위치시킨다.

① set nu
② set ic
③ set ai
④ set sm

33 리눅스를 서버로 사용할 예정이라 X 윈도우를 설치하지 않은 상태이다. 다음 중 사용할 수 없는 편집기는?

① nano
② emacs
③ gedit
④ vim

34 다음 설명에 해당하는 편집기로 알맞은 것은?

> 리처드 스톨만이 개발한 고성능 문서 편집기로, 단순한 편집기를 넘어서 텍스트 처리를 위한 포괄적인 통합 환경을 제공한다.

① nano
② emacs
③ gedit
④ pico

35 아파치 웹 서버를 소스 설치하는 과정에서 지원되는 설치 옵션을 확인하려고 한다. 다음 (㉠) 안에 들어갈 내용으로 알맞은 것은?

```
[root@www httpd-2.4.46]# ./configure ( ㉠ )
```

① --help
② --config
③ --option
④ --options

36 다음 중 소스 파일로 프로그램을 설치하는 단계로 알맞은 것은?

① make → configure → make install
② make → make install → configure
③ configure → make → make install
④ configure → make install → make

37 PHP를 설치하기 위해 관련 웹 사이트에 접속했더니 동일한 버전으로 4개의 압축된 파일로 제공되고 있다. 빠른 다운로드를 위해 파일의 크기가 가장 작은 것을 선택하려고 할 때 알맞은 것은?

① php-7.4.15.tar.Z
② php-7.4.15.tar.xz
③ php-7.4.15.tar.gz
④ php-7.4.15.tar.bz2

38 다음은 backup.tar 파일에 추가로 파일을 묶는 과정이다. (㉠) 안에 들어갈 내용으로 알맞은 것은?

```
# tar ( ㉠ ) backup.tar lin.txt joon.c
```

① cvf
② xvf
③ rvf
④ tvf

39 다음 중 리눅스 시스템에 설치되어 있는 패키지 목록을 확인하는 명령어로 알맞은 것은?

① dpkg -i
② dpkg -I
③ dpkg -l
④ dpkg -L

40 다음 중 데비안 계열 리눅스 패키지 관리 도구로 알맞은 것은?

① rpm
② yum
③ dpkg
④ zypper

41 다음 중 sendmail이라는 패키지 설치 여부를 확인하는 명령어로 알맞은 것은?

① rpm -i sendmail
② rpm -a sendmail
③ rpm -V sendmail
④ rpm -q sendmail

42 다음 중 yum 기반으로 telnet이라는 문자열이 포함된 패키지를 찾는 명령어로 알맞은 것은?

① yum search telnet
② yum search *telnet*
③ yum search ^telnet^
④ yum search ?telnet?

43 다음 설명에 해당하는 RAID 기술로 알맞은 것은?

> 연속된 데이터를 여러 개의 디스크에 라운드 로빈 방식으로 기록하는 기술로, 프로세서가 데이터를 읽어 들일 때 여러 디스크를 활용함으로써 처리 속도를 높일 수 있다.

① Volume Group
② Linear
③ Striping
④ Mirroring

44 다음 중 프린팅 시스템에서 사용하는 명령어로 틀린 것은?

① lp
② cancel
③ lpadmin
④ alsactl

45 다음 설명에 해당하는 기술로 알맞은 것은?

리눅스 및 유닉스 계열 운영체제에서 사운드를 만들고 캡처하는 인터페이스로, 표준 유닉스 장치시스템 콜(POSIX)에 기반을 두고 있다. 총 4가지의 라이선스 옵션으로 배포되고 있다.

① OSS
② ALSA
③ SANE
④ CUPS

46 다음 설명과 같은 상황에서 사용해야 하는 기술로 가장 알맞은 것은?

500GB 용량의 하드디스크가 2개가 준비된 상태이지만 각각 700GB, 200GB, 100GB 용량으로 분할된 파티션 3개의 운영이 필요한 상황이다.

① LVM
② RAID
③ Bonding
④ Clustering

47 다음 중 프린팅 시스템과 가장 거리가 먼 것은?

① CUPS
② LPRng
③ LPD
④ SANE

48 다음 중 프린터 작업을 요청하는 명령어로 알맞은 것은?

① lpr
② lpq
③ lpc
④ lpstat

49 다음 중 시스템 시작 시 X 윈도우 모드로 부팅이 되도록 설정하는 명령어는?

① systemctl runlevel.5
② systemctl graphical.target
③ systemctl set-default runlevel.5
④ systemctl set-default graphical.target

50 다음 설명과 가장 관련이 깊은 것은?

시스템 부팅 시 X 윈도우를 사용하는 모드에서 사용자 이름과 암호를 요청하고 유효한 값이 입력되면 세션을 시작해주는 역할을 수행한다.

① XCB
② GDM
③ GNOME
④ Mutter

51 다음 중 윈도우 매니저의 종류로 틀린 것은?

① Xfce
② Mutter
③ Kwin
④ Windowmaker

52 다음 중 스프레드시트(Spreadsheet) 프로그램으로 알맞은 것은?

① LibreOffice Writer
② LibreOffice Draw
③ LibreOffice Calc
④ LibreOffice Impress

53 다음 중 X 서버에서 X 클라이언트의 접근을 허가할 때 IP 주소를 사용하는 명령어로 알맞은 것은?

① xauth
② xhost
③ xset
④ xmodmap

54 다음 설명에 해당하는 용어로 알맞은 것은?

> GNU 프로젝트에 의해 만들어진 공개형 데스크톱 환경으로, GTK+ 라이브러리를 사용하였다.

① KDE   ② GNOME
③ LXDE   ④ Wayland

55 다음 중 X 클라이언트에서 원격지로 응용 프로그램을 전송하기 위해 변경해야 하는 환경변수로 알맞은 것은?

① TERM   ② HOME
③ HOSTNAME   ④ DISPLAY

56 다음 그림에 해당하는 이미지 뷰어 프로그램으로 알맞은 것은?

① Eog   ② ImageMagick
③ Gimp   ④ Totem

57 다음 조건일 때 사용되는 브로드캐스트 주소로 알맞은 것은?

> • IP 주소: 192.168.3.157
> • 서브넷 마스크 값: 255.255.255.192

① 192.168.3.255   ② 192.168.3.63
③ 192.168.3.127   ④ 192.168.3.191

58 ssh 명령어를 이용해 IP 주소가 192.168.12.22인 ssh 서버에 접속하려는데, 포트번호가 8080번으로 변경되었다. 다음 중 해당 서버에 접속하는 방법으로 알맞은 것은?

① ssh 192.168.12.22 8080
② ssh 192.168.12.22:8080
③ ssh 192.168.12.22 -P 8080
④ ssh 192.168.12.22 -p 8080

59 다음 (㉠) 안에 들어갈 내용으로 알맞은 것은?

> FTP 서버에 접속한 뒤에 파일을 업로드 하려면 (㉠) 명령어를 사용하고, 파일을 다운로드 하려면 (㉡) 명령어를 사용한다.

① ㉠ open, ㉡ close
② ㉠ mkdir, ㉡ rmdir
③ ㉠ get, ㉡ put
④ ㉠ put, ㉡ get

60 다음 중 IPv6에 대한 설명으로 틀린 것은?

① 패킷 크기의 확장
② IP 주소 대역 구분인 클래스의 확장
③ 패킷 출처 인증 및 비밀 보장 기능 지원
④ 흐름 제어 기능 지원

61 다음 설명에 해당하는 기술로 알맞은 것은?

> 단말기가 전송로의 신호유무를 조사하고, 다른 단말기가 신호를 송출하고 있는지를 확인한다.

① CDMA   ② PSTN
③ PDSN   ④ CSMA/CD

62 다음 설명에 해당하는 프로토콜로 알맞은 것은?

> 세그먼트를 보내기만 하고 응답을 주고받지 않는 프로토콜이어서 제대로 전달되었는지 확인하지 않으며 오류 수정도 하지 않는다.

① IP
② VRRP
③ TCP
④ UDP

63 다음 중 네임 서버가 기록되어 있는 파일로 알맞은 것은?

① /etc/hosts
② /etc/resolv.conf
③ /etc/sysconfig/network
④ /etc/services

64 다음의 LAN 구성 방식에 대한 설명으로 알맞은 것은?

> • 장애 발생 시에도 다른 시스템에 영향이 적다.
> • 라우터를 이용하여 LAN과 LAN을 연결하거나 백본망을 구성할 때 주로 사용된다.
> • 장애 발생시 고장 지점을 찾기가 쉽지 않다.

① 스타형
② 망형
③ 버스형
④ 링형

65 다음 중 IP 주소 할당 및 도메인을 관리하는 국제기구로 알맞은 것은?

① IEEE
② ISO
③ FIA
④ ICANN

66 다음 중 네트워크 인터페이스 카드의 물리적 연결 여부를 확인할 때 사용하는 명령어로 알맞은 것은?

① ethtool
② arp
③ netstat
④ route

67 다음 중 OSI 7계층 모델 기준으로 가장 많은 계층을 지원하는 장치로 알맞은 것은?

① Router
② Bridge
③ HUB
④ RJ-45케이블

68 다음 중 telnet 명령어를 사용해 IP 주소가 192.168.12.22번인 HTTPS 서버의 포트를 점검하는 방법으로 알맞은 것은?

① telnet 192.168.12.22 80
② telnet 192.168.12.22:80
③ telnet 192.168.12.22 -p 443
④ telnet 192.168.12.22 443

69 다음 중 이더넷 기반의 LAN 구성을 할 경우에 가장 거리가 먼 장치는?

① 리피터
② 허브
③ RJ-45
④ SAN 스위치

70 다음 중 OSI 7계층 모델을 제정한 기관으로 알맞은 것은?

① IEEE
② EIA
③ ANSI
④ ISO

71 다음 중 프로토콜과 포트번호의 조합으로 알맞는 것은?

① TELNET - 22
② DNS - 53
③ SSH- 23
④ FTP - 80

72 다음 중 메일 서버 간에 메시지를 교환할 때 사용하는 프로토콜로 알맞은 것은?

① SMTP   ② FTP
③ POP3   ④ IMAP

73 다음 중 로컬 네트워크에 있는 특정 호스트의 MAC 주소를 조회하려고 할 때 사용하는 명령어로 알맞은 것은?

① arp   ② telnet
③ route   ④ ethtool

74 다음 설명으로 알맞은 것은?

> 실시간 채팅 프로토콜로, 여러 사용자가 모여 대화를 할 수 있는 서비스이다. 개인 간의 대화와 파일 전송 기능도 제공한다.

① IRC   ② NFS
③ SAMBA   ④ Usenet

75 다음 중 루프백(Loopback) IP 주소로 알맞은 것은?

① 10.0.0.1   ② 192.168.0.1
③ 172.16.0.254   ④ 127.0.0.1

76 다음 중 최상위 도메인으로 틀린 것은?

① com   ② net
③ kr   ④ go

77 다음 설명에 해당하는 프로그램으로 알맞은 것은?

> 소프트웨어 정의(provisioning) · 구성 관리 · 배포 프로그램으로 유닉스 및 리눅스, 윈도우 운영체제에서 사용 가능한 공개 프로그램이다. 2015년 레드햇에 인수되어서 관리되고 있다.

① Docker   ② Ansible
③ OpenStack   ④ Kubernetes

78 다음 설명에 운영체제로 알맞은 것은?

> 인텔과 삼성을 주축으로 리눅스 재단, MeeGo 개발자들이 합류하여 만든 리눅스 커널 기반의 모바일 운영체제이다.

① webOS   ② Tizen
③ Bada OS   ④ Android

79 다음 중 CPU 반가상화를 지원하는 서버 가상화 기술로 알맞은 것은?

① KVM   ② XEN
③ VirtualBox   ④ Hyper-V

80 다음 설명으로 알맞은 것은?

> 고성능의 계산 능력을 제공하기 위한 목적으로 제작되었고 주로 과학 계산용으로 활용된다. 흔히 부르는 슈퍼컴퓨터의 제작 방식이다.

① 고가용성 클러스터
② 부하분산 클러스터
③ HA(High Available) 클러스터
④ HPC(High Performance Computing) 클러스터

자격종목	시험시간	문항수	점수
리눅스마스터 2급 2차	100분	80문항	

1과목 리눅스 운영 및 관리

01 다음 중 사용자 쿼터를 설정하는 단계의 명령어 순서로 알맞은 것은?

① quotaon → edquota → quotacheck
② edquota → quotaon → quotacheck
③ quotacheck → edquota → quotaon
④ quotacheck → quotaon → edquota

02 다음과 같이 허가권 값이 변경되었을 경우, 중간에 실행된 명령어로 알맞은 것은?

```
[root@www /]# ls -ld /project
drwrwx---. 2 root project  Apr  4 19:32 /project
[root@www /]#
[root@www /]# ls -ld /project
drwrwx--T. 2 root project  Apr  4 19:32 /project
```

① chmod u+t /project
② chmod g+t /project
③ chmod o+t /project
④ chmod o+T /project

03 다음 결과에 해당하는 명령어로 알맞은 것은?

```
Disk quotas for user posein (uid 500):
Filesystem   blocks   soft   hard   inodes   soft   hard
/dev/sda1       52      0      0       16      0      0
```

① qucta
② quotaon
③ edquota
④ repquota

04 다음 조건에 해당하는 명령어로 알맞은 것은?

> lin.txt 파일의 소유권은 ihduser, 그룹 소유권을 admin으로 변경한다.

① chown admin.ihduser lin.txt
② chown ihduser.admin lin.txt
③ chgrp admin.ihduser lin.txt
④ chgrp ihduser.admin lin.txt

05 다음 중 디렉터리에 부여되는 x 권한에 대한 설명으로 알맞은 것은?

① 해당 디렉터리의 내부로 접근할 수 있다.
② 해당 디렉터리에 생성된 파일을 볼 수 있다.
③ 해당 디렉터리에 파일을 생성 또는 삭제할 수 있다.
④ 해당 디렉터리에 생성된 실행 파일을 실행할 수 있다.

06 다음 결과에 해당하는 명령어로 알맞은 것은?

```
[root@www ~]#

Disk /dev/sdb: 223.57 GiB, 240057409536 bytes,
468862128 sectors
Disk model: ADATA SP550
Units: sectors of 1 * 512 = 512 bytes
Sector size (logical/physical): 512 bytes / 4096 bytes
I/O size (minimum/optimal): 4096 bytes / 4096 bytes
Disklabel type: gpt
Disk identifier: D5446CF3-0F39-48DC-A42F-E7939E01112A

Device       Start      End    Sectors  Size Type
/dev/sdb1     2048   1230847   1228800  600M EFI System
/dev/sdb2  1230848   3327999   2097152    1G Linux extended boot
/dev/sdb3  3328000 468860927 465532928  222G Linux LVM
[root@www ~]#
```

① du
② df
③ fdisk
④ mount

07 다음 (㉠) 안에 들어갈 내용으로 알맞은 것은?

```
# mount -o ( ㉠ ) CentOS-6.10-i386.bin-DVD.iso
/media
```

① iso9660
② loop
③ ext4
④ xfs

08 다음은 마운트된 /home2를 해제시키는 과정이다. (㉠) 안에 들어갈 명령어로 알맞은 것은?

```
# ( ㉠ ) /home2
```

① umount
② unmount
③ eject
④ fsck

09 다음 중 파일이나 디렉터리의 소유권을 확인하는 명령어로 알맞은 것은?

① ls
② chmod
③ chown
④ chgrp

10 umask 명령어의 결과가 다음과 같을 때 생성되는 파일의 허가권 값으로 알맞은 것은?

```
$ umask -S
u=rwx, g=rwx, o=rx
```

① --------w-
② -r-xr-xr-x
③ -rw-rw-r--
④ -rwxrwxr-x

11 다음 중 사용자가 로그인한 직후에 부여된 셸을 확인하는 방법으로 틀린 것은?

① ps 명령어를 실행해서 확인해본다.
② 'chsh -l' 명령어를 실행해서 확인해본다.
③ 'echo $SHELL' 명령어를 실행해서 확인해본다.
④ 'grep 본인계정명 /etc/passwd' 명령어를 실행해서 확인해본다.

12 다음 결과에 해당하는 명령어로 알맞은 것은?

```
[posein@www ~]$
Changing shell for posein.
Password:
New shell [/bin/bash]: /bin/dash
Shell changed.
[posein@www ~]$
```

① set
② env
③ chsh
④ export

13 다음 설명에 해당하는 셸로 알맞은 것은?

> 1978년 버클리 대학의 빌 조이가 개발한 것으로 히스토리 기능, alias 기능, 작업 제어 등의 유용한 기능을 포함시켰다.

① bash
② csh
③ tcsh
④ ksh

14 다음 중 사용 가능한 셸의 목록을 확인하는 명령어로 알맞은 것은?

① echo /etc/shells
② echo $SHELL
③ cat $SHELL
④ cat /etc/shells

15 다음 명령어의 결과로 알맞은 것은?

```
[ihduser@www ~]$ user=lin
[ihduser@www ~]$ echo $user
```

① user
② $user
③ lin
④ ihduser

16 다음 중 배시 셸에서 c라고 입력하면 clear가 실행되도록 설정하는 명령어로 알맞은 것은?

① alias c clear
② alias clear c
③ alias c=clear
④ alias clear=c

17 다음 중 개발된 지 가장 오래된 셸로 알맞은 것은?

① csh
② ksh
③ bash
④ bourne shell

18 다음 설명에 해당하는 환경변수로 알맞은 것은?

> 사용자가 로그인한 후 일정 시간 동안 작업을 하지 않을 경우 로그아웃시키려고 한다.

① EXIT
② TMOUT
③ LOGOUT
④ USEROUT

19 다음 명령어 실행 시 확인할 수 없는 것은?

```
# ps aux
```

① 실제 실행 우선순위(PRI)를 알 수 있다.
② 총 CPU 사용시간(TIME)을 알 수 있다.
③ 프로세스의 식별 번호(PID)를 알 수 있다.
④ 현재 프로세스 상태코드(STAT)를 알 수 있다.

20 다음 중 Ctrl+Z를 입력했을 때 발생하는 시그널 이름으로 알맞은 것은?

① SIGINT
② SIGTERM
③ SIGSTOP
④ SIGTSTP

21 다음 중 top 명령어 실행 상태에서 프로세스와 CPU 항목을 on/off 하는 명령어로 알맞은 것은?

① m
② t
③ p
④ k

22 다음 중 멀티태스킹(Multitasking)에 관한 설명으로 틀린 것은?

① 백그라운드 프로세스의 작업 상태는 jobs 명령어로 확인할 수 있다.
② Foreground 와 Background 프로세스 간 전환이 가능하다.
③ 작업 중인 프로세스를 대기(suspend)시키는 키 조합은 Ctrl+Z이다.
④ jobs 명령어 실행 시 – 기호가 붙은 작업은 + 기호 작업보다 높은 우선순위의 작업이다.

23 다음 중 프로세스에 관한 설명으로 틀린 것은?

① 보통 명령어를 실행하면 exec 형태로 수행된다.
② init 프로세스는 모든 프로세스의 부모 프로세스다.
③ exec는 원래 프로세스의 메모리에 새로운 프로세스의 코드를 덮어씌운다.
④ fork는 새로운 프로세스를 위해 메모리를 할당받아 복사본 형태로 실행한다.

24 다음 설명을 수행하기 위한 명령어로 알맞은 것은?

> 저장된 crontab 설정 파일을 삭제하기 전에 사용자에게 확인한다.

① crontab -ir
② crontab -id
③ crontab -q -r
④ crontab -q -d

25 다음 조건으로 cron을 이용해서 일정을 등록할 때 알맞은 것은?

> 매주 월요일과 목요일 오전 10시에 점검 스크립트인 /etc/check.sh가 실행되도록 설정한다.

① 10 0 1-4 * * /etc/check.sh
② 0 10 1,4 * * /etc/check.sh
③ 10 0 * * 1-4 /etc/check.sh
④ 0 10 * * 1,4 /etc/check.sh

26 다음 중 nohup 명령어에 관한 설명으로 알맞은 것은?

① 실행한 명령어는 자동으로 백그라운드로 보내진다.
② 실행 중인 프로세스의 표준 에러는 'nohup.err' 파일에 기록된다.
③ 쓰기작업 권한이 없다면 파일에 기록하지 못한다.
④ 사용자가 작업 중인 터미널 창을 닫아도 백그라운드로 보내진 작업은 유지된다.

27 다음 top 명령어에 관한 설명으로 틀린 것은?

```
# top -d -p 080
```

① -d 옵션을 사용하여 1초 간격으로 상태를 갱신한다.
② 포트번호 8080을 사용하는 네트워크 프로토콜 정보를 확인할 수 있다.
③ 프로세스의 상태뿐만 아니라 CPU, 메모리, 부하 상태 등을 확인할 수 있다.
④ 실행 상태에서 다양한 명령어를 입력하여 프로세스 상태를 출력하거나 제어할 수 있다.

28 다음 (㉠) 안에 들어갈 내용으로 알맞은 것은?

> 리눅스가 부팅을 시작하면 커널이 (㉠) 프로세스를 최초로 발생시키고, 프로세스 번호로 1번을 부여한다.

① init
② initd
③ inetd
④ xinetd

29 다음 중 vi 편집기에서 입력 모드로 전환하는 명령어의 설명으로 알맞은 것은?

① o: 현재 커서 앞에(왼쪽) 삽입하면서 입력 모드로 전환

② a: 현재 커서 뒤에(오른쪽) 삽입하면서 입력 모드로 전환

③ i: 현재 커서가 위치한 곳의 문자를 지우면서 입력 모드로 전환

④ s: 현재 커서가 위치한 곳의 아랫줄에 삽입하면서 입력 모드로 전환

30 vi 편집기를 사용하여 /etc/passwd 파일을 열었다. 다음과 같이 설정하기 위한 환경변수 명령어로 알맞은 것은?

```
1 root:x:0:0:Super User:/root:/bin/bash
2 bin:x:1:1:bin:/bin:/usr/sbin/nologin
3 daemon:x:2:2:daemon:/sbin:/usr/sbin/nologin
4 adm:x:3:4:adm:/var/adm:/usr/sbin/nologin
5 lp:x:4:7:lp:/var/spool/lpd:/usr/sbin/nologin
6 sync:x:5:0:sync:/sbin:/bin/sync
7 shutdown:x:6:0:shutdown:/sbin:/sbin/shutdown
8 halt:x:7:0:halt:/sbin:/sbin/halt
9 mail:x:8:12:mail:/var/spool/mail:/usr/sbin/nologin
10 operator:x:11:0:operator:/root:/usr/sbin/nologin
11 games:x:12:100:games:/usr/games:/usr/sbin/nologin
12 ftp:x:14:50:FTP User:/var/ftp:/usr/sbin/nologin
```

① :set ai   ② :set all

③ :set nu   ④ :set list

31 다음 중 (㉠), (㉡) 안에 들어갈 내용으로 알맞은 것은?

> 유닉스 계열 시스템의 대표적인 편집기는 (㉠)이다. (㉠)에 추가 기능을 대폭 강화하여 만든 편집기는 (㉡)이다. GUI 기반으로 개발된 편집기는 (㉢)이다.

① ㉠: vi, ㉡: vim, ㉢: gVim

② ㉠: emacs, ㉡: GNU emacs, ㉢: Xemacs

③ ㉠: pico, ㉡: nano, ㉢: emacs

④ ㉠: vi, ㉡: emacs, ㉢: pico

32 다음 중 (㉠) 안에 들어갈 내용으로 알맞은 것은?

> vi 편집기에서 ex 명령 모드로 진입하기 위해서는 명령 모드에서 (㉠)(을)를 입력하면 화면 아래쪽에 (㉠)라는 프롬프트가 나타나고 이를 ex 명령 모드라고 한다.

① :   ② ;

③ !   ④ /

33 다음에서 설명하는 에디터의 종류로 알맞은 것은?

> 워싱턴 대학의 Aboil Kasar가 개발한 유닉스 기반의 텍스트 에디터로, 기본 인터페이스는 윈도우의 메모장(Notepad)과 유사하며 매우 단순하다. 지원되는 기능으로는 쉬운 복사 및 붙여넣기, 맞춤법 검사, 단락 정의 기능 등이 있다.

① vi   ② pico

③ nano   ④ emacs

34 다음 중 텍스트 기반의 콘솔 환경에서 사용하지 못하는 에디터로 알맞은 것은?

① vi   ② pico

③ gedit   ④ emacs

35 다음은 소스 설치 과정에서 디렉터리를 지정하는 단계이다. (㉠) 안에 들어갈 내용으로 알맞은 것은?

```
[root@www httpd-2.4.41]# ./configure \
( ㉠ )=/usr/local/apache
```

① --home   ② --install

③ --prefix   ④ --directory

36 다음 중 소스 설치 기법으로 cmake를 이용하는 프로그램으로 알맞은 것은?

① PHP
② GNOME
③ MySQL
④ Apache httpd

37 다음 중 인텔 계열 CPU에 사용 가능한 레드햇 리눅스의 패키지 파일 형식으로 알맞은 것은?

① vsftpd-2.2.2-24.el6.i686.rpm
② vsftpd-2.2.2-24.i686.el6.rpm
③ vsftpd-2.2.2-24.el6.ppc.rpm
④ vsftpd-2.2.2-24.ppc.el6.rpm

38 다음은 압축되어 묶여진 tar 파일을 푸는 과정이다. (㉠) 안에 들어갈 내용을 알맞은 것은?

```
# tar ( ㉠ ) php-7.3.11.tar.xz
```

① jcvf
② jtvf
③ Jcvf
④ Jxvf

39 다음 (㉠) 안에 들어갈 내용을 알맞은 것은?

```
# rpm ( ㉠ ) vsftpd
S.5....T. c /etc/vsftpd/vsftpd.conf
```

① -qc
② -qf
③ -ql
④ -V

40 다음 중 데비안 계열 리눅스에서 사용하는 패키지 관리 기법으로 가장 거리가 먼 것은?

① apt
② apt-get
③ dpkg
④ zypper

41 다음 중 동일한 소스 파일을 묶어서 압축했을 때 크기가 가장 작게 생성되는 파일로 알맞은 것은?

① php-7.3.11.tar.Z
② php-7.3.11.tar.bz2
③ php-7.3.11.tar.gz
④ php-7.3.11.tar.xz

42 다음은 telnet이라는 문자열이 있는 패키지를 찾아보는 과정이다. (㉠) 안에 들어갈 내용으로 알맞은 것은?

```
# yum ( ㉠ ) telnet
```

① seek
② find
③ look
④ search

43 다음 중 아래와 같은 명령어를 수행했을 때 설명으로 틀린 것은?

```
# scanimage - 150 - 180 > scan.log
```

① 이미지는 tiff 파일 형식으로 저장한다.
② 스캔한 이미지를 scan.log 파일로 저장한다.
③ 스캔한 이미지의 가로 사이즈는 150mm이다.
④ 스캔한 이미지의 세로 사이즈는 180mm이다.

44 lpr 명령어를 이용하여 프린터 출력을 하려고 한다. 다음 중 인쇄할 매수를 지정하는 옵션으로 알맞은 것은?

① -m
② -P
③ -T
④ -#

45 다음 중 네트워크 프린터를 설정하기 위한 프로토콜로 틀린 것은?

① IPP
② LPD
③ HTTPS
④ NDMP

46 다음 중 USB 및 SCSI로 인식된 스캐너 디바이스로 틀린 것은?

① /scanner
② /dev/sg0
③ /dev/scanner
④ /dev/usb/scanner

47 다음에서 설명하는 프린팅 시스템으로 알맞은 것은?

> • 애플이 개발한 오픈 소스 프린팅 시스템
> • HTTP 기반의 프로토콜을 사용
> • BSD와 System v 명령어 모두 사용 가능

① LPD
② OSS
③ CUPS
④ LPRng

48 다음 중 음악 파일을 추출할 때 사용하는 명령어로 알맞은 것은?

① alsa
② alsactl
③ alsamixer
④ cdparanoia

2과목 **리눅스 활용**

49 다음 중 C언어로 구현된 Xlib의 기능을 포함하는 고수준의 라이브러리들로 알맞은 것은?

① GTK+, Qt, FLTK, MTK
② GTK+, Xaw, ATK, Tk
③ Xt, Xaw, FLTK, Tk
④ Xt, Qt, ATK, MTK

50 다음 중 데스크톱 환경에 관한 설명으로 알맞은 것은?

① KDE는 GTK+ 라이브러리를 기반으로 작성되어 널리 사용되고 있다.
② KDE는 explorer, dolphin, KWrite 등 다양한 프로그램을 포함하고 있다.
③ GNOME은 GNU에서 만든 공개형 데스크톱 환경으로 Qt 라이브러리 기반이다.
④ GNOME 3부터는 Mutter라는 윈도우 매니저를 사용한다.

51 다음 중 디스플레이 매니저에 해당하는 내용으로 알맞은 것은?

① 리눅스에서는 XDM, GDM, KDE 등을 사용할 수 있다.
② 그래픽 모드인 런레벨 3에서 부팅과 동시에 실행되는 일종의 로그인창이다.
③ 디스플레이 매니저는 사용자 이름과 암호가 유효한 값일 때 세션을 시작한다.
④ 텍스트 모드인 경우 사용자 계정으로 로그인한 뒤 xwindow라는 명령어로 시작한다.

52 다음 (㉠) 안에 들어갈 내용으로 알맞은 것은?

> 이 프로젝트는 2004년에 시작되어, 기존에 사용되던 프로젝트의 라이선스 정책 변화로 인하여 관련 개발자들 대부분이 이 프로젝트에 합류하였고, 현재 리눅스를 비롯하여 유닉스의 대부분이 이 프로젝트에서 개발된 (㉠)(을)를 사용하고 있다.

① X.org
② XFree86
③ Athena
④ Wayland

53 다음 명령어의 설명으로 알맞은 것은?

```
# export DISPLAY="192.168.10.55:1.2"
```

① IP가 192.168.10.55인 X 클라이언트의 첫 번째, 두 번째 모니터 화면을 가져온다.
② IP가 192.168.10.55인 X 클라이언트의 첫 번째 실행된 X 서버의 두 번째 모니터 화면을 가져온다.
③ X 클라이언트 프로그램을 192.168.10.55의 첫 번째 실행된 X 서버의 두 번째 모니터로 전송한다.
④ X 클라이언트 프로그램을 192.168.10.55의 두 번째 실행된 X 서버의 세 번째 모니터로 전송한다.

54 다음 설명에 해당하는 내용으로 알맞은 것은?

X 윈도우 환경에서 윈도우(Window)의 배치와 표현을 담당하는 시스템 소프트웨어를 말한다. 대부분 데스크톱 환경에 도움을 주기 위해 설계되었다. 윈도우의 외형을 변경시키고 다양한 유틸리티를 제공한다.

① 윈도우 매니저　　② 디스플레이 매니저
③ 프로세스 매니저　　④ 시스템 매니저

55 다음 중 (㉠), (㉡) 안에 들어갈 알맞은 것은?

X 윈도우는 서로 간의 통신을 위해 (㉠)(을)를 사용한다. X 윈도우는 기본 구조가 네트워크 기반이므로 키보드와 마우스로 입력하면 TCP 포트 (㉡)번을 통해 전달한다.

① ㉠ Bluetooth, ㉡ 6000
② ㉠ X Protocol, ㉡ 6000
③ ㉠ Bluetooth, ㉡ 8080
④ ㉠ X Protocol, ㉡ 8080

56 다음 중 설명하는 프로그램으로 알맞은 것은?

멀티 페이지 문서 뷰어 프로그램으로 PDF, PS, EPS 등의 형식을 지원한다.

① evince　　② kdegraphics
③ Totem　　④ GIMP

57 다음과 같은 조건일 때 설정되는 네트워크 주소값으로 알맞은 것은?

IP 주소 및 서브넷 마스크: 192.168.3.194/26

① 192.168.3.190　　② 192.168.3.191
③ 192.168.3.192　　④ 192.168.3.193

58 다음 IPv4의 B 클래스 대역에 할당된 사설 IP 주소의 범위로 알맞은 것은?

① 171.15.0.0 ~ 172.31.255.255
② 171.15.0.0 ~ 172.32.255.255
③ 172.16.0.0 ~ 172.31.255.255
④ 172.16.0.0 ~ 172.32.255.255

59 다음 설명에 해당하는 OSI 계층으로 알맞은 것은?

상위 계층으로부터 전달받은 데이터에 인접한 장치의 물리 주소인 MAC(Medium Access Control) 주소, 데이터의 정확한 송수신을 위한 규정이나 통신 회선 접속의 확인 등과 같은 전송 제어의 역할을 수행한다.

① 물리 계층　　② 데이터링크 계층
③ 네트워크 계층　　④ 전송 계층

60 다음 중 OSI 7계층 모델의 프로토콜 데이터 단위 (Protocol Data Unit)를 하위 계층부터 순서대로 바르게 나열한 것은?

① segment → packet → frame
② segment → frame → packet
③ frame → segment → packet
④ frame → packet → segment

61 다음 중 T568B 배열의 순서로 알맞은 것은?

① 흰색/녹색, 녹색, 흰색/주황색, 주황색, 흰색/ 파란색, 파란색, 흰색/갈색, 갈색
② 흰색/녹색, 녹색, 흰색/주황색, 파란색, 흰색/ 파란색, 주황색, 흰색/갈색, 갈색
③ 흰색/주황색, 주황색, 흰색/녹색, 파란색, 흰색 /파란색, 녹색, 흰색/갈색, 갈색
④ 흰색/주황색, 주황색, 흰색/파란색, 파란색, 흰 색/녹색, 녹색, 흰색/갈색, 갈색

62 다음 중 메일 서버에 도착한 메일을 사용자 컴퓨터에서 확인할 때 사용하는 프로토콜의 조합으로 알맞은 것은?

① SMTP, POP3
② SMTP, IMAP
③ SMTP, SNMP
④ POP3, IMAP

63 다음 중 데이터 전송 시에 암호화 기법을 사용하는 서비스로 알맞은 것은?

① ssh
② nfs
③ samba
④ telnet

64 다음 중 리눅스 시스템에서 설정된 IP 주소를 확인하는 명령어의 조합으로 가장 알맞은 것은?

① ip, ifconfig
② ss, ifconfig
③ ifconfig, ipconfig
④ ip, ipconfig

65 다음과 같은 설정이 저장되는 파일로 알맞은 것은?

```
NETWORKING=yes
HOSTNAME=www
```

① /etc/hosts
② /etc/resolv.conf
③ /etc/sysconfig/network
④ /etc/sysconfig/network-scripts

66 다음 중 로컬 네트워크에 있는 다른 시스템에 장착된 이더넷 카드의 MAC 주소를 확인할 때 사용하는 명령어로 알맞은 것은?

① arp
② hosts
③ route
④ ifconfig

67 다음 설명에 해당하는 서비스로 알맞은 것은?

1984년 썬 마이크로시스템즈사에서 개발한 프로토콜로, 네트워크상에서 다른 컴퓨터의 파일 시스템을 마운트하고 공유하여 상대방의 파일 시스템 일부를 마치 로컬 시스템의 디렉터리인 것처럼 사용할 수 있게 해준다.

① NIS
② NFS
③ CIFS
④ SAMBA

68 다음 중 메일 서버간의 메시지를 교환할 때 사용되는 프로토콜로 알맞은 것은?

① FTP   ② POP3
③ IMAP   ④ SMTP

69 다음 중 DQDB 프로토콜을 제정한 국제기구로 알맞은 것은?

① ISO   ② EIA
③ ITU   ④ IEEE

70 다음 설명에 해당하는 인터넷 서비스로 알맞은 것은?

> 텍스트 형태의 기사들을 전 세계의 사용자들이 공개된 공간에서 주고받으며 토론할 수 있는 자유 게시판 서비스이다.

① IRC   ② 고퍼
③ 유즈넷   ④ 하이퍼링크

71 다음 설명에 해당하는 프로토콜로 알맞은 것은?

> 1960년대 말에 미국방성(DARPA)에서 연구를 시작하였고, 1980년대 초에 공개된 프로토콜로 컴퓨터 기종에 상관없이 통신이 가능하게 해주는 통신 프로토콜이다.

① HTTP   ② ARP
③ UDP   ④ TCP/IP

72 다음 설명에 해당하는 LAN 구성 방식으로 알맞은 것은?

> 중앙에 위치한 중앙 컴퓨터가 각각의 컴퓨터와 통신하는 방식으로 중앙의 제어기(예) 허브 또는 교환기)를 중심으로 모든 기기는 Point-to-Point 방식으로 연결된다.

① 스타형   ② 버스형
③ 링형   ④ 망형

73 다음 설명에 해당하는 네트워크 장치로 알맞은 것은?

> 네트워크 계층과 관련된 장치로 자신과 연결된 네트워크 및 호스트 정보를 유지하고 관리하며, 어떤 경로를 이용해야 빠르게 전송할 수 있는지를 판단한다.

① 라우터   ② 브리지
③ 리피터   ④ 더미 허브

74 다음 결과와 관련 있는 인터넷 서비스로 알맞은 것은?

```
[root@www ~]#
Trying
Connected to
Escape character is '^]'.
CentOS release 6.10 (Final)
Kernel 2.6.32-754.el6.i686 on an i686
www login:
Password:
```

① ssh   ② ftp
③ nfs   ④ telnet

75 다음 설명에 해당하는 용어로 가장 알맞은 것은?

> 웹이나 컴퓨터 네트워크상에 퍼져있는 특정 정보 자원의 종류와 위치가 기록되어 있다.

① URL
② HTML
③ 하이퍼링크
④ 하이퍼텍스트

76 다음 중 리눅스에서 사용 불가능한 웹 브라우저로 알맞은 것은?

① 크롬
② 사파리
③ 오페라
④ 파이어폭스

77 다음 중 직접 개발한 모바일 게임 앱을 사용자들에게 제공하려고 할 때 적합한 클라우드 서비스로 가장 알맞은 것은?

① 구글의 G Suite
② 네이버 N드라이브
③ 아마존의 AWS
④ 마이크로소프트의 Azure

78 다음 설명에 해당하는 운영체제로 알맞은 것은?

> 리눅스 커널에서 구동되는 모바일 운영체제로, Palm OS를 계승했고 현재는 LG전자가 인수하여 개발 중이다.

① Tizen
② webOS
③ Bada OS
④ QNX

79 다음 중 고계산용 클러스터에 대한 설명으로 가장 거리가 먼 것은?

① 병렬컴퓨터라고 부른다.
② 로드밸런서에 사용된다.
③ 베어울프 클러스터라고도 부른다.
④ 슈퍼컴퓨터에서 사용되는 방식이다.

80 다음 설명으로 알맞은 것은?

> 2005년 이탈리아 한 회사에서 하드웨어에 익숙지 않은 학생들을 위해 오픈 소스를 기반으로 하나의 단일 보드 마이크로 컨트롤러를 개발하였다. 완성된 보드와 관련 개발 도구 및 환경을 제공한다.

① Arduino
② Raspberry Pi
③ Micro Bit
④ Cubie Board

파이널 실전모의고사 1회

01	02	03	04	05	06	07	08	09	10	11	12	13	14	15	16	17	18	19	20
④	③	②	④	②	③	③	②	②	④	④	①	②	③	③	③	②	③	④	②
21	**22**	**23**	**24**	**25**	**26**	**27**	**28**	**29**	**30**	**31**	**32**	**33**	**34**	**35**	**36**	**37**	**38**	**39**	**40**
④	③	②	①	①	①	②	②	①	②	③	③	③	②	①	③	②	③	③	③
41	**42**	**43**	**44**	**45**	**46**	**47**	**48**	**49**	**50**	**51**	**52**	**53**	**54**	**55**	**56**	**57**	**58**	**59**	**60**
④	①	③	④	①	①	④	①	④	②	①	②	③	②	④	①	④	④	④	②
61	**62**	**63**	**64**	**65**	**66**	**67**	**68**	**69**	**70**	**71**	**72**	**73**	**74**	**75**	**76**	**77**	**78**	**79**	**80**
④	④	②	②	④	①	①	④	④	④	②	①	①	①	④	④	②	②	②	④

1과목 리눅스 운영 및 관리

01 ▶ ④

CentOS 7에서 XFS 파일 시스템을 사용하는 경우 디스크 사용량 제한은 xfs_quota 명령어로 설정한다.

오답 풀이

① quota는 ext 계열 파일 시스템에서 사용된다.
②③ xquota, set_quota는 존재하지 않는 명령어이다.

02 ▶ ③

XFS 파일 시스템은 fsck 방식의 점검을 지원하지 않는다. 따라서 xfs.fsck는 실제로 존재하지 않으며 사용되지 않는 명령어이다.

오답 풀이

①② fsck, e2fsck는 파일 시스템이 ext2, ext3, ext4인 경우에 점검할 수 있다.
④ xfs 파일 시스템 점검은 xfs_repair 명령어로 수행한다.

03 ▶ ②

fdisk -l은 시스템에 장착된 디스크들의 파티션 테이블 정보를 출력하는 명령어이다.

오답 풀이

①③ mount, df는 마운트 상태와 사용량 확인 명령어이다.
④ du는 디렉터리 용량 확인 명령어이다.

04 ▶ ④

mkfs.xfs는 XFS 파일 시스템을 생성할 때 사용하는 표준 명령어이다.

오답 풀이

① mke2fs는 ext 계열 파일 시스템 생성 명령어이다.
②③ xfs_mkfs, xfs.mkfs는 올바른 명령어가 아니다.

05 ▶ ②

SetUID는 파일 실행 시 파일 소유자의 권한으로 실행되도록 하는 특수 권한이다. 이 권한은 일반 사용자가 자신의 권한으로는 접근할 수 없는 시스템 파일을 수정해야 할 때 유용하게 사용된다.(예 /usr/bin/passwd 명령어)

06 ▶ ③

초기 권한은 664이며, 목표는 사용자에게 실행 권한을 추가하고 그룹의 쓰기 권한을 제거하는(755) 것이다. a+x는 모든 사용자에게 실행 권한을 부여하고, g-w는 그룹의 쓰기 권한을 제거한다. 그 결과 rwxr-xr-x(755)가 되어 조건을 만족한다. u+rwx,go+rx로 실행하면 결과는 rwxrwxr-x (775)가 된다.

07　　　　　　　　　　　　　　　　　　　▶ ③

umask는 파일이나 디렉터리 생성 시 기본적으로 제거할 권한을 지정하는 명령어이다.

오답 풀이

① chmod는 이미 생성된 파일의 권한을 변경한다.
② chgrp는 그룹을 변경하는 명령어이다.
④ quota는 사용자별 디스크 쿼터 사용 현황과 블록 및 inode 제한 정보를 보여준다.

08　　　　　　　　　　　　　　　　　　　▶ ②

du는 사용자 또는 디렉터리별 디스크 사용량을 확인하는 데 사용되는 명령어이다.

오답 풀이

① df는 파일 시스템 전체의 사용량을 출력한다.
③ free는 리눅스 시스템의 메모리(RAM)와 스왑(Swap) 메모리의 전체 용량, 사용량, 여유량 등을 확인한다.
④ edguota는 존재하지 않는 명령어이다.

09　　　　　　　　　　　　　　　　　　　▶ ②

시스템 부팅 시 특정 파티션을 자동으로 마운트하려면 /etc/fstab 파일에 등록해야 한다.

오답 풀이

① /etc/mtab은 현재 마운트 정보를 기록하는 파일이다.
③ /etc/partitions은 존재하지 않는 파일로, /proc/partitions 와 혼돈하지 않도록 주의해야 한다.
④ /etc/filesystems는 알 수 없는 파일 시스템을 가진 매체(예 외부 USB, CD-ROM)를 마운트하려고 할 때, 어떤 파일 시스템 타입으로 시도해 볼지 순서를 정의해 놓은 설정 파일이다.

10　　　　　　　　　　　　　　　　　　　▶ ④

다른 사용자(other)의 실행 권한(×)을 제거하면 해당 사용자의 접근을 막을 수 있다. 실행 권한이 없으면 디렉터리에 접근할 수 없으며, 그룹 권한 제거는 다른 그룹 사용자에게는 영향을 주지 않는다.

11　　　　　　　　　　　　　　　　　　　▶ ④

tcsh는 C 셸을 기반으로 기능을 확장한 셸이다. C언어와 유사한 문법 구조를 제공하며, 히스토리와 별칭 기능이 강화되어 있다.

오답 풀이

①②③ bash, ksh, dash와는 계열과 문법 특성이 다르다.

12　　　　　　　　　　　　　　　　　　　▶ ①

bash에서 셸 변수를 선언할 때는 변수명=값 형식을 사용한다. 변수 선언 시 공백을 포함할 수 없으며, 즉시 현재 셸에 적용된다.

오답 풀이

②④ set이나 env는 변수 관리 목적이 다르다.

13　　　　　　　　　　　　　　　　　　　▶ ②

PS1은 로그인 후 사용자에게 표시되는 기본 프롬프트를 정의하는 환경변수이다. 프롬프트 모양, 사용자명, 경로 등을 설정할 수 있으며, 로그인 셸 환경 설정에서 자주 사용된다.

14　　　　　　　　　　　　　　　　　　　▶ ③

~/.bashrc 파일은 사용자 계정이 정의한 alias 및 함수들을 설정한다. 로그인 셸이 시작될 때 이 파일의 내용을 읽어와 환경을 설정한다.

오답 풀이

④ ~/.bash_profile은 로그인 시 한 번 실행되며 주로 환경변수를 설정하는 데 사용된다.

15　　　　　　　　　　　　　　　　　　　▶ ③

/etc/passwd 파일은 사용자 계정 정보를 저장하며, 사용자 이름, UID, GID, 홈 디렉터리, 기본 셸 정보가 포함된다. 비밀번호 자체는 저장되지 않는다.

16　　　　　　　　　　　　　　　　　　　▶ ③

chsh 명령어에서 로그인 셸을 변경할 때는 -s 옵션을 사용한다. 이때, 새로운 로그인 셸의 전체 경로를 함께 지정해야 한다.

17　　　　　　　　　　　　　　　　　　　▶ ②

$SHELL 환경변수를 통해 현재 사용 중인 로그인 셸 정보를 확인할 수 있다. echo 명령어와 함께 사용하면 값이 출력된다.

18　　　　　　　　　　　　　　　　　　　▶ ③

Tab 키는 리눅스 셸에서 가장 자주 사용되는 기능 중 하나로, 명령어 또는 파일 이름을 자동 완성한다. 입력 효율을 높이고 오타를 줄이는 데 도움이 된다.

19　　　　　　　　　　　　　　　　　　　▶ ④

CentOS 7은 systemd 기반의 시스템이다. systemd는 PID 1을 가지는 최초 프로세스이고 시스템 전반의 서비스와 부팅을 관리하고 init을 대체한다.

20 ▶ ②

crontab의 5필드는 '분 시 일 월 요일' 순서이다. 5분마다 주기적으로 실행하려면 분 필드에 */5를 사용하여 */5 * * * *를 지정해야 한다.

21 ▶ ④

SIGTERM은 정상 종료를 요청하는 시그널로, 일반적인 종료 명령 실행 시 프로세스에 전달된다. 프로세스는 정리 작업 후 종료할 수 있다.

22 ▶ ③

nohup은 터미널 종료나 로그아웃 이후에도 프로세스를 계속 실행하기 위한 명령어로, 백그라운드 실행과 함께 자주 사용된다. 출력은 기본적으로 nohup.out 파일에 저장된다.

23 ▶ ②

renice는 실행 중인 프로세스의 PID를 지정하여 우선순위를 변경하는 명령어로, 실행 중 프로세스를 제어한다.

오답 풀이

① nice는 새 프로세스 실행 시 우선순위를 프로세스 이름으로 설정한다.
③ nohup은 로그아웃하거나 터미널을 닫아도 해당 프로그램이 계속 실행되도록 한다.
④ pkill은 프로세스의 이름이나 속성을 기반으로 실행 중인 프로그램을 종료할 때 사용한다.

24 ▶ ①

Ctrl+Z는 포어그라운드에서 실행 중인 프로세스를 일시 중지한다. 중지된 작업은 bg 또는 fg 명령어로 다시 실행할 수 있다.

25 ▶ ①

exec는 새로운 프로세스를 생성하지 않고 현재 실행 중인 프로세스를 다른 프로그램으로 완전히 대체하는 시스템 호출 방법이다.

오답 풀이

② fork는 현재 프로세스의 복사본을 생성한다.
③ nice는 새 프로세스 실행 시 우선순위를 프로세스 이름으로 설정한다.
④ renice는 실행 중인 프로세스의 PID를 지정하여 우선순위를 변경한다.

26 ▶ ①

USER, PID, %CPU, %MEM, COMMAND 등 프로세스 정보를 출력하는 명령어는 ps이다.

오답 풀이

② top는 실시간으로 프로세스 정보를 갱신하여 보여주는 명령어이다.
③ pstree는 시스템에 존재하는 프로세스들을 트리 구조로 시각화하여 보여주는 명령어이다.
④ pgrep는 실행 중인 프로세스 중에서 특정 조건에 맞는 프로세스의 PID를 찾아주는 명령어이다.

27 ▶ ③

데몬(daemon)은 지속적인 서비스 요청을 처리하기 위해 메모리에 상주하며 실행되는 프로세스의 일종으로, 웹 서버 데몬(httpd) 등이 대표적인 예이다.

28 ▶ ②

명령어 끝에 앰퍼샌드(&) 기호를 붙이면 해당 명령어를 백그라운드 프로세스로 실행할 수 있다.

29 ▶ ①

vi에서 :s 명령어로 문자열을 치환할 수 있고, 정규 표현식에서 $는 줄의 끝을 의미한다. 모든 줄에서 'linux'로 끝나는 문자열을 'linux.'로 치환하려면 :% s/linux$/linux./ 명령어를 사용한다.

30 ▶ ②

nano에서 Ctrl+E는 커서를 현재 줄의 끝(End)으로 이동시킨다.

오답 풀이

① Ctrl+A는 줄의 시작(Ahead)으로 이동시킨다.
③ Ctrl+E는 현재 커서의 위치 정보를 화면 하단에 표시한다.
④ Ctrl+X는 편집기를 종료한다.

31 ▶ ③

vi의 명령 모드에서 x 키는 현재 커서가 위치한 문자를 삭제한다.

오답 풀이

① e는 커서를 단어의 끝으로 이동시킨다.
② d는 단독으로는 쓰이지 않고 다른 것과 결합하여 사용한다.
　(예) dw 단어 하나 삭제)
④ dd는 현재 커서가 있는 줄 전체를 삭제한다.

32 ▶ ③

set ai(autoindent)는 vi에서 C프로그래밍 시 엔터를 입력하면 자동으로 들여쓰기가 되는 기능이다.

오답 풀이

① set nu는 줄 번호를 표시하는 설정이다.
② set ic는 검색 시 대소문자를 구분하지 않도록 설정한다.
④ set sm은 괄호를 입력하거나 커서를 가져갔을 때 짝이 맞는 반대쪽 괄호를 강조해 준다.

33 ▶ ③

gedit은 GNOME 데스크톱 환경에서 주로 사용되는 그래픽 기반 편집기로, X 윈도우가 설치되지 않은 텍스트 환경에서는 사용할 수 없다.

오답 풀이

①②④ nano, emacs, vim은 텍스트 기반 환경에서도 사용 가능한 편집기이다.

34 ▶ ②

emacs는 LISP 기반의 확장 가능한 문서 편집기로 유명하며, 다양한 운영체제에서 폭넓게 사용된다.

35 ▶ ①

소스 코드를 컴파일하기 전 configure 스크립트를 실행할 때, 지원되는 옵션을 확인하려면 --help 옵션을 사용한다.

36 ▶ ③

37 ▶ ②

일반적으로 xz 압축 방식이 Z, gz, bz2보다 압축 효율이 뛰어나 파일 크기가 가장 작다.

38 ▶ ③

tar 옵션
• -r: 기존 아카이브에 파일을 추가한다.
• -c: 새 아카이브를 생성한다.
• -x: 아카이브에서 파일을 추출한다.
• -t: 아카이브 내부를 확인(파일 목록 보기)한다.

39 ▶ ③

dpkg -l은 데비안 계열 시스템에서 설치된 패키지 목록을 출력하는 명령어로, 패키지 상태와 버전을 확인할 수 있다.

40 ▶ ③

dpkg는 데비안 계열 리눅스의 기본 패키지 관리 도구로, rpm 계열과는 관리 방식과 명령 구조가 다르다. 주로 저수준 패키지 관리에 사용된다.

41 ▶ ④

rpm 옵션
• -q: 특정 패키지의 설치 여부를 확인한다.
• -i: 새로운 패키지를 설치한다.
• -qa: 설치된 모든 패키지 목록을 조회한다.

42 ▶ ①

yum search는 특정 키워드가 포함된 패키지를 검색할 때 사용하는 명령어이다. yum search telnet은 이름이나 설명에 'telnet' 문자열이 포함된 패키지를 찾아준다.

43 ▶ ③

스트라이핑(Striping)은 데이터를 여러 개의 디스크에 분산하여 기록함으로써 처리 속도를 높이는 RAID 기술로, RAID 0 방식이 이에 해당한다.

오답 풀이

① Volume Group은 여러 개의 Physical Volume을 묶어 하나의 저장 공간으로 만든 단위이다.
② Linear은 여러 개의 디스크를 직렬로 연결하여 하나의 커다란 가상 디스크로 만드는 방식이다.
④ Mirroring은 동일한 데이터를 두 개의 디스크에 복제하여 안전성을 높이는 방식이다.

44 ▶ ④

alsactl은 ALSA(Advanced Linux Sound Architecture) 사운드 시스템 제어 명령어이다.

오답 풀이

①②③ lp, cancel, lpadmin은 리눅스 프린팅 시스템(예 CUPS 등)에서 사용되는 명령어이다.

45 ▶ ①

OSS(Open Sound System)와 ALSA(Advanced Linux Sound Architecture)는 리눅스 및 유닉스 계열 운영체제에서 사운드 카드 및 오디오 장치 관리를 위한 기술이다. 현재는 ALSA가 주로 사용되지만, OSS도 과거부터 사용되어 왔다.

46 ▶ ①

LVM(Logical Volume Manager)은 물리적인 디스크를 논리적인 디스크로 할당하여 필요시 용량을 유연하게 확장하거나 관리하는 기술이다.

오답 풀이

② RAID는 여러 디스크를 묶어 성능이나 안정성을 높이는 기술이다.
③ Bonding은 네트워크 인터페이스의 이중화 또는 대역폭 확장을 위한 기술이다.
④ Clustering은 여러 대의 컴퓨터(노드)를 네트워크로 연결하여, 마치 하나의 시스템처럼 동작하게 만드는 기술이다.

47 ▶ ④

SANE(Scanner Access Now Easy)은 스캐너 관련 기술 표준이다.

오답 풀이

①②③ CUPS, LPRng, LPD는 모두 리눅스 및 유닉스 환경의 프린팅 시스템 또는 관련 프로토콜이다.

48 ▶ ①

lpr은 프린트 작업을 큐에 등록하여 출력 요청을 하는 명령어이다.(BSD 계열)

오답 풀이

② lpq는 현재 프린터 큐에 쌓인 작업 목록 확인하는 명령어이다.(BSD 계열)
③ lpc는 프린터 제어 명령어이다.(BSD 계열)
④ lpstat은 프린터, 클래스, 작업, 서버 상태까지 확인하는 명령어이다.(System V 계열)

2과목　리눅스 활용

49 ▶ ④

systemd 환경에서 그래픽 모드 부팅 설정은 graphical.target을 사용하고 set-default 옵션으로 기본 부팅 타깃을 지정한다. runlevel 개념은 직접 사용하지 않는다.

50 ▶ ②

GDM은 GNOME 환경에서 사용하는 디스플레이 매니저이다. 사용자 로그인 화면을 제공하며, X 윈도우 세션 시작을 담당한다.

51 ▶ ①

Xfce는 가벼운 데스크톱 환경(Desktop Environment)으로, 자체 윈도우 매니저(xfwm4)를 포함한다.

오답 풀이

②③④ Mutter, Kwin, Windowmaker는 모두 X 윈도우 시스템에서 사용되는 윈도우 매니저(Window Manager)이다.

52 ▶ ③

LibreOffice Calc는 스프레드시트 도구이다.

오답 풀이

① LibreOffice Writer는 문서 작성 도구이다.
② LibreOffice Draw는 드로잉/도형 편집 도구이다.
④ LibreOffice Impress는 프레젠테이션(슬라이드) 작성 도구이다.

53 ▶ ②

xhost는 X 서버에 접속을 시도하는 X 클라이언트의 접근을 제어할 때 사용하는 명령어로, 특정 IP 주소에서의 접근을 허가하거나 거부할 수 있다.

54 ▶ ②

GNOME은 GNU 프로젝트의 공식 데스크톱 환경으로 개발되었으며 GTK+ 라이브러리를 사용하는 개방형 데스크톱 환경이다.

오답 풀이

① KDE는 Qt 툴킷을 사용한다.
③ LXDE는 저사양 컴퓨터나 사양이 제한된 시스템을 위해 설계된 초경량 데스크톱 환경이다.
④ Wayland는 리눅스에서 X11을 대체하기 위해 개발된 차세대 그래픽 디스플레이 서버 프로토콜이다.

55 ▶ ④

원격 X 서버로 응용 프로그램의 디스플레이를 전송하려면 DISPLAY 환경변수를 원격지의 IP 주소나 호스트 이름으로 설정해야 한다.

56 ▶ ①

제시된 이미지는 GNOME 환경의 기본 이미지 뷰어인 Eog(Eye of GNOME)의 인터페이스를 보여준다.

57 ▶④

서브넷의 값이 255.255.255.192이므로 192를 2진수로 변환하면 11000000이다. 네트워크는 2자리이고 호스트가 6자리이다. 네트워크 개수는 $2^2 = 4$, 즉 4개로 분할하였다는 것을 알 수 있다. 가능한 개수가 256이므로 $\frac{256}{4} = 64$, 즉 64개 단위(0, 64, 128, 192)로 나뉘어진다. IP 주소가 192.168.3.157이므로 128~191까지의 구간을 가지고 있다. 이 중 가장 마지막 주소가 브로드캐스트 주소이므로 192.168.3.191이다.

58 ▶④

ssh 명령어 사용 시 기본 포트(22번)가 아닌 다른 포트를 사용할 때는 -p 옵션으로 포트번호를 지정해야 한다.

59 ▶④

FTP 서버에 접속한 뒤 파일을 다운로드할 때는 get 명령어를 사용하고, 파일을 업로드할 때는 put 명령어를 사용한다.

60 ▶②

IPv6는 IPv4의 주소 부족 문제를 해결하기 위해 도입되었으며, 128비트 주소 체계를 사용하여 확장된 주소 공간을 제공한다. IPv4에서 사용되던 클래스 기반 주소 체계(예 A, B, C 클래스 등)는 IPv6에서는 더 이상 사용되지 않는다.

61 ▶④

CSMA/CD(Carrier Sense Multiple Access with Collision Detection)는 여러 단말기가 전송로를 공유할 때 충돌을 회피하거나 감지하는 기술로, 이더넷 기반 LAN 구성 방식에서 사용된다.

62 ▶④

UDP(User Datagram Protocol)는 세그먼트를 보내기만 하고 응답을 주고받지 않아 프로토콜 오버헤드가 적고 빠른 전송이 가능하지만 신뢰성은 보장되지 않는 비연결형 프로토콜이다.

오답 풀이
① IP는 데이터 패킷을 목적지 컴퓨터까지 전달하기 위해 사용하는 프로토콜이다.
② VRRP는 네트워크의 기본 게이트웨이를 이중화하여, 하나의 라우터에 장애가 발생하더라도 네트워크 통신이 끊기지 않도록 보장하는 고가용성 프로토콜이다.
③ TCP는 신뢰성 있는 연결형 프로토콜이다.

63 ▶②

리눅스 시스템에서 /etc/resolv.conf 파일에 DNS(Domain Name System) 네임 서버의 주소가 기록되어 있다.

오답 풀이
① /etc/hosts는 호스트 이름과 IP 주소를 정적으로 매핑할 때 사용한다.
③ /etc/sysconfig/network는 시스템 전체 네트워크 동작 여부, 네트워크 설정 사용 유무, 호스트명 설정, 게이트웨이 주소 설정, NIS 도메인명, 네트워크 서비스 활성화 여부를 지정한다.
④ /etc/services는 네트워크 서비스 이름과 포트번호, 프로토콜(TCP/UDP)을 매핑해 놓은 설정 파일이다.

64 ▶②

망형은 라우터를 이용하여 LAN과 LAN을 연결하거나 백본망을 구성할 때 주로 사용된다는 장점이 있지만, 복잡한 연결 구조로 인해 문제 발생 시 정확한 고장 지점을 찾아내기 어렵다는 단점이 있다.

65 ▶④

ICANN(Internet Corporation for Assigned Names and Numbers)는 전 세계적인 인터넷 주소 자원(예 IP 주소, 도메인 이름 등)의 할당 및 관리를 담당하는 국제 비영리 민간 기구이다.

66 ▶①

ethtool은 네트워크 인터페이스 카드의 드라이버 정보, 속도, duplex 모드, 물리적 연결(링크 상태) 여부 등을 확인할 때 사용하는 명령어이다.

67 ▶①

Router(라우터)는 OSI 7계층 모델 중 네트워크 계층(Layer 3)까지 지원하는 장치로, 브리지(Bridge, Layer 2)나 허브(HUB, Layer 1)보다 더 많은 계층을 지원한다.

68 ▶④

telnet [IP주소] [포트번호] 명령어로 특정 포트의 연결 상태를 점검할 수 있다. HTTPS의 기본 포트번호는 443번이다.

69 ▶④

SAN(Storage Area Network) 스위치는 주로 스토리지 네트워크 구성에 사용된다.

오답 풀이
①②③ 리피터, 허브, RJ-45 케이블은 이더넷(Ethernet) 기반의 근거리 통신망(LAN)을 구성하는 데 필수적인 장치 또는 부품이다.

70　▶ ④

ISO에서 OSI 7계층 모델을 제정했다.

71　▶ ②

프로토콜과 포트번호
- DNS: 53번
- TELNET: 23번
- SSH: 22번
- FTP: 20, 21번
- HTTP: 80번

72　▶ ①

SMTP(Simple Mail Transfer Protocol)는 메일 서버 간에 이메일 메시지를 전송하고 교환할 때 사용한다.

오답 풀이

② FTP는 파일을 송수신하기 위한 클라이언트-서버 구조를 기반으로 동작하는 인터넷 서비스이다.
③④ POP3, IMAP은 메일 클라이언트가 메일 서버로부터 이메일을 수신할 때 사용한다.

73　▶ ①

arp(Address Resolution Protocol)는 IP 주소에 해당하는 MAC 주소를 확인하는 명령어로, ARP 캐시 테이블의 내용을 보여주거나 관리할 수 있다.

74　▶ ①

IRC(Internet Relay Chat)는 실시간 채팅을 위해 프로토콜로 여러 사용자가 모여 대화할 수 있으며, 개인 간의 대화 및 파일 전송 기능도 제공하는 서비스이다.

오답 풀이

②③ NFS, SAMBA는 파일 공유 서비스이다.
④ Usenet은 텍스트 기반 게시판(뉴스그룹) 서비스, 기사를 게시하고 토론하는 서비스이다.

75　▶ ④

루프백 IP 주소는 127.x.x.x 대역이며, 일반적으로 127.0.0.1이 사용된다. 이는 네트워크 인터페이스 카드나 프로토콜 스택의 정상 작동 여부를 테스트할 때 사용되는 특수 IP 주소이다.

76　▶ ④

.go는 일반적으로 국가 코드 최상위 도메인(ccTLD) 아래의 2단계 도메인(예 .go.kr 정부 기관)으로 사용되므로 최상위 도메인으로 보기 어렵다.

오답 풀이

①②③ .com, .net, .kr 등은 최상위 도메인(TLD, Top-Level Domain)이다.

77　▶ ②

Ansible은 소프트웨어 정의(provisioning), 구성 관리, 배포 프로그램을 통합 제공하며, YAML 형태의 언어를 사용하여 유닉스 및 리눅스 환경에서 사용 가능한 공개 관리 프로그램이다. 2015년 레드햇에 인수되었다.

78　▶ ②

Tizen(타이젠)은 인텔과 삼성전자를 주축으로 리눅스 재단, MeeGo 개발자들이 합력하여 만든 리눅스 커널 기반의 모바일 운영체제이다.

79　▶ ②

XEN은 하이퍼바이저 기반의 서버 가상화 기술로, 게스트 OS가 하이퍼바이저와 통신하여 반가상화(Para-virtualization)를 지원한다.

오답 풀이

①④ KVM, Hyper-V는 하드웨어 지원을 통한 전가상화 방식이다.
③ VirtualBox는 Oracle에서 개발한 호스트 운영체제 위에서 동작하는 가상화 소프트웨어이다.

80　▶ ④

HPC(High Performance Computing) 클러스터는 고성능의 계산 능력을 제공하기 위한 목적으로 제작되어, 과학 계산용으로 주로 활용되며, 여러 컴퓨터를 하나의 슈퍼컴퓨터처럼 작동시키는 방식이다.

파이널 실전모의고사 2회

01	02	03	04	05	06	07	08	09	10	11	12	13	14	15	16	17	18	19	20
③	③	③	②	①	③	②	①	①	③	②	③	②	④	③	③	④	②	①	④
21	22	23	24	25	26	27	28	29	30	31	32	33	34	35	36	37	38	39	40
②	④	①	①	④	④	②	①	②	③	①	①	②	③	③	③	①	④	④	④
41	42	43	44	45	46	47	48	49	50	51	52	53	54	55	56	57	58	59	60
④	④	①	④	④	①	③	④	③	④	③	①	④	①	②	①	③	③	②	④
61	62	63	64	65	66	67	68	69	70	71	72	73	74	75	76	77	78	79	80
③	④	①	①	③	①	②	④	④	③	④	①	①	④	①	②	③	②	②	①

1과목 **1과목** 리눅스 운영 및 관리

01 ▶ ③

리눅스 사용자 디스크 쿼터 설정
- 파일 시스템의 사용량을 점검하고 쿼터 정보를 생성해야하므로 quotacheck 명령어를 실행한다.
- 사용자별로 쿼터 제한을 설정하기 위해 edquota 명령어를 실행한다.
- 설정한 쿼터를 실제로 적용하기 위해 quotaon 명령어를 실행한다.

02 ▶ ③

문제의 결과는 디렉터리에 Sticky Bit(o+t)가 설정된 상태를 의미한다. Sticky Bit는 주로 /tmp와 같은 공용 디렉터리에서 사용되며, 파일의 소유자만 해당 파일을 삭제할 수 있도록 제한하는 기능을 가진다. 이 권한은 기타 사용자(other)에 대해 설정되므로 chmod o+t 디렉터리를 사용해야 한다. 대문자 T는 실행 권한이 없는 경우이므로 해당하지 않는다.

03 ▶ ③

쿼터 값을 편집할 수 있는 명령어는 edquota이다.

오답 풀이

① quota는 사용자별 디스크 쿼터 사용 현황을 보여준다. edquota와는 비슷하지만 컬럼이 다르다.
② quotaon은 쿼터를 활성화한다.
④ repquota는 모든 사용자 또는 그룹에 설정된 디스크 사용량(used), 소프트 한도(soft), 하드 한도(hard), 유예 기간(grace) 등을 출력하는 명령어이다. quota와 비슷하지만 컬럼이 다르고 모든 사용자 쿼터가 출력된다.

04 ▶ ②

chown [사용자].[그룹] [파일명] 명령어는 형식은 파일의 소유자와 그룹을 동시에 변경한다.

오답 풀이

③④ chgrp는 그룹만 변경하므로 조건에 맞지 않는다.

05 ▶ ①

디렉터리에서 x 권한은 해당 디렉터리로 이동(cd)할 수 있는 권한이다. 읽기(r)는 목록 조회, 쓰기(w)는 파일 생성·삭제 권한이다.

06 ▶ ③

디스크 파티션 정보, 시작 섹터, 크기, 파일 시스템 유형 등을 출력하는 경령어는 fdisk이다.

오답 풀이

① du는 파일이나 디렉터리 용량을 확인한다.
② df는 디스크 사용량을 확인한다.
④ mount는 마운트 정보를 확인한다.

07 ▶ ②

ISO 파일을 마운트할 때는 실제 블록 장치가 아닌 파일을 장치처럼 인식시 켜야 한다. 이를 위해 -o loop 옵션을 사용해야 한다.

오답 풀이

① iso9660은 파일 시스템 유형이며 -t 옵션과 함께 사용된다.

08 ▶ ①

umount는 마운트된 파일 시스템을 해제할 때 사용하는 명령어이다.

오답 풀이

② unmount는 존재하지 않는 명령어이다.
③ eject는 이동식 미디어 관련 명령어이다.
④ fsck는 파일 시스템 검사 명령어이다.

09 ▶ ①

ls -l은 파일이나 디렉터리의 소유자와 그룹 정보를 확인하는 명령어이다.

오답 풀이

②③④ chmod, chown, chgrp는 변경 명령어로, 확인 명령어가 아니다.

10 ▶ ③

umask 값에 따라 파일의 기본 권한 666에서 기타 사용자의 쓰기 권한이 마스크 처리된다. 따라서 사용자와 그룹은 읽기·쓰기 가능하고, 기타 사용자는 읽기만 가능하도록 설정되어 -rw-rw-r— 권한을 가지게 된다.

11 ▶ ②

chsh -l은 사용 가능한 셸 목록을 출력하는 명령어로, 현재 로그인 셸 확인 방법은 아니다.

12 ▶ ③

주어진 결과는 셸 변경 화면을 나타내고 있으며, chsh가 사용자의 로그인 셸을 변경하는 명령어이다.

13 ▶ ②

C 셸(csh)은 C언어와 유사한 문법을 사용하는 셸로, 스크립트보다는 대화형 사용에 적합하다.

14 ▶ ④

사용 가능한 셸 목록은 /etc/shells 파일에 저장되며, cat /etc/shells 명령어로 확인 가능하다.

15 ▶ ③

변수를 선언하고 그 값을 출력하는 전형적인 예로, 셸 변수 user에 lin을 저장하고 그 값을 출력하는 과정이다. 만약 명령어가 echo $USER라면 현재 사용자를 출력하는 것이므로 ihduser가 출력된다. 변수가 소문자 user이면 지역 변수이고 대문자 USER이면 사용자를 저장한다.

16 ▶ ③

alias는 별칭을 설정하는 명령어로, alias c=clear 형식으로 지정한다.

17 ▶ ④

bourne shell(sh)은 최초로 개발된 유닉스 셸로, 다른 셸들의 기반이 된다.

18 ▶ ②

TMOUT은 일정 시간 입력이 없을 경우 자동 로그아웃을 설정하는 보안 목적의 환경변수이다.

19 ▶ ①

ps는 PID, STAT, CPU 사용 시간 등을 확인할 수 있는 명령어로, 실제 실행 우선순위(PRI)는 확인할 수 없다. 우선순위는 top 명령어로 확인할 수 있다.

20 ▶ ④

Ctrl+Z는 실행 중인 프로세스를 중지시키는 SIGTSTP 시그널을 발생시키며, 백그라운드 전환에 사용된다.

21 ▶ ②

top 명령어 실행 중 t키는 CPU 상태 표시를 토글한다.

오답 풀이

① m키는 메모리 정보 표시를 제어한다.
③ p키는 프로세스 정렬 기준과 관련된다.
④ k키는 특정 프로세스를 종료(kill)할 수 있다.

22 ▶ ④

jobs 명령어는 실행 흐름 관리 목적으로, + 기호는 현재 작업, - 기호는 이전 작업을 의미하며, 우선순위 개념이 아니라 작업 식별용 표시이다.

23 ▶ ①

프로세스 생성은 fork 후 exec 구조로, exec 단독으로는 새 프로세스를 생성하지 않는다. init은 PID 1로, 모든 프로세스의 최상위 부모이다.

24 ▶ ①

crontab 명령어의 -r 옵션은 crontab 설정을 삭제하고 -i 옵션은 삭제 전에 사용자에게 확인을 요청한다. 따라서 -ir 옵션을 사용한다.

25 ▶ ④

crontab의 5필드는 '분 시 일 월 요일' 순서이다. 매주 월요일(1)과 목요일(4) 오전 10시에 주기적으로 실행하려면 0 10 * * 1,4를 지정해야 한다.

26 ▶ ④

nohup은 터미널 종료 후에도 프로세스를 유지하는 명령어로, 백그라운드 실행과 함께 사용되는 경우가 많다. 로그아웃과 무관하게 작업이 계속된다.

27 ▶ ②

top은 프로세스와 시스템 자원 상태를 확인하는 명령어로, 포트번호 기반의 네트워크 프로토콜 정보는 제공하지 않는다. 해당 기능은 netstat, ss 등이 담당한다.

28 ▶ ①

리눅스가 부팅을 시작하면 커널이 최초로 실행하는 프로세스는 PID 1이다. 전통적으로 PID 1은 init 프로세스이고 현대 배포판에서는 systemd가 PID 1 역할을 하고 있다.

29 ▶ ②

a는 현재 커서 뒤에 문자를 삽입하고, 입력 모드로 전환하는 명령어로, 커서 위치를 기준으로 동작한다.

30 ▶ ③

:set nu는 vi에서 행 번호를 표시하는 명령어로, 파일 전체에 줄 번호가 나타나 편집 위치 확인에 유용하다.

31 ▶ ①

vi는 기본 텍스트 편집기이고 vim은 vi의 확장판이다. gVim은 GUI 환경에서 실행되는 vim이다.

32 ▶ ①

vi에서 ex 명령 모드(라인 모드)로 들어가려면 명령 모드에서 :를 입력해야 한다. 화면 아래쪽에 : 프롬프트가 나타나며 여기에 w, q, set 같은 ex 명령어를 입력한다.

33 ▶ ②

"워싱턴 대학에서 개발", "메모장(Notepad)과 유사한 단순한 인터페이스" 특징은 pico에 해당한다. pico는 Pine 메일 프로그램과 함께 쓰이던 유닉스 텍스트 편집기로, 복사/붙여넣기와 맞춤법 검사 등 기본 기능을 제공한다.

34 ▶ ③

gedit은 GUI 기반 편집기로, 콘솔 환경에서는 실행할 수 없어 X 윈도우 환경이 필요하다.

35 ▶ ③

--prefix 옵션은 설치 경로를 지정한다. 소스 컴파일 시 가장 많이 사용되며, 기본 경로 변경이 가능하다.

36 ▶ ③

MySQL은 cmake 기반으로 빌드되며, 소스 설치 방식의 대표적인 예이다.

37 ▶ ①

RPM 파일명은 보통 [이름]-[버전]-[릴리스].[배포판태그].[아키텍처].rpm 형식이다. RHEL/CentOS 6 계열 태그는 el6로 표시되고, 인텔 32비트 계열 아키텍처는 i686이다.

38 ▶ ④

xz로 압축된 tar 파일을 해제한다.

tar 옵션
- -J: xz 방식으로 압축 또는 해제한다.
- -x: 아카이브에서 파일을 추출한다.
- -v: 처리 과정을 자세히 출력한다.
- -f: 파일 이름을 지정한다.

39 ▶ ④

출력 결과에 S.5 T 등은 시스템에 따라 다르지만 일반적으로 검증 문자이고, 검증하는 옵션은 -V이다.

오답 풀이

① -qc는 설치된 RPM 패키지에 포함된 설정 파일 목록을 출력한다.
② -qf는 해당 파일이 어느 RPM 패키지에 속해 있는지 조회한다.
③ -ql은 패키지에 포함된 모든 파일 목록을 출력한다.

40 ▶ ④

zypper는 SUSE 계열 패키지 관리자로, 데비안 계열과는 무관하다.

오답 풀이

①②③ apt, dpkg는 데비안 계열 도구이다.

41 ▶ ④

xz는 가장 높은 압축률을 제공하며, 최근 많이 사용되는 압축 방식이다.

42 ▸ ④

yum search는 패키지를 검색하는 명령어이다.

오답 풀이

①②③ seek, find, look는 yum에 존재하지 않는 명령어이다.

43 ▸ ①

이미지 기본 출력 형식은 PNM이다.

오답 풀이

② scan.log는 스캔 결과가 저장되는 파일명이다.
③ -x 150은 스캔 가로 크기를 150mm로 지정한다는 의미이다.
④ -y 180은 스캔 세로 크기를 180mm로 지정한다는 의미이다.

44 ▸ ④

-# 옵션은 인쇄 매수를 지정하며, lpr 명령어에서 사용된다. 여러 장 출력 시 활용한다.

45 ▸ ④

NDMP는 백업용 프로토콜로, 프린터 설정과는 무관하다.

오답 풀이

①② IPP, LPD는 프린터 관련 프로토콜이다.
③ 인터넷을 통하여 프린트하는 IPP 프로토콜은 HTTP/HTTPS 프로토콜을 이용한다.

46 ▸ ①

스캐너는 /dev 아래에 존재하며, /scanner는 실제 디바이스 파일이 아니다.

47 ▸ ③

CUPS는 리눅스와 유닉스 계열에서 사용하는 표준 출력 시스템으로, 프린터 관리와 출력 작업을 통합적으로 처리한다.

오답 풀이

② OSS는 유닉스 계열에서 사운드를 만들고 캡처하는 인터페이스로, 초기에는 프리웨어 성격이었으나 라이선스 이슈로 사유화 논란이 있었다.
④ LPRng는 BSD 계열 유닉스에서 사용하기 위해 개발된 버클리 프린팅 시스템으로, LPD 프로토콜을 기반으로 프린터 스풀링과 네트워크 프린터 서버 기능을 제공한다.

48 ▸ ④

cdparanoia는 CD 음원을 추출하는 오디오 리핑 도구로, 음악 파일 생성에 사용된다.

49 ▸ ③

Xt와 Xaw는 Xlib 기반 라이브러리이다. FLTK와 Tk도 고수준 라이브러리이며, Xlib 위에서 동작한다.

50 ▸ ④

GNOME 3부터 Mutter 윈도우 매니저를 사용하며, Wayland 및 Xorg를 지원한다. 현재 GNOME의 핵심 구성 요소이다.

51 ▸ ③

디스플레이 매니저는 로그인 화면 제공 후 인증이 성공하면 그래픽 세션을 시작한다.

오답 풀이

① KDE는 데스크톱 환경이다.
② 런레벨 3은 전통적으로 텍스트 모드이며 그래픽은 보통 5로 분류된다.
④ 텍스트에서 X 시작은 일반적으로 startx 명령어를 사용한다.

52 ▸ ①

(X 윈도우 시스템의 대표 구현/서버를 묻는 문제 기준) 현재 표준은 X.Org Server(X.org)이다.

오답 풀이

② XFree86는 과거 구현체로 현재 주류가 아니다.
③ Athena는 MIT의 교육용 분산 컴퓨팅 프로젝트이다.
④ Wayland는 X가 아닌 차세대 디스플레이 프로토콜/서버 체계이다(실제로 현재는 Wayland 사용).

53 ▸ ④

DISPLAY는 클라이언트 프로그램을 서버에 전송한다. 번호는 0부터 시작하므로 2번째 서버, 3번째 모니터에 클라이언트 프로그램을 전송한다.

54 ▸ ①

윈도우 매니저는 X 윈도우 환경에서 각 윈도우의 위치, 크기, 장식 등 배치와 외형을 관리하는 시스템 소프트웨어이다.

오답 풀이

② 디스플레이 매니저는 사용자 인증 후 그래픽 세션을 시작하는 로그인 관리 프로그램이다.
③ 프로세스 매니저는 현재 실행 중인 프로세스들을 모니터링하고 자원 할당을 관리하는 도구이다.
④ 시스템 매니저는 systemd와 같은 서비스 매니저이다.

55 ▶ ②

X 윈도우 통신은 X Protocol 기반이며, 전통적으로 X 서버는 TCP 6000 + 디스플레이 번호(:0 → 6000) 사용한다.

오답 풀이

③④ 8080은 보통 웹(HTTP 대체) 포트로 X 기본 포트가 아니다.

56 ▶ ①

evince는 GNOME 계열의 대표적인 문서(예 PDF/PS 등) 뷰어이다.

오답 풀이

② kdegraphics는 KDE 그래픽 관련 패키지 모음 성격이다.
③ Totem은 동영상 플레이어이다.
④ GIMP는 이미지 편집기이다.

57 ▶ ③

서브넷의 CIDR값이 26이므로 네트워크 자리수가 26개(24 + 2)개이다. 즉 255.255.255.0의 네트워크를 네트워크 2자리, 호스트 6자리로 서브넷팅할 것이다. 네트워크 개수는 $2^2 = 4$, 즉 4개로 분할하였다는 것을 알 수 있다. 가능한 개수가 256이므로 $\frac{256}{4} = 64$, 즉 64개 단위(0, 64, 128, 192)로 나뉘어진다. IP 주소가 192.168.3.194이므로 192 ~ 255까지의 구간이다. 이중 가장 앞의 주소가 네트워크 주소이므로 192.168.3.192이다.

58 ▶ ③

IPv4 사설 IP 대역은 RFC 1918에서 10.0.0.0/8, 172.16.0.0/12, 192.168.0.0/16으로 정의된 범위이다. 이 중 B 클래스 영역에 해당하는 사설 대역은 172.16.0.0 ~ 172.31.255.255이다.

59 ▶ ②

데이터링크 계층은 MAC/프레임, 전송 계층은 TCP/UDP(포트) 중심이다.

오답 풀이

① 물리 계층은 전기적 신호, 광 신호, 무선 전파 신호를 매체에 실어 전송하는 계층이다.
③ 네트워크 계층은 IP 주소 기반 경로 선택/라우팅 기능을 하는 계층이다.
④ 전송 계층은 종단 간 데이터 전송 품질을 보장하는 계층이다.

60 ▶ ④

하위 계층부터 PDU는 보통 frame(L2) → packet(L3) → segment(L4) 순서이다. frame은 MAC 기반, packet은 IP 기반, segment는 TCP/UDP 단위이다.

61 ▶ ③

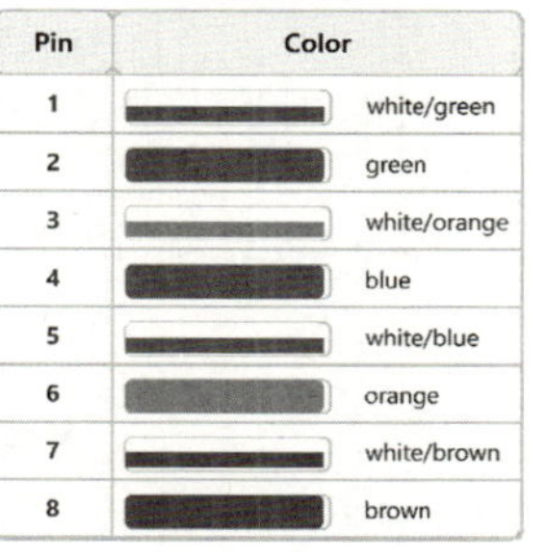

62 ▶ ④

이메일 프로토콜
• 발신/전송: SMTP
• 수신/확인: POP3·IMAP

63 ▶ ①

SSH는 전송 구간 암호화로 안전한 원격 접속을 제공한다. 전통적인 리눅스 문제에서는 정답이 된다.

오답 풀이

② nfs는 기본적으로 암호화를 제공하지 않으며, Kerberos를 연동한 NFSv4에서만 암호화가 가능하다.
③ samba는 이전 버전에서는 암호화를 지원하지 않고, SMB 3.x부터 전송 데이터 암호화를 지원한다.
④ te net은 평문 전송이라 보안에 취약하다.

64 ▶ ①

리눅스에서 IP 주소 확인은 ip addr(현대) 또는 ifconfig(전통) 사용하며, ipconfig는 Windows 명령어이다.

65 ▶ ③

/etc/sysconfig/network 파일은 네트워크 사용 여부와 시스템 호스트명 등 시스템 전반의 네트워크 기본 설정을 저장한다.

66 ▶ ①

로컬 네트워크에서 IP에 대응하는 MAC 주소 확인은 ARP 테이블 조회가 기본이다. arp -n 등으로 캐시된 MAC 주소를 확인한다.

67 ▶ ②

NFS는 1984년 썬 마이크로시스템즈에서 개발한 네트워크 파일 시스템 프로토콜로, 원격 시스템의 파일 시스템을 마운트하여 로컬 디렉터리처럼 사용할 수 있게 해준다.

68 ▶ ④

SMTP는 메일 서버 간 메일을 전달(서버-서버 전송)할 때 사용한다.

오답 풀이

① FTP는 파일을 송수신하기 위한 클라이언트-서버 구조를 기반으로 동작하는 인터넷 서비스이다.
②③ POP, IMAP은 사용자가 서버의 메일을 확인할 때 사용한다.

69 ▶ ④

DQDB는 IEEE 802.6(MAN)로 알려진 표준 계열이다.

70 ▶ ③

유즈넷은 텍스트 형태의 기사를 뉴스그룹에 게시하여 전 세계 사용자들이 공개된 공간에서 의견을 교환하고 토론할 수 있는 게시판 서비스이다.

오답 풀이

① IRC는 인터넷 채팅/대화 서비스이다.
② 고퍼는 문서 탐색 서비스이다.
④ 하이퍼링크는 문서나 웹페이지에서 다른 문서, 웹페이지, 파일, 위치로 즉시 이동할 수 있도록 연결해 주는 참조 링크이다.

71 ▶ ④

TCP/IP는 1960년대 말 미국 국방성(DARPA) 연구에서 시작됐다.

오답 풀이

①③ HTTP, UDP는 목적이 다르다.
② ARP는 IP → MAC 주소 변환을 담당하는 프로토콜이다.

72 ▶ ①

스타형은 중앙 장치(허브/스위치)에 노드들이 방사형 연결된다. 현대 이더넷 물리 구성은 스타형이 가장 일반적이다.

73 ▶ ①

라우터는 네트워크 계층 장치로 라우팅 테이블을 유지하며, 목적지까지의 최적 경로를 판단하여 패킷을 전달하고 서로 다른 네트워크 간 통신을 가능하게 한다.

오답 풀이

② 브리지는 하나의 LAN을 여러 개의 세그먼트로 분할하여 연결하는 네트워크 장비이다.
③ 리피터는 신호를 재생/증폭해 전송 거리를 늘리는 장치이다.
④ 더미 허브는 기능적으로 리피터처럼 동작하지만 멀티포트 리피터이다.

74 ▶ ④

Escape character is '^]'.와 로그인 프롬프트는 전형적인 telnet 접속 화면이다.

75 ▶ ①

URL은 인터넷 자원의 위치를 나타내는 주소 체계이다.

오답 풀이

② HTML은 문서 언어이다.
③④ 하이퍼링크, 하이퍼텍스트는 연결 개념이다.

76 ▶ ②

사파리(Safari)는 리눅스에서 일반적으로 사용 불가능(공식 지원이 제한적)하고 매킨토시에서만 가능하다.

오답 풀이

①③④ 크롬, 오페라. 파이어폭스는 리눅스에서도 사용 가능하다.

77 ▶ ③

직접 개발 앱을 대규모 배포/운영하려면 서버·스토리지·확장성 있는 클라우드가 적합하므로 AWS가 대표적인 퍼블릭 클라우드 인프라이다.

78 ▶ ②

스마트TV/가전 OS로 가장 널리 알려진 것은 LG의 webOS이다.

오답 풀이

① Tizen은 인텔과 삼성전자를 주축으로 리눅스 재단, MeeGo 개발자들이 협력하여 만들었다.
③ Bada OS는 삼성전자가 자체 개발한 모바일 운영체제이다.
④ QNX는 임베디드/차량 분야이다.

79 ▶ ②

로드밸런서는 주로 서비스 트래픽 분산(웹/HA) 성격이라 거리가 멀다.

80 ▶ ①

아두이노(Arduino)는 2005년 이탈리아에서 개발된 오픈 소스 기반의 단일 보드 마이크로 컨트롤러로, 운영체제 없이 하드웨어를 직접 제어하는 구조를 가진다.

박문각 자격증 시리즈

리눅스마스터 2급
기출원스톱 800제 + 무료특강

초판인쇄	2026. 3. 5.
초판발행	2026. 3. 10.

저자와의
협의 하에
인지 생략

편 저 자	오재관
발 행 인	박용
출판총괄	김현실
개발책임	이성준
편집개발	김태희, 허수빈
마 케 팅	김치환, 최지희
일러스트	㈜ 유미지

발 행 처	㈜ 박문각출판
출판등록	등록번호 제2019-000137호
주 소	06654 서울시 서초구 효령로 283 서경B/D 6층
전 화	(02) 6466-7202
팩 스	(02) 584-2927
홈페이지	www.pmgbooks.co.kr

ISBN	979-11-7519-776-3
정가	25,000원